新たなステージへ
オン・ユア・マークス！

陸上競技
コーチングブック

公益財団法人 **日本陸上競技連盟** 編

はじめに

　パンデミック下に開催された東京オリンピックでは，多くの制限や制約にも負けず，世界のアスリートたちが心が高鳴るような，時には胸が熱くなるような競技を見せてくれました。陸上競技Team Japanも2個のメダルを含む9の入賞という素晴らしい成果を残しましたが，その競技に向かう姿は，陸上競技の真価を多くの人に伝えてくれました。加えて，大会運営，ボランティア活動や安全確保及びコロナ感染対策などの取り組みは，海外からの参加者からも高い評価を得たことから，東京2020は我が国のスポーツ文化の集大成としてのビッグイベントであったと言えます。

　東京2020を終え，スポーツ界は新たなステージを迎えています。日本陸上界はオリンピックレガシーを大切にし，未来に向けて新たな陸上競技の魅力や価値を見出しながら発展的なステージを創出していくことを目指します。そのために本連盟では，「国際競技力の向上」「ウェルネス陸上の実現」（JAAF VISION 2017）という2つのミッションを掲げていますが，それらを具現化する上で指導者（コーチ）の役割が大切になってきます。そこで，本連盟は2020年に「指導者養成指針」を発表し，全ての指導者がコーチ資格を取得することを目指すことにしました。

　次世代のコーチには，これまでの競技力向上のみならず幼少年期から中高齢者までのスポーツライフステージに応じて楽しみややりがいを追求する陸上競技を指導することが求められてきます。例えば，子どもたちのスポーツ活動の場面が学校から地域にも拡大していく向後においては，それぞれの実施者個々のニーズを満たすことのできるコーチングが必要となってくることでしょう。このようなコーチングの多様化に対応するためには，コーチング理論やスポーツ医・科学の知見を活かした適切で質の高いコーチングを実践できる礎を築きながら，その上にコーチング実践を積み上げていくことが求められます。

　では，コーチングに必要な礎とは何なのでしょうか。まずは，歩・走・跳・投運動などに関する運動学的な知識，そしてそれらの運動を適切に習熟させていくのに役立つ発育発達，トレーニング，スポーツ医・科学や栄養学などに関する知識及びコーチングスキルがあげられます。そして，陸上競技の本質的な価値や楽しさを伝えることのできるコーチであるためには，コーチング哲学，コーチの責任と義務，競技ルール，アンチドーピングなどに関する知識や教養を身につけておく必要があります。

　そこで，これらのコーチに必須の知識や教養を一冊の本にまとめました。『陸上競技コーチングブック』は，山本浩氏を委員長とする本連盟の指導者養成委員会を中心に関連の委員会のメンバー及び我が国を代表するコーチに執筆していただきました。その内容は，専門性の高いものですが，平易にまとめられており理解しやすいものとなっています。そのため，コーチを目指すアスリートや学生の皆さんのテキストとして，またベテランコーチのリカレント教育にも活用できる一冊となっています。

　最後に，本書の発刊にあたり，編集の任にあたっていただきました横浜桐蔭大学教授の櫻井智野風氏，日本大学教授の森丘保典氏，そして企画段階から親身にご指導をいただきました大修館書店の久保友人氏に心から感謝申し上げます。

日本陸上競技連盟会長　尾縣　貢

JAAF VISION 2017

1. スポーツに求める価値と スポーツ界のあるべき姿

スポーツに関する基本理念を示し，その施策の基本となる事項を定めている「スポーツ基本法」（文部科学省，2011）は，「スポーツは，世界共通の人類の文化である」の一文から始まります。しかしながら，コロナ禍という緊急事態においては，スポーツは「不要不急」のものと見なされ，多くのイベントは中止や延期を余儀なくされただけでなく，選手たちはトレーニングをすること，さらにはスポーツを語ることさえも憚られました。多くの人がスポーツの意義や役割について，理想と現実のギャップに疑問をいだいたことでしょう。スポーツは，未だ趣味の領域を脱しておらず，引き続きスポーツを文化に昇華させる取り組みが求められます。

そこで，今一度，スポーツの真価に関して，再認識を図る必要があります。現代人が心身ともに健康的に生きていくためには，身体運動を伴うスポーツは欠かすことはできません。スポーツを「する」ことは，心身の健康づくりに役立つだけでなく，スポーツを「観る」ことや「支える」ことが生きる活力や幸福感を生み出すことにもつながるため，われわれにとって不可欠なものと言えます。

また，国際大会などの競技会における選手たちの素晴らしいパフォーマンスや，ひたむきに競技に取り組む姿には，スポーツの力や尊さを感じることでしょう。これは子どもたちにとって，スポーツやスポーツ選手に対する憧れを醸成することが期待できます。「スポーツをやってみようかな」「何かに挑戦してみようかな」といった思いが生じ，スポーツに参画するきっかけになるような循環を構築することができれば，スポーツの発展にもつながります。

「する」「観る」「支える」スポーツにおいて，その魅力や価値が正しく伝わるためには，競技がフェアプレイの精神（日本オリンピック委員会，online）に則って行われることが大切です。また，日本オリンピック委員会（Japanese Olympic Committee：JOC）では，2014年ソチオリンピック競技大会から，「人間力なくして，競技力向上なし」を日本選手団のスローガンに掲げて強化活動が推進されてきました（日本オリンピック委員会，2017）。このスローガンは，2016年リオデジャネイロオリンピック競技大会，そして2020東京オリンピック競技大会にも引き継がれ，スポーツ活動における人間力重視を訴え続けています。

加えて，スポーツのインテグリティ（高潔さ，誠実さ）を保護・強化することで，スポーツ自体の価値を高めていく努力が求められています。例えば，アンチ・ドーピングの精神を常に持ち続けることは，スポーツの公平

性を維持し，その価値を守ることにつながります。ドーピングという手段に頼った偽りのパフォーマンスを競技の場にもち込まず，クリーンで公平であることを担保することが必須なのです。トップの選手たちがこの精神をもつことにより，続く若い世代の選手の模範ともなり，やがてはスポーツの価値を高めていくことになるでしょう。

2. 国民のスポーツをする権利と，競技団体に求められるもの

スポーツをすることは，人の権利として位置づけられています。前出の「スポーツ基本法」では，「スポーツを通じて幸福で豊かな生活を営むことは，全ての人々の権利であり，全ての国民がその自発性の下に，各々の関心，適性等に応じて，安全かつ公正な環境の下で日常的にスポーツに親しみ，スポーツを楽しみ，又はスポーツを支える活動に参画することのできる機会が確保されなければならない」とされ，それを推進していくための具体的施策が「スポーツ基本計画」（文部科学省，2017）に示されています。

この重要な施策の大切な担い手として，競技団体をはじめとするスポーツ団体が挙げられます。「スポーツ基本法」第5条には，「スポーツ団体は，スポーツの普及及び競技水準の向上に果たすべき重要な役割に鑑み，基本理念にのっとり，スポーツを行う者の権利利益の保護，心身の健康の保持増進及び安全の確保に配慮しつつ，スポーツの推進に主体的に取り組むよう努めるものとする」と謳われており，スポーツ団体が果たすべき役割を幅広く捉えていることが分かります。

そもそも，「オリンピック憲章」の根本原則（日本オリンピック委員会，2020）では，「スポーツをすることは人権の1つである。すべての個人はいかなる種類の差別も受けることなく，オリンピック精神に基づき，スポーツをする機会を与えられなければならない」と，スポーツ権は人間が有する基本的人権の1つであることを明確にしています。

また，公益財団法人日本陸上競技連盟（以下，「日本陸連」と略記）は，2011年施行の定款において，「陸上競技を通じスポーツ文化の普及及び振興を図り，もって国民の心身の健全な発達に寄与し，豊かな人間性を涵養する」ことを目的に掲げています（日本陸連，2020a）。これらのことから日本陸連は，競技力の向上のみに注力することなく，国民のスポーツ権に応えるべく，陸上競技を正しく伝え，広く普及させる使命があると言えます。その目的を達成すべく種々の活動が展開されていますが，今後さらなる努力が必要となるでしょう。

3. 日本陸上競技連盟の進むべき方向

(1) 陸上競技の価値（特性をふまえながら）

陸上競技を広く普及させ，その大きく強固な基盤の上で選手を育成・強化していくにあたっては，陸上競技の特性をふまえながら，その価値を正しく理解しておく必要があります。

日本陸連（Japan Association of Athletics Federations：JAAF）は，「JAAF VISION 2017」を作成するにあたり，関係者や中学生・高校生へのヒアリングおよびワークショップ等を実施し，「陸上競技そのものが持つ

価値」について調査しました（日本陸連, 2017a）。その結果，**図1**に示す3つの価値が抽出されました。

①1つ目の価値

「陸上競技はすべてのスポーツの基礎である。走跳投は人間の基本的な動作である。子ども時代に誰もが経験する運動の原体験である。ゆえに，さまざまなスポーツの基礎となる」

陸上競技は種目が多彩なゆえに，多くの運動体験をすることができます。そのため総合的に能力を高めておいてから得意種目を絞っていくこともできます。また，短距離走を経験することにより，走スピードを高めてから走幅跳を始めるような種目の移行も可能です。この考え方をトランスファーと言い，選手を育成する上での有効な方策と考えられています（日本陸連，2017b）。

また将来，陸上競技以外のスポーツを選択するにしても，小学校期，中学校期に陸上競技を経験することが，専門化した時のプラスになることは言うまでもありません。逆に，小学校，中学校と野球やサッカー，水泳など他のスポーツを行っていた子どもが，途中から陸上競技にトランスファーし，自分の適正に合致した種目を選択したことで活躍した例も数多くあります。

②2つ目の価値

「陸上競技はシンプルだからこそ誰もが楽しむことができる。ゆえに，場所やレベルに関わらず，やる人，みる人を感動させる力を持つ」

選手たちが極限の力を出し合い，0.1秒，1センチを競う陸上競技は，ルールが簡単で，しかも公平に競技が行われます。このシンプルさゆえに，やる人だけでなく，見る人も楽しむことができ，その時の感動も大きなものになります。

また，陸上競技は，ルールで統一された施設・用器具を用いて共通の競技ルールのもと競うことで，世界中の選手と記録によって競争ができるという特性をもちます。市民マラ

図1　陸上競技そのものが持つ価値

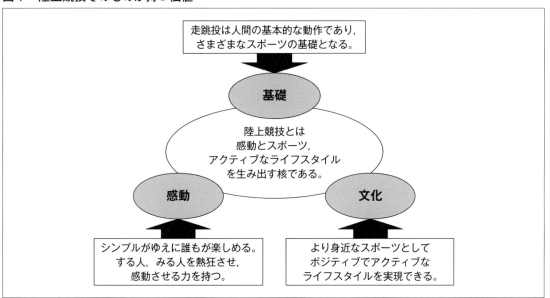

ソンランナーであっても自身の記録の推移を楽しんだり，同年代のランナーの間で順位をつけて励みにすることもできます。そして，時代を超えての比較ができるのも陸上競技の面白さであると言えます。

③3つ目の価値

「アクティブなライフスタイルを実現することができる。ランニングなどは誰もが手軽に行うことができる。より身近なスポーツとして，たくさんの人が楽しむことができる。ゆえに，人々のライフスタイルにするアクティブにする力を持つ」

陸上競技では，心技体（精神，技術，体力）の3要素ともに高いレベルが要求されますが，中でも，体力がそのパフォーマンスに強い影響をもつと考えられています。**表1**に示すように，種目によって，求められる体力は異なってきます（尾縣，2020）。これを逆に考えると，陸上競技を楽しむことによって，それぞれの体力を高めることができ，アクティブなライフスタイルを送ることに役立つと言えます。例えば，長い距離のランニングを楽しむ市民ランナーは，全身持久力（スタミナ）を高めることができるだけでなく，その

結果として生活習慣病のリスクも減らすことができます。

（2）日本陸連のビジョンとミッション

若者に限らず，あらゆる年代の人がおのおのの興味や関心，必要性などに応じて，陸上競技を「する」「観る」「支える」ことができるような環境をととのえていくことは，本連盟が掲げている目的を達成することにつながります。そこで，先に述べた陸上競技の特性や価値，そして10年後，20年後の世の中の状況を予想しながら，2017年に「JAAF VISION 2017」（日本陸連，2017a）を発表しました。

そこでは，トップ選手の競技力の向上および青少年の健全な育成を目的に掲げて行っている活動を「競技陸上」，いろいろな世代の人々がアクティブなライフスタイルを送ることを目的とする活動を「ウェルネス陸上」と定義し，**図2**に示すそれぞれのミッションとビジョンを明示しました。

これまでも注力してきた「競技陸上」に，新たな概念である「ウェルネス陸上」が加わったことで，日本陸連の活動をより幅広いも

表1　各種目に求められるエネルギー系体力要素

種目	優先順位			
	1	2	3	4
100m，200m，100mH，110mH	スピード	パワー	最大筋力	筋持久力
400m，400mH	スピード	筋持久力	パワー	全身持久力
中距離走	筋持久力	スピード	全身持久力	パワー
長距離走	全身持久力	筋持久力	スピード	パワー
競歩	全身持久力	筋持久力	パワー	
走高跳	パワー	最大筋力	スピード	筋持久力
走幅跳・三段跳	パワー	スピード・最大筋力		筋持久力
砲丸投，円盤投，ハンマー投	最大筋力	パワー	スピード	筋持久力
やり投	パワー	最大筋力	スピード	筋持久力

（尾縣，2020）

のにしています。**図3**は，この２つの陸上の位置づけをLTAD（Long-Term Athlete Development）（Canadian Sport for Life, online）の考えをふまえてイメージした概念図です。目的の異なる２つの陸上を別々の

ものとみなすのでなく，１つの枠の中で，「連続するもの」「融合するもの」として捉えています。

　それぞれのミッションを果たすために，中期（2028年），長期（2040年）のビジョン

図２　競技陸上とウェルネス陸上のミッションとビジョン

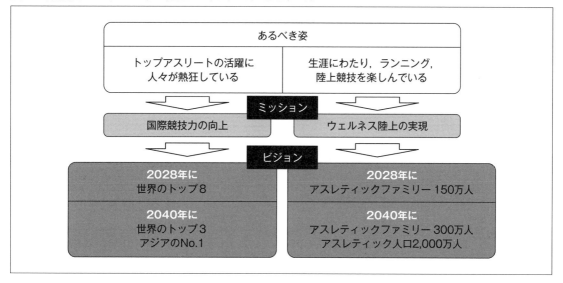

図３　LTADの考え方に基づいた競技陸上とウェルネス陸上のあり方

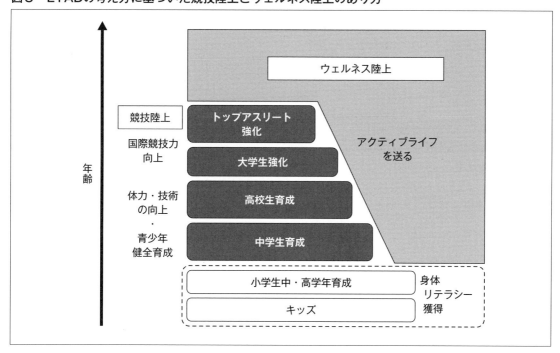

を掲げています（日本陸連，2017a）。「競技陸上」では，その国の総合競技力と言える世界大会での入賞を得点化して競うプレーシングテーブルを指標として，2028年には世界のトップ8，2040年には世界のトップ3＆アジアのNO.1を目標にしています。2019年の第17回世界選手権大会（ドーハ）では，33点を獲得し，11位にランクされました。先にも述べたように，トップ選手の活躍からは，多くの人が感動や勇気を感じることができ，それが生きるエネルギーを生み出し，その選手や競技への憧れを醸成します。これがスポーツへの興味や関心を育み，さらにはスポーツへの参画につながることが期待できます。

「ウェルネス陸上」では，競技会参加者，審判，コーチ等からなるアスレティックファミリーを2028年には150万人，2040年には300万人にすることを目標に掲げています。加えて，2040年には陸上競技やランニングを楽しんでいる人口を2,000万人に増やすことをめざしています。この試みが，「国民が生涯にわたり心身ともに文化的な生活を営む」ことを助長し，ひいては健康寿命の延伸やスポーツを通じた地域の活性化にも結びつくことが望まれます。

（3）ビジョンを達成するための
　　具体的施策

中・長期計画におけるミッションとビジョンを示しましたが，それぞれを達成するための取り組みの方向性を明確にした上で，より小さなスパンでのアクションプランを作成することが求められます。

この活動の柱として，「競技者育成」「指導者養成」「ロードレースの充実」を挙げました。

1）競技者育成

「一人でも多くの人が陸上競技を楽しみ，そして関わり続けること」をスローガンとする「競技者育成指針」を2018年に発表しました（日本陸連，2018a）。この理念は，長く陸上競技に取り組むことで，個々が有する潜在力を出し切ることにつながって競技力の向上に資するだけでなく，陸上競技愛好者を増やすことにも貢献するものと考えられます。

この指針では，競技者育成のプロセスについて，身体だけではなく精神の成長を促すように，「現状と課題」および「育成の方向性」を鑑み，発育発達の状況を考慮した**図4**に示す6つのステージ別の指針を明確にし，スポーツおよび陸上競技への具体的な取り組み方を提示しています。

競技者育成指針を具現化する施策として，「一人でも多くの競技者に，少しでも長く競技を続けてもらいたい」というメッセージとともに，「タレントトランスファーガイド」を2017年に発表しました（日本陸連，2017b）。この取り組みは，選手が最適な種目を選択すること（タレントトランスファー）で，自身の潜在能力を発揮するチャンスを創出することをめざすという日本陸連の考え方を，全国の選手，コーチ，保護者などに浸透させていこうというものです。

もう1つ，競技者育成指針の考えに沿って，現在，進めている具体的施策があります。それは，発育発達に沿った競技会のあり方の検討です。現状では，本連盟主催の競技会，協力団体である実業団連合，学生連合，高校体育連盟，中学体育連盟など協力団体関係の競技会，加盟団体である都道府県陸上競技協会が主催する競技会，その他にも大学や地域が

**図4　競技者育成指針における
　　　６つのステージと活動内容**

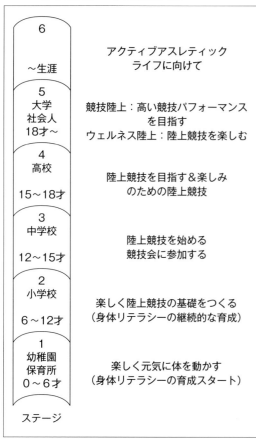

ステージ		活動内容
6	～生涯	アクティブアスレティック ライフに向けて
5	大学 社会人 18才～	競技陸上：高い競技パフォーマンス を目指す ウェルネス陸上：陸上競技を楽しむ
4	高校 15～18才	陸上競技を目指す＆楽しみ のための陸上競技
3	中学校 12～15才	陸上競技を始める 競技会に参加する
2	小学校 6～12才	楽しく陸上競技の基礎をつくる （身体リテラシーの継続的な育成）
1	幼稚園 保育所 0～6才	楽しく元気に体を動かす （身体リテラシーの育成スタート）

開催する競技会などをあわせると，国内には約3,500の公認競技会（ロードレースは除く）が存在します。競技会の開催日程は，各団体が決定するため，多くの競技会がある期間に集中することで，選手に大きな負荷をかけていることが危惧されています（日本陸連，2019）。また，早期専門化を助長するような競技会形態や競技種目を採用している競技会も存在します。これらが選手のスポーツ障害やバーンアウトを導き，競技生命を短くしている可能性も考えられます。

　選手を育成・強化するプロセスでは，これまでも多くの科学的な検証がなされ，多岐にわたる情報・知見をもとにコーチングやトレーニングに関する協議を重ねてきました。そこで得られた科学的知見は，競技スポーツのためだけの利活用に終わることなく，子どもたちの健全な発達を促すことに役立ったり，学校体育に活かされたり，若者のスポーツ参画を推進するヒントにもなる可能性があります。陸上競技はシンプルで身近であるからこそ，より幅広い知見を得ることができ，多くの人が活用できるものと考えます。これも陸上競技が有する価値の１つであり，陸上競技に関する知の利活用に取り組むことも日本陸連の使命であると言えます。活用の幅が広がるように，これまでに積み上げられてきた研究成果を体系化するなどの工夫をして，活かせる形で提供することが求められます。

２）指導者養成

　競技者育成指針の冒頭で謳われている「一人でも多くの人が陸上競技を楽しみ，極め，また少しでも長く続け，そして関わることが望まれる」ことの実現に向けて，選手を取り巻く環境で最も重要な要因は指導者であると言えます。指導者は，技術トレーニングや体力トレーニングを指導することにより競技力向上をサポートするという役割にとどまらず，一番近くにいて選手の人間力の向上に携わる存在でもあります。また，競技を継続するために大切になってくるモチベーションの維持などに大きく関わってくる重要な役割を担っています。そのため指導者養成は，競技者育成と一対として考え，重点的に取り組んでいく必要があります。これを推進するにあたっては，2020年に発表した「指導者養成指針」（日本陸連，2020b）がその方向性を示しています。

　このように重要な役割を担う指導者のうち最も大きな割合を占めるのは，中学校や高校

の運動部活動を担当する教員です。運動部活動は，学校教育の一環であり（文部科学省，2018），その教育効果には強い期待が寄せられている一方で，多くの解決すべき問題点をかかえています（スポーツ庁，2018）。私たちは，今一度，運動部活動の意義や役割を問い，そのあり方についても再考する必要があります。

分岐点に差しかかっている運動部活動ですが，この機会に，コーチとして部に関わる教員の負担軽減も考えていかなければなりません。学校の運動部では，陸上競技の経験のない教員，本格的なスポーツの経験がない教員が担当することも多く（日本スポーツ協会，online），運動部活動指導が時間的な制約になるだけではなく，精神的なストレスにつながることが予想されます。こういった状況に鑑み，日本陸連では中学校部活動コーチに向けた『中学校部活動における陸上競技指導の手引き』（日本陸連，2018b）を発行しました。これは，指導初心者の教員の参考になるよう，練習の手段・方法，練習計画の立て方，スポーツ傷害の予防，競技会で力を出すための心得と競技ルール，安全管理などを，分かりやすく解説しています。今後は，こういった取り組みを強化し，コーチをサポートしていくことも競技団体に求められていると考えられます。

それとともに，コーチの質を高めていく取り組みは必須です。今後，子どもたちのスポーツ活動の場面は，学校から地域にも拡大していくことが予想されます。地域スポーツクラブ，スポーツ少年団，そして学校運動部におけるスポーツ活動を，子どもたちにとって充実したものにするためには，安全で効果的な指導ができるコーチを養成する必要があり

ます。こういった背景から日本陸連では，2022年度から「JAAF公認スタートコーチ」資格を新設し，コーチ養成の拡充を図っていきます。

コーチの質を高めるためには，スポーツ医・科学やマネジメントなどの知識を深め，根拠に裏づけられた実践経験を積み上げていくことが求められます。しかし，それらはスポーツコーチの哲学および理念，人間力という礎の上に積み上げられていくべきものです。すなわち，哲学や理念，人間力は，全ての種別のコーチに共通して求められるもので，その上に積み上げる専門的知識や経験などはコーチの種別によって，少しずつ異なってくると言えます。

また日々成長していく選手に対して人間的な成長と競技力の向上を多面的に支援するために，コーチは，常に学び続けることが求められます。元フランス・サッカーチームのロジェ・ルメール監督による「学ぶことをやめたら，教えることをやめなければならない」という名言は，学び続けることの必要性を説くものです。学び続けるというコーチの思いを実行に移せるよう，日本陸連や都道府県の陸上競技協会は，新しい知識や経験のできる学びの場を提供し続けることが使命だと言えます。

今後，コーチの活動の場は「競技陸上」だけでなく，「ウェルネス陸上」にも広がっていくことでしょう。ウェルネス陸上では，幼少年期から中高齢者までのスポーツライフステージに応じて，楽しみややりがいを追求するコーチングを展開することが求められます。例えば，レベルや目的意識の違う多様なランナーに，走ることの面白さ，そして無理なくパフォーマンスを高めるための技術やトレー

ニングを指導する場となることでしょう。これらが陸上競技の本質的な価値や楽しさを伝え，アスレティックファミリーの拡充にも貢献することにつながります。

3）ランニングの正しい普及

日本はマラソン大国と言われています。各地では1年を通して，多くのロードレースが開催され，ランナーたちは競技として，趣味として，走ることを楽しんでいます。Hearst Magazine Media（online）調べによると，日本のフルマラソン完走者は，2015年には35万人を超え，アメリカを抜いて世界一に躍り出ました。レース数も東京マラソンがスタートした2007年頃から増加を続け，2005年の48から，2015年には77レースに急増しました。ブームとも言えるマラソンの成長の裏で，レース中の事故だけでなく，運営上の予期せぬ事態も発生しており，安心安全な大会づくりが課題となっています。今後，ステークホルダーの努力で市民マラソンブームをマラソン文化へと昇華させる取り組みを展開していく必要があります。

ランニングをさらに普及していくにあたり，解決すべき課題は数多くありますが，第1に挙げられるのは，安心安全な大会づくりです。本連盟では，2013年にマラソン・ロードレース大会の安心安全な運営に必要と考えられる項目をまとめたガイドラインを作成しました（日本陸連，2013）。また，ロードレースを開催するに際し，困難をきわめるのは，行政や警察，周辺住民等各所との調整ですが，これについてはロードレース間で情報やノウハウを共有していくことが大切です。これらに関する情報の共有の必要性から，2016年にジャパンレースディレクターズミーティング（JRDM）がスタートし，各レースがかかえる問題点や課題を共有し，ランナーにとって有益な仕組みなどについての協議が行われてきました。

ロードレースの普及を継続的に進めていくにあたっては，専門的に担当する組織が必要となり，2018年，日本陸連内にJAAF Run Link（日本陸連，online）が新設されました。この新プロジェクトは，市民マラソン大会を統括・支援し，個人のライフスタイルにあわせたランニングが楽しめる環境・機会を提供することを目的としています。こういった取り組みは，約2,000〜3,000にものぼる全国のロードレース大会，約1,000万人（1年に1回以上ランニングやジョギングを行った人）とも言われるランナーを支えることをめざしています。

「ウェルネス陸上」では，スポーツ基本計画で掲げられている「成人の週1回以上のスポーツ実施率を2/3以上に増やす」（文部科学省，2017）という目標を受けて，週1回以上ランニングを行う人口2,000万人をめざしています。公園では多くの人がジョギングやウォーキングを楽しみ，競技場では子どもから大人までが陸上競技に親しむことにより，心身の健康が増進され，健康寿命が延伸されることが究極の姿であると言えます。

（尾縣　貢）

〈文献〉

Canadian Sport for Life（online）Long-Term Athlete Development Stages. https://sportforlife.ca/,（参照日2021年6月17日）.

Hearst Magazine Media（online）Runner's world. https://www.runnersworld.com/uk/,（参照日2021年6月17日）.

日本オリンピック委員会（2020）オリンピック憲章. 日本オリンピック委員会, p.10.

文部科学省（2011）スポーツ基本法. https://www.mext.go.jp/a_menu/sports/kihonhou/attach/1307658.htm,（参照日2021年6月17日）.

文部科学省（2017）スポーツ基本計画（第2期）. https://www.mext.go.jp/sports/content/1383656_002.pdf,（参照日2021年6月17日）.

文部科学省（2018）高等学校学習指導要領. https://www.mext.go.jp/content/ 1384661_6_1_3.pdf,（参照日2021年6月17日）.

日本オリンピック委員会（2017）JOC 将来構想. p.27.

日本オリンピック委員会（online）フェアプレー. https://www.joc.or.jp/olympism/fairplay/,（参照日2021年6月17日）.

日本陸上競技連盟（2013）市民マラソン・ロードレース運営ガイドライン. https://www.jaaf.or.jp/rikuren/pdf/road.pdf,（参照日2021年6月17日）.

日本陸上競技連盟（2017a）JAAF VISION 2017.

日本陸上競技連盟（2017b）タレントトランスファーガイド.

日本陸上競技連盟（2018a）競技者育成指針.

日本陸上競技連盟（2018b）中学校部活動における陸上競技指導の手引き.

日本陸上競技連盟（2019）競技者育成プログラム. pp.45-49.

日本陸上競技連盟（2020a）日本陸上競技連盟公式ガイド.

日本陸上競技連盟（2020b）指導者養成指針.

日本陸上競技連盟（online）JAAF RunLink. https://jaaf-runlink.jp,（参照日2021年6月17日）.

日本スポーツ協会（online）学校運動部活動指導者の実態に関する調査報告書. https://www.japansports.or.jp/Portals/0/data/katsudousuishin/doc/houkokusho.pdf,（参照日2021年6月17日）.

尾縣貢（2020）陸上競技の特性 陸上競技のコーチング. 大修館書店, p.8.

スポーツ庁（2018）運動部活動の在り方に関する総合的なガイドライン. https://www.mext.go.jp/sports/b_menu/shingi/013_index/toushin/__icsFiles/afieldfile/2018/03/19/1402624_1.pdf,（参照日2021年6月17日）.

指導者の養成について

社会が激変しています。これまで大切にしてきたものにあちこちほころびが生まれ，戸惑うことが多くなってはいないでしょうか。生活のリズムが壊れ，練習の流れが断ち切られる。大切にしてきたビッグイベントにも大きな変化が襲うようになりました。観客を制限した中での開催だけでなく，運営面でも想定を超えた時間や空間の配慮をし，それが結果的に選手のパフォーマンスに影響を与えかねない。準備から実行，そしてメンテナンスまで，選手たちはもちろんのこと，コーチやスタッフにも継続して負担がかかり始めています。

コーチについて考えるにあたって，改めてスポーツについて，とりわけ現代のスポーツについて思いを巡らせてみたいと思います。

1. コーチを振り返る

十分な経験と人を育てる哲学をもち，諸事百般に通じてなお抜きん出た勝負勘が働く。いつの時代も，コーチに求める能力は際限なく広がります。一方で現実に目を向ければ，ぶっきらぼうだけど研究熱心で新たな手法を合理的に取り入れるのに長けたコーチ。勝ち負けに対して群を抜いたセンスと眼力をもち合わせた人。周りについた選手たちを精神的に引っ張り込んで離さない先生。細かな指導

はしないのに，年中子どもたちに取り囲まれている指導員。いつも最新の理論を口にしながら，選手から最善のパフォーマンスを引き出す監督がいたりすることでしょう。1人1人違った指導法，個性のある話しぶり，性格も一様でないのに，なぜかそのもとから生まれる選手たちがおしなべて満足げな表情にあふれる。そうした人たちには，なにか共通するやり方，振る舞いがありはしないでしょうか。

コーチの存在は，時代をさかのぼれば紀元前300年代の古代ギリシャにも認められます。ドイツのスポーツ学者ディーム（Diem）は，その著『スポーツの世界史』（Weltgeschichte des Sports, 1971）の中で，コーチの役割名を当時書かれたギリシャ語とともに紹介しています。それによれば，リーダー役のコーチ，学術的教養を備えたコーチ，専門実践コーチなど，それなりに細分化され，現在の陸上競技に類似した競技が繰り返し行われていた古代オリンピックでは，時とともにコーチの存在なくしてレースに勝つことが難しくなっていったことを感じさせます。

日本では明治時代を迎えるまで，私たちが今日「スポーツ」と考えるような世界とは縁のない生活が続いていました。それでも戦技としての武芸の中に，スポーツ指導に求められる概念と類似した考え方を認めることができます。武士の立ち居振る舞いや生き方について書かれた書物では，「義」「忠」「孝」と

いった封建時代に大切にされた世界観が貫かれていました。人間のよって立つところに主軸が置かれ，全てをスポーツ指導の現場に下ろしてくることには抵抗がありますが，ポイントポイントでは今につながるところが見られます。

例えば江戸時代に読まれた兵法家，大道寺友山の『武道初心集』の復刻版を見ると，「武士たらむものは。行住坐臥二六時中。勝負の氣を忘れず。心に置を以て。肝要と仕り候。」（大道寺，1943）とありますから，「武士」を「トップアスリート」に読み替えれば，今の時代にもそれなりに通じそうです。

（1）指導者養成への初動

「指導者」という呼称が新聞で使われるようになったのは，今からおよそ120年前，嘉納治五郎が寄稿した「社会には指導者を要す」の記事に活字として初めて認められ，「識者が指導することを要する」として「識者が国の発達進歩，個人の幸福の上から考えて考案したことは，（中略）自然に定まったものよりは良いものができる」（朝日新聞，1903年1月26日付）と説いています。しかしそこに示されたのは，今日のスポーツコーチではなく，社会のリーダーのことでした。

体育や運動に関わる報道で「指導者」の文字が登場するのは，1917年。嘉納が会長を務める「中等教育研究會」が「国立体育研究所」を設立する記事に見ることができます。「体育研究所—国立の儀」（読売新聞，1917年10月11日付）を読むと，「体育指導者（教員）養成機関を整備すること」として，その狙いを「学校及び青年会に学術上実際上優秀な教師を送ると言うにある」と伝えています。「指導者」への需要は，学校が他を圧倒して

いる時代を思えば，そこに体育教師が重なるのはごく当然のことだったのでしょう。

やがて，養成された「体育指導者」に対する講習会も始まります。読売新聞は，「体育指導者講習会」と題する告知記事を載せ，「我国体育会に一大革命を起す為（中略）知事の推薦による体操教師を一府県より二名宛招集し体育指導者講習会を開催する……」（読売新聞，1921年8月11日付）と記しました。講習会には嘉納治五郎を軸に，外国人の講師，それに当時日本体育協会の理事を務めていた野口源三郎を招いています。ここで，野口のことについてもう少し触れておきましょう。

1888（明治21）年，埼玉県で生まれた野口は高等師範学校を卒業後，教師をしながらアントワープ五輪（1920）の十種競技に出場します。競技2日目のハードルで得点を挙げることができず12位に終わると，野口は大会前に見て歩いたアメリカやイギリスの陸上競技の実態をもとに，書籍を出版しました。『オリムピック競技の実際』と題されたこの本の緒言には，次のような文言が記されています。

「運動は，一方に於ては紳士としての心身を鍛練し，又一方に於ては，大に仕事をなすが爲に行ふのであると言ふ眞の目的を理解し，從つて，其の技術の方面に於いても，反自然の練習法を避け，科學的見地から組織的に練習する方法をとつて，先進者は自己の経験を後進者に傳へ，後進者は更に其の上に新研究を積んで來た爲めに，今日のような著しい進歩を見た事と信じます」（野口，1918）

オリンピックで実際に欧米の選手と干戈（かんか）を交えた野口が，日本と諸外国との実力の差を知ったがゆえに書かないではいられなかった内容ではなかったでしょうか。野口は帰国

後，大日本体育協会のメンバーとして「行政，指導の両面に縦横に其の敏腕」（浅川，1969）を振るったとされ，体育教育に功績をあげただけでなく，日本代表選手団の強化を含め，日本スポーツ界に多大な影響を与えた人物です。かずかずの論文や講演録の中でも，大正時代末期に体協の機関誌『アスレチックス』には，次のような文章を載せて，その先進性を示しています。

「体育に於て心身発育の過程にある青少年の理想的教育法は，個々の体格，体質，体力の強弱並に個人性を知悉して，以て個別的に適当なる教材を配列し周到なる注意の下に教授を実施しなければならない」（野口，1925）。

スポーツ指導の現場で今日では常識となった「選手の個性」を考慮しての対応を，すでに大正時代にしっかりした文言で指摘しているのですから，驚かされるではありませんか。

（2）戦後のコーチ

わが国の「スポーツ指導者」資格制度は，スキーとサッカーの世界でいち早く取り組まれたのが知られています。そんな資格必要論が巻き起こったのは，1980年代の半ばです。現在では，陸上競技も日本スポーツ協会の協力を仰いで資格認定を行っていますが，その初期の形態は，1964年の東京オリンピックを端緒としたスポーツトレーナー資格でした。トレーナーという言葉は戦前から使われ，陸上競技の世界では日米対抗競技会などの記事に，マッサージなどをするトレーナーが関わっていたことが報じられています（読売新聞，1937年8月24日付）。

それを資格制度と結びつけたのは，東京オリンピックの2年後，1966年のことで，当時の体育協会が4段階に分けた資格制度を発足させ，「各競技のコーチとなるべき『スポーツトレーナー』の養成」（日本体育協会，2016）を始めたのがきっかけです。

この制度は，1977年には改革のステップを踏み，「コーチ」「上級コーチ」というカテゴリーに切り替えられます。この頃には，将来の「指導者バンク」も構想の中に入っていました（読売新聞，1977年1月15日付）。

「指導者資格制度」を後押ししたのは，社会のスポーツに対する関心の高まりと同時に，世界で急激に広がっていったスポーツプロ化の流れにも呼応するものでした。オリンピックの周辺では，アマチュアにこだわり続けたブランデージ（Brundage）会長からキラニン（Killanin）会長に交代した段階で，すでにプロ化容認の動きは止めようもなく，IOCは憲章の中でオリンピックへの出場資格に手を加えざるを得なくなりました。

1984年のロサンゼルス大会は，新たな経営戦略での大会運営がクローズアップされてきましたが，そこに参加する選手やコーチには，このあと急激なプロフェッショナリズムの道を走るようになります。ロサンゼルス大会の2年後，日本体育協会は「日本体協アマチュア規定に代わり『スポーツ憲章』を制定します（日本スポーツ協会，online）。これが私たちの周りの環境を徐々に変えていくことになりました。

2. コーチへの視線

インターネットがどこにでも入り込んでいる今の時代ですが，国立国会図書館が開設しているサイトに「指導者」のキーワードを入れて検索をかければ，およそ1万8,000件の

インターネットで公開されているデジタル素材がヒットします（国立国会図書館, online）。さらに「スポーツ」のタームを詳細検索に打ち込むと出てくるのが，4,650件。紙媒体のものも含めれば，その数は9,000件。必ずしも「コーチのあるべき論」を示したものばかりではありませんが，それにしてもスポーツのコーチに関する文献の多いのがわかります。サイトでは年代別の分類も可能で，1999年までは10年ごとに3桁だったのが，2000年代に入ると急激に数を増やし，4桁の文献が収められています。世の中はこのところスポーツコーチに関心の高い時代が続いているのです。

なぜ，スポーツのコーチが求められるのか。そこには，複数の要因を求めることができます。1つには，情報が膨大な量になり，適切なものを取捨選択するのに戸惑いが生まれる環境になったこと。少子化の影響で，数少ない子どもに最善の指導を求める保護者が多くなったこと。将来をスポーツにかけることで人生設計が成り立つ時代だと見られていること。健康への志向が，スポーツへの期待を膨らませていることなどでしょう。

ではいったい，現実世界でどのくらいのコーチが働いているのでしょうか。笹川スポーツ財団が2020年に発行した『スポーツ白書2020』には，次のような記述があります。「全国約4万人の18歳以上の者を対象に実施した国内のスポーツ指導の実態に関するインターネット調査では，過去1年間にスポーツ指導を実施したと回答した者は回答者の4.8%であった。この値とわが国の人口から推計すると，国内のスポーツ指導実施人口はおよそ360万人となる」（石黒, 2020）

想像を超える数のコーチが現実には，そこここでスポーツの指導にあたっています。数字の大きさからすると，いくつか懸念も浮かんできます。それぞれのコーチが経済的に見合った待遇を受けているのでしょうか。指導が選手の安全面に配慮された内容になっているのでしょうか。教えてもらう側の要請に応える指導が可能になっているのでしょうか。教える上で最新の情報に接触できているのでしょうか。数の大きさに勇気をもらうとともに，私たちに課された課題も大きいように感じられてなりません。

3. 世界のコーチ像

指導の周辺で私たちが向き合う問題には，日本だからこそ生じるものもありますが，陸上競技の指導を世界に見れば，共通する課題を他の国にも見て取ることができます。そこで海外の事例をいくつか取り出して紹介してみましょう。

（1）英国

英国陸上競技連盟が出している「英国陸上コーチライセンス制度に基づく条件」として示された中に，「コーチの行動基準」が示されています。

1）おのおののアスリートの権利，尊厳，それに価値に敬意を払い，バックグラウンドや能力に関係なく平等に扱うこと。
2）常にアスリートの幸福や安全を優先し，英国陸連の定めたウェルフェアポリシーに準拠すること。
3）アスリートに対して自分の振る舞いや行動に責任をもつよう促す。

4）適切な資格をもち，英国陸連が求めた時にはライセンスのアップデートをする。

5）教え導く行動が，個々のアスリートの年齢，成熟度，経験，能力に合致することを確認せよ。

6）始めるにあたって，選手に対して，いったい何を期待しているか，選手はコーチに何を期待していいのかをはっきりさせよ。

7）アスリートのために，他の同僚たちと十分な協力をせよ（他のコーチ，役員，チームリーダー，スポーツ科学者，医師，理学療法士，そして経営に関わる人間）。

8）スポーツのポジティブな面（例えばフェアプレー）を常に推奨し，ルール破りを大目に見たり，禁止され，年齢にふさわしくない物質やテクニックを使わせないようにせよ。

9）高潔な振る舞いや外見を大切にせよ。

10）すでに他のコーチ（英国陸連のラインセンスをもっているか否かに関係なく）から指導を受けているアスリートを公然とあるいは隠れてリクルートしたりするな。

11）18歳以下のアスリートにマッサージをしないこと，また英国陸連は，コーチがスポーツマッサージのライセンスを所有しているか，他の認定機関あるいは関係組織の発行する関連のライセンスをもたない限り18歳以上のアスリートへのマッサージをしないよう強く勧める。

この他にも，選手と親密な関係をもつことに対して厳しい注意を喚起し，また不法行為があった際には英国陸連として毅然とした対応をとることを，さまざまな事例を挙げながら示しています。このあたりは，基本的に性善説で成り立っているわが国のコーチへの要請と違いが見られます（UK Athletics, 2020）。

（2）ドイツ

ドイツ陸上競技連盟が謳うコーチ資格取得のガイドラインでは，資格ごとにさまざまな専門能力を要求されるのは当然ですが，一部は連邦スポーツ学研究所の支援を受けながら，複数の大学との間で研究プロジェクトを進めてきたことを挙げています。掲げているのは，一流の講師陣，資格の透明性と比較のしやすさ，つまり州ごとに付与される資格が，他の地域でも通用するように，シームレスな指導力発揮を可能にしていること。フレキシブルに受講できる体制。そのためにeラーニングやウェブセミナー，ブロックごとの受講チャンスを用意しているとされます。ドイツ陸連は，この資格制度を廉価でとれるようにし，「そこから連盟が利益を上げることはない」と明言しています。また生涯にわたる学習の機会を保証し，資格取得者をクラブで採用した場合には，クラブは公的資金による補助金を受けられるとも記しています。ガイドラインの最後には，ドイツ陸連が国内各州の陸協とともに子どもとジュニアに対するセクシャルハラスメントを防ぎ，加えてアンチドーピング活動にも大きな責任があると記載しています（Siegel & Dr.Buchwitz, 2021）。

（3）アメリカ

アメリカの場合には，陸上競技のコーチになるためのステップとして，①アメリカ陸連

のメンバーになる，②バックグラウンドスクリーニングを受ける，③セーフスポーツトレーニングコース（safe sport training course）の受講，④セーフスポーツハンドブックの承認，⑤コーチリストへの登記申請，⑥エデュケーションスタンダードの受講，その後受講終了確認の申請となっています。ここでも，コーチと選手との関係で，セクシャルハラスメントやパワーハラスメントを可能な限り防ぐのを狙いとして，二重三重のセーフガードが取り入れられています（USATF, online）。

　欧米のありようを見れば，コーチへの要請が専門能力を獲得して指導の現場に生かせるよう資格制度を充実させながら，コーチと選手の間に生まれかねない諸問題に繰り返し言及して，あるべきコーチ養成をめざしている様子がうかがえます。

4. 現代スポーツコーチの役割

　「する」「見る」「支える」「知る」。最近ではこれに加えて「伝える」にも言及する人が増えてきました。コーチの重心は「支える」に置かれていますが，それでも自らが「する」世界に長らく暮らした経験をもつ人が少なくないでしょうし，「見る」側に回ることもあれば，「伝える」行動を求められる場合も珍しくはありません。SNSの利用が当たり前になっているこの時代には，コーチ1人1人が，多かれ少なかれ4つの行動になにがしかの関わりをもつものなのです。しかもそれぞれがお互いに深く関わって，単体で論じるだけでは事足りなくなっています。では，「する」から考えてみましょう。

（1）スポーツをする

　誰でも子どもの頃には，あたりを走り回り，石をつかんでは投げ，水たまりを飛び越すといったさまざまな運動を繰り返した経験があるものです。1人で遊んでいても熱中することはあるでしょうが，仲間が集まって同じような行動が始まると，いずれ優劣を競う機会が生まれてきます。比べるのは速さや距離ですから，白黒をつけるためにはやがて勝敗が見分けられる条件設定が要求されるようになるでしょう。さらに一度だけの対戦で満足してしまうのを別にすれば，繰り返しの競争へ。やがてそれは条件の固定化に向かいます。ある意味で公平性に重きを置いた，均一の環境が用意され始めます。同時にスタートして，同じ勾配の地面の上を同じ距離だけ走る。となると，1人だけ先に飛び出すのも認められませんし，走る距離が同じでなければ面白みは失われます。そこにルールといわれる約束事が姿を現すことになります。古代オリンピックの例を持ち出すまでもなく，身体を動かして競い合う時には，私たちはいつの時代も同じような流れをたどってきました。

　ヨーロッパやアメリカでスポーツが芽吹きを始める頃には，こうした競い合いの中でいかに勝利するかが重要な観点になってきます。競争の当事者は，自ら努力を重ねる一方で，外からの助力を求めるようにもなります。それが人間として具現化したのがコーチです。「教える」行為を『スポーツ学小事典』（Handlexikon Sportwissenschaft）で調べてみると，こんなことが書いてあります。

　「日常会話の中では，教えるとは，目的をもった他の人に対して人間ないし機関がそこに到達できるよう働きかける作用を意味して

いる，つまり学ぶように仕向けること」
（Maraun, 1987）

まさに，コーチと指導される側の関係を明解に表しているのがこれです。この定義を競技スポーツのジャンルに適用すれば，目的をもった他の人が選手で，その究極の目的は「勝つ」。途中経過の目的は「改善する」「向上する」，そしてそのための方法を「知る」に重ねることができそうです。

「する」スポーツの追い求めるのは，早い段階から勝つことにあったはずですが，これに関して，かつて哲学者・三木清がその著書『人生論ノート』の中で鋭い指摘をしています。

「古代人や中世的人間のモラルのうちには，我々の意味における成功といふものは何處にも存しないやうに思ふ。彼等のモラルの中心は幸福であつたのに反して，現代人のそれは成功であるといつてよいであらう」（三木，1946）。

太平洋戦争が終結する前に書かれたこの名著が指摘するところによれば，近代のスポーツをする行為の中には，確かに幸福のために勝ちたいというより，勝利によって成功を実感したがる側面が強くなってきたようにも思えます。そんな成功に向かうためには，コーチが必要だというのが今の私たちの当然の姿勢なのかもしれません。

それにしても，スポーツをするのに，どうしてここまでコーチの需要が大きくなったのでしょうか。背景には，私たちの社会を取り巻くようになったさまざまな要因の存在があります。1つは，情報の氾濫です。成功を求めてスポーツをする人間には，目標設定に始まってそのためにたどるべき道に至るまで，方法論を含め1人では容易に見つけられないことがあるのです。疑問は時間とともに，ま

たその後生じる変化にしたがって，つぎつぎに生まれがちです。

1．どこに向かえばよいか。
2．そのためにはどんな方法がよいか。
3．自分の個性にふさわしいのはどれか。
4．選択したが成果に表れているか。
5．うまくいかなかったときにどうすればよいか。
6．結果をどう評価すべきか。

氾濫する情報が目の前に広がっているにしても，そこからどれを選択すべきなのか，する人が必ずしも適切な判断力をもち合わせないこともあるのです。

（2）スポーツを見る

ここ30年，世界のスポーツファンを強い力で引っ張ってきたのは「世界三大スポーツイベント」です。オリンピック（Olympic Games），W杯サッカー（FIFA World Cup），それに世界陸上競技選手権大会（World Athletics Championship：以下，「世界陸上」と略記）がそれに該当します。オリンピックは複数のスポーツが一堂に会した総合競技会であるのに対して，W杯サッカーと世界陸上は単一の競技で成り立っています。ほかにも「W杯ラグビー」「世界水泳」「バスケットボール世界選手権」「バレーボール世界選手権」「世界柔道選手権」など，競技団体ごとに世界一を競う大会に，大きな注目が集まる時代になりました。

私たちの陸上競技はもとより，膨大な数の人が関心をもつようになったのは，スタジアムやアリーナの環境が改善されただけでなく，かつてはテレビ，そこに加えてタブレット端末やスマートフォンを通じ，見ようとする人たちが爆発的に増えたからです。その数は，

数十億人のレベルに達すると言われています。それにしても，スポーツイベントが人に見たい気持ちを引き起こさせるのには，いったいどんな力が働くからなのでしょうか。

特定のスポーツを目の当たりにして，大勢の人が関心をもつためには，人を引きつける条件がそろうことが求められます。眼前の競技スポーツに「大勝負」「高いレベル」そして「かけがえのない存在」の３つがそろえば，普段関心を寄せないような人にも強くアピールするに違いありません。

まずは大勝負。目の前の試合が大勝負になるためには，いくつかの条件があります。１つは希少価値があること。勝負にはさまざまありますが，毎日対戦が組まれたり毎週顔合わせがあったりするのでは，連勝や連敗に一喜一憂することはあっても，それだけで大勝負と言われることはありません。さらに求められるのは，そこに勝たなければならないとの強い思いが働く場合です。親善試合と銘打たれた一戦ではなく，真剣勝負。対戦する両者が不倶戴天の敵であれば，どちらにも負けることは許されないとなりますし，因縁の勝負であれば，過去の歴史が眼前の戦いに新たな付加価値をつけ，周りを取り囲むファンの気持ちもいやが応にも高まろうというものです。

勝ったあとで手にできるタイトルや栄誉が大きければ大きいほど，そのボルテージは上がっていきます。世界一の称号，とてつもない大記録，初めてのオリンピックの金メダル。結果は，めったに手にできないものでなければなりません。サッカーのローカルダービーのように年に２回の対戦も悪くありませんが，それよりも４年に一度の待ちに待った対戦となればその価値がいや増しに増すのは目に見えています。

スポーツが人を引きつける２つ目の要素は，そこに登場するアスリートたちが高いレベルの技や技術を披露することです。世界記録を更新したばかりの100mのスプリンターの登場。連勝記録を伸ばした女子レスラーの国際試合。伸び盛りで早い出世を果たした大関候補の初日の取り組み。W杯で世界を制したナショナルチームのタイトル獲得後初めての試合。どれもこれも日常の世界とはかけ離れた高いスピードや技術，持久力や戦術がパフォーマンスを支え，見る人に身を乗り出させる力をもっています。体操競技の一瞬の離れ技に多くの人が目を凝らすのは，成功するか否かで歓喜と悲嘆が交錯するのを知っているからですし，フリーキックの弾道から視線を外さないのも，高い技術同士のぶつかり合いが明暗を分けるのを心得ているからに他なりません。たぐいまれなる才能に，最高レベルの磨きをかけ，最大のサポート態勢を背景にぶつかり合う。現代の競技スポーツは，世界の頂点をめざす，力のあるアスリートに人と金を惜しみなくつぎ込んで，優れて高い能力を発揮させようとしています。

３つの要素の中で最大の力を発揮するのは，かけがえのない存在の登場です。ここにひかれる心理は，親子のありようの中に早い段階から垣間見ることができます。わが子の成長をたどりながら考えてみましょう。子どもがスポーツ能力を発揮する機会が最初に訪れるのは，幼稚園でしょうか。春や秋の運動会シーズンともなれば，親が子の運動会の応援に駆けつけるのは珍しいことではありません。といっても運動会に関心があるのではなく，あくまでもわが子の活躍を見るためにハラハラドキドキの自分がいるのです。運動会オタクならともかく，見ず知らずの他人の子ども

の運動会のことを気にするような人は，それほど多くないでしょう。

やがて年月が経過し，高校生になったわが子が甲子園のマウンドでも踏むことになれば，親戚一同駆けつけるのも当たり前の現象です。いつの時代にも，親の子を見る目は基本的に変わりません。自分と血のつながった存在が，檜舞台で活躍する。それを間近に見てみたい。かけがえのない人物が活躍する可能性があるだけで，人は揺さぶられ動かされるのです。

私たちが強い絆を覚えるのは，なにも家族や親族，友人や知人に限られたことではありません。憧れの人やグループにも同じ思いが生まれます。羽生結弦や錦織圭に熱い視線を投げる人は，それぞれの親族や知人ばかりでなく，むしろそれ以外の人であることが多いのです。この感情はスポーツに限らず，ステージでも展覧会でも同じ力となって現れます。

かけがえのない存在は，しばしば個人のレベルを超えていきます。母校のチームにも同じような感情が湧いてくるから不思議です。夏の出張先で新聞のスポーツ欄に目を走らせるとき，知らないうちに母校の予選の結果を探したことはないでしょうか。かつて通った学校は，卒業してから幾歳過ぎ越しても郷愁を感じさせることがありますし，都道府県対抗駅伝のふるさとチームにもまた同じような思いを抱きがちです。そのようにして行き着く先では，オリンピック終盤に登場する４×100mリレーのメンバーがありったけの大声援を受けるのです。

かけがえのないチーム。多くの日本人にとって，それは日本代表と重なっています。世界が広ければ広がるほど，この試合が落とせないものであればあるだけ，見る人の一心同体感は日本代表にまで広がっていきます。

メガイベントを改めて考えてみましょう。不思議なことに人をひきつける３要素を全て備えているのがこうした大会です。一世一代の大勝負で，世界最高のレベルの技術やスピードが見られ，しかもそこにかけがえのない存在が現れる。オリンピックや世界陸上が人々を引きつけてやまない訳がそこにあるのです。

（3）スポーツを支える

スポーツ周りの人の数が増え，仕事が多岐にわたるようになった。これが現代競技スポーツの特徴の１つです。2020年版の陸上競技ルールブックを見れば，「競技者支援要員」として，コーチの他に「トレーナー」「競技者代理人」「エージェント」「チームスタッフ」「役員」「医療従事者」「親」などが示されています（日本陸上競技連盟，2020）。

ここに挙げた人々がすべて取り巻くようであれば，当該の選手の競技レベルはきわめて高いものだと想像できますが，一般大学生の競技者であっても，かつてとは違った人々に支えられる時代になりました。

選手周りの組織が大きくなったのには理由があります。競技のレベルが全般に高くなって，コーチと２人だけでは到達できるところに限界が生まれやすいこと。情報の洪水が，適切な手法や判断材料の選択に迷いを生じさせやすくなったこと。能力発揮のための要素が多様になって，それぞれの専門家の助けがないと効率が落ちること。競技によっては金銭のやりとりが生じるなど，スポーツ以外のジャンルで処理しなければならない案件が増えたことなど，１人では立ちゆかない競技環境になっているのです。それぞれの専門家も，身体のメンテナンスを怠らず，目標到達への

道を確かなものにし，選手に競技への集中から気をそらさないように，また高いレベルの負荷に耐えられるコンディションの維持も欠かせないようになっています。

取り巻く人たちの中で「親」という言葉が目に止まらなかったでしょうか。選手の親は，選手にとっては身体も心も通い合った家族ですから，苦しい時や困った時に救いの手を差し伸べることのできる大切な存在です。一方で，時としてこの「親」がパフォーマンスに対して負の影響を与えることも知られています。オセアニアの研究者によって書かれた『有能なコーチになるための実践ガイド』と記された本には，親への対応に関してページを割いて説明を加えています。「親はジュニアアスリートにとっては影響力が強くサポートの源になることもあればストレスの原因となることもある」（Kidman and Hanrahan, 2011）。

親が子に求めるものはさまざまですが，その結びつきが一昔前に比べてずいぶん強くなっていることも否めません。そうした流れは，環境の変化を受けて生まれたものと考えられます。子どもの数が漸減しているため，相対的に1人の子どもへの関与の度合いが上がっていること。家庭内での仕事量が減っている世帯があること。練習や試合会場まで距離があって，車での送り迎えに親が同行する機会が多いこと。スポーツへの関心度が社会的に高くなってきていること。スポーツ現場で親の存在がコーチの負担になるケースは必ずしも多いとは断言できませんが，わずかな例外が他の親全体にも影響を与えることがあるため，コーチとしては注意しておかなければならない問題です。

支える人のカテゴリーは，ルールブックの中に挙げられた支援要員ばかりではありません。イベントの大きさにも左右されますが，選手から近い範囲の人だけでなく，試合の前後を含めた限定的な期間だけ関わる人が少なくありません。大会警備の関係者（警察官，警備会社），スポンサー周りの人々，会場の管理者，ボランティア，メディア，開催会場地の自治体メンバー，それに中央競技団体の職員や役員がそれです。陸上競技を含めたスポーツそのものが，行政や経済の中で大きな価値をもつようになったからこそ，こうした空間の広がりがあるのです。

（4）スポーツを知る

コーチと言われる人に求められる行動のうちで，「知る」の重さは群を抜いています。古今東西，コーチに対して学び続けることの重要性を説かないコーチ論はあり得ませんし，前述した「見る」も，言い換えれば知るための行動に他ならないとも考えられるからです。「知る」はある意味で自己啓発の原点であり，教育の根本原則でもあり，指導の成果が選手に届いた時に，選手には「知る」が発生するのです。

2015年に文部科学省が出した「グッドコーチに向けた『7つの提言』」（文部科学省，2015）では，「常に学び続けましょう」として「知る」こと，特に「知る」ために間断なく「知る」行動を継続することの意味を指摘しています。「知る」に関しては，対象として捉える世界がきわめて広範囲に広がっています。一般的には，最新の理論や情報を手に入れる行動を想起しがちですが，それはもちろんのこと，「なぜ自分はコーチングを行うのか」「コーチとして何を目指すのか」「そのことが社会にどのようにつながっていくの

か」（文部科学省，2013）といった哲学的とも言える命題が横たわる一方で，「スポーツ医・科学やマネジメントなどの知識を深め」（日本陸連，2018）ながらなお，目の前にいる選手の現状から心理状態，さらにはライバルたちの実力や技術までもが手を伸ばしたくなる範囲に横たわっています。

（5）スポーツを伝える

　かつて新聞の独壇場だったスポーツを伝える行動は，その後映画に引き継がれ，やがてラジオが加わり，テレビの登場を経て今ではスマートフォンの時代になっています。一方通行のこうした伝える行為が転機を迎えたのは，携帯デバイスとアプリの進歩に負うところが少なくありません。しかもそこで主役を張るのは，今やSNSです。選手やその家族，友人のみならず，コーチもなにがしかの形でこうした道具を使いながら，伝える行動をそれまでより広げていたりはしないでしょうか。

　競技団体や自治体もそれぞれ工夫を凝らし，情報発信につとめるのが常識になってきました。膨大な人を対象にした範疇で言えば，ワールドアスレチックス（以下，「WA」と略記）やIOCといった大きな組織では，それぞれが主催するイベントに関して放映権の中での約束を守りながら，試合映像や選手を取り上げた映像素材の配信に積極的に取り組んでいます。競技団体にとっては普及や競技の価値向上に欠かせないだけに，高いレベルでの発信は特別なことではなくなっているのです。

　コミュニケーションの世界では，「伝える」はインターラクティブ（双方向）を原則としています。受信者が膨大な数にのぼり，しかも情報が一度に展開されるとなるとすべて双方向とはいきませんが，たとえ発信元が巨大な

組織でも，そこに意識を置かない伝える行為は，やがて活力を失っていきます。それが1対1に始まるコーチングの局面ではなおさらのことでしょう。面と向かった時の対応はもとより，相手が見えない距離にいたり電子媒体が介在したりする時にも，この双方向性は，常に欠かせないものになってきています。

（6）スポーツに関わるアクション

　メガイベントは，特定の年月を間に挟みながら，間断なくやってきます。多くの選手たちが家族や友人，ふるさとの人々の声援を背景にこれからも大舞台に挑んでくることでしょう。金メダル間違いなしと言われて畳に上がる者もいるに違いありません。しかしスポーツは，いつもハッピーエンドで終わるとは限らないのです。つまずいたり転んだりすることが当たり前に起こる世界なのです。期待に応えられず敗退した選手。勝利を目の前で取り逃したチーム。そうした人たちに，私たちはどんな声をかけられるのでしょうか。期待を裏切ってしまったと自分を責める選手に，勇気を振り絞って人前に出るよう送り出せるのでしょうか。見て見ぬふりをするのでなく，ただ慰めるのでもなく。ともに立ち上がるための手を差し伸べる準備をしておかなければなりません。

　私たちの中には，長い間に培われた習慣の中で，ほとんど無意識に取る行動があります。その1つが反省です。

　反省は，必ずしも人に対して謝る行動ではありません。一方的に自分の非をとがめ，謝罪をする場でもありません。本来の狙いは，振り返って考えること，自分の行動の可否を問うてみることなのです。そこで生まれるアクションを単語にすれば，「検証」「再現」

「分析」「比較」など，さまざまな行為で冷静に状況と自分を見比べる力です。成功した場合にも反省し，失敗した場合にも反省する。反省は，目的をもった行動につきまとう，ごく自然のいつもある行動なのです。それは本来，他人から要請されるものでなく，常に自分から取り組むものであるはずです。

　改善の思いは，失敗のあとにひときわ強くなります。うまくいかなかった時に何を見直すべきか。反省の主体が指導者であった場合にも見直しの対象は多岐にわたります。選手を見直す。環境を見直す。組織を見直す。体制を見直す。練習を見直す。コミュニケーションを見直す。コミュニケーションを見直すとは，いったい相手が何を不足だと思っているのか，自分に何が足りないと思っているのかを，しっかり還流させることです。還流させるためにどうするのか。

　優れたコミュニケーションのためにやるべきことは，人の話をよく聞く。そして，よく見る。さらには伝えるです。この3つの要素が，コミュニケーションを構成しているのですが，始めに取りかからなければならないのは，明らかに，聞く，見るではないでしょうか。となれば，それこそ「反省」と同じ行動なのではありませんか。よく聞き，よく見ることによって，おのずと伝えることが醸成される。それが我々の周りに介在するコミュニケーションの環境ではないでしょうか。

5. コーチ養成の方向

　日本陸連が将来構想を掲げていることはすでに承知のことかと思います。資格をもつコーチにそここここで陸上競技の魅力を伝え，選手の力量を伸ばし，市民ランナーの満足度を高めるための礎になってもらいたい。そのために組織として何をするのか。日本陸連はいま，指針に沿って前進するにあたり，小さく転換期にかかっています。目の前に高々とそびえていた母国開催のオリンピックが役目を終えたのも1つのポイントです。ウイルスの影響で社会の動き方が変わったのに始まって，人の集まりに制限がかかりやすい体験をしたこと。そして，陸上競技を支えてきた学校の部活が大きく方向を変えようとしていることにも理由があります。

　私たちの前には，新しい施策を打てば対応できる案件と，工夫次第で乗り越えられる問題がある一方で，国の政策をもってしても簡単に止めようのない現象とがあります。少子化は，グラフの傾きが方向を転じる気配がありませんし，高齢化は押しとどめようのない状態が続いています。全体状況を見た上で隘路をどう切り開いていくのか。直近の未来を堅実に踏み固めながら，さらに先のありようを変えるには，思いきった提言が必要です。同時に私たちに求められているのは，現今の環境下で陸上競技をいかにして普及していくか。元来どんなスポーツでも，それを預かる組織が普及の手を緩めることなど考えられないものです。自らのスポーツの魅力を多くの人に味わってもらいたい一方で，目の前に姿を現す子どもたちには未知のことが山ほどあるのです。普及活動が求められ，教育が必要だと叫ばれるゆえんです。

　必要性を叫んでいる人そのものが，新たな人間が生まれるのと同じスピードで老化を重ねていきます。コーチを養成する仕事は，言ってみれば終わりのない旅なのです。

（山本　浩）

〈文献〉

浅川正一編（1969）野口源三郎遺稿集．不昧堂，p.2.

石黒えみ（2020）スポーツ指導者．渡邉一利編，スポーツ白書2020．笹川スポーツ財団，p.208.

嘉納治五郎（1903）社会には指導者を要す．朝日新聞1903年1月26日付．

国立国会図書館デジタルコレクション（online）国立国会図書館．https://dl.ndl.go.jp/search/searchResult?featureCode=all&searchWord=指導者&fulltext=1&viewRestricted=0，（参照日2021年7月3日）．

大道寺友山（1943）武道初心集（7版）．古川哲史校訂．岩波文庫，pp.170-171.

日本体育協会編（1968）スポーツ八十年史（2版）．日本体育協会．

日本体育協会編（2016）指導者育成のあゆみ．日本体育協会．p.60.

日本スポーツ協会（online）JSPOのあゆみ．日本スポーツ協会．https://www.japan-sports.or.jp/about/tabid1216.html，（参照日2021年7月3日）．

日本陸上競技連盟編（2018）中学校部活動における陸上競技指導の手引き．日本陸上競技連盟，p.4.

日本陸上競技連盟編（2020）陸上競技ルールブック2020年度版．日本陸上競技連盟，p.7.

野口源三郎（1918）オリムピック競技の実際．大日本体育協会出版部，p.3.

野口源三郎（1925）軍事教育に直面せる体育教師の態度．大日本体育協会．再録編著：浅川正一（1969）野口源三郎遺稿集．不昧堂，p.24.

三木清（1946）人生論ノート（19版）．創元社，p.115.

文部科学省（2013）スポーツ指導者の資質能力向上のための有識者会議（タスクフォース）報告書．文部科学省，p.7.

文部科学省（2015）グッドコーチに向けた「7つの提言」．https://www.mext.go.jp/b_menu/houdou/27/03/__icsFiles/afieldfile/2015/03/13/1355873_3.pdf，（参照日2021年5月24日）．

読売新聞（1917）体育研究所－国立の儀．読売新聞1917年10月11日付．

読売新聞（1921）体育指導者講習会．読売新聞1921年8月11日付．

読売新聞（1937）日米コーチ対談會．読売新聞1937年8月24日付．

読売新聞（1977）ミニ解説スポーツ指導者制度．読売新聞1977年1月15日付．

Diem, C. (1971) Weltgeschichte des Sports. (3te Aufl.) Cotta Verlag, p.215.

Kidman, L. and Hanrahan, S. (2011) The coaching process. (2nd eds.) Rouledge Taylor & Francis Group, p.207.

Maraun, H.K. (1987) Lehren. In：Eberspächer, H. (ed.) Handlexikon Sportwissenschaft. Rowohlt Taschenbuch Verlag GmbH., pp.218-219.

Siegel, M. & Dr.Buchwitz (2021) Welche Lizenz für wen?. Leichtathletiktraining．4．rainerausbildung_lizenzstufen_siegel-m_buckwitz-r.pdf.

UK Athletics (2020) UK Athletics Limited Conditions relating to the UKA Coach Licence Scheme. UK-Athletics-Coach-Licence-and-Booking-Term-and-Conditions.pdf.

USATF（online）Safesport. https://www.usatf.org/safesport，（参照日2021年7月3日）．

コーチ・コーチングとは

1. はじめに

　陸上競技の競技力向上のためのトレーニングは，体力および技術に関して多くの時間を割いていく競技特性があります。そのため，チーム競技やゲーム性の強い競技よりも，理論や知識を高めていくことがコーチングスキル向上のメインとなると考えているコーチも少なくありません。我が国から出版されているのは，陸上競技のコーチング系，陸上競技の技術およびトレーニングに関する書物が圧倒的に多いのも，パフォーマンス向上のための手法に興味関心があり，実際にそれらの知識，理論，根拠などの客観性による指導手法またはティーチング手法が重要であるからだと考えます。一方で，コーチ・コーチングという根本的な手法や役割については，他競技に比べて多くの時間を割いてこなかったかもしれません。そこで本項では，コーチとしての役割や哲学，倫理について考えていきましょう。

2. コーチ・コーチングとは

　スポーツを指導する立場にある人物を「コーチ」と呼びます。コーチという言葉は，馬車を意味しています。馬車は目的地まで人を運ぶことから，選手を目的や目標を達成するところまで到達することを助けるという意味で転用されました。米国では馬車から自動車に代わった現在においても遠距離バスをコーチと呼んでいます。また19世紀初期の英国では，家庭教師を指す用語となり，スポーツの場面でも使用されるようになったと言われています。

　職業としての「コーチ」は，スポーツ界だけでなくビジネス界でも成り立っています。アップルの創業者であるスティーブ・ジョブズもコーチをつけていた一人です。企業の役職者や社員が主体的に目標達成するためのコーチングを行う役割を担い，リーダーシップを題材にした研究も進んでいます。ビジネスの世界でも利益を求めるためには，リーダーシップの重要性を唱えることが多くなり，サーバント・リーダーシップ[*1]，変革的リーダーシップ[*2]，状況的リーダーシップ[*3]などの理論が生まれています。スポーツおよび陸上競技におけるコーチ業の確立やコーチングビジネスとしたプロフィットは後塵を拝しています。しかしながら，ビジネス界でのコーチとは異なり，人間形成の不完全な育成期に携わることが大部分であることや，オリンピックなどハイパフォーマンス分野でのコーチングを遂行することとなるスポーツや陸上競技におけるコーチの役割は，多様で非常に不可欠な存在で，今後の発展が期待できる可能性

のあるのがコーチ業やコーチ職です。

　我が国の陸上競技界でのコーチを指す名称は，"先生"と呼ばれる人材が最も多いのではないでしょうか。先生は，アスリートを牽引する指導者というイメージで私たちも指導を受けていたと感じており，どの部分がコーチで，どの部分が先生としての立ち居振る舞いだったのか，その区別はつきにくい世代に生きてきました。陸上競技において，なぜ"先生"でなく"コーチ"としてアスリートに接していくことが好ましいかを，考えていきましょう。

3. 我が国のコーチング背景

（1）運動部活動から発展したコーチ体制

　我が国における陸上競技の指導者の呼び名は，"先生"と呼ばれていることが多いようです。これらの背景として，我が国の陸上競技に関わる指導者は，学校教育活動の一環あるいは延長上に存在する正課外活動としての陸上競技部運営に携わってきている教育機関の教職員が大多数を占めております。教職員は，公的機関や厳正な審査基準から採用に至ることから，社会的信頼や指導の質を担保してきました。その結果，我が国における広域層がスポーツ活動に携わることができ，中高校生層の日本陸上競技連盟登録者数は，他国を大きく上回ってきました。また，各地域における競技会運営および都道府県陸上競技協会の運営なども教職員が中心に手がけてきたことで，顕著に中・高・大学期における継続的な普及育成活動に貢献してきました。

　このように我が国における部活動指導は，競技者育成においては貢献と発展を遂げてき

ましたが，教職員の労働過多による働き方改革や部活動での暴力・ハラスメントが問題視され，教職員に関する部活動コーチのあり方や組織改善が求められるようになっています。また陸上競技においては，教育機関を中心とした活動が中心となっており，プロフェッショナルコーチやハイパフォーマンスコーチの育成や組織体系は皆無に等しい状況となっています。しかしながら，継続的なスポーツ活動の質的保持をしていかなければならない一方で，著しい社会状況の変化によるスポーツ環境の変化が訪れていることから，多くの解決すべき問題点が現れています。

（2）立場の優位性

　学校教育をはじめとするクラブ組織体制の中では，コーチは，生徒や学生やクラブメンバーを守り尊敬される立場にあることから，必ず主従関係が生まれます。所属する立場の絶対的優位性があることを認識しなければなりません。この問題の中には，立場の優位性から起こる育成段階を考慮していない勝利至上主義や，立場を無視した暴力・ハラスメントなどの問題が多く浮上しています。

　これらを問題視した文部科学省は，暴力・ハラスメント根絶のために，学校教育と部活動の位置づけや教職員と部活動のあり方について，文部科学省をはじめとする関係各所で議論されてきています。部活動を中心として発展してきた陸上競技のあり方について，変革時期がもうそこまで迫っており，私たちコーチが，領域や立場を越えてグッドコーチにならなければ，子どもたちのスポーツ活動が萎縮し，陸上競技の価値や魅力が消失してしまいます。

　そこで，陸上競技のコーチとしての役割を

明確にして，変革する新しい時代を発展させるために，コーチおよびコーチングについての基本的な哲学や役割について考えていきましょう。

4. コーチング哲学・倫理

（1）グッドコーチの資質能力

2015年，文部科学省より，グッドコーチに向けた「7つの提言」が提唱されました（**表1**）。さらに2016年には日本スポーツ協会より，グッドコーチに求められる資質能力（グッドコーチ像）が示されました（**表2**）。資質能力とは，「プレーヤーやスポーツの未来に責任を負う上で幹となる思考・判断を中心に，実際のコーチングを適切な方法で表現

し良好な関係を築くための態度・行動により形成される」としています。

グッドコーチ像の概要としては，まずコーチ自身がスポーツを愛し，その意義と価値を自覚し，スポーツ文化の創造やスポーツの社会的価値を高めることが前提にあります（第1章）。またコーチは，アスリートの自立を支援するために，自分自身を見つめ直しながらアスリートとともに成長し，アスリートの人間的成長を長期的視点で支援します（第4章）。さらにアスリートの権利，尊厳，人格を尊重し，アスリートが社会の一員として規範となるような行動を取れるよう導くことを求めています（第5，9章）。そして，スポーツに関わる全ての関係者が協力・協働・協調できる環境（第3章4-2）をつくり出すことのできるコーチがグッドコーチ像に挙げられています。

表1

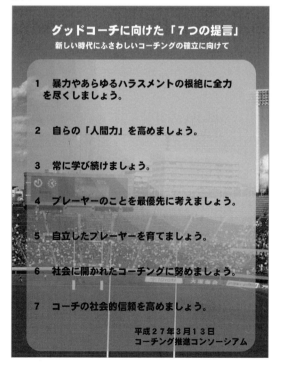

表2

グッドコーチ像
スポーツを愛し，その意義と価値を自覚し，尊重し，表現できる人
グッドプレーヤーを育成することを通して，豊かなスポーツ文化の創造やスポーツの社会的価値を高めることができる人
プレーヤーの自立やパフォーマンスの向上を支援するために，常に自身を振り返りながら学び続けることができる人
いかなる状況においても，前向きかつ直向きに取り組みながら，プレーヤーと共に成長することができる人
プレーヤーの生涯を通じた人間的成長を長期的視点で支援することができる人
いかなる暴力やハラスメントも行使・容認せず，プレーヤーの権利や尊厳，人格を尊重し，公平に接することができる人
プレーヤーが，社会の一員であることを自覚し，模範となる態度・行動をとれるよう導くことができる人
プレーヤーやプレーヤーを支援する関係者（アントラージュ）が，お互いに感謝・信頼し合い，かつ協力・協働・協調できる環境をつくることができる人

（日本体育協会，2016）

（2）アスリートセンタード

2018年，日本スポーツ協会は，プレーヤーを中心にしながら，それを取り巻くアントラージュ[*4]自身のWell-beingも意識しつつプレーヤーを支えていこうとする「プレーヤーズセンタード」という言葉を用いました。プレーヤーズセンタードとは，コーチ，マネージャー，保護者，観戦者，審判，メディアなど，スポーツに関わる人々全てのセンターにアスリートを置くことです。陸上競技でいえば，「アスリートセンタード」という言葉に言い換えられるでしょう（**図1**）。

アスリートのもつ能力を引き出すためには，コーチは必要不可欠な存在ですが，コーチだけでは，アスリートの能力を向上させることはできません。アスリートに関わる全ての人たちの協調ができた時に，全ての活動の意義や関わったお互いの能力や幸福感が向上します。つまりコーチは，アスリートが自らの力で目標達成することを支援するための存在です。アスリートを取り巻く関係性をつなぐ役割の一部であり，アスリートを中心としたあらゆる関係者（アントラージュ）とのハーモニーを保ちながら，陸上競技の意義と価値を高めていこうという考えです。

この教本は，コーチのための教本ですが，アスリートセンタードを構築するために，コーチの質的向上をしていくためのものです。コーチがアスリートとの主従関係を構築するのではなく，常にアスリートセンタードを前提として，コーチ自身がアスリートからも関係者からも常に学びを進めていくことが重要であると考えます。

（3）コーチング環境のオープン化

コーチング環境のオープン化は，アスリートセンタードを構築していれば自然と実行できるものであるかと思いますが，暴力やハラスメントを根絶するためにもコーチは常に意識・確認しながら行動していく必要があります。具体的には，コーチ自身のオープンマインド，コーチとアスリートとの関係，主従関係ではないコーチングスタッフ体制，閉鎖的なトレーニング環境などをオープンにしていくことです。

図1　アスリートセンタード

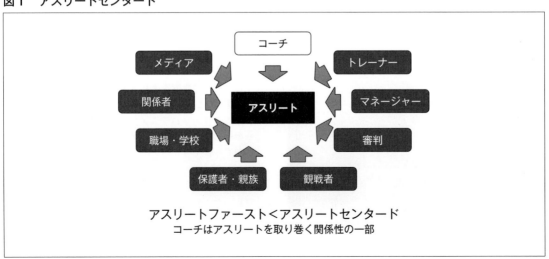

まずは，コーチ自身のオープンマインドな姿勢と態度が必要です。コーチはさまざまな関係者や社会的つながりをもちながら，まずはアスリートに対して，そして陸上競技に関わる全ての関係者，あるいは陸上競技以外のスポーツ競技関係者に対して，オープンマインドで接することで，人間的に前を向いて進んでいく価値を見出すことができるでしょう。

2020年から世界中を襲っている新型コロナウイルスによって，スポーツは中断や縮小せざるを得ませんでした。コーチはアスリートの能力向上だけを追いかけていても，陸上競技の価値はもとより，スポーツの価値を示すことができなかったと思います。アスリートが活動を止めないようにするために，コーチはアスリートとの対話だけでなく，陸上競技が社会的な活動の一部であるという認識を促していく必要があります。

陸上競技のもつ特性上，競技力の向上だけをめざすことに執着してしまうと，いつの間にかアスリートとコーチだけの環境で破綻を招く事例が多くあります。中・高・大の教育機関は，閉鎖的な環境や空間で完結してしまいがちですが，このような環境で集中したトレーニングを行うと，比較的短期的に成果が現れることがあります。そのため，コーチは知らず知らずのうちに閉鎖空間をつくり出し，アスリートの競技力向上は「100%私（コーチ）のおかげであり，私の話だけを聞いていればいい」という思いに陥ることがあります。

コーチは，変わりゆく時代の思想と，若いアスリートとの考え方のジェネレーションギャップに気づかないことが多くあります。そのため，ほとんどの場合，中・長期的には破綻してしまうどころか，暴力やハラスメントにつながるケースが後を絶ちません。いつの間にかコーチは，自身の有能さを示そうとしだし，アスリートの有能さを向上させる目的を達成できなくなってしまいます。また，ハラスメントを行っているコーチは，その自覚は全くないのが実情です。

これらを防止するためには，コーチングスタッフの組織体制を構築し，PDCAサイクルなどを用い，コーチ間の連携や情報交換をもてるようにしていくことや，主従関係にないコーチや関係者を置き，コーチ自身の考えや行動の幅をオープンにしていくことで，常にコーチ自身の行動を確認していくことが大切です。

コーチは自身の周囲環境をオープン化し，アスリートの知識・技能などの競技力を向上させ，思考・判断・態度・行動などの人間力を中・長期的に伸ばしていくことを主目的としなければなりません。

5. コーチにおける インテグリティ

インテグリティとは，米国ビジネス界において組織のリーダーとして求められる最も重要な資質や価値観とされているもので「誠実」「真摯」「高潔」を指します。

企業においては，利益を追求することは重要なミッションですが，企業が継続的かつ安定的に存続するためには，社会的責任を果たしていく必要があるという理念と法則性があると言われています。その中で種々の不祥事が取り沙汰されますが，この不祥事を防止するためにもインテグリティが必要と唱える人たちが多くなっております。

スポーツ界においても，JSC（日本スポーツ振興センター）は2016年より「スポーツ・

インテグリティ・ユニット」を設置して，八百長，違法賭博，ガバナンス欠如，暴力，ドーピングなどからSports Integrity（スポーツの誠実性・健全性・高潔性）を守る取り組みを強化しています。またJOC強化指定選手を対象として，インテグリティ教育事業や研修会を積極的に行っています。これらはアスリートに求めることが多いのですが，コーチが率先してインテグリティに関しての理解を推進していくことが重要です。

アスリートの起こす不祥事，日本代表としての立ち居振る舞いや，他の人への差別的発言などによって，競技継続が困難になってしまう事例が多くなっています。また，コーチや関係者による暴力・ハラスメント，ガバナンス欠如による言動の問題などは，大きな社会問題へと発展しているケースが多くあります。現在では特に，自身の言動がマスコミやSNSへの拡散や反響が大きく，必要以上に社会的制裁を受ける場面も見受けられます。これらは，アスリートだけでなく，コーチにも当てはまることです。まずはコーチ自身が誠実・真摯・高潔性を重視した言動を示していくことが，アスリートの不祥事や事件を防ぐことになると考えます。

6. コーチにおける サイエンスリテラシー

アスリートへのアプローチは，科学的にやっていればコーチングをきちんとしていることにはなりませんし，コーチングは科学とは異なるから取り入れないというのもおかしなことです。

研究者がそのまま科学的理論を応用しても，アスリートの競技力向上に直結しないケースは多く存在します。また一般的な科学理論をつなぎ合わせてもアスリートのパフォーマンス向上が見られない場合があります。良いとされる理論を継続していても何の変化もないことがあります。これらが科学的アプローチをしていれば，アスリートは強くなるとは限らない所以です。

しかしながら，科学的な知識やアプローチがあることによって，明確であること，不明確であること，できること，できないことが明確になってきます。またコーチは，アスリートに対して刻々と変化する時間軸の中で取捨選択して整理していく役割があります。その中で，区別―選別―実践―形成のプロセスを実施していくことがコーチングの科学となります。したがって，コーチは科学的方法論を駆使して行うといったイメージではなく，区別―選別―実践―形成のプロセスの中で，客観的検証プロセスをもちPDCAサイクルを実行していくような規則・法則性の適応力として，サイエンスリテラシーのあるコーチとなることができます（**図2**）。

特に，サイエンスリテラシーは新たな道を切り開くようなトップアスリートのコーチはもちろんですが，強化育成（オリンピック育成競技者）や日本代表強化コーチには必要不可欠であり，都道府県強化育成に関わるコーチにも必要不可欠となってくる日は近づいております。これらのコーチ職種の方々は，日頃コーチングしているアスリートではなく，選抜された選手を短時間や短期間で評価検証し戦術指導をするような即興性を求められることもあります。そのため，スポーツに関わる基礎科学領域はもちろんですが，映像分析能力や情報分析能力など身につけていることが求められます。

図2　コーチにおけるサイエンスリテラシー

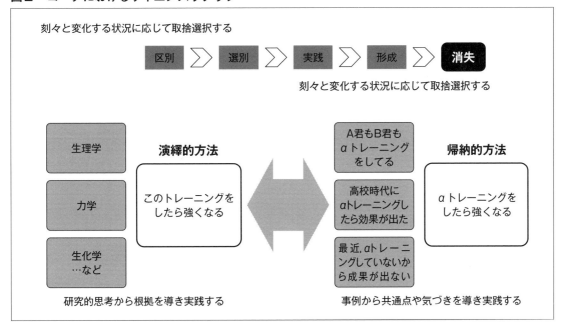

また，強化スタッフは強化戦略および代表選考に関わる明確かつ公明性を担保できるようにしなければなりません。これらのリーダーシップを取るための組織哲学や高い倫理観と発信力が求められます。

7. 競技レベルや発達段階に応じたコーチングスタイルの確立

PMモデルは，ビジネス界では一般的となっている状況型リーダーシップ論（SL理論）と解釈できると思いますが，競技者の発育発達段階，パフォーマンス上達度などの状況に応じて第1ステージから第4ステージまでのコーチングスタイルを変容させていく可変型コーチングスタイル（**図3** Coaching Performance-Maintenance Model：以下PMモデル，図子）で解説します。

PMモデルの第1段階は，指導型コーチングスタイル，第2段階は中級者段階を対象とした指導・育成型コーチングスタイル，第3段階は育成型コーチングスタイル，第4段階はパートナーシップ型コーチングスタイルに分類されています。これらを日本陸上競技連盟の提唱する競技者育成のための6つのステージに当てはめながら，各段階に応じたコーチングスタイルを考えていきましょう。

(1) ステージ1〜2（幼児〜小学校期）

ステージ1〜2に当てはまる初心者段階においては，PMモデルの第1段階である指導型コーチングスタイルが当てはまるでしょう。ただし，指導型というのは，コーチによる技術や体力の指導行動というよりは，陸上競技の機会や環境を増やすための指導行動となります。その中で，走跳投をはじめとする基本的な動作をプログラム化して，子どもたちの身体活動を指導していくことが求められます。

図3　競技者育成のための６つのステージにおけるスポーツコーチング型PMモデル

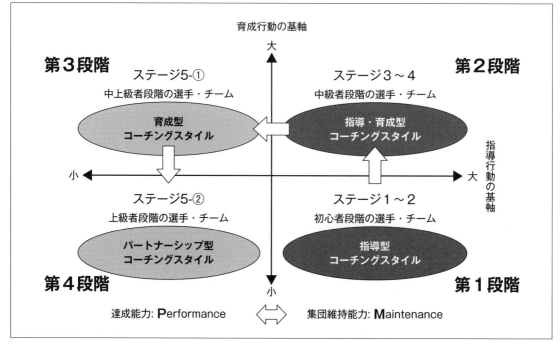

（図子，2014を改変）

（2）ステージ３～４（中学～高校期）

　PMモデルの第２段階が当てはまり，中級者を対象として，指導行動と育成行動を適材適所で選択し，アスリートが自主的に選択することでパフォーマンスを向上させるようにしていきます。大半の競技会参加型のアスリートが，競技を始めて競技を終了するステージとなり，このステージを指導するコーチの割合もコーチ全体の中で多数を占めます。したがって我が国のコーチングを実践している方々の考え方やイメージは，このカテゴリーに合わせて形成されていることが多いと思われます。なお，この段階から他の競技への転向など，他の人生を歩むアスリートとなる場合もあることから，この時点でのライフスキル[*5]を高めておく必要があります（日本陸連，online）。

（3）ステージ５（大学・社会人期）

　PMモデルの第３段階となると，より専門的競技力を向上させる時期となります。ハードで専門的なトレーニングを要求されますが，コーチはなるべく指導行動を控えアスリートの自主性を尊重していく方向へ移行します。しかしながら，放任スタイルにならないようにしていくことが重要で，アスリートの些細なサインや変動は競技結果や競技人生を大きく左右させてしまう場合があるため，見逃さないようにすることが非常に重要です。そのため，コーチは見守る行動が多くなりますが，身体の発育発達の急成長は止まる時期であることから，一時的なプラトーに陥るアスリートや，逆に急成長を遂げるアスリートなど混在してきます。従って，アスリートの競技レベルの差や，個別性が大きく出てくる

競技レベルであるかと思いますので，コーチングにかける人数などは少数に絞っていくことが重要です。

PMモデルの第4段階もこのステージ5に当てはまります。ごく少数となるかもしれませんが，国際的な競技発達をしたアスリートのイメージです。このレベルのアスリートは，しばしばコーチのキャリア，能力や技量をアスリートが越える場合があります。ビジネス界で言えば，コンサルティングやメンタリングといった競技者への直接的な専門指導ではなく，大きな方向性を指し示すようなコンサルティングや，気づきや動機づけを与えるようなメンタリングをしていきます。ここでは特にアスリートとコーチがお互いに学び合う姿勢や指摘し合う関係であったり，コーチはサーバント・リーダーシップのようなパートナーシップ型コーチングスタイルを選択していく方が，継続的かつさらなるレベルアップしたコーチングを遂行しやすいのではないかと思います。その一方でアスリートは，競技結果の注目度が高く，その結果の良し悪しにかかわらず，予想もできない非常に大きなストレスをかかえる場面があります。不確実で先の見えないものへの挑戦や失敗などに対応するため，変革型リーダーシップを取り，アスリートの考えや価値観の変化をうながすような場面も想定することは必要だと思

います。

8. コーチ・コーチングの今後

陸上競技は，記録追求型の競技特性をもっています。我が国のコーチは，技術習得やトレーニングの合理性を追求する知見を得るための研鑽を怠らず，世界でも十分通用するコーチングの知識を学び，その知見を絶えず更新するような勤勉さをもち合わせているかと思います。しかしながら，私たちのもつコーチングにおける基礎的知見の更新速度よりも，ハラスメントの防止，少子化，教育機関での働き方改革や部活動のあり方，クラブ運営への変化，プロスポーツをもつ競技団体の組織の変化など，社会的変化の方がはるかに早いことや，アスリートがいだく価値観も加速度的に変化していることに気づかされます。コーチはこの変化に対応していくことが必須ですが，最近では，プロセスのみを評価してしまう傾向もみえかくれします。コーチはプロフェッショナルであろうと，ボランティアであろうと，アスリートが自らの力で目標達成することを支援するための極めて重要な役割を担っていることを忘れてはなりません。

（山崎 一彦）

〈注〉
＊1 サーバント・リーダーシップ：相手の能力を肯定し，相手に奉仕し，お互いの利益になるよう信頼関係を築く支援型リーダーシップ理論。
＊2 変革的リーダーシップ：不確実な環境の中で組織をいかに導いていくかを探り，相手の価値観や態度を変化させるリーダーシップ理論。
＊3 状況的リーダーシップ：SL理論（Situational Leadership Theory）と称され，相手の能力や習熟度を図りながら，有効なリーダーシップ方法に変化させていくリーダーシップ理論。
＊4 アントラージュ：競技者が競技力を最大限に発揮するための支援や，競技環境の整備などを行う関係者。

例えば，指導者，トレーナー，医療スタッフ，科学者，家族，競技団体の役職員，審判員などが含まれる。

＊5 ライフスキルトレーニング：自分の思考や状態を自分自身で認識し，常に最善の選択を行えるように自分をコントロールするための「自分の最高を引き出す技術」を身につける。

〈文献〉

Burns, J. (1978) "Leadership, 1978." New Yorker: Harper & Row.

Greenleaf, R. K. (1977) Servant leadership, Paulist Press.

シュミット・ローゼンバーグ・イーグル：櫻井祐子訳（2019）1兆ドルコーチ．ダイヤモンド社．

Greenleaf, R. K. and Spears, L.C. (2002) Servant leadership: A journey into the nature of legitimate Journal, 23（5）: pp.23-34.

Hersey, P and Blanchard, K.H. (1969) "Life cycle theory of leadership." Training & Development Journal, 23（5）: pp.23-34.

日本コーチング学会編（2017）コーチング学への招待．大修館書店．

日本体育協会（2016）平成27年度コーチ育成のための「モデル・コア・カリキュラム」作成事業報告書．

日本スポーツ協会（2020）Reference Book第3刷．

日本スポーツ振興センター（online）スポーツ・インテグリティーの保護・強化に関する業務．https://www.jpnsport.go.jp/corp/gyoumu/tabid/516/Default.aspx（参照日2021年8月20日）．

日本陸上競技連盟（2018）競技者育成指針．https://www.jaaf.or.jp/development/model/,（参照日2021年8月20日）．

日本陸上競技連盟（2020）ライフスキルトレーニングプログラム．https://www.jaaf.or.jp/lst/,（参照日2021年8月20日）．

日本陸上競技学会編（2020）陸上競技のコーチング．大修館書店．

松尾哲夫（2021）JSPOはなぜ「プレーヤーズセンタード」を提唱するのか，Sports Japan, vol. 56: pp.4-6.

尾縣貢（2000）学校における体育・スポーツに関する指導の改善・充実・運動部活動を中心にして-中等教育資料，12（5）: pp.20-25.

図子浩二（2017）コーチングモデルと体育系大学で行うべき一般コーチング学の内容，30, 3: pp.137-149.

競技者育成の基本的な考え方

1. はじめに

　日本陸上競技連盟（以下，「日本陸連」と略記）は，「国際競技力の向上」と「ウェルネス陸上の実現」という2つのミッションの達成に向けて，中・長期的な視点での競技者育成の方向性を示した「日本陸上競技連盟・競技者育成指針（以下，「指針」と略記)」を策定しました（日本陸連，2018a）。この指針では，ジュニア選手を取りまく現状と課題や，今後の競技者育成の方向性を示すとともに，年齢や発育発達段階を考慮した6つのステージ別の具体的な留意点も提示しています（**巻末資料**）。

　本章では，この指針の方向性や関連する根拠（エビデンス）を示しながら，望ましい競技者育成のための基本的な考え方について概説します。

2. 陸上競技の魅力にふれる幅広い機会の提供

　「才能のある（小・中学校期の）子ども（タレント）を発掘し，早期に専門的なトレーニングを開始することによって，より高い競技レベルに到達できる」という考え方には，長きにわたって国際的な関心が向けられてきました。結論から言えば，将来性の予測精度はかなり低く，早期のタレント発掘は困難であるというのが，近年行われている国内外の多くの研究の指摘するところです。その理由としては，1)シニア期に発揮されるべき能力が思春期前に発現しない，2)思春期前後の諸能力は発育速度の影響を受ける，3)横断的手法による限られたテスト結果からの予測が困難，4)タレントを識別する心理的・社会的尺度がほとんど開発されていない，などが挙げられています（日本陸連，2013）。

　同じ学年における誕生月日の違いが，学業やスポーツの成績に与える影響のことを相対年齢効果[*1]と呼びますが，これまでにさまざまなスポーツ，また多くの国において，ほぼ例外なく現れることが確かめられています。日本でも，例えばサッカーのJユース所属選手や，高校野球の甲子園出場選手において，相対年齢効果が顕著に認められるだけでなく，その影響がシニア世代（プロの選手たち）まで残存する傾向にあることも指摘されています。

　図1は，オリンピックや世界選手権に出場した陸上競技の日本代表選手（以下，「日本代表」と略記）および小学校期以降の全国大会出場者の誕生月分布を示したものです。日本代表には相対年齢効果がみられませんでしたが，小・中学校期の全国大会出場者における相対年齢効果は大きく，高校期くらいまで残る傾向がみられます（森丘，2014；日本

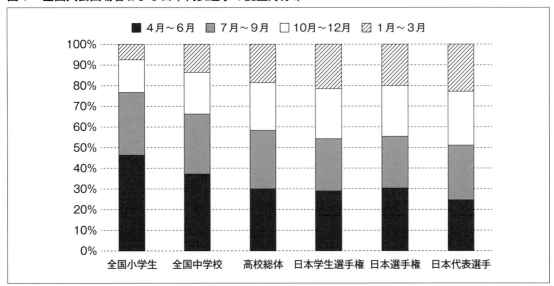

図1　全国大会出場者および日本代表選手の誕生月分布

凡例：■ 4月〜6月　▨ 7月〜9月　□ 10月〜12月　▨ 1月〜3月

（横軸：全国小学生、全国中学校、高校総体、日本学生選手権、日本選手権、日本代表選手）

（森丘，2014）

陸連，2016）。Hollings et al.（2014）は，U20およびU18世界選手権（U18は2017年大会をもって終了）に出場した選手（入賞者）の相対年齢効果について検討し，いずれのカテゴリーにもその影響が認められることから（特にU18において顕著），実年齢の低い選手に対する配慮や工夫が必要であると指摘しています。

ジュニア期に顕著にみられる相対年齢効果は，発育発達の遅い選手（以下，「晩熟タイプ」と略記）の運動有能感[*2]が育ちにくい状況を生みだしたり，発育発達の早い選手（以下，「早熟タイプ」と略記）に対する過度な期待や早期の競技（トレーニング）専門化を助長するなど，将来性のある選手のドロップアウトやバーンアウト（燃え尽き症候群）の誘因になることも懸念されます。中学から高校への進学時に陸上競技を継続する割合が30〜40％にとどまるという現状（**図2**）には，上記のことが少なからず影響していると考えられますし，将来的に陸上競技を支える

アントラージュ[*3]の減少にもつながりかねません。

このような影響を最小化するための試みの1つに，日本陸連の主催大会であるU18/U16陸上競技大会（以下，「U18大会」および「U16大会」と略記）の参加資格設定があります。これらの大会では，中体連や高体連が主催する全国大会とは異なる参加資格（学年ではなく年齢を基準とする）を設定しており，早生まれ（1〜3月生まれ）の高校1年生や大学1年生の全国大会出場（入賞）の可能性が高まるなど，高校・大学進学時の競技引退（ドロップアウト）に歯止めをかけるための一助となることも期待できます。

本来，相対年齢効果は，年齢を重ねるにつれて小さくなり，最後は消失するはずですが，現状では多くのスポーツにおいて，シニア期以降の競技プロセスにも影響を与えていると言えます。日本代表に相対年齢効果がみられないことは，陸上競技の特性の1つと言えるかもしれませんが，特に影響の大きいジ

図2 高校進学時の継続・非継続率と新規加入率

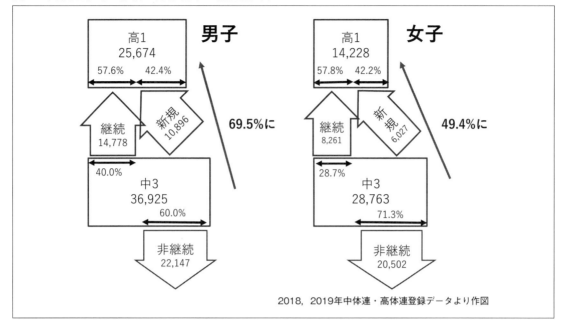

2018, 2019年中体連・高体連登録データより作図

ュニア期においては，競技会の順位や記録など競技成績に一喜一憂することなく，より多くの選手たちが陸上競技の魅力にふれられるような環境整備や活動内容の工夫が求められます。

3. 基礎的な運動能力を適切に発達させる活動の支援

2004年のオリンピックアテネ大会出場選手（4,455名）の競技開始年齢を比較してみると（Vaeyens, 2009），陸上競技はオリンピック競技の中でも専門化が遅い競技であることが分かります（**図3**）。日本代表の競技歴に関する調査によると，日本代表の多くは，小学校期に陸上競技を専門的に行っておらず（**表1**），運動遊びを「よくした（男女とも"鬼遊び"が1位）」と回答しており，全体的に運動有能感も高い傾向にありました。また，約8割が中学校期から陸上競技を始め

ているものの，全国レベルの大会の出場者は約4割に留まることから，この時期の過度な専門化を回避できていた可能性も指摘できます（渡邊ほか，2014；日本陸連，2016）。上記のエビデンスは，少なくとも陸上競技において早期のタレント発掘や専門化を導入する積極的な意味はないことを示唆していると言えるでしょう。

米国オリンピック委員会（United States Olympic Committee：USOC ※2019年にUnited States Olympic & Paralympic Committee：USOPCに改称）が策定した競技者育成モデル（American Development Model: ADM）では，発育発達期における適切なスポーツ活動として，フィジカル（身体）リテラシー*⁴の発達を促すために，自由かつ自発的な運動遊びや複数のスポーツ実施を推奨しています（森丘，2016）。陸上競技は，走る・跳ぶ・投げるという人間の基本的な運動（基礎的動き）で構成されていること

図3 オリンピック・アテネ大会出場選手の競技開始年齢

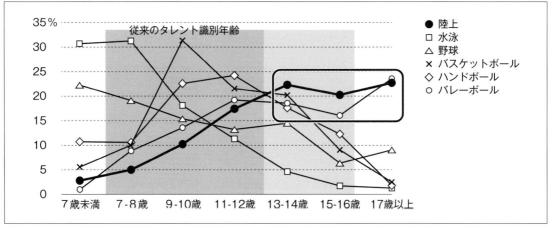

凡例：
- ● 陸上
- □ 水泳
- △ 野球
- × バスケットボール
- ◇ ハンドボール
- ○ バレーボール

（Vaeyens, 2009を一部改変）

表1 日本代表選手の陸上競技実施率 および競技レベル

	実施率	全国大会	
		出場	入賞以上
小学校期	16.3%	3.8%	1.9%
中学校期	79.8%	40.4%	20.2%
高校期	98.1%	79.8%	61.5%

※実施率＝複数競技実施者を含む　　　　（渡邊ほか, 2014）

から，生涯にわたってフィジカル（身体）リテラシーを育む上で最適なスポーツであると言えます。したがって，小・中学校期はもとより，高校期に至るまで，急いで1つの種目に絞るのでなく，走・跳・投能力をバランスよく高めることにより，生涯にわたって陸上競技を「する（極める）」ことを楽しむための基礎を培うことが求められます。

4. 多様なスポーツや複数種目への参加と継続の奨励

いわゆる「シーズン制」が採用されているアメリカにおいては，ジュニア期に複数のスポーツを実施することが一般的です。アメリカのオリンピック代表選手は，中学校期に平均で3つ以上，高校期でも2つ以上のスポーツを実施しており，このような複数の競技スポーツ経験について，おおよそ9割の代表選手が「（自身の競技歴において）有意義であった」と回答しています（USOC, 2014）。その他，オリンピックをはじめとする国際舞台で活躍する選手たちの経歴を調べた結果においても，競技水準の高い選手ほど，世界的水準に達するまで必ずしも多くの年月を要しない，専門化する年齢が遅い，思春期前後に複数のスポーツを経験している，などの特徴がみられます（日本陸連, 2013）。さらに，国際オリンピック委員会（IOC）の「ジュニア期の競技者育成に関する合意声明」（Bergeron et al., 2015）では，多様な運動遊びや複数のスポーツ経験が，のちに遭遇する失敗や困難の克服，厳しいトレーニングに向き合うための運動有能感の涵養，さらにはスポーツ障害やバーンアウト（燃え尽き症候群）のリスクの低下にも貢献する可能性が指摘されています。

上記の指摘は，ジュニア期における複数のスポーツ（種目）経験が，シニア期の競技力向上にも貢献する可能性を示唆していると言

えます。このような点を考慮し，全国小学生陸上競技交流大会では，男女の100mと男女混合４×100mリレー以外は，コンバインド種目（A：80mハードル，走高跳，B：走幅跳，ジャベリックボール投げ）を設定しています。また，U16大会では，基幹種目（オリンピック種目）以外に，接続種目（150m，三段跳，1000m，ジャベリックスローなど）を設定するとともに，実施種目のエントリーに複数種目の申込資格記録の達成を求めるなど，小・中学校期の競技会を通して早期専門化の回避や種目間トランスファーの促進というコンセプトが貫かれています。

日本代表においては，小学校〜中学校で約９割，中学校〜高校で約３割が「競技間トランスファー（他競技から陸上競技への参入）」経験者であり，中学校〜高校で約半数，高校〜学生・実業団で約３割が，陸上競技の中での「種目間トランスファー（短距離からハードルなど他種目への転向）」経験者であったこと（**表２**）が報告されています（渡邊，2014）。種目間トランスファーには，高校期から導入される種目への移行や，歩・走種目における距離変更なども含まれますが，いずれにせよトランスファーを経験している日本代表は少なくありません。したがって，ジュニア期には，上記のような複数種目の経験を促す試みはもとより，複数の運動部活動が経験できるような環境整備などが求められると言えるでしょう。

5. 中・長期的な競技者育成の最適化に向けた種目設定

男子100mの日本歴代20傑選手（以下，「日100m」と略記）と，世界歴代30傑選手

表２ 日本代表選手の競技間・種目間トランスファー

	競技間	種目間
小→中	92%	—
中→高	30%	55%
高→学生・実業団	2%	32%

（渡邊ほか，2014）

（以下，「世100m」と略記）の，生涯最高記録（以下，「PB記録」と略記）の平均達成年齢は，日100mの23.4±3.2歳に対して，世100mは26.4±3.1歳と，おおよそ３歳程度の差が認められています（森丘，2014）。また，PB記録に対する達成率の推移を比較してみると，日100mは高校期から大学期にかけて急激にパフォーマンスを高め，以降は徐々に低下する"山型"傾向であるのに対して，世100mは高校期からゆるやかにパフォーマンスを高めながら30代に至るまで高い達成率を維持する"丘形"傾向にあることが分かります（**図４**）。この傾向は，男子400mハードル（以下，「400mH」と略記）など他の種目にも認められることから，日本のトップ選手は，世界のトップ選手に比べて，PB記録を達成する年齢が早く，高い競技レベルを継続できる期間が短い傾向にあると考えられます。このような世界と日本の相違には，ジュニア期の競技会の高度化・シニア化（競技レベルの著しい向上や，オリンピック・世界選手権をモデルとした競技会の開催など）に伴う早期の専門化が影響している可能性が示唆されています。

日本トップレベルの男子400mH選手の高校期とシニア期のレースパターンを比較してみると，多くの選手においてジュニア期のレース前半の疾走（区間）速度が著しく低く，ハードル間の歩数も多い傾向にあることが指

図4　一流男子100m選手の記録達成率の推移

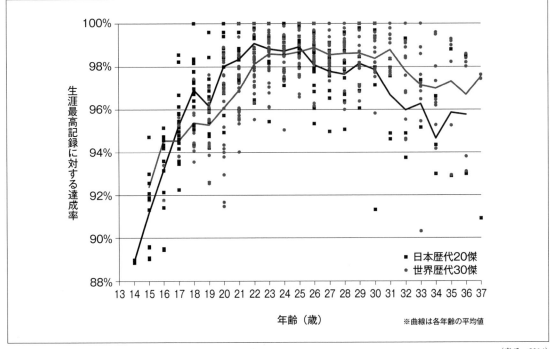

（森丘，2014）

摘されています（森丘，2015）。このような
レースパターンが採用される理由について
は，例えば全国高校総合体育大会（以下，
「インターハイ」と略記）への出場をかけた
都道府県・地区予選が失敗の許されない勝ち
上がりシステムであることや，400mという
距離を走ることの難しさなどが影響している
可能性も考えられますが，いずれにせよ大学
進学後，前半から高い速度で展開されるシニ
アのレースパターンへの対応に苦慮する選手
も少なくありません。そこでU18大会では，
前半からハイペースなレースパターンに挑戦
する機会の提供を目的として，300mハード
ル（以下，「300mH」と略記）を導入して
おり，この種目への出場をきっかけとして歩
数配分やレースパターンを改善し，パフォー
マンスを向上させていく選手も散見されます
（森丘，2015）。

また，U20日本選手権および国民体育（ス
ポーツ）大会の少年（ジュニア）種別では，
男子110mハードルの高さをシニアの1.067m
（以下，「110mH」と略記）から0.991m（以
下，「110mJH」と略記）に下げて実施して
います（インターハイは110mHを実施）。
ハードルの高さを下げて以降，ジュニア期に
110mJHを経験した選手を中心に，110mH
の日本記録も13秒2台，13秒1台，そして
13秒06（2021年6月30日現在）と着実に
更新され，オリンピック・世界選手権の決勝
をねらえるレベルにまで達しています。さら
に，国民体育（スポーツ）大会においては，
成年（シニア）種別における300mの実施も
予定されています。

このような種目（負荷）設定の変更は，固
有のレースパターンや日々のトレーニング内
容の改善，さらには種目間トランスファーの

促進にもつながることが期待できます。今後は，上記のような取り組みの効果について，日本代表レベルに至った選手の多様な競技プロセスを含めて検証しながら，種目間トランスファーのタイミングやジュニア種目の試合負荷（距離）設定などを最適化していくことが求められます。

6. 中・長期的な視点での競技者育成の重要性

図5は，競技パフォーマンス発達曲線を概念図的に示したものです（日本陸連，2018b）。小学校期から中・高校期にかけては，成長因子（身体の形態・機能）やトレーニング因子（技術・スキル）の変化が比較的容易に起こる時期であることから，競技パフォーマンスは著しく向上する傾向にありますが，この時期の競技パフォーマンスの優劣に発育発達の遅速（早熟，晩熟タイプの違い）が大きく影響することは明らかです。一方，シニア期は，成長因子の変化が停止し，トレーニングによる変化も容易には起こらなくなりますが，それでもさまざまな努力や工夫を重ねながら競技を継続していかなければ，日本代表レベルに到達することはできません。この概念図と，本章で示してきたエビデンスとを重ね合わせれば，陸上競技選手としての将来性の予測が少なくとも高校期以降でなければ難しいこと，そして国際レベルの選手になるためにはおおむね20代中盤以降までの競技継続が必要であることが示唆されたと言えます。

Gagne（1993）が提唱する「才能・タレント分化モデル（Differentiated Model of Giftedness and Talent: DMGT）」は，もって生まれた優れた才能・資質を「ギフト

図5　競技パフォーマンス発達曲線（概念図）

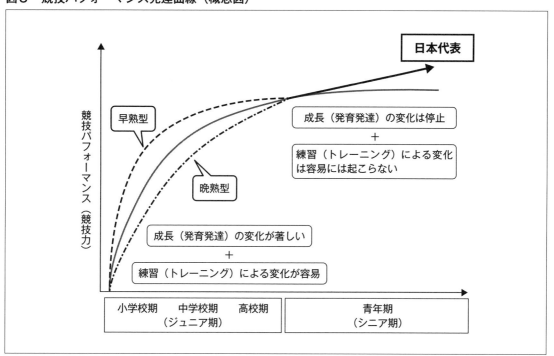

（日本陸連，2018b）

（giftedness）」，ある分野で系統的に開発・育成された高い能力・スキルを「タレント（talent）」と定義して区別し，ギフトがタレントへと移行する過程（プロセス）には多くの個人内要因や環境要因が影響することを指摘しています（**図6**）。例えば，ある競技会における選手たちの競技成績は，その選手のタレントを客観的に評価する情報として固定化されますが，その競技会以降も選手たちのタレントはダイナミックに変化していきます。したがって，厳密に言えば，将来性予測のための情報は常に過去のものになるというパラドックスが存在しており，他の競技スポーツに比べて専門化が遅いという特徴をもつ陸上競技においては，一層この点についての認識や配慮が求められると言えます。

　昨今のジュニア選手を取り巻くスポーツ環境では，国内外の競技会の過多および高度化・低年齢化の問題や，コーチ・保護者の過熱が引き起こす早期専門化による身体的・精神的な負荷の増大が懸念されるなど，選手の育成プロセスを中長期的な視点で最適化することの重要性が広く認識されているとは言い難い状況にあります。競技レベルや年齢を問わず多くのジュニア選手にスポーツ障害の所見が認められることや，オーバートレーニング症候群[*5]や相対的エネルギー不足[*6]の発生などの問題も数多く指摘されていることは，その証左と言えるでしょう（日本陸連，2014～2019）。これらの原因については，発育発達の個人差，栄養摂取をはじめとする生活習慣，トレーニング環境や内容，さらにはコーチ（指導法）の影響などが考えられますが，より高度な競技会に参加する選手やトレーニング量の多い選手ほど，その頻度が高まる傾向にあることも十分に認識する必要があります。

図6　才能・タレント分化モデル（DMGT）

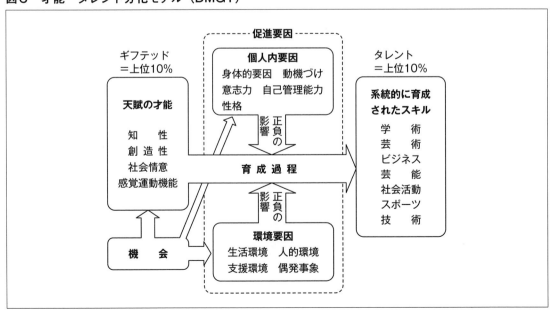

（Gagne, 1993）

7. 陸上競技を生涯にわたって楽しむために

　文部科学省（2014）の調査によると，運動・スポーツが「きらい（ややきらい）」と回答した児童（小学5年生の男女）の半数以上が，きらいになったきっかけとして「小学校入学前から身体を動かすことが苦手だった」を挙げており，すでに幼児期から運動・スポーツへの苦手意識が顕在化していることがうかがえます（図7）。幼少年期における運動・スポーツの経験や評価が，子どもたちの運動有能感を左右し，スポーツの実施や継続の判断（動機づけ）にも影響を与えていることは想像に難くありません。

　日本代表のジュニア期を通した「コーチへの満足度」は高く，「環境に恵まれた」と回答する選手も多い傾向にありました。そして，多くの選手たちが，「コーチからの言葉かけ」によって，陸上競技を始めたり，継続するきっかけを与えられたと振り返っています。これらのことは，コーチの言葉かけひとつで，体験的な事実がよい経験にも悪い経験にも変わりうることを示唆していると言えます。もちろん，全ての選手が日本代表をめざすわけでも，なれるわけでもありません。しかし，幼少年期から運動有能感を持ち続け，ジュニア期のドロップアウトやバーンアウトを回避しながら，シニア期に至るまで競技力を向上させ続けた日本代表の競技プロセスには，競技レベルの相違を超えたスポーツへの「動機づけ」の本質が含まれているように思われます。

　先に示したADMには，全ての育成ステージを通して最も重視すべきことは，スポーツの「たのしさ（fun and enjoyment）」であると書かれています。日本語で「たのしさ・たのしみ」は「楽」という漢字で表現されますが，英語では「fun」と「enjoyment」という言葉で使い分けられています。「fun」は，「面白さ，楽しみ，ふざけ」などを含意しており，それをすること自体が「楽しい」という遊

図7　運動・スポーツが「きらい・ややきらい」な理由

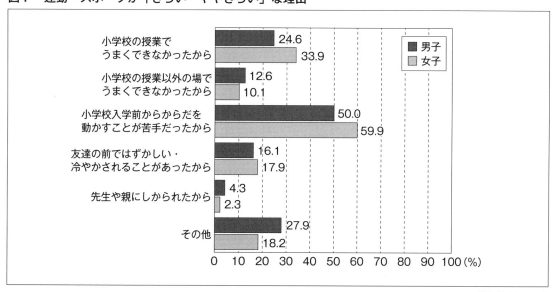

（文部科学省，2014）

びの一形態としてのスポーツの価値を表しているように思われます。一方，「enjoyment」は，「有意義な時間を満喫すること，喜びを与えてくれるもの」などを意味しており，努力や工夫の成果を競い合うことの「楽しさ」という競争・競技としてのスポーツの価値を表しているように思われます。したがって，特に幼少年期においては，陸上運動・競技を通して「体全体を大きく，素早く，力強く動かす」（文部科学省，2017）ことの素朴な楽しさを感じられる機会を増やすとともに，陸上競技の醍醐味である「記録への挑戦や他者との競争」を純粋に楽しむ経験を積み重ねていくことが大切であると言えます。そのことが，「国際競技力の向上」と「ウェルネス陸上の実現」という2つのミッションの達成，言い換えれば「1人でも多くの人が陸上競技を楽しみ，そして関わり続けるために」という指針の目的の達成につながっていくに違いありません。

（森丘 保典）

〈注〉
＊1 相対年齢効果：同じ学年における誕生日（実年齢）の違いが，学業やスポーツの成績などに与える影響のこと。
＊2 運動有能感：運動に関する身体的有能さの認知（自身の能力や技能に対する自信），統制感（努力をすればできるようになるという自信），受容感（仲間から受け入れられているという自信）という3因子から構成される有能感のこと。
＊3 アントラージュ：選手が競技力を最大限に発揮するための支援や，競技環境の整備などを行う関係者のこと。例えば，コーチ，トレーナー，医療スタッフ，科学者，家族，競技団体の役職員，審判員などが含まれる。
＊4 フィジカル（身体）リテラシー：さまざまな身体活動やスポーツ活動などを，自信をもって行うことができる基礎的な運動スキルおよび基礎的なスポーツスキルのこと。このリテラシーには，運動を楽しく，有能感をもって，意欲的に行えるといった心理的な側面，あるいは仲間と協調したりコミュニケートしたりできる社会的な側面も含まれるという考え方もある。
＊5 オーバートレーニング症候群：スポーツ活動などによって生じた生理的な疲労や精神的な疲労が，十分に回復しないまま積み重なり，常に疲労を感じる慢性疲労状態となること。
＊6 相対的エネルギー不足（Relative Energy Deficiency in Sport：RED-S）：スポーツ活動中の消費エネルギーに対して，摂取エネルギー不足によって生じる心身全般の健康問題に影響する相対的エネルギー不足の概念。相対的エネルギー不足と，それによって生じる骨粗鬆症と無月経を合わせて，女性競技者の三主徴と定義されている。

〈文献〉
Bergeron M., Mountjoy M., Armstrong N., Chia M., Côté J., Emery C., Faigenbaum A., Hall G.Jr, Kriemler S., Léglise M., Malina R., Pensgaard A., Sanchez A., Soligard T., Sundgot-Borgen J., van Mechelen W., Weissensteiner J. and Engebretsen L. (2015) International Olympic Committee consensus statement on youth athletic development. Br J Sports Med, 49: pp.843-851.

Gagne F. (1993) Constructs and models pertaining to exceptional human abilities. In: Heller KA, Monks F.1, Passow AH, editors. International handbook of research and development of giftedness and talent. Oxford: Pergamon Press, pp.63-85.

Hollings S., Hume P. and Hopkins W. (2014) Relative-age effect on competition outcomes at the

World Youth and World Junior Athletics Championships. Eur J Sport Sci, 14（S 1）: 456-461.

文部科学省（2014）平成26年度全国体力・運動能力，運動習慣等調査報告書．https://www.mext.go.jp/a_menu/sports/kodomo/zencyo/1353812.htm，（参照日2022年 2 月25日）．

文部科学省（2017）小学校学習指導要領（平成29年告示）解説・体育編．https://www.mext.go.jp/a_menu/shotou/new-cs/1387014.htm，（参照日2022年 2 月25日）．

森丘保典（2014）タレントトランスファーマップという発想 ―最適種目選択のためのロードマップ―．陸上競技研究紀要，10：pp.51-55.

森丘保典（2015）陸上競技の普及・育成・強化の連続性について考える ―最適種目選択のためのトランスファーに向けて―．スプリント研究，25：pp. 7 -13.

森丘保典（2016）米国スポーツの再建に向けたアスリート育成モデル―REBUILDING ATHLETES IN AMERICA, American Development Model―．陸上競技研究紀要，12：pp.58-62.

日本陸上競技連盟編（2013）陸上競技指導教本アンダー16・19［初級編］基礎から身につく陸上競技（伊藤静夫，＜理論編＞第 1 章 4 節「タレント発掘」）．大修館書店：pp. 9 -13.

日本陸上競技連盟（2016）タレントトランスファーガイド．https://www.jaaf.or.jp/development/ttmguide/，（参照日2022年 2 月25日）．

日本陸上競技連盟（2014～2019）陸上競技ジュニア選手のスポーツ外傷・障害調査：第 1 ～ 5 報．https://www.jaaf.or.jp/about/resist/medical/，（参照日2021年 6 月30日）．

日本陸上競技連盟（2018a）競技者育成指針．https://www.jaaf.or.jp/development/model/，（参照日2022年 2 月25日）．

日本陸上競技連盟（2018b）中学校部活動における陸上競技指導の手引き．https://www.jaaf.or.jp/development/jhs/，（参照日2022年 2 月25日）．

日本陸上競技連盟編（2019）競技者育成プログラム（大橋祐二，第 3 章 2 節「ジュニア期における競技会の在り方」）．pp.45-49．https://www.jaaf.or.jp/development/program/，（参照日2022年 2 月25日）．

USOC coaching education division（2014）The Path to Excellence: A View on the Athletic Development of U.S. Olympians Who Competed from 2000-2012. Suzie Riewald（Editor）and Chris Snyder.

Vaeyens R.（2009）Talent identification and promotion programmes of Olympic athletes. J Sports Sci, 27: pp.1367-1380.

渡邊將司・森丘保典・伊藤静夫・三宅聡・森泰夫・繁田進・尾縣貢（2014）オリンピック・世界選手権日本代表における青少年期の競技レベル―日本代表選手に対する軌跡調査―．陸上競技研究紀要， 9 ：pp. 1 - 6 .

指導者の義務と責任

1. はじめに

（1）指導者と選手の関係

指導者と選手の関係の基本は，対価の有無にかかわらず，指導者は，選手に対して，競技の指導というサービスを適切に提供すべき者であり，指導者と選手との関係は，法的には，常に対等であるということです。わが国ではスポーツにおける指導者と選手の事実上の関係は，指導者優位になりがちであるという特色があります。これは，指導という事柄の性格上，選手は，指導者が決めたとおりに行動することがある程度予定されているということのほか，もともとわが国のスポーツが学校の部活動を中心に行われてきたため，教員と生徒の関係，先輩・後輩の関係など，事実上の優位性が生じやすい関係にあることなどが背景にあります。

このように，事実上指導者が優位になりがちであっても，法的には，常に指導者と選手の関係は対等であり，指導者は，選手の人格を十分に尊重しなければならないということは，指導者として常に認識しておかなければならないことです。

（2）指導者の法的地位

もっとも，陸上競技に限らず，スポーツの指導者の法的な地位は，さまざまです。例えば中学・高校の部活動の顧問を見ても，教員である場合とそうでない場合があり，教員の中でも，公立学校の教員の場合には，公務員ということで，私立学校の教員とは，法的な地位は異なります。教員でない場合でも，部活動の指導について，学校の運営主体から委託されているなど，学校の運営主体と契約関係がある場合とそうでない場合があります。

また，中学・高校の部活動以外では，大学の部活動の指導者，実業団チームの指導者，クラブチームの指導者，個人からの委託を受けている指導者等により，法的な地位は異なってきます。このように，指導者の法的地位はさまざまであり，その地位のあり方によって，その前提となる注意義務等のあり方も含めて法的な責任の負い方も異なってきます。

指導者の法的な責任のあり方は，指導者の法的地位によっても異なってくることから，以下では，中学・高校の部活動の顧問教諭の法的責任について，特に私立中学・高校の教員である顧問教諭の法的責任を中心に述べ，必要に応じ，他の場合にも触れていくことにします。

2. 不慮の事故を防止すべき指導者の責任

中学・高校の部活動において，部員等が不

慮の事故に遭い，負傷したり，死亡したりした場合において，部活動の顧問教諭に注意義務違反があったとして，学校側（学校の運営主体や顧問個人等）の法的責任が問われることがあります。ここで言う法的責任としては，被害者に対して損害賠償しなければならないという民事責任と，刑罰を科される刑事責任とが主なものです。また，私立中学・高校の教員の場合は，就業規則上の懲戒処分の対象ともなりえます。

このような注意義務は，中学・高校の部活動の指導者でなくても負うことがありますが，中学・高校の部活動の場合，指導相手である部員が未成年であり，かつ教諭と生徒という立場の差ゆえに，部員は，基本的に顧問教諭の指示に従って行動しがちであるという特性から，顧問教諭には，部活動の中で生じる危険から部員等を保護するべき注意義務が課されやすいということが言えます。

以下では，中学・高校の部活動における不慮の事故に際しての，学校の運営主体および顧問教諭の責任を中心に，具体的に説明していきます。

（1）民事責任

1）責任の概要

私立中学・高校の部活動の顧問の立場にある指導者は，部活動の場面において，部員等の安全を確保する注意義務を負っており，その注意義務に違反し，そのことが原因となって，部活動の場面において，顧問教諭の意図しない事故が発生し，部員等がけがをしたり，亡くなったりした場合には，不法行為（民法709条）に該当するものとして，部員等に対し，部員等が被った損害賠償責任を負うことになります。

また，事業のために他人を使用する者は，被用者がその事業の執行について第三者に加えた損害を賠償する義務を負います（民法715条）。これを使用者責任と言います。使用者責任は，主に不法行為を行った者との間に雇用契約を締結している者に認められます。私立の中学・高校の教員は，学校法人との間に雇用契約が締結されていることが通常です。また，部活動は，学校の活動の一環として行われることが通常であることから，顧問教諭としての業務は，通常学校の運営主体の事業の執行について行われるものであると解されます。したがって，私立中学・高校の部活動の顧問教諭が，部員等の不慮の事故について不法行為責任を負う場合には，学校の運営主体である学校法人も，責任を負うことになります。

2）部活動の顧問教諭の注意義務

最高裁判所平成18年3月13日判決では，私立高校の部活動の顧問教諭の義務について，「教育活動の一環として行われる学校の課外のクラブ活動においては，生徒は担当教諭の指導監督に従って行動するのであるから，担当教諭は，できる限り生徒の安全にかかわる事故の危険性を具体的に予見し，その予見に基づいて当該事故の発生を未然に防止する措置を執り，クラブ活動中の生徒を保護すべき注意義務を負う」と判示しています。

また，公立の中学の顧問教諭についても，最高裁判所昭和58年2月18日判決では，公立中学校の部活動の顧問教諭の義務について，「課外のクラブ活動であっても，それが学校の教育活動の一環として行われるものである以上，その実施について，顧問の教諭を始め学校側に，生徒を指導監督し事故の発生を未然に防止すべき一般的な注意義務のあること

を否定することはできない」と判示しています。

このように，私立・公立を問わず，中学・高校の部活動の場面において顧問教諭が不慮の事故防止について一定の注意義務を負うことは，裁判実務において確立した考え方です。

3）部活動の顧問教諭の注意義務の内容

部活動の顧問教諭が負う選手の安全を確保する注意義務の具体的内容がどのようなものであるかということについて，前掲平成18年最高裁判決では，「できる限り生徒の安全にかかわる事故の危険性を具体的に予見し，その予見に基づいて当該事故の発生を未然に防止する措置を執」るべき旨を判示しています。注意義務の内容は，可能な限り，事故の危険性を予見する義務とその予見にもとづいて事故発生を未然に防止する措置をとる義務であるということです。

すなわち，注意義務は，予見義務と結果回避義務からなるということです。予見義務は，できる限り予見すべき義務ということですから，予見可能性すなわち事故を予見できることが注意義務の前提となります。したがって，事故が予見できない場合にまで，注意義務違反になるものではないということになります。結果回避義務についても，とりうる措置があること，すなわち，結果回避可能性が前提となります。

4）公立中学・高校の場合における 損害賠償義務

公立の中学・高校の場合，部活動の顧問教諭は，公務員です。公権力の行使にあたる公務員が行う職務についての損害賠償責任には，国家賠償法の規定が適用され，民法の不法行為の規定は適用されません。国家賠償法が適用される場合，公務員の注意義務違反により

第三者に損害が発生した場合，国あるいは地方公共団体が被害者に対して損害賠償責任を負い（国家賠償法1条1項），公務員個人は，被害者に対して直接損害賠償責任を負うことはなく，故意または重過失（過失の程度が高いこと）があった時に限り，被害者に損害を賠償した国または地方公共団体から求償を受けることになります（国家賠償法1条2項）。

公立の学校の教師の教育活動は，「公権力の行使」に該当するとされていますので（最高裁判所昭和62年2月6日判決），公立の中学・高校の部活動における顧問教諭の部活動に関する注意義務違反については，国家賠償法の適用対象となり，地方公共団体は，顧問教諭の注意義務違反により部員等の死傷事故が発生した場合，損害賠償義務を負うことになりますが，顧問教諭個人としては，部員等に対して直接は損害賠償責任を負わず，故意または重過失がある場合に限り，地方公共団体に対する求償債務を負担することにより，実質的に損害賠償責任を負うことになります。したがって，公立中学・高校の場合も，学校の運営主体の責任については，私立中学・高校の場合と変わりありませんが，個人としての責任については，私立中学・高校の顧問教諭の方が公立中学・高校の場合と比べて責任を負いやすいということになります。

（2）刑事責任

中学・高校の部活動の顧問教諭は，刑事責任との関係においても，部員等の安全を保護するべき注意義務を負っており，この注意義務に違反し，部員等が死傷する事故が発生した場合，顧問教諭には，業務上過失致死傷罪（刑法211条）が成立することになります。

注意義務の内容については，予見可能性と

結果回避可能性を前提に予見義務および結果回避義務を尽くすことであるという点において，民事責任の場合と同様です。刑事責任の前提となる注意義務の水準が，民事責任の場合と同様であるかについては，責任の重さの相違を考慮すると疑問もあり，また，刑事事件の場合には，厳格な立証責任が課されるなど，民事事件に比べると責任が認められにくい面はあるものの，基本的な注意義務の構造が同様のものである以上，民事責任における注意義務違反が認められる場合には，刑事責任における注意義務違反も認められるものと考えておくべきです。

陸上競技の事例としては，平成29年に発生した，ハンマー投の練習中に，ハンマーが同じ運動場にいたサッカー部員に当たり，その部員が死亡したという事故において，最終的には不起訴となったものの，高校の陸上部の顧問教諭が業務上過失致死の疑いで書類送検されたことがあります。

（3）懲戒処分

部活動の顧問教諭が，部員等の安全を保護すべき注意義務に違反し，民事責任あるいは刑事責任を負う場合には，私立中学・高校の場合には，学校法人における就業規則にもとづく懲戒処分の対象になり，公立中学・高校の場合には，地方公務員法にもとづく懲戒処分の対象になります。

（4）具体的な注意義務違反の事例

どのような場面において，どのような注意義務を負うことになるのか，民事事件・刑事事件の判決に現れた具体的な事例に則して，見ていくこととします。

1）熱中症

競技の種類を問わず，部活動の練習中に発生しやすい事故として熱中症があります。

大阪高等裁判所平成27年1月22日判決は，県立高校のテニス部員が，練習中に，熱中症に罹患し，重大な後遺症が残ったという事案において，気温30度前後に上昇することが予想され，定期試験の終了日で部員が十分な睡眠をとることができていない可能性もあった状況の下，顧問教員において，みずからは立ち会えない中，めぼしい日陰のないコートにおける午後零時からの練習を指示するに際し，通常よりも軽度の練習にとどめたり，休憩時間をもうけて十分な水分補給をする余裕を与える等，あらかじめ指示・指導すべき義務があったとして，顧問教諭の注意義務違反を認め，県の損害賠償責任を認めました。

横浜地方裁判所川崎支部平成14年9月30日判決は，中学の野球部の顧問教諭について，2時間以上にわたる練習中に休憩時間をもうけず，練習終了後に約5分間の給水休憩をとらせただけで，約5キロの持久走を実施させ，みずからは先頭集団で走り，遅れてくる部員に熱中症の症状が出たことに気づかず，その部員が死亡したことについて，練習中は適宜休憩をとらせ，数回に分けて十分に水分補給させるとともに，激しい運動を避け，熱負荷の大きい運動をさせる場合には，熱中症に罹患しやすい部員の健康状態に特に気を配り，部員に熱中症の症状が現れた場合には，迅速かつ適切な救護措置を講じられる態勢で部員を指導監督し，その健康保持に留意すべき注意義務に違反したとして，業務上過失致死罪の成立を認めました。

2）投てき物の衝突

陸上競技においては，特に投てき物の他人

への衝突の事例が多く見られます。

　大阪高等裁判所昭和50年９月６日判決は，府立高校の運動場で，ハンマー投の練習をしていた陸上部員が投げたハンマーが，同じ運動場で練習していた野球部員に当たったことによる死亡事故についてのものです。

　運動場（南北約100m，東西約130m）の西側で野球部がフリーバッティングの練習を行っている中，陸上部員が東南隅からハンマー投てき練習をしようとしている状況下で，陸上部の顧問教諭は，陸上部員を退避させ，みずからは，ハンマー落下予定地点の外側に立ち，陸上部員１名を付近に立たせ，投てき位置に近い野球部員に対し，みずからが立っている付近より東側に立ち入らぬよう，もしこの区域内に打球が入った場合には拾って投げ返す旨大声で注意し，周りに人がいないのを確かめ，その合図に従って投てきが開始されたが，４回目の投てきの瞬間，ゴロを追って，突然投てき区域内に走り込んできた野球部員の頭部に当たり，同野球部員が死亡したという事実認定を前提に，打球の変化や飛距離に応じて守備部員が捕球に熱中して思わず危険区域に立ち入ることは容易に予測できたことであって，この程度の広さの運動場において，両種目の練習を同時に行うことに無理があり，危険種目の競合を避けて事故防止に万全を期すべきであったのにこれを行わなかったこと，付近の野球部員に口頭の注意を与えただけで，その背後で投手や打者の動向を十分に見きわめることなく，投てきを行わせたことについて，陸上部の顧問教諭に注意義務違反があるとして，府の損害賠償責任を認めました。この判決では，野球部の顧問教諭についても，周辺の安全を確かめず，ハンマー投をしていることに気づかなかったことに注意義務違反

があるとされています。

　ハンマー投による事故の事例としては，名古屋高等裁判所令和元年10月17日判決もあります。この判決は，県立高校の陸上部員が，ハンマー投の練習中，ハンマーのワイヤーが破断して，そのヘッド部分が順番待ちのため待機していた他の部員の足に当たり，これによりその部員が傷害を負ったという事案について，防護ネットの配置および部員の待機場所の選定について，顧問教諭の注意義務違反があるとして，県の損害賠償責任を認めました。

　やり投による事故の事例として，神戸地方裁判所平成14年10月８日判決があります。この判決は，県立高校の陸上部員が，やり投練習中に，他の部員が投げたやりが頭に当たり，傷害を負った事案において，顧問教諭が，やりの突き刺し練習のみとし，やり投練習を中止するように指示して現場を離れたが，部員が指示に反してやり投練習を再開し，事故発生の危険性があることを具体的に予見することが可能であったから，突き刺し練習に立ち会い，監視指導する義務を負っていたにもかかわらず，立ち会い義務を怠ったとして，注意義務違反があるとし，県の損害賠償責任を認めました。

３）棒高跳における落下事故

　同様に陸上競技の事例として，福岡高等裁判所平成22年２月４日判決があります。この判決は，県立高校の陸上部員が，県の新人戦の棒高跳に出場し，跳躍中に，空中でバランスを崩し，頭からマットに落下し，滑り落ちるようにボックスに落ちたという事故について，同部員が，３週間前，練習中に左足首を捻り，左足関節前脛腓靱帯損傷の傷害を負っており，試合前日の走幅跳とリレーを棄権

していた状況下，顧問教諭としては，棒高跳という競技の性質上，事故の危険性を一定程度伴うものであることのほか，同部員の左足首の痛み，練習不足，自身の体調に対していだいている不安等も影響して，安全に関わる事故が発生することを具体的に予見することが可能であったから，同部員に対して，ケガの状態や部員が体調に対していだいている不安の内容等を具体的に確認した上，試合への出場をやめさせるべき注意義務を負っていたにもかかわらず，先行負傷の状態等を何ら尋ねることなく，試合に出場させたことに注意義務違反があるとし，県の損害賠償責任を認めました。

4）落雷

自然災害に関する顧問教諭の注意義務違反を認めたものとして，最高裁判所平成18年3月13日判決があります。この判決は，私立高校のサッカー部員が，試合中に落雷事故により重傷を負った事故について，高校を運営する学校法人と大会主催者が訴えられた事件についてのものですが，競技場の南西方向に暗雲が立ち込め，雷鳴が聞こえ，雲の間で放電が起きるのが目撃されていた状況では，雷鳴が大きな音ではなかったとしても，当時の多くの文献の記載から，落雷事故の危険が迫っていたことは，具体的に予見することが可能であったとして，引率の顧問教諭に，予見義務違反があったことを認め，高松高等裁判所に事件を差し戻しました。この最高裁判決を受けた差戻審の判決（高松高等裁判所平成20年9月17日判決）は，上記予見義務違反を前提に，引率教諭に，部員を安全な場所，具体的には，高さ8mの柱が多数ある広場の柱から2m以上8m以下の場所に退避させるとともに，大会主催者に対し，落雷の危

険が去るまで試合の開始を延期することを申し入れて協議する等の結果回避措置をとることが可能であったにもかかわらず，そのような措置をとらなかったことが注意義務違反に当たるとし，学校法人の損害賠償責任を認めたほか，大会主催者の損害賠償責任も認めました。

5）分析

上記の各事例のとおり，中学・高校の部活動の顧問教諭は，練習や試合にのぞむにあたり，部員や周囲の人々の生命身体について発生する危険を予測し，その予測される具体的な危険に応じて，適切な措置を講じる注意義務を負っています。この危険の予測・講じるべき回避措置の判断に際しては，個別の具体的な状況をふまえなければなりません。

例えば，ハンマーの野球部員への衝突の事例では，判決の中で，具体的な運動場の広さにもとづいた判断をしていますし，棒高跳の事例では，選手の具体的なコンディションに即した判断をしています。さらに，やり投の事例では，投げる練習を禁止していたのであり，上記ハンマーの衝突の事例では，野球部員に注意する等，いずれも一応の対策をとっていたにもかかわらず，注意義務違反とされており，具体的な状況に即した的確な危険の予測と回避措置の実施が要求されていると言えます。

また，危険の予見および回避措置の選択の判断は，科学的な知見等もふまえたものであることが要求されます。落雷の事例では，当時の文献の記載から，落雷事故の危険があったことや，退避場所として適切な落雷の危険のない場所を認定しており，熱中症の危険性の判断なども，医学的知見を要するものであることからすると，部活動の顧問教諭は，競

技特有の危険について把握し，防止策を講じることはもちろん，試合や練習中に発生する身体の異変や天災のリスク等について，文献を読むなどして，常識だけでは判断できない医学的あるいは科学的な知見を理解し，そのような知見を前提に危険を察知し，その危険を避ける措置を講じることが求められていると言えます。

（5）部活動の顧問教諭以外の指導者の注意義務と責任

前記（1）～（4）では，中学・高校の部活動の顧問教諭の注意義務と責任について述べてきましたが，それ以外の指導者の場合，指導者と選手の関係によって負うべき注意義務および，これに伴う責任も異なってきます。

例えば，大学の陸上部の監督の場合には，選手も成人または成人に近い年齢であって，みずからの行動に責任をもつべきであると言いやすく，相当程度自主的に活動することも想定される等により，指導者の注意義務が軽減されやすいと言えます。

松山地方裁判所平成8年8月28日判決では，大学の合気道部の練習中に発生した死亡事故について，顧問教諭について，学生らにより自主的に運営される学生団体にあって，名目的な地位にとどまり，一般的助言や大学との調整的役割を期待されているに過ぎず，練習内容の決定や実践について部員らを具体的に指揮・監督すべき義務はなく，同部が学生団体として本来の目的を逸脱した違法行為を恒常的に行っているなどの特段の事情がない限り，注意義務違反は認められないとしています。

もっとも，選手の競技経験が浅かったり，監督の選手に対する管理の程度が強く，選手

の自主的な活動が制約され，選手が指導者に安全面について信頼している関係がある，監督が大学から報酬を得て，指導監督をゆだねられている等の具体的事情次第で，高度の注意義務を負うことも考えられ，大学の陸上部の監督の場合，注意義務の程度は，具体的な状況次第で異なりうることに注意すべきです。

（6）クラブチームの指導者の注意義務と責任

学校や実業団といった既成の枠組みでなく，集団で陸上競技に取り組むケースが増えており，こうした集団を総称して，「クラブチーム」ということがあります。クラブチームの場合，学校の部活動のような定まった制度上の枠組みがある訳ではないので，その形態は多様です。主体の面では，株式会社が運営主体となり，競技者と会員契約等を締結するとともに，指導者に指導を依頼する場合や，指導者個人が運営主体となる場合，競技者が自主的に集まって運営するとともに，指導者に指導を依頼する場合等，さまざまな形態が考えられます。また，クラブチームでは，運営主体と指導者，運営主体と会員または会員間には，契約書の有無にかかわらず，何らかの契約関係が成立していることが多いと考えられますが，その契約内容もさまざまです。

このようなクラブチームにおいて事故が発生した場合の指導者の義務および責任は，第一義的には，契約内容によることになります。契約書において，運営主体や指導者の指導の範囲等を規定していれば，まずは，その規定に則して判断されることになります。また，契約書がない場合にも，客観的な状況から，指導の範囲についての契約の成立が認定できる場合もあるほか，契約の成立が認められな

い場合においても，信義則上の安全配慮義務が認められる場合もありえます。具体的に，指導者や運営主体にどのような義務および責任が認められるかについては，契約書の内容のほか，競技の危険性，競技者の年齢および競技への習熟度，指導者と競技者の関係（競技者の自主性の程度）等の要素を総合的に判断して決せられることになると考えられます。

総じて言えば，未成年の競技者に対する指導においては，未成年者を預かっている保護者的側面が大きいことから，安全管理について，学校の部活動の顧問教諭と同等の注意義務が指導者に課せられることが多いと考えられます。また，競技経験の浅い競技者に対する指導においても，安全な方法による指導が期待されていることが通常と考えられますので，クラブチームの指導者には，相応の注意義務が課せられるものと考えられます。

一方，豊富な競技歴を有する成人の競技者を対象としており，指導者には，競技技能の向上に関わる助言のみを期待し，安全管理については競技者が自主的に行うことが想定されているような場合には，クラブチームの指導者の注意義務は，限定的なものになると考えられます。もっとも，豊富な競技歴を有する成人を対象とする場合であっても，競技者が指導者の指示するとおりに行動するといった実態があるような場合には，指導者の注意義務が重くなることもありえます。

無償で指導する場合であっても，注意義務の程度が軽減されることはありえますが，未成年者を指導する場合等は，有償の場合と同様の，高度の注意義務を負うことになると考えられますし，いずれにしても，常に注意義務がないことにはならないため，注意が必要です。

指導者に注意義務違反が認められる場合に，民事上の損害賠償責任や業務上過失致死傷の責任が発生しうることは，学校の部活動の顧問教諭の場合と同様です。

また，運営主体については，株式会社のように法人格がある主体が有償で行っている場合には，契約上の責任や使用者責任として，指導者と連帯して損害賠償責任が認められることが多いと思われますが，運営主体の性格にもよることから，一概には言えないところではあります。

上記において第一義的には，契約内容によるということを述べましたが，運営主体と競技者との間の契約において，事故についての運営主体および指導者の責任を免除する定めをした場合においても，このような免責の同意が常に有効と認められるわけではありません。

東京地方裁判所平成13年6月20日判決では，スキューバダイビング教室において，指導者が初心者である受講生（当時20歳）の監視を怠り，受講生が重篤な後遺障害を負った事故について，免責の合意を公序良俗に違反することを理由に無効とし，講習会を主催した会社および指導員の損害賠償責任を認めています。

このように，クラブチームが未成年者や競技歴の浅い競技者を対象とする場合には，指導者および運営主体は，契約内容にかかわらず，安全管理についての高度の注意義務を負っているものと考えられます。一方，豊富な競技歴を有する成人の競技者を対象とする場合には，指導の範囲について，契約によって明確にすることにより，安全管理に関する注意義務が指導者や運営主体にないことを明らかにすることも原則として可能と考えられま

す。

　クラブチームの指導者の責任に関し，公刊された裁判例はほとんどありませんが，横浜地方裁判所昭和58年8月24日判決では，株式会社が運営主体となっている初心者を対象とするテニススクールにおいて，受講者が打ったボールが，ボール拾いをしていた他の受講者（34歳）の眼球に当たり，その受講者が網膜振盪症等の傷害を負ったという事案について，ボール拾いを指示したコーチに，初心者である被害者に対し，練習者の近くでボール拾いをすることの危険性や危険防止について何の指導もしなかった過失があるとして，運営会社の使用者責任による損害賠償責任を認めました。

　一方で，横浜地方裁判所平成10年2月25日判決では，株式会社が運営主体となるテニス教室の最上級のクラスにおいて，受講者が打ったボールが，コートぎわのベンチに腰掛けていた他の受講者の眼球に当たり，その受講者が外傷性瞳孔麻痺等の傷害を負ったという事案において，受講生はみずから適切な待機場所を選んで，自己の安全を確保するよう配慮すべき義務があり，指導者は，ことに上級者クラスにおいては，各受講者が適切に対処することを期待してよいとし，待機位置について格別の指示をしなかったコーチの過失を否定しました。

　これらの判決は，成人の場合，競技者の競技経験によっても，安全に配慮すべき程度が変わりうることを示唆するものと言えます。

（7）小括

　このように指導者の法的な注意義務と責任は，指導者の立場，選手の年齢，指導者と選手の関係等によって異なってきますが，競技

には一定の危険が伴うものですから，指導者として選手指導にかかわる以上，法的な注意義務の有無にかかわらず，選手に不慮の事故が発生しないよう，細心の注意を払うべきですし，いかなる立場であっても，指導者である以上，死傷事故が生じる危険があることを容易に認識できるにもかかわらず放置した場合，法的責任が発生する可能性がないとは言えないことに留意すべきです。

　なお，日本陸連においても，陸上競技練習中の事故防止のため，「安全対策ガイドライン」を策定・公表しています。このガイドラインは，これのみで全ての安全対策を尽くすという性格のものとは言えませんが，事故防止に取り組まれる指導者の方々において，1つの参考にしていただければと思います。

3. 指導者の不祥事

　スポーツ指導者の不祥事として発生しがちなものとして，パワーハラスメントおよびセクシャルハラスメントが挙げられます。

（1）パワーハラスメント

1）パワーハラスメントの意義

　「パワーハラスメント」という言葉は，当初は，職場におけるいじめ・いやがらせを念頭に，「同じ職場で働く者に対して，職務上の地位や人間関係などの職場内の優位性を背景に，業務の適正な範囲を超えて，精神的・身体的苦痛を与える又は職場環境を悪化させる行為」（職場のいじめ・嫌がらせ問題に関する円卓会議ワーキング・グループ報告）を意味する概念として，使用されるようになったものです。最近では，職場に限らず，スポ

ーツ界における人間関係上の優位性を背景とするいじめ・いやがらせについても，パワーハラスメントとして，その抑止が叫ばれるようになっています。

スポーツ界においては，指導者と選手・教師と生徒という関係に，先輩・後輩の関係を重視するという文化も相まって，指導者と選手の間に優劣の関係が生じやすいことがパワーハラスメントを生み出しているものと考えられます。

職場におけるパワーハラスメントの意義を，スポーツの指導者と選手の関係に引き直してみると，「指導者が選手に対し，指導上の地位にもとづく優位性を背景に，指導の適正な範囲を超えて，精神的・身体的苦痛を与えること」ということになります。もっとも，暴力などは，指導上の地位の優位性にかかわらず，許されず，違法ですので，以下では，上記の意味でのパワーハラスメントに該当するか否かにかかわらず，指導の適正な範囲を超えて，精神的・身体的苦痛を与えることを広くパワーハラスメントとして，その法的責任について述べることとします。

2）パワーハラスメントに関わる法的責任

私立中学・高校の部活動の顧問教諭が部員に対し，指導の適正な範囲を超えて，精神的・身体的苦痛を与えることは，不慮の事故における注意義務違反の場合と同様，不法行為（民法709条）に該当するものとして，部員に対する損害賠償責任が発生するとともに，学校設置者である学校法人も，使用者責任（民法715条）として，同様の損害賠償責任を負います。

公立の中学・高校の顧問教諭の場合には，不慮の事故の場合と同様，部員に対して直接損害賠償責任を負うのは地方公共団体ですが，顧問教諭に故意・重過失がある場合には，被害者に対して損害を賠償した地方公共団体に対して，賠償した損害を填補する義務を負うところ（国家賠償法1条2項），指導の適正な範囲を超えて精神的・身体的苦痛を与えた場合，通常は故意があると判断されますので，公立の中学・高校の顧問教諭の場合でも，個人の賠償責任は免れません。

指導者が選手に対し，暴力をふるった場合，正当な指導の目的がない場合はもちろん，正当な指導の目的があっても，指導の適正な範囲を超えるものとして，暴行罪（刑法208条），さらにその結果選手がけがをした場合には，傷害罪（刑法204条）が成立します。また，指導者が選手に対し，公然と侮辱的な発言を行った場合，名誉毀損罪（刑法230条）や侮辱罪（刑法231条）が成立することもあります。

このような指導の適正な範囲を超えて，精神的・身体的苦痛を与えた場合における懲戒処分を受ける可能性についても，不慮の事故の場合と同様ですが，故意の違法行為ですから，不慮の事故の場合に比べてはるかに悪質なものとして，厳しい処分がなされることになります。

3）責任発生の基準

パワーハラスメントによる法的責任の発生の基準は，精神的・身体的苦痛を与えることが，指導の適正な範囲を超えたものであるか否かという点にあります。なお，部活動については，平成25年3月に文部科学省により策定された「運動部活動での指導のガイドライン」（以下，「運動部指導ガイドライン」と略記）において，選手に対して指導目的で行う肉体的・精神的な負荷をかける行為が指導として許容される範囲の基準についての考え

方を示しており，参考にもなるため，以下においても適宜引用します。

　まず，身体的苦痛を与える行為のうち，他人に対して有形力を行使する行為は，暴行罪に該当する犯罪行為です。学校においては，懲戒権の行使が認められていますが，体罰は認められていません（学校教育法11条）。したがって，部員に対し有形力を行使する行為は，原則として，指導の適正な範囲を超えるものと言え，許されません。有形力の行使であっても，体罰に該当せず，正当な懲戒権の範囲内の行為であれば，違法ということにはなりませんが，有形力の行使が，体罰に該当しないと言えるのは，懲戒権の行使として正当な目的があることを前提として，その目的に照らして相当な範囲内であり，身体的な侵害が軽微な場合に限られます。

　最高裁判所平成21年4月28日判決では，小学校2年生の男子児童が女子生徒を蹴り，これを注意した教員も蹴ったことから，その教員が，男子児童の胸元を右手でつかんで壁に押し当て，「もうすんなよ」と叱った行為について，児童の一連の悪ふざけをしないように指導するために行ったもので，行為の目的，態様，継続時間等から判断して，教員が児童に対して行うことが許される教育的指導の範囲内であるから体罰に該当しないとしました。この事例でも，行われた有形力の行使は，傷害を負う危険も痛みを感じるような程度には至らない軽微なものであり，有形力の行使が許容されるのは，正当な懲戒目的が認められる場合であっても，ごく軽微なものに限られると言えます。

　このほか，現に部員が暴力をふるおうとしている状況において，それを制止するために行う必要最小限度の有形力の行使は許されま

すが，このようなごく例外的な場合を除き，部員に対する有形力の行使は許されません。

　部員に対する有形力の行使には該当しなくても，部員に対し，指導の適正な範囲を超えて，身体的苦痛を与える行為は，体罰に該当するものとして許されず，違法です。運動部指導ガイドラインでは，長時間にわたっての無意味な正座・直立不動等特定の姿勢の保持や反復行為をさせる，熱中症の発症が予見されうる状況下で水を飲ませずに長時間ランニングをさせる等の社会通念，医・科学にもとづいた健康管理，安全確保の点から認め難いまたは限度を超えたような肉体的・精神的負荷を課すことは，許容されないとしています。

　もっぱら言葉のみにより精神的苦痛を与える行為については，指導の適正な範囲内にとどまるものであれば，懲戒権の範囲内のものとして許容されます。言葉により精神的苦痛を与える行為が，指導の適正な範囲内と言えるか否かは，目的および態様が相当の範囲内と言えるかという観点から判断されます。

　例えば部員がいじめや危険行為等を行ったため，その行為を是正する目的は，正当な目的であると言えますが，部員のいじめや危険行為等の行為に対する怒りの感情から暴言を吐いたということであると，正当な目的とは言えません。

　このほか，競技能力が向上しなかったり，競技の結果がよくなかった場合，対応策について意を尽くして説明することにより指導すべきであり，暴言を吐く正当な目的にはなりえないことには特に留意すべきです。また，侮辱的な言葉を使用する等，態様が不相当な場合は，目的が正当であっても，指導の適正な範囲内とは言えません。運動部指導ガイドラインでは，身体や容姿に関わること，人格

等を侮辱したり，否定したりするような発言等は，許容されないものとしています。

4）具体的に違法とされた事例

以下では，民事・刑事それぞれにつき，違法とされた事例を挙げておきます。

岐阜地方裁判所平成5年9月6日判決では，県立高校陸上部の顧問教諭が，部員に対し，合宿でご飯1杯しか食べなかったことを理由に頭を竹の棒で叩いたこと，後輩の部員の退部や練習中の記録が伸びないことを理由にやりで頭を腫れるほど叩いたこと，反省の日誌をつけなかったことを理由に腫れ上がるほど顔面を殴打したこと，朝の練習をしなかったことを理由に正座させた上に大腿部を蹴ったこと等，いずれも体罰にあたるとし，後輩の退部について先輩の責任であるとして2時間にわたり説諭したこと，追試験の成績がよくなかったことを理由に1時間半にわたって直立させたまま説諭したことについて，正当な懲戒を超えた違法な身体拘束であって，顧問教諭の故意または過失にもとづく違法行為である等とし，県の部員に対する国家賠償法にもとづく損害賠償責任を認めました。この事例では，暴力行為のほか，「ブス」「のらくらでグズ」「心の中が腐っている」「猿のものまねしかできない」等と侮辱的発言をしたことも，違法であるとしています。

千葉地方裁判所平成30年3月23日判決では，高校剣道部の顧問教諭が，中学との合同練習において，部員に行わせていた稽古終了の合図の仕方をめぐり，その部員の口元を，小手をつけた拳で2回殴り，全治1週間の傷害を負わせたことについて，傷害罪の成立を認めました。傷害の程度としては，それほど重くはありませんが，そのような場合でも，刑事責任を負うことがあるということです。

5）部活動の顧問教諭以外の場合

パワーハラスメントは，故意の違法行為であり，指導者の立場によって責任が異なることはあまり考えられないので，中学・高校の部活動以外の指導者の場合でも，中学・高校の顧問教諭と基本的に同様の責任を負うものと考えられます。

（2）セクシャルハラスメント

セクシャルハラスメントも，主に職場における相手方の意に反する性的な言動を指すものとして用いられてきた概念です。

厚生労働省が定める，事業主が職場における性的な言動に起因する問題に関して雇用管理上講ずべき措置等についての指針においては，職場におけるセクシャルハラスメントとして，職場において行われる性的な言動に対する労働者の対応により当該労働者がその労働条件につき不利益を受けるもの（対価型セクシャルハラスメント）または当該性的な言動により労働者の就業環境が害されるもの（環境型セクシャルハラスメント）を言うものとされています。

このうち，対価型セクシャルハラスメントは，職場における力関係の優位性を利用して，被害者にとって不本意な性的言動を行うものです。これを，指導者と選手の関係に引き直すと，指導者の選手に対する力関係上の優位性を利用して，選手にとって不本意な性的言動を行うことは，職場における対価型セクシャルハラスメントと同様の状況にあり，同様に許容されないことになります。

刑法上の強制わいせつ罪などは，被害者の同意があれば成立しませんが，対価型セクシャルハラスメントは，力関係上の優位性がゆえに，不本意ながら同意するような場合を典

型的な場合として想定していますので，外形上の同意があればよいというものではなく，心底からの同意という意味での真摯な同意がない限り，許容されないことに注意すべきです。ここに言う性的な言動とは，性行為を含むわいせつな行為全てが含まれます。

どのような立場であっても，指導者が選手に対し，セクシャルハラスメントに該当する行為を行うことは，許容されません。とはいえ，選手が成人である場合には，真摯な同意が認められれば，セクシャルハラスメントには該当しませんが，中学・高校の部活動の顧問の場合には，部員は，18歳以下であり，また学校の教諭という立場からして，部員の真摯な同意の有無にかかわらず，一切のわいせつ行為は許容されないと考えられます。

セクシャルハラスメントとして許容されない行為を行った場合，暴行・脅迫を手段としている場合には，強制性交罪（刑法177条）や強制わいせつ罪（刑法176条）が成立し，刑事責任を負うことになります。また，暴行・脅迫を手段として用いず，本人の同意がある場合であっても，18歳未満の選手に対して行う場合には，多くの都道府県の青少年保護条例において，わいせつな行為が禁止されていることから，刑事責任を負うことにな

ります。セクシャルハラスメントに該当する行為を行った場合の民事責任および懲戒処分については，パワーハラスメントの場合と同様です。

東京地方裁判所令和2年8月28日判決は，私立大学のソフトボール部の監督であり，その大学の職員であった者が部員に対してわいせつ行為を行ったとして，監督および大学を運営する学校法人に対して損害賠償請求を行った事案についての判決です。

この事例では，部員が「監督の事が大好きです」等と記載した手紙を監督に渡した後，監督がその部員を監督室に呼び出し，その部員を自身の膝の上に座らせたり，抱きついたり，ジャージの上から胸やももを触ったりしたこと等について，それらの行為が性的な意味合いをもつ行為として評価されるものであって，その部員に性的な不快感を与えたのであるから，その部員の性的自己決定権を侵害する違法な行為であったとし，監督および学校法人の損害賠償責任を認めました。部員が監督に迎合するような言動をすることは予測される事態であり，このような行為をもって，わいせつな行為の同意と捉えてはならないということの1事例と言えます。

（清水　真）

学校部活動と地域スポーツ

1. 学校部活動について

（1）学校部活動の推移

　日本のスポーツは，学校部活動を中心に発展・繁栄してきた歴史があります。日本の学校部活動は，70年近い歴史をもち，スポーツに興味・関心のある生徒が各運動部顧問をつとめる教員の指導の下で活動し，スポーツ振興を大きく支えてきました。多くのスポーツ競技では，競技の普及や競技力の向上を果たす重要な場としての役割を担ってきました。

　ヨーロッパでは，青少年がスポーツを行う場合は主に学校ではなく地域クラブ組織であり，アメリカやイングランドでは学校部活動が存在しますが，その指導は，教員とは別に雇われる専門コーチが担うケースが多くみられます。中国は地域社会のスポーツが未発達なため，学校主体による運動部活動が存在しますが，規模は日本とは比較にならないほど小規模です。日本のように運動部活動が学校教育活動の一環としてこれほど大規模に成立している国は，他にありません（中澤，2011a）。

　今日まで運動部活動が日本陸上競技界の基盤を形成してきた理由には，以下のような事柄が挙げられます。

　まず，教育の専門家である教員が陸上競技を指導していることです。日々の教科指導を行っている教員が，別の場面で陸上競技を通して教育・指導を行っていることにより，生徒たちの理解が深まり，生徒の健全育成に大きくつながっていると思われます。

　次に，陸上競技は学校の生徒であれば誰でも参加でき，学校施設も利用できるという平等性と，費用負担が少ないという面からも個人の経済力にかかわらず多くの生徒が取り組むことができる活動であることです。

　最後に，中学校体育連盟，高校体育連盟が実施する各都道府県大会，ブロック大会，全国大会においては，「相互審判の原則」のもと，教員が競技役員を兼務して行われ，陸上競技を支えているという特徴があります。

（2）学校部活動の転換期

　近年，少子化により中学校・高等学校の在籍数は減少傾向ですが，陸上競技部員数は中学校・高等学校ともに横ばいで推移しています（**図1・図2**）。運動部活動への加入率に大きな変化はない（2010年：65.83%，2016年：65.12%，スポーツ庁，2021）ことから，学校内での陸上競技の加入率が上昇していることが考えられます。

　これには，陸上競技の運動部活動としての運営や管理のしやすさ，そして陸上競技を支えている方々の長年の取り組みにより，安定

図1　日本陸上競技連盟登録者数（中学生）の推移

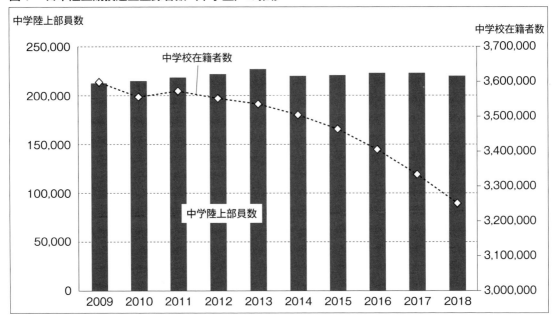

図2　日本陸上競技連盟登録者数（高校生）の推移

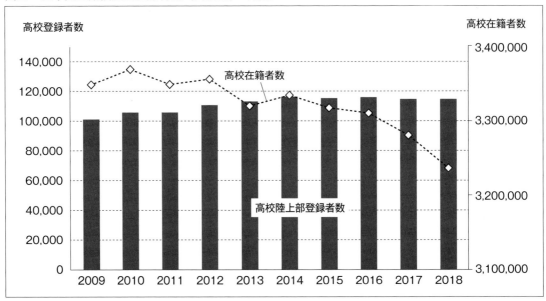

的に試合を開催することができる等の要因が考えられます。

　さらに，全国の幼児・児童を対象に2018年に実施された「大人になったらなりたいもの」の調査結果によると，「陸上選手」が7位と，初めてベスト10入りしました（第一生命，2019）。男子マラソンの日本歴代最高記録の更新や，男子100mで日本人初の9秒台の実現など，日本人選手の活躍が影響したものと考えられます。このようなトップアス

リートの強化により注目される競技であることと，実際に活動しやすい場所が確保されていること，つまり，強化と育成の相乗効果により陸上競技の登録人数の確保につながったのではないでしょうか。

　一方，スポーツの種目全般を見渡すと，社会・経済の変化等により，教育に関わる課題が複雑化・多様化し，学校や教師だけでは解決できない課題が増えています。とりわけ，少子化が進展する中，競技横断的にみると，運動部活動においては参加する生徒の数も徐々に減少しています（スポーツ庁，2018a）。今までと同様の運営体制では維持は難しくなり，学校や地域によっては存続の危機にあります。

　将来においても，学びの場である運動部活動は，生徒が自身を高めることができる場であることが大切です。そこで，運動部活動の場が単に競技力や体力の向上をめざす場にとどまらず，スポーツ好きの生徒が気軽に参加し，同学年や異学年の仲間，教師などとの交流を通して，好ましい人間関係を築いていくことが望まれます。また，有能感，自己肯定感，責任感，連帯感などを育んだり，社会的活動スキルを身につけたりする場にしていくために，運動部活動のあり方に関し，抜本的な改革に取り組む必要があります。しかし，そこには以下のような，多くの課題が挙げられます。

1）勤務状況の改善

　中学校，高等学校における学校課題は山積し，教科指導のための教職員定数は不足の傾向にあります。特に，中学校の教員は教科指導に加え，部活動指導による長時間勤務が確認されています。

　スポーツ庁の調査（スポーツ庁，2018b）によると，中学校運動部顧問が感じている運動部活動に関する課題や悩みについて，「校務が忙しくて思うように指導できない」が1位で55.0％，2位が「自身の心身の疲労・休息不足」で51.0％，さらには3位が「校務と部活動の両立に限界を感じる」で47.8％となっています。

　このように，顧問の約半数が，自身の休息がとれず，校務と部活動の両立に限界を感じているのが現状です。これには教科指導の週当たりの持ち時数を少なくするなどの措置による担当教員の負担軽減，教職員の定数を増やすことなどによる，勤務状況の改善が必要です。

2）外部指導者制度の充実

　現在，中学校では，全国で約3万人の外部指導者が技術指導を中心に活躍しています。外部指導者の存在は，陸上競技経験のない教員や指導者にとって大きな支えとなっています。また，指導可能な教員にとっても，校務等で指導時間が確保できない場合などにおいてその存在は重要です。

　この制度を一層充実させるために，任用や研修機会の提供などの導入が必要で，そのためには，法令上の制度を規定し，配置・促進・充実させることも必要です。

3）陸上競技部の運営および指導法の向上

　日本スポーツ協会の調査資料（日本スポーツ協会，2021）によると，「保健体育科ではない」かつ「担当している部の競技経験もない」教員が，約4人に1人います。この中の約3割の教員は，「自分自身の実技指導職の不足」を課題としています。指導力の向上には，教員みずからも陸上競技の指導法を学習する必要があります。日本陸上競技連盟が発行するコーチライセンスの獲得はその一助と

なりますが，取得のための時間がとれないという現状もみられます。教員や指導者がもっとスムーズにコーチライセンスがとれる仕組みの構築が必要です。

4）保護者との協調

保護者は，進学のためのポイント加点となる運動部活動の参加や，成績の優劣を重要視します。進学のために部活動に入部することも考えられます。当然，保護者からの要望も強くなり，競技会の出場メンバーや練習メニューに意見する場合も考えられます。それが部活動や生徒の意欲にプラスに働けばいいのですが，中には活動のバランスを乱しかねない事例もみられるようです。教員と保護者のよりよい関係が築けるような取り組みも必要です。

（3）これからの学校部活動

スポーツ庁（2020）から公表された『学校の働き方改革を踏まえた部活動改革』により，学校運動部活動は大きな転換期を迎えています。これには，働き方改革などの労働問題と関連していますが，今後は，これまで国が進めてきた総合型地域スポーツ政策とリンクする形も含め，その主体を学外の地域に移す考え方によって解決をめざす方向性が模索されています。

ただ，直ちに全面的な地域スポーツへの移行という形はとらず，休日の部活動の段階的な移行となる展望であるため，しばらくは，学校部活動と地域が協働するスポーツシステムを展開する必要があります。そのような背景に，今後の部活動運営のポイントを3つに絞って示します。

1）今後の部活動運営のコンセプト

部活動は学校教育の中で教育課程外の活動であるにもかかわらず，生きる力の育成に大きく貢献できる活動であるとして，学校教育において重要な位置を占めてきました（文部省，1999）。これには，部活動の中でスポーツ技術や体力の向上，スポーツを楽しむことができるといったスポーツの教育に加え，人間的な成長や友達づくり，目標達成に向けた取り組みなどのライフスキルの獲得や，挨拶をする，時間を守るなどの規範的な行動様式を習得できる場として認識されているからです。

学校部活動の地域移行において，部活動が担っていた人間形成に関わる指導を受ける機会が無くなるのではないかという不安も少なくありません。例えば，他の競技のクラブチーム（プロスポーツの下部組織など）では，勝利至上主義や実力主義の中で，運動者同士で人を蹴落とすことが当たり前のように横行していたり，蹴落とされた子どもたちに対するクラブや指導者から精神的なフォローが無かったりすることなどが懸念されます。このようなことは，活動の満足度を下げるだけにとどまらず，クラブからの退会を招くなどスポーツ活動そのものを離脱する可能性もあります。部活動の魅力の1つである，人間教育の機能が損なわれないよう，その機会と質の確保を今後もデザインしていく必要があります。

一方で，これまでの学校部活動の大きな問題点の1つは，生徒が部活動中心の生活へ過剰に取り組むオーバーコミットメントや，一定の価値観（勝利主義や鍛錬主義など）に同化させるというスポーツライフを提供されてきたことが挙げられます。本来部活への取り組みが，中・高・大・一般へと上がるにつれてクラブ加入率が低下していく大きな原因に

なっていると考えられています。

従って，学校部活動や地域でのスポーツ活動では，運動者の多様性を理解した上で，それらを尊重するような指導やクラブ運営を計画し実行していくことが，今後求められます。

では，運動者のどのような多様性について考慮すればよいのでしょうか。**図3**に示すように，「どんなスポーツ」「誰と」「いつ」「どこで」「何のために」「どのように」という，それぞれのファクターについて多様性を保障していくことが，これからの部活動運営のポイントとなるでしょう。

2）学校部活動と地域との連携パターン

スポーツ庁は令和5（2023）年以降，休日の学校部活動の段階的な地域移行を進める方向性を示し，その議論と実践研究の推進が始まっています（スポーツ庁，2021）。全面的な地域移行という改革ではありませんが，長年，特に中・高校生年代のスポーツ活動の中心であった学校部活動制度の変化が求められることになると推測されます。特に，休日のみ段階的に移行するということは，平日の学校部活動と休日の地域のスポーツクラブと

図3 スポーツライフの多様化

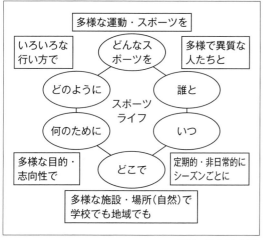

（清水，2018より作図）

が連携し，持続可能な活動をめざすこととなります。

ここでは，休日の地域でのスポーツ活動について，どのような運営が考えられるのか，想定される連携パターンをいくつか示します（**表1**）。

①地域クラブ型

総合型地域スポーツクラブ等の地域のスポーツクラブやスポーツのスクールに会員として登録し，地域の施設等を利用しながら現状の地域のスポーツシステムで活動します。総合型地域スポーツクラブには多世代，多種目，多志向での活動が理念として挙げられているため，学校部活動とは違ったスポーツライフを体験することができます。

②外部委託型

現状の学校部活動の運営を，休日のみ外部委託を行い，生徒は現状の学校部活動と変わらない形で活動します。これには，地域NPOの他にさまざまな団体への委託が考えられ，経費が必要となってくることもあります。複数校が協力し合同練習を行うことや，それぞれの地域に拠点となる学校を設定することにより，運営の効率化を図ることができます。

③学校法人クラブ型

私立高等学校など，学校法人やもしくはそれに関与する法人が社会教育事業の一環として，自校生徒向けの活動を行います。また，大学などを運営する学校法人は施設や指導者を有していることが多いため，それらの法人が主体となることにより，より高いレベルの競技環境を提供することができます。

④自主練型

週末は地域のクラブに所属せず，公共の施設等を利用して個人で活動を行います。自身

表1　学校部活動と地域との連携パターン

	概要	運営主体	会員
地域クラブ型	地域のスポーツクラブやスクール等に加入し，その会員として活動を行う	地域NPO（総合型地域スポーツクラブ等） プロスポーツ傘下のスクール 一般社団法人（行政関与含む） 株式会社	多年代
外部委託型	学校の部活動の外部委託を行い，学校単位（あるいは複数学校合同）で活動を行う	地域NPO（総合型地域スポーツクラブ等） プロスポーツ傘下のスクール 一般社団法人（行政関与含む） 株式会社	年代限定
学校法人クラブ型	学校法人やそれに関する法人が，社会教育事業の主体として自校生徒向けに活動を行う	学校法人やそれに関与する法人	年代限定
自主練型	週末は組織に属さず，個人で活動する	なし	個人

のペースで活動できるため，時間の制約等はありませんが，練習相手や指導者の確保が難しいため，継続性・効率性について課題があります。

　以上に示したパターンは一例ではありますが，地域によってそのスポーツ環境は大きく異なることが考えられます。例えば，受け皿という意味では，地域NPO等の団体が少ない地域では地域クラブ型の移行は難しいですし，近くに大学や私立学校等がない場合には，学校法人クラブ型へ移行することは難しいでしょう。また，十分な指導者を確保することが難しい地域もあります。

　地域にある経営資源（人・モノ・カネ・情報）を有効に活用することが望まれますが，学校の教員はスポーツ指導者として魅力的です。職務の中で，子どもたちへの指導や集団の扱い方に慣れており，地域にとっては必要な人材です。スポーツ指導に意欲や熱意のある教員であれば，地域NPO等の指導者としてクラブ指導に関わることも十分可能となります。

　現状として，すんなり部活動を地域に移行できる地域は少なく，施設や指導者，財源など十分に揃っていないことも想定されます。現状の部活動を，そのまま地域に移行することは難しいですが，地域の実情に合った形を模索し，時には学校と地域，行政など，子どもたちに関係する団体が協働し，新たなスポーツ組織をつくることも必要です。

3）部活動指導および運営の　　コーディネート役を

　最後に，部活動の指導および運営のコーディネーター役を設置し，コーディネーター中心となり展開していくことです。このような部活動改革が起ころうとしている時には，学校内で旗振り役が必要ですが，その役割を果たす担当者が必要です。その際，陸上競技部だけといった部活動単位で独自に展開していくよりも，他の部活動とも情報交換を行いながら推進していく方が，地域との連携がスムーズに進みます。現状でも，学校の中に部活動運営委員会などを設置している学校もあるかと思いますが，教員のみで組織されている学校と生徒のみで組織されている学校とさまざまです。

　これを機会に，教員と生徒が参加し，教員はコーディネーター役（アドバイザー役）となり，生徒が主体となって部活動運営を行え

るよう推進してはどうでしょうか。

　コーディネーターの役割としては，例えば，生徒を集めて練習計画の立て方や，競技に関する情報の集め方などのレクチャー，リーダーを集めてリーダーシップ教育や目標達成のためのチームマネジメントについてレクチャーするということが考えられます。生徒は正しい知識を身につけることができ，生徒自身が主導し運営することへつながっていきます。そのような取り組みが，地域と協働していった場合，自分たちのスポーツライフをコントロールできることにつながるのではないでしょうか。そのようなコーディネーター役には，部活動教育を正しい方向へ導く人物で，スポーツ指導者資格を保有していることや，その学校の教育目標等の理解していることが求められます。

2. 地域スポーツについて

（1）地域スポーツクラブの現状

　我が国では，地域に住む人々が参加できるスポーツクラブがさまざまな形態で存在します。少年野球などのスポーツ少年団，ママさんバレーに代表されるような単一種目の地域スポーツクラブがその代表です。また，地域のスポーツクラブとして，日本における生涯スポーツ社会の実現を掲げ，1995年より文部科学省の傘下に置かれたスポーツ施策の1つとして，全国的に広がりをみせている総合型地域スポーツクラブも存在します。

　総合型地域スポーツクラブの目的は，幅広い世代の人々が，各自の興味関心や競技レベルに合わせて，さまざまなスポーツに触れる

機会と場所を提供することにあります。地域住民が主体となって自律的に活動するクラブとして，全国の市区町村おいて少なくとも1つは育成することが到達目標として示されています。全国で3,594のクラブが活動しており，全国でのクラブ育成率は80.6%となっています（**図4**）。

　地域の陸上クラブは，この単一種目の地域スポーツクラブに含まれます。今までは，子どもたちの陸上との出会いの場としての側面が強かった陸上クラブも，近年ではマラソンブームを追い風に，シニアのクラブも多く創設され，さらに小学生世代から中学校，高校，シニアのトップ選手まで同一のクラブで活動するようなクラブも存在しています。地域のニーズやジュニア期の多様な活動の場の環境整備が進み，さらにトップ選手が実際に指導を行うクラブも存在し，陸上競技の人的資源の好循環が起こっていると考えられます。

（2）部活動の地域移行の流れ

　文部科学省（2020）は，学校の働き方改革をふまえた部活動改革の中で，「学校と地域が協働・融合」した部活動の実現のため，休日の部活動の段階的な地域移行（学校部活動から地域部活動への転換）の方向性が示されました。地域部活動の運営主体は，退職教師，地域のスポーツコーチ，スポーツ推進委員，生徒の保護者等の参画や協力を得て，総合型地域スポーツクラブ，民間のスポーツクラブ，芸術文化団体等が担うことが想定されています。

　部活動の実質的な地域スポーツへの移行が推進されつつあるわけですが，期待されている効果がいくつかあります。選手にとっては，専門的な指導を受けられる可能性が広がり，

図4　総合型地域スポーツクラブ育成状況（H14～R2）

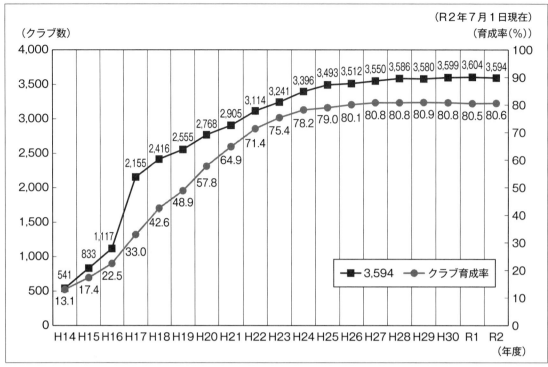

（スポーツ庁，2021）

さらに学校部活動にはなかったスポーツが活動できたりすることで選択肢が広がります。

　また，将来的には，いくつものスポーツを選択できるようになる可能性もあります。例えば，野球クラブで活動している選手が，足を速くするため陸上クラブへ週何回か参加することもできます。そう考えてみると，少子化の時代にとって，多くの選手たちが陸上競技に触れ合うことができ，さらに高校生以降も競技を継続してくれるチャンスが出てくると考えられます。

　学校の部活動では，活動のメンバーやコーチは同じ学校の生徒と教員に限られます。一方，地域スポーツでは，多様な人々と関わることができます。例えば，コーチに関しては，教師ではない大人と関わることができます。教師と生徒・児童はタテの関係（評価す

る側と評価される側）と言われますが，そうではない，ナナメの関係ができます。さまざまな価値観をもつ大人がいることを知ることは，選手にとって学びになるでしょう。

　また，小学校から中学校，高校へと進むにつれて，コーチの変更を余儀なくされます。当然，地域のスポーツにおいてもコーチの交代はありますが，新たなコーチとなっても同組織での活動は継続されるため，子どもたちの情報は共有しやすい利点があります。そして，選手同士も異世代の交流が活性化することが考えられます。学校部活動で活動していると，1～2歳くらい年の違う選手との活動がメインとなりますが，地域に行くと年の離れた選手と活動できたり，あるいはトップ選手と交流できたりと，交流の幅を広げることができます。また，学校の違う同年代の選手

との交流も活性化します。

　地域にとっては，コーチやクラブには運営するスタッフが必要になるため，地域にスポーツコーチや関係者が増えることとなり，地域スポーツが活性化されます。また，子どもたちの成長に携われるというのは，地域の人にとって生きがいにつながります。また，地域の連携や関係性といった，ソーシャルキャピタルが向上することによって，防犯や防災，学校への協力など，部活動以外でもプラスになることでしょう。困ったことがあると助け合える関係が広がることは，スポーツ以外においても重要な財産になります。

　一方で，地域移行によって懸念される課題もあります。

　まず，地域のコーチの確保がままならず，保護者が指導や運営参加を担う比重が増加し，保護者の時間的・身体的・経済的負担が増加するケースが散見されます。それによって，子どもを地域のスポーツクラブに加入させない・させられない保護者もおり，結果として学校部活動として運営されていた時よりも，活動者が減少することになってしまう恐れもあります。スポーツ少年団組織と活動のあり方を示したガイドブック（日本スポーツ協会日本スポーツ少年団，2022）にも，「保護者の中には，仕事の関係で休日の活動に参加できない方もいます。そのような方への配慮を欠かさない方法で，お互いに協力し合っていきましょう」と記載があるように，保護者の事情によって子どものやりたいスポーツができない状況は，子どものスポーツを行う権利を保障する観点からも改善が求められる点です。この指導・運営のミスマッチを解決するため，部活動の地域移行を進める熊本県の自治体（益城町や西原村）のようなコーチ

や支援者を募集・登録し，地域スポーツクラブとマッチングするなどの工夫も参考にして，多様な人材を確保する必要があります。

　また，スポーツ資源が豊富な地域とそうではない地域の間で，地域間格差が生じる可能性もあります。学校には，スポーツ指導者，スポーツ施設，運営費，スポーツ指導に関するノウハウといった，いわゆる経営資源（ヒト・モノ・カネ・情報）がある程度揃っていますが，地域にその経営資源が全て揃っているとは限りません。つまり，受け皿のある地域とそうではない地域が存在し，地域移行によって今後活性化する地域もあれば，停滞する地域も出てきます。とりわけ，人口減少地域では，子どもの数の減少と相まって，スポーツ環境が制限されてしまうことも考えられます。地域移行の1つの背景として少子化を見据えたスポーツ環境の持続可能性がありますが，これでは活動そのものが立ちゆかないことになってしまいます。しかし，経営資源は地域に埋もれている可能性もあります。行政や地元企業などと連携し，使用できる施設を探すこともできますし，学校と連携し学校施設開放という形で，拠点にすることもできます。そういった活動で，「わが町のクラブ」を構えている地域も多く存在するため，スポーツの経営資源を集める努力は大なり小なり必要となります。

　日本スポーツ協会（2018）は，このような学校部活動の地域移行を背景に，「今後の地域スポーツ体制の在り方について」の提言をまとめ，新たなジュニアスポーツ体制のモデルが示されました（**図5**）。地域スポーツ課題と学校部活動課題の両方を解決する取り組みであるこのモデルは，それぞれの強みを生かすことができるモデルです。

図5 「新たなスポーツ体制」の在り方

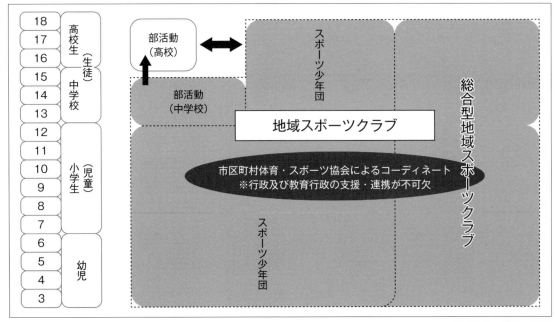

（日本スポーツ協会，2018）

一方で，現状のジュニアスポーツ体制を大きく転換するため，法整備・法改正，経費の援助等，国をはじめとする行政の支援が不可欠です。すなわち，法整備や立法を行う者（国・省庁），その法に基づいて施策を実行する者（行政・教育行政），地域スポーツの推進に取り組む者（スポーツ協会や民間スポーツ団体）が，それぞれの役割を果たしながら，歩みを一にする必要があります。

（3）地域スポーツクラブの コーチに求められる能力

スポーツコーチとは，選手自身がなりたい理想の状態へ近づけるために，その活動をサポートする存在であるとともに，スポーツの意義や価値を社会に発信し，望ましい社会の実現に貢献する役割を担っています。そのため，選手のカテゴリーに応じて，求められる成果に導くコーチの特性は変わってきます。

では，優れた成果に導く地域スポーツクラブのコーチの特性（コンピテンシー）とは，どのようなものでしょうか。高松・山口（2015）が，先進的なクラブで指導にあたる268名にアンケート調査を実施し，以下の7つの項目が導き出されました。

①マナー教育

会員に礼儀やマナーの大切さを教え，活動内のルールを守ること，思いやりの精神をもつことを促している。

②協働的アプローチ

活動内において，スポーツを楽しむ雰囲気をつくり，おだやかな笑顔で指導を心がけている。会員のニーズに応じた指導や，会員の立場に立った指導を行っている。

③マネジメント

クラブの理念を理解し，明確な目標をもって指導している。また，自身の指導現場における課題を把握し，運営スタッフや他のコー

チとコミュニケーションを図っている。

④指導力

　指導種目の基礎知識を有し，熱意をもって多彩なプログラムを指導することができる。また，会員に具体的な目標をもつことを促し，レベルに応じた指導を行っている。

⑤クラブ外交流

　学校関係者や地域団体の関係者，会員の家族とコミュニケーションを図っている。

⑥クラブ内交流

　クラブ内の他の種目のコーチとの交流を図り，クラブ全体行事に積極的に参加している。

⑦安全管理

　心肺蘇生や応急手当を実践することができ，安全に留意して指導を行っている。

　7つの項目を俯瞰してみると，クラブの会員の立場に立った，指導や接し方が多くを占めていることに気づきます。しかし，コーチング自体は，有形のサービスとは異なり，無形のサービスのため，コーチングサービスのクオリティコントロール（品質管理）は難しいものです。コーチの指導法や，語りかけ方，個別対応法等々が，会員にどのように受け止められているか，どの程度効果的なのかは，コーチ自身では把握しづらくなっています。そこで，定期的な会員の満足調査や第三者評価や外部評価を導入するなど，客観的な指標で評価し，内省を行うことでより高いサービスを供給することができます。その内省の繰り返しが，会員の満足につながり，会員の自主的・継続的な参加を促すでしょう。

（4）地域スポーツクラブのマネジメント

　地域スポーツクラブの実際のマネジメントはどのように行われているのか，クラブマネ

ージャーを中心に解説していきます。日本スポーツ協会（2021）は，クラブマネージャーについて，以下の役割があるとしています。

　総合型地域スポーツクラブなどにおいて，クラブの経営資源を有効に活用し，クラブ会員が継続的に快適なクラブライフを送ることができるよう健全なマネジメントを行う。総合型地域スポーツクラブなどの運営が円滑に行われるために必要なスタッフがそれぞれの役割に専念できるような環境を整備する。

　それでは，実際にクラブを管理・運営するクラブマネージャーが，どのような実務にあたっているか，そのポイントを見ていきたいと思います（図6）。

1）クラブ創設期

　・教室やイベントなど新規事業の立ち上げ
　・会員獲得に向けた広報活動や運動指導
　・クラブスタッフとのコミュニケーション
　・会員とのコミュニケーション

　クラブを創設したばかりの時には，プロジェクトのリーダーとして，まず事業としてどのような教室やイベントを企画するか考え，新規事業を立ち上げる必要があります。その際，考慮する必要があるのが，地域住民にどのようなニーズがあるのかを把握することです。ここで言うニーズとは，地域住民の欲求を意味しています。どのようなスポーツを行いたいと感じているか，どのような目的でスポーツを行いたいと思っているのか，どのくらいの頻度で行いたいと思っているかなど，詳細に把握する必要があります。

　ニーズを把握するには，直接ヒアリングする方法と，アンケートを実施する方法がありますが，前者は地域住民を深く知ることがで

図6　クラブマネジャーの成長段階と求められる業務実践内容

	プロジェクトマネジャー段階	クラブマネジャー段階	地域コーディネーター段階
クラブマネジャーの成長段階	**プロジェクトマネジャー段階** 個別の事業やプロジェクトをマネジメントすることができる段階。	**クラブマネジャー段階** 個別の事業やプロジェクトを他のスタッフを用いて遂行することができる段階。またクラブの今後のビジョンを示し，向こう3年程度の事業計画を作成できるなどクラブ内マネジメントが可能な段階。	**地域コーディネーター段階** 自クラブ内のマネジメントにとどまらず，行政・企業・学校などの地域内ステークホルダーと協働し，地域課題解決に取り組むことができる段階。また，地域課題解決を事業化し，持続可能な仕組みづくりに取組むことができる段階。
対応する概念	**プレイヤーとしての業務** ・会員獲得・広報活動・運動指導 ・新規事業の立上げ ・クラブスタッフとのコミュニケーション ・会員とのコミュニケーション	**管理者としての業務** （左記の項目に加えて） ・財務計画の立案と修正 ・理事会組織の運営 ・中長期ビジョンの策定 ・人材の育成 ・後継者の開発	**クラブ内外をつなぐコーディネート業務** （左記の項目に加えて） ・地域内でのネットワーク構築 ・行政との連携・折衝 ・外部組織からの依頼
求められる業務実践内容	・個別事業やプロジェクトに対するニーズの把握 ・個別事業，プロジェクトの実施に必要な資源（ヒト，モノ，カネ，情報など）の調達及び効果的な活用 ・個別事業やプロジェクトの広報及び集客 ・個別事業時の現場でのオペレーション ・事業実施後の精算，報告，改善	・個別事業やプロジェクトへの担当スタッフの配置 ・クラブのミッションやビジョン共有のためのコミュニケーション ・人的資源マネジメント（スタッフのサポート，理事役員とのコミュニケーション，指導者，会員の満足度把握） ・財源マネジメント（自主事業強化，委託事業受託，寄付金獲得などの全体バランス調整）	・クラブ外のステークホルダーとの信頼関係構築のためのコミュニケーション ・地域課題の発見，分析にもとづいた新たな事業及びプロジェクトの構築 ・協働の推進に向けた，組織間協働の推進に向けた関係者間でのビジョン共有 ・持続可能な仕組みづくりに向けた資源調達および効果的な活用

（西村・作野，2020）

き，後者は広く知ることができます。ニーズが把握でき，事業の内容が決まれば，実施に必要な資源（ヒト，モノ，カネ，情報）を調達，事業へ活用していきます。

　事業内容が決まり，資源の確保ができれば，広報し会員獲得の業務へ移行します。どんなに地域住民の興味のある事業であっても，その存在を認知されなければ成立しません。そのため広報が必要ですが，ただ多くの人に知ってもらうだけでは効率的ではありません。事業で決めたターゲットに絞った広報が必要です。例えば，一般ランナー向けのランニングイベントであれば，スポーツ用品店へ広報のお願いをしてもいいですし，ランナーがトレーニングしていそうな場所へ行って直接呼びかけることもいいでしょう。SNSを通じてターゲットに呼びかけることも効率的です。

　事業が実際に実施されたら，クラブマネージャーも実際に現場に行き，運動指導や運営に携わります。実際の現場で事業が円滑に進むようサポートすることにより，事業の問題点や改善点が見えてきます。また，コーチとのコミュニケーションや参加者とコミュニケーションから，事業改善のヒントが得られることもあります。そのような現場経験を通して，事業後にクラブメンバーに報告し，改善し，次なる事業計画へ実行していきます。

2）クラブの発展期
- ・財務計画の立案と修正
- ・理事会組織の運営
- ・中長期ビジョンの策定
- ・人材の育成
- ・後継者の開発

　クラブ創設から3～5年が経過し，クラブの運営が安定してくると，クラブマネージャーの業務も日々変化していきます。プロジェクトのリーダーというそれまでの立場から，次第にクラブの管理者としての業務へと質的に変化していきます。クラブの財源のマネジメントも重要な役割となってきます。具体的には，実施している事業を強化し収益を確保することや，行政などからの委託事業を受託するための業務，寄付金の獲得など，財源の全体のバランスをみることが必要となってきます。

　また，クラブの人的資源のマネジメント業務も求められます。クラブスタッフへのサポートや，理事役員とのコミュニケーションなど，クラブ内部の意思決定がスムーズに行えるよう運営したり，コーチや会員の満足度を把握してクラブの運営に生かすことで，さらなるクラブの発展へ導きます。

　また，今まで自身が行ってきた，プロジェクトのリーダーとしての役割を担える人材の育成や後継者の開発することが，安定した経営を継続するためには不可欠です。クラブが成長を続けるためには，さまざまな力が必要となりますが，その1つがクラブスタッフの能力です。どんなにコーチとして優秀でも，マネジメント力不足のスタッフばかりでは，事業を継続・改善していくことはできず，さらに運営で間違った意思決定を下すことになりかねません。成長していくクラブは，現在

のクラブマネージャーと同等，もしくはそれ以上の高い能力をもった後継者を確保しておかなくてはいけません。

3）クラブ安定期
- ・地域内でのネットワーク構築
- ・行政との連絡・折衝
- ・外部組織からの依頼

　クラブ創設から5～10年たつと，クラブマネージャーは管理者としての業務と併せて，クラブ内外をつなぐコーディネーター業務を遂行するようになります。活動はクラブの中だけではなくなり，行政・学校・企業などクラブ外のステークホルダーとの信頼関係構築のためのコミュニケーションをとるようになったり，地域課題の発見や分析にもとづいた新たな事業やプロジェクトに参画し，持続可能な仕組みづくりに向けた資源の調達やその活用を行います。

　さらに，クラブ創設から10年を超える段階からは，講習会講師や研修会でのアドバイザー，他クラブの運営マネジメントに対する助言やコンサルティングなど，自身の業務経験から蓄積されたノウハウにもとづき，広域圏でのアドバイザー的役割も果たします。

　このように，地域スポーツクラブのクラブマネージャーの実務経験から学び，地域課題を解決したり，他のクラブにアドバイスをしたりといった業務へ移行していき，結果として地域や他のスポーツクラブにとってなくてはならない存在へと成長していきます。このようなクラブマネージャーの成長こそが，地域スポーツの持続可能な運営に最も重要な点であることを認識しておきましょう。

　　　　　　　　　（舟橋 昭太・田原 陽介）

〈文献〉

第一生命（2019）NewsRelease 第30回「大人になったらなりたいもの」調査結果.

菊幸一（2018）学校運動部活動「問題」の行方：過去・現在・未来. 日本体育学会第69回大会シンポジウム資料.

中澤篤史（2011a）学校運動部活動の戦後史（上）：実態と政策の変遷. 一橋社会科学，3：pp.25-46.

中澤篤史（2011b）学校運動部活動研究の動向・課題・展望--スポーツと教育の日本特殊的関係の探求に向け
　　て（グローバルの過程とスポーツの変容）. 一橋大学スポーツ研究，30：pp.31-42.

日本スポーツ協会（2018）提言「今後の地域スポーツ体制の在り方について―ジュニアスポーツを中心とし
　　て―」.

日本スポーツ協会（2020）学校運動部活動指導者の実態に関する調査報告書.

日本スポーツ協会（2021）クラブマネージャー. https://www.japan-sports.or.jp/coach/tabid221.html,
　　（参照日2021年7月1日）.

日本スポーツ協会日本スポーツ少年団（2022）ガイドブック「スポーツ少年団とは」.

西原康行（2012）総合型地域スポーツクラブクラブマネジャーの学びの過程：実践家としての気づきに着目
　　して. 体育・スポーツ経営学研究，25：pp.25-36.

西村貴之・遠藤誠（2017）総合型地域スポーツクラブの成長段階に合わせたクラブマネジャー育成プログラム，
　　スポーツ産業学研究，27（1）：pp.81-84.

西村貴之・作野誠一（2020）総合型地域スポーツクラブの発展過程とクラブマネジャーの業務実践との関係
　　性モデルの構築. 体育学研究，65：pp.367-382.

文部科学省（2020）学校の働き方改革を踏まえた部活動改革.

文部科学省（2021）総合型地域スポーツクラブ育成状況推移（平成14年〜令和2年）.

森丘保典（2020）地域スポーツのこれまでとこれから―中学校区のジュニアスポーツ活動に着目して―. 体
　　育の科学，70（9）：pp.617-622.

スポーツ庁（2018a）平成29年度運動部活動等に関する実態調査報告書. 東京書籍.

スポーツ庁（2018b）運動部活動の在り方に関する総合的なガイドライン.

スポーツ庁（2020）学校の働き方改革を踏まえた部活動改革.

スポーツ庁（2021）運動部活動の地域移行に関する検討会議（第1回）議事録.

清水紀宏・柳沢和雄（2015）地域スポーツクラブの成長性分析と経営指標の開発，筑波大学体育系紀要，
　　38：pp.111-116.

清水紀宏（2018）子どものスポーツライフと学校運動部の未来. 日本体育学会第69回大会シンポジウム資料.

高松祥平・山口泰雄（2015）総合型地域スポーツクラブにおけるスポーツコーチのコンピテンシー尺度作成
　　の試み，生涯スポーツ学研究，12（1）：pp.13-23.

7

コーチングスキル

コーチングとは，「選手の能力や可能性を最大限に引き出し，適切なトレーニングを提案することによってパフォーマンスの向上を支援するコミュニケーションスキル」と解釈することができます。数多くの種目があり，幅広い年齢層の陸上競技選手を指導することを考えると，そこにはさまざまな技術や能力が必要になります。

この章では，コーチに求められる知識と留意すべき事項を確認しながら，選手の特性に合わせた指導の技術について解説します。

また，よりよいコーチング環境を考えると，直接，選手に指導することだけでなく，保護者への対応やさまざまなアントラージュと良好な関係を保つことについても，コーチングスキルの範疇に入ってくるのではないかと思われます。

さらに，スポーツのＩＴ化に伴い，携帯電話のカメラ機能などを活用して動画を撮影しながらコーチングすることがトップレベルの選手のみならず，一般の陸上競技愛好者の中でも行われています。

このようにさまざまなスポーツで視覚的なフィードバックが容易になってきたことでコーチングについても，より一層，客観性が求められるようになってきていることも考える必要があります。

1. コーチに求められる コーチングの知識

（1）どのような選手を育てるのか

指導者は現代社会に求められるスポーツ選手について，具体的な選手像を共通理解としてもっていたいものです。どのような資質や能力を備えた選手が求められるかについて知っておけば，指導者としての役割を認識して，自信をもって指導を行うことができるでしょう。

日本スポーツ協会（2020a）は，「グッドプレーヤー像」を以下のように表しています。

・スポーツを愛し，その意義と価値を自覚し，尊重できる人
・フェアプレーを誇りとし，自らの心に恥じない態度をとり行動ができる人
・何事に対しても，自ら考え，工夫し，行動できる人
・いかなる状況においても，前向きかつ直向きに取り組むことができる人
・社会の一員であることを自覚し，模範となる態度・行動が取れる人
・優しさと思いやりを持ち，差別や偏見を持たない人
・自分を支えるすべての人々（保護者，コーチ，仲間，審判，対戦相手など）を尊重し，感謝・信頼できる人

・仲間を信じ，励ましあい，高めあうために協力・協働・協調できる人

（2）トレーニング思考・行動サイクル

優れたコーチやアスリートは，トレーニングで生じるさまざまな問題を解決しながら，より高いパフォーマンスを獲得しています。しかしながら，我が国では筋力・パワー・持久力など，狭義の体力要素のみに限定して「トレーニング」という用語が用いられており，優れたアスリートを育成するためには，陸上競技のトレーニングの理論的な構造モデルを理解しておく必要があります。

日本スポーツ協会発行の『リファレンスブック』によれば，トレーニングとは，「ある現象を深く追求し正解を見つけ出す探求作業ではなく，錯綜する諸要因をシステムアップしながら目標とするパフォーマンスを構築していく作業である」（日本スポーツ協会，

2020b）としています。

目標とする陸上競技種目のパフォーマンス構造を設計して，トレーニングの目標，手段，方法，戦略，アセスメントなどを考えていく必要があります。図子らは，トレーニングサイクルの思考・行動循環モデルを提示して，アスリートにどのようなトレーニングを展開すべきかを説明しています。以下では，トレーニングサイクルの思考・行動循環モデル（日本スポーツ協会，2020b）を踏まえて，特に重要と思われる理論について紹介します。

1）パフォーマンス構造モデル

図1は跳躍種目のパフォーマンスの構造モデルを示したものです。例えば，走高跳を時系列で考え，助走局面，踏切局面，空中局面，着地局面として捉えます。さらに助走局面には，スタート，加速，フロート，踏切準備局面があります。

図1　跳躍種目のパフォーマンスの構造モデル

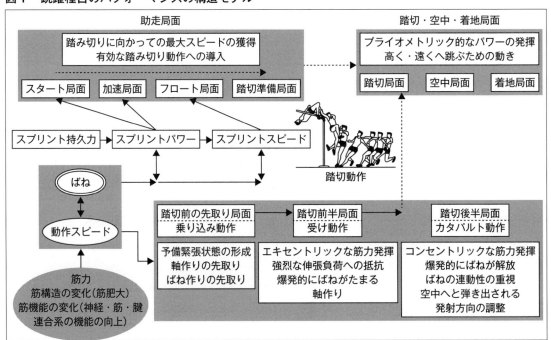

このようにパフォーマンスを構成する局面構造を理解して，それぞれの局面に対しての技術や体力要因を洗い出していきます。

2）目標設定

陸上競技は個人競技であり，自身が行っている種目のパフォーマンスを向上させること（記録を更新すること）が，陸上競技に取り組む具体的な目標となりますが，この目標をどこに定めるか，あるいはどのような選手になりたいと考えるのかを決めることは，コーチングの戦略的なアプローチとして重要なテクニックと考えられます。

指導する選手が，最終的に達成する記録をどこにするか，そのために今シーズンはどこまで記録を伸ばそうとするのか，またそのためにどのようなトレーニングに取り組むのかを，選手と一緒に考えていくことになります。

この時に重要となるのは，達成可能な目標を指導者が一方的に決めるのでなく，選手が本当に望んでいることを見きわめたり，選手みずからが目標を見出すことを支援するという立場で関わることです。

①ニーズ分析

目標を設定するために必要とされる体力や運動能力について，競技特性をふまえて明らかにする必要があります。これまでに公表されている研究論文からデータや情報を収集して，目標とするパフォーマンスを求めるために必要な身体的特徴や心理的特徴などを，生理学，バイオメカニクス，スポーツ医学，心理学などの分野から明らかにします。

また，ニーズ分析によって明らかにされた能力について，何が不足しているのかを測定して，客観的に数値化することも重要

とされています。

②効果的な目標設定のための実践的原則

「SMART」とは，S：Specific（具体的），M：Measurable（測定可能），A：Action-oriented（行動をイメージして），R：Realistic（現実的な），T：Timed（期限を区切る）の全ての頭文字（要素）を含んだ目標設定の原則（指標）になります（**表1** 日本スポーツ協会，2020b）。実際に目標を設定するにあたっては，あらかじめ設計したパフォーマンス構造モデルをもとに，試合（ゲーム）における競技パフォーマンスの分析結果や，公表されている一流競技者および優れたチームの各種データなども参考にしながら，めざすべき体力，技術力および心的能力のレベルを把握します。そして，①具体性，②客観性，③実現可能性，④個別性，⑤発達段階，⑥時間資源（期日の明確化）などに配慮しながら設定することが求められます（森丘，2019）。

③目標設定における戦略的視点の必要性

目標を全て同じ時期に達成することができるか，またその目標が適切なものかどうか，そしていくつかの目標のうち，何を先に強調するかについては，慎重に判断しなければなりません。なぜならば，アスリートの年齢，性別，体力，トレーニング経験などが異なることによって，そのトレーナ

表1 コーチングにおけるSMART
「SMART」の5要素

S	Specific	具体的であること
M	Measurable	測定可能であること
A	Action-oriented	行動をイメージして
R	Realistic	現実的であること
T	Timed	時間を区切っていること

ビリティや疲労の出現の様相が違ってくること，発育発達の違いによって生理的な適応についても一様にはならないことが分かっているからです。

また，アスリートの最終目標の時期についても，年齢や発育段階を考慮しながら決定していくことが重要です。具体的には，中学や高校時に優勝をめざすのか，実業団や社会人までにパフォーマンスをピークにもっていくのかによって，トレーニング目標の設定は変わってきます。このようなことを考慮して，戦略的な視点をもって目標を設定することが大切です。

3）ピリオダイゼーション

トレーニングを計画的に実施するために必要な考え方として，ピリオダイゼーション（期分け理論）があります（**図2**）。

目標達成のためにトレーニングを行う場合は，1回のトレーニング（1セッション）だけ，1週間のトレーニング（ミクロサイクル）だけを考えるのでなく，必ずマクロサイクルという中・長期計画がはじめに作成され，そこからさかのぼって短期計画（メゾサ

イクル），週間計画（ミクロサイクル），その日のトレーニング（トレーニングディ），というように計画されることが一般的です。

なぜこのようにトレーニングを区切るのかというと，次のような理由が考えられます。

第1に，いつも同じトレーニングを長期にわたって継続すると，トレーニングによる適応がみられなくなり効果が少なくなること。第2に，強い負荷を長期にわたって継続的に身体に与えることによってオーバートレーニングを引き起こす可能性があること。第3に，一度にさまざまな目的でトレーニングを同時に行うよりは，メゾサイクルレベルで課題をしぼって集中的に行う方が効果が表れやすくなることです。

基本となるピリオダイゼーションモデルは，試合に向けた準備期，記録会を含めた試合などを行う試合期，そして次のシーズンに向けて疲労を回復させる移行期の3つのメゾサイクルで構成されます。

さらにこの他にも，筋力トレーニングに用いられるような筋肥大期，最大筋力期，パワー期，維持期，回復期といったメゾサイクル

図2　ピリオダイゼーション

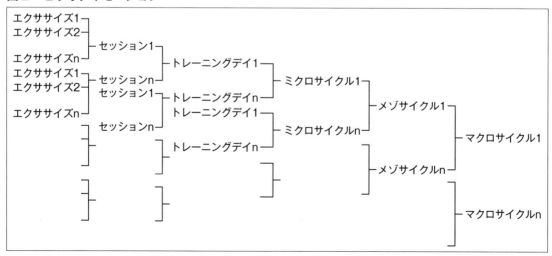

を4〜6週間周期で行うものもありますが，最後に最大筋力や最大パワーを出すことになるため，トレーニング量が減少して筋持久力は減少してしまいます。

また，トレーニングの量と強度を同時に一定期間高く設定して，その後に短い回復期を置くことで大きな適応効果を期待するオーバー・リーチングという方法や，集中した筋力トレーニングの後にスピードトレーニングに移行するブロック方式と呼ばれる方法もあります。

このように，アスリート特性や目標に応じてピリオダイゼーションを考えていく必要があります。

4）トレーニングのアセスメント

トレーニングサイクルを効果的に循環させていくためには，トレーニングの進行状況を評価して，確認しながら進める必要があります。目標達成のために現在の状況を何らかの方法で数値化して把握します。適切に進んでいないと判断された場合には目標の設定に戻って，問題点を洗い出して修正を施すことが大切です。

アセスメントには，スポーツの技術や身体能力を測定することや，疲労状態などについて生理的なデータや心理的なデータから分析することがあります。また，指導の対象者が発育発達期のアスリートであれば，PHV（最大発育速度）などをチェックすることによって成長がどの程度まで進んでいるのかについて把握しておき，スポーツ障害を引き起こさないようにすることが重要です。

5）陸上競技指導における分習法と全習法

学習方法の形式は，課題をひとまとめにして反復学習をする「全習法」と，学習課題を分割して部分単位で反復学習する「分習法」に分けることができます。この2つの方法のどちらがよいのかについては，さまざまな条件や要因によって影響されることから，一概に優劣を断定することはできません。

このことを陸上競技のコーチングに置き換えて考えていくと，短距離やハードル競技における各種のドリルは，走運動やハードリングの一連の動きの中から一部を取り出して集中的に反復練習していますので，「分習法」です。反対に，走幅跳の練習で助走スタートから踏切板を踏み切って着地するまでの練習は，ひとまとまりの試技を最初から最後まで行う練習ですので，「全習法」になります。

一般的には，動作がまだ高いレベルまで習熟していない段階では，分習法で繰り返し練習したほうが効率よく動作を身につけることができるとされています。しかし，部分的な動きができていても全体の流れの中でよい動きがつながらないと，試合で記録を向上させることはできません。

したがって，オフシーズンや合宿などの鍛練期については分習法の割合を多くして，インシーズンや試合前には疲労の状態を考えながら全習法を積極的に取り入れていくことが有効になります。

（3）ティーチングとコーチング

コーチングと同じように使われている言い方で「ティーチング」がありますが，選手との関わり方には大きな違いがあります。教える側の指導者が選手に知識や経験を受け渡す，いわゆる教えてあげるのが「ティーチング」であるのに対して，選手の自発的な行動を促し，対等な立場で能力を引き出して，目標に近づけるのが「コーチング」です。

まさに，これからの指導者はコーチングが

表2　ティーチングとコーチング

	ティーチング	コーチング
内容	決まった方法や考え方を教え込む →スキル・知識がない，もしくは乏しい相手に有効	自分で目標やその実現方法を導き出せるように支援をする →一定のスキル・知識がある相手に対して有効
目的	指示内容を忠実に実行させる	本人の状況に合わせ，何をすべきか自分で決められるようにする
指導内容	全てのメンバーに同じ内容（1対多で行えるので効率的）	個々の相手に個別の内容 （1対1が基本）
指導方法	全てのメンバーに同じ方法（相手が納得するかどうかに関わらず，こちらのやり方で指示する）	個々の相手に個別の方法 （自分と相手が共に納得できるやり方を一緒に考える）

必要で，そのために選手の能力を引き出すいくつかのスキルが必要になります。一方，年齢から考えると，幼児期・児童期の子どもたちは，知識や経験が乏しく，安全に陸上競技を楽しむことができるか，心配なことも多くありますのでティーチングがより必要になります（表2）。

（4）オープンスキルとクローズドスキル

スポーツや運動のスキルには，2通りの分け方があります。外的な要因によって左右される技能で，時々刻々と変化する環境の中でも発揮される「オープンスキル」と，外的な要因によっては左右されない技能で，自分のペースで行うことができる「クローズドスキル」です。

陸上競技は基本的には個人競技ですから，短距離走で言えば，レーンの中をできるだけ速く走ることで記録が計られ，勝敗が決まりますので，自分のことに集中してパフォーマンスを発揮することになります。このようなスキルはクローズドスキルです。

しかしながら，例えば中距離種目ではレースの後半に選手同士の駆け引きがあって，ラスト手前まで争っている選手の後ろについて，ラストでスパートしてゴールするという走り方は，相手との関係で外的な要因によっ

て走りが変わってきますので「オープンスキル」になります。リレー競技において，バトンパスの技術は「オープンスキル」になります。

このように陸上競技では，一部のスキルは他の選手の状況を考えたトレーニングが必要になりますが，「クローズドスキル」が圧倒的に多いので，指導しやすいということになります。

2. コーチに求められるコーチングスキル

（1）選手のモチベーション向上

「モチベーション」とは「動機づけ」とも呼ばれ，行動が生起し，維持され，方向づけられるプロセス全般と定義されており，スポーツ指導の分野でも重要な役割を担っていると認識されています。

モチベーションを高めることが，その競技種目のパフォーマンス向上につながることを考えれば，選手のモチベーションを高めることは，コーチングスキル向上にとっても重要なことであると考えられます。

ここでは，7つのモチベーション理論（深山，2013）を紹介して，選手のモチベーシ

ョンを高めるスキルについて説明します。

1）達成動機づけ（期待×価値理論）

　競技に対する成功への期待の大きさと，その行為が自分にとってどれだけ重要な価値があると感じるかを掛け合わせたものが，「達成動機づけ」です。親がスポーツ好きであれば子どもも好きになるように，指導者自身も陸上競技について魅力や価値を理解していること，そして指導者は選手に期待をもって指導にのぞむことが重要です。

2）原因帰属

　スポーツ分野の特徴として，勝敗というかたちで結果が明確に現れます。特に陸上競技の場合には，勝敗の他にも，記録として数値で結果が示されます。どうしてこの結果に至ったかということを考えた実証報告によると，成功は努力したことによること，失敗は技術の未熟さやコンディショニングなどによると考えることがスポーツ選手の傾向であることが分かっています。

　また，勝利の原因が，チームや本人の努力だと思う者ほど今後の期待は高く，相手が強かったと認知する者ほど期待は低いことが明らかになっていますので，努力することで結果がよくなることを理解させる指導が求められます。

3）自己効力感

　選手が他者と比べて自分の運動能力が優れているという運動有能感をもつことが競技に対して好影響を及ぼします。小さい頃から継続してスポーツに取り組んでいることや，他の選手よりも体力レベルが高いと自覚していることが，運動有能感を高め，成績に対する期待感も高まり，選手の動機づけを高めることになります。

4）達成目標

　スポーツにおいて競技成績の目標を理解していることは重要とされていますが，それだけでは，勝利に対する意欲が高い反面，不安傾向も高くなります。

　一方，現状の専門種目における競技レベル，あるいは自分がどの程度まで上達しているのかを認知している選手は，競技に対する達成動機がより強いことが報告されているため，指導の際には成績目標だけではなく，段階を追った目標を設定して，現状がどのくらいのレベルであるかを認知させることが重要となります。

5）目標設定

　スポーツの分野における目標制定の期間について，短期目標と長期目標の両方あるいは短期目標を設定することによって，パフォーマンスは向上すると考えられています。また，具体的な目標は漠然とした目標よりも，ある程度困難な目標は容易な目標よりも，それぞれパフォーマンスを高めるという研究結果が多いことが知られています。

6）自己決定理論

　モチベーションは大別すると，他者や環境など自分以外の人や物事に影響を受けて行動を起こす「外発的動機づけ」と，興味，楽しさ，挑戦する気持ちといった，いわゆる自分の気持ちや感情からくる「内発的動機づけ」に分かれます。

　外発的な動機づけにあたるものとしては，「ご褒美がもらえるから練習に行く」「怒られるから失敗しないようにする」などが挙げられますが，あまり競技に関係がなくなるとモチベーションが下がってしまいます。

　また，「友達から誘われたから陸上競技を始めたが，いつの間にか楽しくなって積極的

に取り組むようになった」といった外発的な動機から，内発的な動機に変化する場合もあります。

内発的な動機を高めるには，「選手自身の有能さを感じさせるようにすること」「自分には練習のやり方などを選択する権利が与えられていると思わせること」「チームの中で自分の役割があって居心地がよいと思わせること」などが指導の中では考えられます。

7）他者志向的動機

他者志向的動機とは，周りの人の応援や期待に応えようとして努力し，その結果，他者が喜んでくれることが自分の励みや喜びになって返ってくるという動機のことです。このような動機は，周りの人と強い絆をつくり，期待を感じとり，それを原動力にする日本的な文化背景，社会的傾向から強く影響されます。

以上の理論から，モチベーションを維持・向上させるためのスキルとして，以下の点が挙げられます。

①指導者は，選手に対して期待をもって接すること，そして目的を達成することが価値のあることだということを認識させること
②指導者は，選手の成功体験について相手より優っていたということよりも，自分が努力したことによって成し得たものだということを認識させること
③指導者は，選手の競技に関するポジティブな認識を伸ばすように心がけること
④指導者は，選手の競技成績の目標を理解することだけでなく，熟達目標を理解させ，現状の熟達レベルを把握させておくこと
⑤目標は，容易に達成できるものでなく，

努力が必要なレベルにすること，また数値で示されるような具体的なもの，短期目標と長期目標を設定すること
⑥自律性支援行動について，一定ルールのもとで選択の範囲を与える，課題の理由を説明する，他者の意見を認める，自発的活動を認める，さまざまな経験を通して学ばせる，指導者が選手を操作しない，競技が自分だけに重要なものという考えにならないよう支援すること
⑦自分のためだけでなく，支援してくれる周りの人のためにも頑張るという気持ちにさせること

（2）コーチングスキルの5要素 （コーチングハンド）

国際陸上競技連盟（IAAF）は，Introduction to coachingという陸上競技のコーチングに関するIAAF公式ガイドの中で，選手がトレーニングにおいて実際に動作を行う場面で指導者はどのように関わっていくかということについて，5つのスキルモデルを示しています。このモデルをコーチングハンドと呼ん

図3　コーチングハンド
　　　（指導現場で果たすべきコーチの役割）

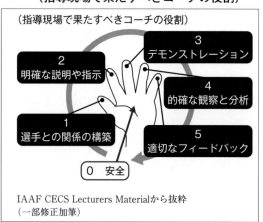

IAAF CECS Lecturers Materialから抜粋
（一部修正加筆）

でいますが，片方の手を前方に出した時の手のひらを「安全の確保」，親指を「関係の構築」，人差し指を「説明と指示」，中指を「デモンストレーション」，薬指を「観察と分析」，小指を「フィードバック」として，分かりやすく示しています（Thompson, 2000）。

選手がグラウンドに来て練習を開始し，その日のトレーニングを終了するまでの時間を追っていくと，親指からのコーチングスキルの5要素が容易に覚えられると思います。

つまり，選手がグラウンドに到着して最初にすることは，仲間やコーチに挨拶をしてコミュニケーションをとることです。そして，メンバーが集合したらコーチからその日のトレーニングの目的や内容について指示・説明があります。ウォーミングアップを行い，メインの練習になると，まず，動作のデモンストレーションを行い，視覚的に見本になる動きを示し，頭に入れます。そのイメージをもって試技を行い，指導者はその動作を分析，評価します。指導者の理想とするテクニカルモデルと，実際に行った選手の試技を比較して，どこがよかったか，また違っていたところの確認を行います。そして，選手に対して，フィードバックを行うことで，選手の感覚とコーチの分析と評価が合っていたかについて確認と検討を行います。

この一連の作業を何回か行うことで，目的を確実に達成するための効率のよいトレーニングになります。

1）関係の構築（親指）

陸上競技で成功するためには，指導者と選手が同じ方向性で目標に向かって行ったり，日々のトレーニングについて平等な立場で話し合っていくといった関係を構築すること

が，最も重要なことです。したがって，選手の立場や気持ちを考慮したコミュニケーションが重要になります。これがうまくいかないと，試合で高いパフォーマンスを発揮したり，質の高いトレーニングを行うことが難しくなります。

指導者は自信をもって選手の前に立てるように，選手の性格や特性を熟知した上で，選手を尊重しながら指導にあたることが重要です。選手に対する対応が厳しいとか，優しいとかという指導者のパーソナリティは，あまり関係ありません。選手に信頼され，安心してトレーニングに打ち込めるようになるためには，選手との良好なコミュニケーションが不可欠であり，このスキルが指導者自身の資質が問われる基本的で最も重要なものになります。

また，スポーツの現場でよく言われることは，言葉によるコミュニケーションだけではなく，非言語のコミュニケーションについても重要だということです。これは，言語によるコミュニケーションを「バーバルコミュニケーション」と呼ぶのに対して，「ノンバーバルコミュニケーション」と言われます。身ぶり，手ぶりで視覚に訴えることによって理解されやすくなります。

2）説明と指示（人差し指）

指導者がトレーニングの内容や技術について話すことは，選手にとっては重要で大切なメッセージです。説明や指示を通して，このメッセージをいかに正確に選手に伝えることができるかが，指導者の能力が問われるところです。伝え方が明快で，相手の理解度に合わせて話すことが必要になります。子どもや初心者ほど，しっかりと指示や説明をしないと，理解してもらうことはできません。また

意図とは異なった伝わり方になってしまうと，けがなどの事故につながってしまいます。一方で，指示を出す時の声の強弱・タイミングなどの違いで理解に差が生じてしまい，選手のパフォーマンスにも大きな影響を及ぼします。

　短く簡潔な説明，分かりやすいアドバイス，声の大きさやトーンに変化をつける，指導者の立ち位置などが考えられます。

3）デモンストレーション（中指）

　指導者が模範を示すことを「デモンストレーション」と言います。

　デモンストレーションにはいろいろな方法がありますが，一番よいのは，指導者自身が動いて示すことです。それができれば，選手たちの心を捉え，信頼を得ることができます。しかし，選手として現役を終えたばかりの若い指導者なら可能かもしれませんが，ベテラン指導者の場合，早い動きや力強い動きをデモンストレーションすることは難しくなるかもしれません。

　ですが，身ぶり手ぶりでいいですから，ボディランゲージで選手たちの前でジェスチャーをすることが大切です。全力で動く必要はありません。動作のポイントだけでも示すことができれば，選手たちに指導者の熱意は伝わります。それもできないようであれば，模範になるような選手に動作を行ってもらうことや，映像を見せることなどでデモンストレーションを行ってください。

4）観察と分析（薬指）

　選手の動きを観察して分析する場合，どこを見てどのように分析するのでしょうか。試合前や完成期の動きのチェックであれば，動作の全体を見て，微調整していくようにすることが必要で，鍛錬期には部分にフォーカスして全体にどのように影響するかを繰り返しチェックすることが重要です。

　また，現場で指導者はどのような位置（場所・角度）から，どのくらい（回数）見ると十分な観察ができるのでしょうか。このような具体的なことは，指導者の能力などによって違いますので，大切なことは，繰り返し観察と分析を行うことで，経験を積み上げ，指導者自身が最も見やすい方法を確立していくことにあります。

　最近は，ビデオカメラやスマートフォンで動画を撮影して，動きを分析することが容易に行えるようになりました。また，動きの速さ，身体の角度などを容易に数値で示すことができるようになりました。このような技術革新は，コーチングに大きな影響を及ぼしています。普段のトレーニングで動画撮影を可能にする環境をつくることもコーチングスキルの一部になるのではないかと思います。

　しかし一方で，これは指導者の本来の眼ではないという考え方もできます。コーチの眼とは，選手の技術ばかりを追うのでなく，選手の体調の把握，表情，歩き方，ウォーミングアップやクーリングダウンの様子などを全て観て，総合的に評価をするものと言われています。指導者の経験やテクニカルモデルとの比較などは，こうしたさまざまな場面の選手の観察から成り立っています。

5）フィードバック（小指）

　フィードバックとは，指導者が観察や分析を行ったことを選手にいかに伝えるかということです。フィードバックの良し悪しによって，選手の理解度に差が生じて，モチベーションも違ってきます。

　例えば，よくない動きだと思ったことに関して，選手にフィードバックする場合，強く

否定したり，怒ったりした場合と，この動きを改善したら，もっとよくなると肯定的にアドバイスした場合とでは，選手の受け取り方が全く異なります。多くの場合，前者はモチベーションが下がり，後者は上がります。また，あまりに難しく分かりにくいフィードバック，あれもこれもといった多すぎるフィードバックは，選手を混乱させるだけです。簡潔に適切な言葉で，ポジティブなフィードバックを行うことが重要です。

また，フィードバックを行うために映像を用いることも多くなりました。iPadやスマートフォンを利用して試技映像を瞬時に示すことにより，明確で説得力のあるフィードバックを行うことができるようになりました。

3. 好ましくない コーチング行為

選手が日々の練習をやらされていると感じている状態では，陸上競技の楽しさを実感することは難しいと言えます。このような状況に追い込むようなコーチングは避けるべきです。ここでは，選手を制御する行動として報告されているもの（Bartholomewら，2009）について紹介します。

1）有形の報酬

結果に対するご褒美は，モチベーションを向上させると思われますが，必ずしもよい影響ばかりとは言えません。例えば，自己記録が出たらご褒美をもらえるということを繰り返していくと，そのご褒美が目的になってしまい，陸上競技が楽しいという内発的な動機が，ご褒美のためにやるという外発的な動機に変わってしまうことになります。

もっとも，プロの選手のように賞金を獲得

して生活している場合もあるので，外発的動機が全て悪いというわけではありませんが，基本的には陸上競技そのものを楽しむために，動作や記録に対して褒めたり，激励しながらコーチングしていくことが望ましいでしょう。

2）制御的なフィードバック

陸上競技の指導者は，選手の動作を観察・分析して，よりレベルの高い動作にするために情報を選手に提供します。その情報の与え方が，選手の意思や意向を考えず，指導者の意図する方向へ強制的に向かわせることを制御的なフィードバックと呼んでいます。

例えば，選手が走幅跳をやりたいのに，指導者が走高跳を教えたいということで「今の動きでは走幅跳はできない」と言って，選手がみずから考えて競技をすることを奪ってしまう場合があります。このようなケースは，選手の潜在能力を見抜いての行為ということもできますが，特に中学年代まではさまざまな種目を経験させて選手の意向を聞きながら種目を決めるべきで，一方的に指導者が決めるべきではありません。

3）過度な個人制御

陸上競技は体力や体調がパフォーマンスに直結することから，トレーニングだけでなく，日常生活においても注意しなければならないことが多くあります。したがって，好ましくない指導者の関わり方として，トレーニング以外の場面でも必要以上に選手を縛りつけ，行動を管理しようとするケースも見受けられます。このように過度な個人制御にならないよう，陸上競技を楽しむために，日常生活における食事や睡眠の大切さを日頃から選手と話しておくことが大切です。

4）脅迫的なふるまい

選手に暴言や体罰，威圧的な態度などによるハラスメントを行うなどの強迫的なふるまいは，指導者としては失格と言わざるを得ません。そのような行為に及ぶのは，以前は選手に対しても強い情熱の表れと捉えられることもありましたが，現在は指導技術をもち合わせていないか，自分を主張する手段がないために及んでしまう行為と考えられるようになりました。どんなことがあっても，ハラスメント行為に及ぶのでなく，適切なコーチング手段で選手と関わっていかなければなりません。

5）自我関与の促進

他の選手との比較で，指導している選手が優れていることを示して，自尊心を高めていくようもっていくことを「自我関与の促進」と言います。

例えば，めざしていた記録に届かず，試合でよいパフォーマンスができなかったとしても，○○選手よりも順位がよかったら，「○○選手に勝ったのだから，よかったじゃないか」と慰めることがあります。そうすると，ある程度満足してしまって，次の目標や課題設定が適切なものにならないことが起こってしまいます。

逆に，自己記録が向上していてもライバル選手にいつも順位で負けていたりすると，面白くなくなってしまい，その競技そのものに興味を失ってしまうことにもなりかねません。他者との比較だけでなく，陸上競技そのものの成長を評価することでモチベーションを上げていくことが大切です。

6）条件つきの関心

指導者が，自身が望んでいることだけに関心を示して，それ以外のことを無視したりすることによって，選手が指導者の都合のいいような行動をするように仕向けることを「条件つきの関心」と呼んでいます。このような状況が続くと，選手は，自分がどのような陸上競技の選手になりたいのか，どのような人間になりたいのかといったことを考えなくなり，指導者の顔色ばかりを気にして，自主性がなくなってしまいます。

陸上競技は個人競技であること，種目の動作への介入が直接記録に影響を及ぼす割合が高いことから，指導者の制御戦略が選手の成長を抑制している可能性があります。指導者は，常に上記のような制御戦略をとっていないかを確認しながら指導しなければなりません。

4．映像を使ったコーチング

スポーツ科学の進歩によって，映像による視覚的な情報はめまぐるしいほど大量に収集できるようになりました。これは，撮影カメラの性能が向上したことによるもので，人間が見えるものよりも何倍もの多くの情報を，より正確に捉えられるようになりました。言い換えれば，指導者よりも優秀な目をもったカメラによって正確な映像情報が手に入るようになりました。

しかしながら，その映像情報を指導に応用することを考えた時には，その情報をいかに分析して評価するのか，そして選手に対してどのようにフィードバックするのかについては，指導者の能力によるところとなります。

最近の体操競技の状況は，練習場にあらかじめカメラが設置されていて，試技を行った映像情報が瞬時に手元の端末機器に入るよう

になっています。そして，試技を行った選手の感覚が残っている間に自身の動きを確認することが可能になりました。また，1人の指導者の目からは一方向からしか分からない視覚情報が，位置情報を変換することによって3次元でどこからでも見ることができるようになりました。このように，指導方法の幅が広がり，多様化してきました。

　指導に使用できる道具として，iPadやスマートフォンがあります。誰もが持っているスマートフォンが，通信だけでなく，カメラ，GPS信号の受信，画像データの処理など，さまざまな機能を兼ね備えるようになりました。

　アプリケーションについても，スピードや関節の角度が数値化されるもの，異なる試技の映像を重ね合わせられるものなどがあり，指導の中で応用できるようになりました。

　また，パソコン上で映像データと測位衛星（global navigation satellite system：GNSS）からの位置，移動距離・速度・加速度などのスタッツデータを融合して動きを分析評価するものもあり，このようなツールを使いこなすことができることも，コーチングスキルの一部になってきました（神武，2021）（**写真1**）。

　一方で，この大量に入手できるようになったデータをどのように活用するかについて

写真1　映像データとスタッツデータの融合

は，留意することがあります。映像で得られた客観的なデータと，実際に動いている選手の主観的な感覚との間には，ズレがあるということです。

　分かりやすい例を挙げると，野球のテレビ放送で，ピッチャーが投げたボールに対してバッターがハーフスイングをした場面で，実際の映像ではバットが回っていないように見えていたものが，スローモーションの映像ではスイングをとられるくらいまでバットが回って見えるというようなことがあります。走動作でも，映像で見ると自分の意識よりも脚が後方に流れていたりします。このような感覚のズレについては，選手本人だけでなく，コーチと確認しながら修正していく必要があります（福永・湯浅，1987）。

（沼澤 秀雄）

〈文献〉

Bartholomew.K.J., et al（2009）A review of controlling motivation strategies from a self-determination theory perspective: Implications for sports coaches. International Review of sport and Exercise Psychology, 2,pp.215-233.

福永哲夫・湯浅景元（1987）コーチング科学のなりたち．コーチングの科学，第1章，pp.1-11.

神武直彦（2021）体育・スポーツ活動でのデジタルトランスフォーメーション（DX）．体育の科学，71，（6），pp.408-41.

深山元良（2013）体育・スポーツにおける動機づけ研究の展望，城西国際大学紀要，21巻2号，pp.127-

143.

森丘保典（2019）スポーツトレーニングの基本的な考え方．平野裕一・土屋裕睦・荒井弘和編，グッドコーチになるためのココロエ；培風館，pp.82-92.

日本スポーツ協会編（2020a）コーチングとは．リファレンスブック，公益財団法人日本スポーツ協会；東京，pp.2-21.

日本スポーツ協会編（2020b）スポーツトレーニングの基本的な考え方と理論体系．リファレンスブック，公益財団法人日本スポーツ協会；東京，pp.132-155.

Thompson, P. J. L.（2000）Developing the skills of coaching. Introduction to coaching: The Official IAAF Guide to Coaching Athletics, pp.16-36.

8

陸上競技のルール

1. 登録

選手として陸上競技を始めるには，まず，登録を行います。現在，小学生の登録は，日本陸上競技連盟（以下，「日本陸連」と略記）としては行っていませんが，各加盟団体では行っているところが多いようです。

クラブに加入していればクラブ単位で，個人で登録するのであれば各加盟団体の窓口で登録します。

登録する項目には，どんなものがあるでしょうか？　下図が登録画面の一部です。

登録に必要な項目には，下記があります。

・氏名（漢字・カタカナ・英語表記）
・国籍
・性別
・生年月日
・住所

登録されると，登録番号が発行されます。その日からクラブの一員として，また，加盟団体の登録選手として競技会への参加が可能になり，その番号によって管理されることになります。

これらの項目は，将来にわたり選手個人を特定する大事な情報です。変更が生じた場合や訂正が必要な場合は，なるべく早く行う必要があります。

2. 競技会へのエントリーと参加

競技会にエントリーする場合，大会要項を確認します。要項には競技会に関することの全てが書かれています。注意深く全体を読む必要がありますが，特に，

・期日
・場所（※ロードレースはコース）
・種目（実施日および競技日程）
・参加資格
・競技規則
・参加料
・申込方法

をしっかり確認してエントリーします。エントリーする内容は，上記の登録情報と，参加する種目と，その資格記録です。

（1）資格審査

　エントリーが完了すると，主催者はエントリー項目を審査します。氏名について漢字表記，フリガナ，英語表記が正しいかどうか。生年月日は合っているかどうか。性別は正しいか。それらを登録データと比較して審査します。登録情報は個人を特定するための大事な要素です。競技会終了後，記録公認申請は日本陸連だけでなく，世界陸連（以下，「WA」と略記）にも申請が行われる場合があります。漢字で書いた氏名は違っていても，英語表記になると同じ場合もあり，その場合には生年月日などで個人を特定します。

　また，エントリー種目とその参加資格記録が正しいかどうかは，記録のデータベースから検索しています。参加申し込み期限直前に行われた競技会で出した記録は公認申請が済んでいないことがあるため，主催者から選手自身や監督・コーチに問い合わせる場合もあります。この資格記録は特に，トラック種目の番組編成（レースの組み合わせなど）に影響するので，慎重に取り扱いたい項目の1つです。

（2）競技会への参加

　競技会場で参加受け付けをすると，プログラムやアスリートビブス等が配布されます。

　まず，プログラムでエントリーした種目に名前が正しく掲載されているかを確認します。氏名や生年など記載事項に誤りがある場合には，競技開始前に大会総務に申し出て修正を行います。規模の大きな競技会になると，資格記録も掲載されます。トラック競技の予選の番組編成のルールでは，「できるだけ全選手の成績を考慮し，もっともよい記録を持っている選手が決勝に残れるように編成することが望ましい（TR20.2.3）」と決められているので，資格記録のよい選手だけを集めて同じ組で競技することはありません。各組の編成や次ラウンドへの進出条件，予選通過記録もしっかり確認します。そしてプログラムの競技注意事項をよく読んで，招集所でのチェック（ロールコール）の方法や時刻など，必要な情報を確認しておくことがとても重要です。

　アスリートビブスは2枚，必要に応じてそれ以上配布されます。番号が記載されているものや，選手名が記載されているものなど，競技会によってさまざまです。選手自身のものであるかどうか，そのビブスをどのようにつけるのかを競技注意事項で確認し，ユニフォームにしっかりと外れないようつけます。アスリートビブスはそのまま完全な形でつけなければなりません。折り曲げたり切ったりしてつけると，ルール違反になるので注意しましょう（TR5.9）。

3．ルール修改正

　WAや日本陸連では，毎年，ルールの修改正を行っています。最新のルールブックや日本陸連のホームページなどで，最新のルールについて常に確認することが必要です。

　2021年度は以下の大きな修改正が行われました。

（1）シューズに関するルール

　競技会で使用できるシューズに関しては，前提として次のような条件があります。

　・靴はどのようなものであっても，陸上競

技の普遍的精神に合致し合理的かつ無理なく入手できるものでなくてはならない。

・個々の選手の足の特徴にあわせて改良することは認められる。しかしながら，個々の選手の足や要望にあわせた，唯一無二のものとしてオーダーメイドされた靴（既製品とは異なり，他に存在しないもの）は認められない。

・開発段階の試作シューズは，ワールド・アスレティック・シリーズおよびオリンピックで着用することは認められない。

・選手（またはその代理人）は，開発段階の試作シューズの仕様書と，そのシューズを使用する予定の12ヶ月以内の全ての競技会名と日付のリストをWAに提出する。WAから要求された場合は，その試作シューズのサンプルを提出することや，検査のために靴が切断されることを了承する。

全てのルールや規程（TR5およびこれらの注記を含む）を順守していることを条件として，開発段階の試作シューズを履いた選手によって達成された記録は有効となります。

WAは市販されている承認済みシューズと，開発段階の試作シューズの着用可能開始日と承認の有効期限を記載したリストを，Webサイトで随時公開しています。

https://www.worldathletics.org/about iaaf/documents/technical-information

また，日本陸連のWebサイトにはルールに関する情報が公開されています。

https://www.jaaf.or.jp/about/resist/technical

（2）走幅跳・三段跳の踏切に関するルール

無効試技の定義が「選手が踏切を行う際，跳躍しないで走り抜ける中で，あるいは跳躍の動きの中で，身体のどこかが踏切線の先の地面（粘土板を含む）に触れた時（TR30.1.1）」から「選手が踏切る際，跳躍しないで走り抜けたり，あるいは跳躍の動きの中で踏切足または踏切足の靴のどこかが，踏切板または地面から離れる前に踏切線の垂直面より前に出た時」に変わります。WAは2021年11月から，国内では2022年4月から適用になります。

今までは，45度に成形された粘土板に痕跡が残れば，無効試技となったものが，踏切線より前につま先が出たかどうかで判断するようになります。写真のようにビデオ判定装置のようなもので判定するか，90度の粘土板を設置して判定します。

4．トラック競技

（1）レーン

400mまでの競技では，割り当てられたレーンを走ります。レーンはそれぞれ50mmの白いラインで区切られています。スタート

とフィニッシュはどこで，割り当てられたレーンはどこからどこまででしょうか？

ルールでは「スタートラインのフィニッシュラインに遠い方の端」がスタート，「フィニッシュラインのスタートラインに近い方の端」がフィニッシュと規定されています（TR14.3）。

また，「幅50mmの白色のラインで区切られた，右側のライン幅を含む最大幅1m220（±10mm）のレーンを走らなければならない（TR14.4）」と規定されているので，内側（左側）のラインの右端から外側（右側）のラインの右端までが自分のレーンということになります。つまり内側（左側）のラインは自分の走るレーンには含まれないので，これを踏むとルール違反になりますが，外側（右側）のラインは踏んでも違反にはなりません。

800mの競技では，ブレイクラインまで割り当てられたレーンを走るなどの規則があります。

レーンが割り当てられていない種目では，基本的に縁石に沿って走ります。レーンが割り当てられていないとはいえ，他の選手を意図的に押したり走路をふさいだりして，審判長が他の選手の前進を妨げたと判断した場合，失格となります。

そのため，選手がどのように走っているのか，レース中に妨害行為などをしたり，受けたりしていないかを見きわめるために，監察員がレースをしっかりチェックしています。

（2）スタート

「On your marks」「Set」の合図でスタートが始まり，1回の不正スタートでも失格になるルールが定着しました（TR16.8）。

選手としてスタート時に注意しなければならないルールには，次のようなものがあります。

「400mまでのレース（4×200mリレー，メドレーリレー，4×400mリレーの第1走者を含む）において，クラウチングスタートとスターティングブロックの使用は必須です。位置についた時，選手はスタートラインおよびその前方のグラウンドに手や足を触れてはならない。『On your marks（位置について）』の合図の後，選手は自分の割り当てられたレーン内のスタートラインの後方の位置につく。両手と少なくとも片膝がグラウンドに，両足はスターティング・ブロックのフットプレートと接触していなければならない。『Set（用意）』の合図で選手は手とグラウンド，足とスターティング・ブロックのフットプレートとの接触を保ちながら，速やかに最終のスタート体勢に構えなければならない（TR16.3）」とあります。

クラウチングスタートでスタート動作の準備をするのと同時に，スタート位置にいる全ての選手が同じタイミングでスタートの最終姿勢をとることが求められています。ある1人の選手だけがタイミングが遅いと，スタートは何度もやり直しが要求されます。他の選手に無理やりタイミングをあわせる必要はありませんが，同じタイミングをとれることが必要です。

400mを超える競技では，スタンディングスタートが用いられますが，これもクラウチングスタートと同様に，すべての選手がタイミングをあわせることが必要です。

「On your marks（位置について）」または「Set（用意）」の合図の後，故意に立ち上がったり，他の選手のスタートの妨害をした

りしたと判断された時には，警告または除外の処分の対象になることがあるので注意が必要です（TR16.5）。

不正スタートは，「選手は，最終の用意の姿勢をとった後，信号器の発射音を聞くまでスタートを開始してはならない。選手が少しでも早く動作を開始したとスターターが判断したとき（TR16.7）」と定義されています。

スタート・インフォメーション・システムが使用されていれば0.100秒未満のリアクションタイムが測定された時，あるいは号砲発射前にスタート動作が開始された時，不正スタートと判定されます（TR16.6）。号砲を聞いてからスタートする基本動作をしっかりと身につけることが重要です。また，スターターは全ての選手を公正にスタートさせる義務があります（CR22.2）。これは不正スタートだけでなく，スターティングブロックが滑ったりするなどの状況にも適用されるので，指導者としてしっかり認識しておく必要があります。

（3）フィニッシュ

「選手の順位は，その胴体（即ちトルソーのことで，頭，首，腕，脚，手または足とは区別される）のいずれかの部分が前項のフィニッシュラインのスタートラインに近い端の垂直面に到達したことで決める（TR18.2）」と規定されています。手や足がフィニッシュラインに到達したことで判定するのではなく，トルソーがフィニッシュラインに到達したことで判断します。

〈風向風速〉

200mまでの競技では，直走路部分の風向風速を測ります。走る方向へ吹く風の速さが2.0m/秒を超えると追い風参考記録になります（CR31.14.3）。

（4）レース終了後

スクリーンや掲示板，アナウンス等で競技結果が発表されます。順位や記録に間違いがないか確認します。次ラウンドに進出する場合，番組編成も確認します。

番組編成のルールは次のとおりです。

100m～800mの場合（国内），予選の順位と記録で順位づけをして，組編成を行います。
・予選1位の中で1番速い者
・予選1位の中で2番目に速い者
・予選1位の中で3番目に速い者
以下同様，予選全組の1位の記録順。
（2着以下も同様に行います）
・予選2位の中で1番速い者
・予選2位の中で2番目に速い者
・予選2位の中で3番目に速い者
（時間で通過した者）
・1番目に速い者
・2番目に速い者
・3番目に速い者

時間による通過の最後の1枠に関しては，「時間による最後の1枠に同成績がいる場合，写真判定主任は0.001秒の実時間を考慮しなければならない。それでも同じであれば，同

成績とする。空きレーンがあるか，走る場所がある（800m競走でレーンに複数割り当てる場合を含む）のであれば，同成績者は次のラウンドに進めるようにするべきである。不可能なら，次ラウンドへの進出者は抽選により決める（TR21.5）」と規定されています。基本的にはこのように0.001秒単位まで確認し，それでも同じ記録の場合のみ同順位として考えます。

この順位づけの後，選手をジグザグに配置して組を決定し，組の中で3つのグループに分けてレーン順が抽選されます。

- a．上位グループ4人（または4チーム）が3，4，5，6レーンを
- b．それに続く5・6番目の中位グループ2人（または2チーム）が7，8レーンを
- c．下位グループ2人（または2チーム）が1，2レーンを

このようにして準決勝や決勝レースが行われ，その競技会での1位が決まります。

（5）ハードル

自分のレーンを走り，10台のハードルを越える競技です。ハードルを越える時に抜き足がバーの高さより低い位置を通った時は失格となります。また，手や身体，振り上げ脚の上側で，いずれかのハードルを倒すか移動させた時や他のレーンのハードルを倒すか移動させ，他の選手に影響を与えた時も，失格となります。以上のルールを守れば，どのような跳び方でハードルを越えても違反にはなりません（TR22.6）。

（6）障害物競走

障害物と水濠を越える競技です。選手は水濠を越えて，あるいは水濠に入って進み，全ての障害物を越えなくてはなりません。つまりハードルと同様に，障害物は抜き足がバーより低い位置を通らないこと，水濠では真っ直ぐに進み，水濠以外の地面（水濠の両脇の地面）を踏まないことが条件となります（TR23.7）。

（7）リレー

選手がバトンをつないで走る競技です。バトンはテイクオーバーゾーンの中で受け渡しがなされます。「バトンの受け渡しは，受け取る選手にバトンが触れた時点に始まり，受け取る選手の手の中に完全に渡り，唯一のバトン保持者となった瞬間に成立する（TR24.7）」と規定されています。テイクオーバーゾーン内でバトンを落とした場合，落とした選手がバトンを拾いバトンパスをやり直します。つまり，バトンの受け渡しが完全に終了していなければ，渡す側の選手が拾い，バトンパスを再開することになります。どういう状況でバトンを落としたか，選手が冷静に判断し，競技を継続する必要があります。

---

5. フィールド競技

（1）試技時間

フィールド競技には，それぞれ試技を行う制限時間があり，試技を開始するための準備が整ってから，カウントダウンが始まります。選手の準備ができてピットに立った時からでなく，審判側の準備が整った時からなので，注意が必要です。

制限時間内に試技が完了していなければ，

残っている選手数	走高跳	棒高跳	その他
4人以上	1分	1分	1分
2〜3人	1分30秒	2分	1分
1人	3分	5分	−
連続試技	2分	3分	2分

やり直しは何回でも可能です。選手が試技時間内に競技を開始していれば（助走やターンなど），競技の完了前に試技時間が超過しても，その試技は認められます（TR25.17）。

走高跳と棒高跳で優勝が決まり，選手が1人となり，世界記録かその他大会記録等に挑戦する場合には，定められた制限時間より1分延長されます。

（2）予選

参加人数が多い場合は予選が行われ，あらかじめ定められた予選通過記録を超えると，それ以降の試技は許されません（TR25.14）。また，予選通過者は少なくとも12名としていて，予選通過記録突破者が12名に満たない時は，予選の記録上位者を追加した12名が決勝に進出するため，結果発表をしっかり確認する必要があります（TR25.15）。

（3）コーチングエリア

フィールド競技では，選手とコーチとのコミュニケーションを円滑に図る目的で，コーチングエリアが設けられます。選手は競技エリアとコーチングエリアを自由に行き来し，いつでも必要なアドバイスをもらうことができます。また，試技を記録したビデオをコーチが見せることもできます。ここでよいアドバイスを受け，選手自身が最高のパフォーマンスを発揮できるよう，有効活用します。ただし，競技エリアを離れる場合，審判員に許可を得る必要があることを忘れてはいけません。

（4）再試技

選手がやり直し試技を与えられることが適切な場合が，いくつかあります。この場合，試技順の変更は認められておらず（問題が直ちに発見されずに競技が進行してしまった場合を除き），審判長は，それぞれの特定の状況を考慮して，試技のやり直しまでどれだけの時間をとるかを決定します。一般的には，1回の試技を行った直後に再試技を認めた場合，最低でも連続試技の時間が選手に与えられます（TR25.8）。

（5）跳躍競技（走高跳・棒高跳）

1）順位づけ

記録となった高さを何回目で越えたか，それが同じであれば，それまでの無効試技数で勝敗が決まります。

	2m10	2m13	2m16	2m19	順位	記録
A	○	○	×○	×××	2	2m16
B	−	−	○	×××	1	2m16
C	×−	○	×××		4	2m13
D	○	○	××−	×	3	2m13

具体的には，ABは2人とも2m16を跳んだが，Aは2回目，Bは1回目で跳んでいるので，Bが1位，Aが2位。CDは2m13をともに1回目で跳んでいるがそれまでの無効試技回数がCは1回，Dは0回なので，Cが4位，Dが3位となります。

2）ジャンプオフ

1位が2人以上いた場合は，ジャンプオフで1位を決定します。ジャンプオフは選手が最後に越えた高さの次の高さから始めます。各高さでの跳躍は1回で，2人以上が成功した場合，走高跳では2cm，棒高跳では5cmバーを上げ，全員が失敗した場合は走高跳で

は2cm，棒高跳では5cmバーを下げ，決着がつくまで行います（TR26.9）。

この追加試技の結果も公認記録として扱います（TR25.21）。

3）他の種目との重複

選手が他の種目と重複エントリーしている場合に限り，審判長が試技順を変えることができます。トイレに行ったり，コーチと話したいという理由では，試技順を変更することはできません。重複した種目に出場するため，競技エリアを離れる場合，審判員にそのことを伝えてから離れます。その際に，不在時の試技をパスとするか無効試技とするかを選択します。パスにすると戻ってきた時，その高さには挑戦できません。無効試技にするとその高さで競技はできますが，順位づけの時，有利には働きません（TR4.3）。

4）外力

バーが外力（突風など）でバー止めから外れた場合，バーに触れないで飛び越えていれば成功となります。もちろん，助走を開始して跳ぶ前にバーが落ちてしまえば，再試技となります（TR26.10）。

（6）跳躍競技（走幅跳・三段跳）

走幅跳でも三段跳でも身体のどこかが踏切線の先の地面（粘土板を含む）に触れた時，無効試技になります。跳躍競技は，どれだけ遠くまで跳んだかを競う競技です。その距離は自分の身体がつけた痕跡で判断するので，自分自身の身体だけでなく，身につけているもの全て対象となり，跳躍中にそれが落下すれば，その痕跡で計測した長さが競技成績となります（TR29.9）。上半身をのけぞって着地する選手もいるため，アスリートビブスは背面にはつけず，胸面につけるのが一般的

です。

また，着地場所から出る際には，選手の足が着地場所との境界線上または外の地面へ最初に触れる位置は，踏切線に最も近い痕跡よりも，踏切線から遠くなくてはなりません（TR30.2）。つまり，跳ぶ方向に向かって離れなければならず，踏切線の方向に出ようとすると無効試技となるので，注意が必要です。

1）他の種目との重複

跳躍競技（走高跳・棒高跳）と同じですが，他の種目に参加していて，審判長が試技順を変えても，競技場所に不在の時はパス扱いとなります。

2）順位づけ

通常，6回の試技で順位がつけられます。

8名を超える選手がいれば，前半3回の試技で記録上位8名の選手に，さらに3回の追加試技が認められます。8名以下の場合は，全ての選手に6回試技する権利が与えられます。

まず前半の3回で記録のよい順に順位をつけていきますが，同記録があった時は2番目以降の記録を比較し，よい記録をもつ選手を上の順位とします。3回の試技終了後，上位記録の8名を選び（トップ8），4回目以降は記録の低い選手から跳びます。4回目以降の試技順は，主催者判断で変えることも可能です。6回の試技終了後，3回終了後に行った順位づけと同じ方法で最終的な順位を決定します（TR25.6）。

3）風向風速

助走している際の5秒間の風向風速を測ります。走る方向へ吹く風の速さが2.0m/秒を超えると，追い風参考記録になります（CR31.17.2）。

（7）投てき競技（砲丸投・円盤投・ハンマー投・やり投）

これらの4種目は，それぞれの異なる技術によって区分されますが，それら全てに適用されるルールがあります。

砲丸・円盤・ハンマーは全てサークルから投げます。選手はサークルの金属の縁の内側に触れてもよいが，一旦投てきが開始されたら，金属の縁の上部を含めた外側の地面に，身体のいかなる部分も触れてはなりません。

選手はサークルの中で静止状態から試技を開始しなければなりません。サークルに走り込んだり飛び込んだり，静止状態なしに試技を始めることは許されません（TR32.13）。

選手が試技を始め，投てき器具が落下するまで，サークルの中で待たねばなりません（TR32.17）。

サークルを離れる時，サークルの中心を通して外側に引かれた白線の完全に後ろからサークルを出ます（TR32.17.1）。

このルールに抵触しなければ，選手は許された時間内で静止した状態から試技を再開してもよく，またサークルから出ても構いません（TR32.15）。

器具は，グラウンドに引かれた有効投てきを示す白線の内側に，完全に落下しなければなりません。

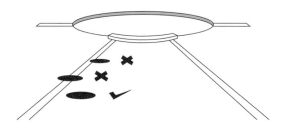

計測は最も近い痕跡からサークルの縁の内側（やり投では弧の内側）まで，投てき後，

直ちに行います（TR32.20）。

いかなる物質も，サークルや選手の靴にまき散らしたり，吹きつけたりしてはなりません（TR32.4.4）。

2本または3本の指をまとめてテーピングすることは許されませんが，指1本ずつが独立して動かせるのであれば，手のテーピングは許されます（TR32.4.1）。

手袋の使用は，ハンマー投のみに認められています（TR32.4.3）。

有効試技の最中に投てき器具が壊れた場合，選手には代替の試技が与えられます（TR36.3, 38.4）。

1）円盤投・ハンマー投用囲い

円盤投・ハンマー投では，危険防止の観点から，サークルの周りに必ず囲いを準備して競技します。

やり投の場合は，サークルを助走路に読み替えてください。試技が終わり，助走路から離れる場合，スターティングラインの後ろから助走路を離れるか，4m後ろに下がると助走路を離れたとみなされます（TR32.17.2）。

2）順位づけ

跳躍競技（走幅跳・三段跳）と同じ方法で順位づけを行います。

3）投てき器具（投てき物）

　競技会で使用する投てき器具は，日本陸連の検定品でなければなりません。また，国際競技会で使用する器具は，WAの規格に合致するものでなければいけません（TR32.1）。

　WAの認証品は

https://www.worldathletics.org/about-iaaf/documents/technical-information IAAF CERTIFICATES - Certified Competition Throwing.pdfで確認できます。

　競技場に備えつけられた器具を使い，競技をするのが原則ですが，器具が足りない時などは選手が2つまで持ち込むことができます（TR32.2）。

　器具を持ち込みたい場合，競技開始前に器具の検査を行い，合格すると参加全選手が使用可能な器具として大会主催者が借り上げて，競技エリアに配置をします。競技終了後は速やかに返却してもらい，指定された場所で受け取ります。

6.　混成競技

　中学生の四種競技や，五種競技から十種競技まで，男女別，年齢段階別に数種類あります。ルールに定められた順序で1日ないし48時間以内で行われ，各競技の記録を得点に換算して，その合計点を争う競技です。

　一般種目との主な違いは次のとおりです。
- ・スタート：1度目の不正スタートは許されるが2度目以降の不正スタートからは当該選手が失格となります。
- ・フィールド種目はすべて3回の試技だけです。
- ・高さの跳躍種目では1人になってもバー

の高さは自由になりません。また，試技時間も単独種目とは若干違います。
- ・最終種目の1500m/800mでは，それまでの成績順で番組編成され，通常は上位者のグループが後の組で走ります。
- ・風力を計測する種目の平均値が追い風2.0m/秒以内であれば，混成競技の成績として公認されます。平均値が追い風2.0m/秒を超えると参考記録になります。

7.　競歩競技

　トラックで行われる競技と道路で行われる競技があります。陸上競技の中で唯一，審判員の主観的な歩型判定が選手の失格に影響する種目です。

　歩型は，ロス・オブ・コンタクト（接地不＝「両脚が同時にグラウンドから離れることなく歩くこと」の違反），あるいはベント・ニー（膝曲がり＝「前脚は接地の瞬間から垂直の位置になるまで真っ直ぐに伸びていなければならない」の違反）を審判員の目視によって判定します（TR54.2）。

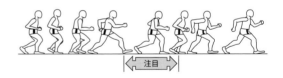

　競歩審判員は，主任を含めてトラックでは6名，道路は6名以上9名以内が配置されます。通常，主任は判定をせず，他の審判員からのレッドカードの集計・確認と失格の宣告を行います。

　歩型のルールに抵触しそうな選手に対しては，イエローパドルを提示して注意を促します。同一選手に対する同じ行為でのイエロー

パドルの提示は，同じ審判員からは1回しか出すことができません（TR54.5）。

歩型違反が明らかな選手に対しては，イエローパドルを提示することなくレッドカードが出されます。3名以上の競歩審判員からレッドカードが出されると，その選手は失格となります。

レース途中で失格を告知されず，フィニッシュ後にカードの集計結果で失格となることもあります。

近年採用されたルールで，ペナルティゾーンを使うことがあります。これはレッドカードが3枚出たとしても即失格とせず，レースの距離に応じてペナルティゾーンで歩型の修正を行わせ，競技を完遂させることをねらいとしています。

ペナルティータイムは，5km以下では30秒，10kmでは1分，20kmでは2分などと，距離に応じて滞留時間が決まっています。しかしながら，レース再開後に4枚目のレッドカードが出されれば，失格となります（TR54.7）。

8. 道路競技・駅伝

トラックで行われていた長距離レースが道路に延長されたと考えると，大きな違いはありません。

コースは一方向路，往復，周回とさまざまで，競技運営車両で監察することや，途中棄権者を収容するなどが，トラックレースとの違いです。

（1）飲食物供給所

トラックでは5000m以上のレースで気象状況に応じて設置されますが，道路では必置となっています。飲食物供給所は道路コース計測にも関わるため，あらかじめ計画されて設置されます。

またエリートレースではパーソナルドリンクステーションが設けられ，選手のチーム関係者が手渡しすることも認められています。手渡しの際には，テーブルより前に出てはならず，伴走することも許されません（TR55.8）。

（2）中継所

駅伝では各走者がたすきを保持し，たすきの受け渡しをしなければなりません。コースの途中にたすきを引き継ぐ中継所が設けられ，そこで区間ごとの記録や順位が判定されます。たすきは投げたりせず，必ず手渡ししなければなりません（駅伝競走規準第9条）。

（3）助力

道路で行う競技にもアクシデントが起こります。選手がスリップしたり，体調を崩したりして，道路に倒れ込むことがあります。その際，審判員が確認のために声をかけたり，選手に触れたりすることは助力になりません。レース自体よりも選手の生命に関わる問題を第一に考えます。安全安心なレースを継続するために，選手の体調管理はもとより，レース中のアクシデントについても注意深く監察しながら，選手が無事に力を出し切ってレースを終えられるよう，競技会に関わる全ての人がしっかりサポートできる態勢をつくっています。

9. その他

（1）ユニフォーム等に関する規定

選手が競技会に参加する時に着用するユニフォームに関しては、『競技会における広告および展示物に関する規程』の中で規定されています。国際大会に出場する場合はWAの広告規程を遵守する必要があり、ナショナルユニフォームで参加します。

ここでは、クラブユニフォームで国内大会に参加する場合の例を取り上げます。

1）ユニフォームに表示できるもの
○製造会社名/ロゴ1ヶ所（40cm²、最大の高さ5cm）。
○所属団体名/ロゴ、クラブスポンサー名/ロゴ、アスリートスポンサー名/ロゴを以下の形態で1つずつ2つまでベスト、パンツまたはレオタード（上・下）に表示することができる。
・所属団体名/ロゴ、所属団体名＋所属団体

ロゴの組み合わせ、いずれか1つ。文字およびロゴの高さは5cm以内とするが、長さの制限は設けない（所属団体名は、ベストまたはレオタードの後部にも表示することができる。その文字の高さは4cm以内とし、長さの制限は設けない）。
・所属団体スポンサー名/ロゴ、所属団体スポンサー名＋所属団体スポンサーロゴの組み合わせ、あるいはアスリートスポンサー名/ロゴ、アスリートスポンサー名＋アスリートスポンサーロゴの組み合わせの、いずれか1つ。文字およびロゴの大きさは40cm²以内、高さは5cm以内。

特例として、学校の学校名/マークはベストまたはレオタードの前部および後部にそれぞれ1つずつ表示でき、大きさに制限は設けない。

選手が着用する衣類（アスリートキット）の製造会社のグラフィック、または象徴的なロゴ（名前や文字を含まない）は、「装飾的なデザインマーク」として、以下のうちの1ヶ所に1回または幅10cm以内の帯

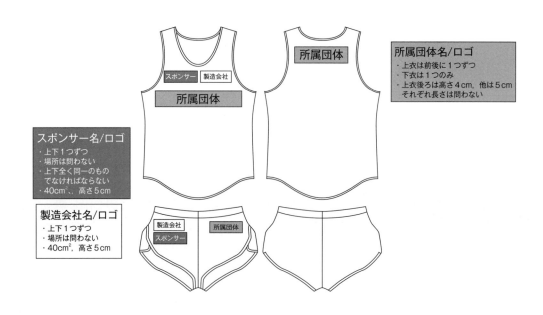

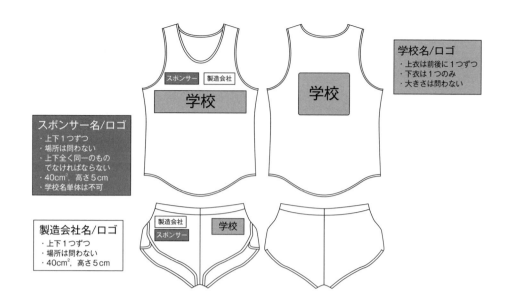

学校名/ロゴ
・上衣は前後に1つずつ
・下衣は1つのみ
・大きさは問わない

スポンサー名/ロゴ
・上下1つずつ
・場所は問わない
・上下全く同一のもの
　でなければならない
・40cm²，高さ5cm
・学校名単体は不可

製造会社名/ロゴ
・上下1つずつ
・場所は問わない
・40cm²，高さ5cm

状で繰り返して表示できる。

・両袖の外側の縫い目沿い（Tシャツ，トラックスーツ上衣，他）

・両脚の外側の縫い目沿い（レオタード，レギンス，他）

・パンツまたはレオタードの両袖，両裾の先端

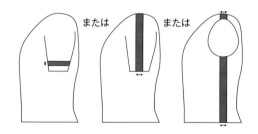

または　　　　　または

帯状での使用が認められている装飾的なデザインマークの例

ADIDAS	ASICS	MIZUNO	NIKE	PUMA	REEBOK
|||	⌀	〰	✓	🐾	Reebok

2）ユニフォーム以外に表示できるもの

・競技中に選手が使用する他のアパレルや，靴下（膝丈の靴下を含む），ヘッドギア，帽子，ヘッドバンド，手袋，メガネ，サングラス，リストバンド（前腕バンドなど）の製造会社の名前/ロゴは，1つ表示する

ことができる。

・表示の最大の大きさは6cm²で，最大の高さは3cmとする。

・メガネ・サングラスは，製造会社の名前/ロゴを2つまで表示することができる。

（2）競技場内に持ち込めない物品

「ビデオ装置，レコーダー，ラジオ，CDプレーヤー，トランシーバーや携帯電話もしくはそれらに類似した機器を競技区域内で所持または使用することは許可しない（TR6.3.2）」と規定しています。時計をつけて走ることは違反にはなりませんが，その時計に通信機能が備わっていると，持ち込み禁止物品の対象となります。

招集所でこれらの物品が発見されたり，選手からの申請があった場合は，競技役員がそれらを一旦預かり，競技終了後に返却する手続きをとります。

（3）抗議と上訴

「競技の結果または競技実施に関する抗議

は，その種目の結果の正式発表後30分以内に行わなければならない（TR 8.2)」とありますが，実際にはどのような手順で行われているのでしょうか？

最近の国際大会ではビデオ監察が行われており，競技場内の10数台のカメラで競技を監視しています。レーンの内側に入り込んだ，ハードルで抜き足がハードルより低かったなどの事例はしっかり映像に残るようになり，明確な判断がなされるようになりました。

一方，1500mなどのスタート時やハードルの競技中に身体が当たった，押されたなどの訴えもあります。映像にもその瞬間が捉えられていますが，妨害行為があったかどうか，選手に不利益があったかどうかは，審判長の豊富な経験と判断力に委ねられています。

失格の判定を行うに際しては，審判長があらゆる証拠を判断材料として確認します。判定に納得できない場合には，疑義を抱いていることを口頭で審判長に伝えます。審判長はそのことについてあらゆる証拠を用いて，時にはビデオルームで判定の根拠となった映像を見ながら丁寧に説明してくれます。

その際，選手側から新たな証拠やチームなどで撮影した画像があれば，審判長に正しい判断を求めることもできます。抗議する側も冷静に対応し，審判長が公正なジャッジができるように協力することも大切です。

それでもその判定に納得できない時には，ジュリーに判断を求めるため，預託金10,000円と上訴申立書に理由を記載して提出します。その申立書をもとにジュリー（上訴審判員）が協議をし，結果を書面で申立者に回答します。競技会ではこのジュリーの裁定が最終のものとなります。ジュリーが審判長の判定を支持した場合，預託金は返金されません。

【抗議と上訴の実際】

競技の判定や結果に疑義を感じたり，不服がある時には抗議をします。国内ルールと国際ルールでは若干の違いはありますが，手順などはほぼ一緒です。まずは審判長に対し説明を求めるところから始まります。この抗議は口頭で直接審判長に対して競技関係者が行うことができます。

この説明に納得がいかなければ，次の段階は書面による抗議へと段階を移すことになります。この書類の提出先はTIC（テクニカルインフォメーションセンター）であったり，担当総務員であったりするため，大会の競技注意事項をよく読んで提出先を間違えないように行ってください。審判長に対する抗議をせずに直接書面の提出になることもあります。

抗議に関しては，時間の制限があります。国際ルールでは結果発表から30分以内とされていますので，抗議の開始時刻や書類の提出時刻はしっかりと確認するようにします。その後判定に使用されたさまざまな証拠が提示され，審判長からの詳細な説明があります。この時，審判長が証拠として採用した資料以外に新たな証拠があるなら，それを提示して判定の再考を求めることができます。その説明に納得がいかなければ，次の段階は上訴となり新たに上訴申立書に必要事項を記入し，預託金100米ドル相当とともに提出し，ジュリーの判断を待ちます。ジュリーの判断は書面で伝えられ，これが最終決定となります。

それでは具体的な抗議事例を見てみましょう。

・抗議事例1

4×400mR　第2走者がテイクオーバーゾーンに誘導されたがその時に指定された位置に入らずに外側で待機した。第1走者がホ

ームストレートに入ったところでコーナートップでは２番目だったことを確認していたので，その位置に入りバトンパスを行った。審判長はTR24.20を違反したとしてそのチームを失格とした。

このことに対しチームの言い分は，審判の適切な誘導がなかったというものだった。ビデオなどで確認し，チームの主張を認め，次ラウンド進出となった。

・抗議事例２

４×400mR予選，進出条件は２組３着＋２。

Aチームが２着，Bチームが３着でフィニッシュしたが，審判長は２チームとも第１走者から第２走者のバトンパスでオーバーゾーンがあったと判定した。そのため，この２チームは失格となり，４着のCチームと５着のDチームが繰り上がり，決勝進出の権利を得た。A・Bチームともこの裁定を不服として抗議をしたが，審判長は受け入れなかった。さらに上訴して，バトンパスの状況を捉えたビデオなど証拠として提出し，ジュリーの判断を待つこととなった。ジュリーの判断は審判長裁定を覆したため，A・Bチームの２着・３着でフィニッシュした結果が認められた。その結果，決勝進出するはずだったC・Dチームから決勝に進出させてほしいと抗議が上がった。この時の判断は，競技場が９レーンだったこともあり，C・Dチームのうち，成績が上位の１チームを決勝進出することとし，解決を図った。

事例で見る通り，抗議→上訴で結論が出たとしても，その結論に対して不服があれば，さらに抗議ができるというシステムです。納得のいく判断を求めて冷静に抗議し結論を出してもらうことは，競技者にとっても非常に有意義なことになります。

このほか多く寄せられる質問や抗議として，0.001秒で着差ありと判定され順位が異なる時に写真判定の画像を確認したいとか，VDM（ビデオ距離計測装置）を利用している時に走幅跳や三段跳での着地点の痕跡を確認したい，トラックレースで競技者が接触して倒れたかあるいは失速した場面をビデオ画像で確認したい，SIS（スタートインフォメーションシステム）の判定を確認してほしいなど，さまざまなリクエストが上がってきます。その際には証拠として採用した資料を公開しています。何があったのか？どんな動作を捉えて判断されているのか？しっかり確認して次の競技に生かしてほしいと思います。

（4）ランキングポイント制度

WAは，記録が達成された競技会のレベルと競技会での結果と順位の組み合わせによって，選手がポイントを獲得するグローバルランキングシステムを採用しています。

このランキングには「種目ランキング」と「総合ランキング」があります。「種目ランキング」では，単一の種目で競技している選手を評価し，その特定の種目で世界の選手をランクづけします。「総合ランキング」は，全ての種目にわたって世界中の全ての男性と女性の選手をランクづけします。

ランキングは，全ての陸上競技の記録の２つの主要要素にもとづいています。選手の測定結果（結果スコア）と競技中の順位（順位スコア）です。これらの要素の組み合わせにより，選手が参加する各競技の記録（パフォーマンススコア）が提供されます。

競技会のレベルにより，順位スコアも変わってきます。競技会の最高レベルは，オリンピックや世界陸上競技選手権大会になります。

以下，各国の選手権大会なども順位スコアをつける対象大会になっています。さらに世界記録を出すとボーナスポイントが追加されます。

（5）パフォーマンススコア＝
結果スコア＋順位スコア

　ランキングは36の種目グループで作成されていて，その記録は競技ランキングで個別にカウントされます。例えば，100mのグループには，50m，55m，60mの種目が含まれています。100mでは5つのパフォーマンススコアの平均を出します。この5つのうち，3つはメイン種目の100m，残りの2つは類似種目のスコアを利用することができます。種目によってパフォーマンススコアを収集する数は異なります。

　風の影響も考慮したランキングが行われていて，向かい風の場合は結果スコアにポイントを追加し，追い風の場合は結果スコアからポイントを差し引きます。

　オリンピックや世界陸上競技選手権大会などの出場権は参加標準記録だけでなく，このランキングの上位者にも与えられるようになっています。

（関根 春幸）

〈文献〉
IAAF（2000）Athletics officiating:a practical guide 6th EDITION 2000.
日本陸上競技連盟（2021）陸上競技ルールブック2021年度版．ベースボール・マガジン社.
日本陸上競技連盟（online）2022年度登録システム．https://start.jaaf.or.jp/members/new,（参照日2022年2月14日）.
日本陸上競技連盟競技運営委員会（online）C級公認審判員養成テキスト．https://www.jaaf.or.jp/files/upload/202103/24_222156.pdf,（参照日2022年2月14日）.
WORLD ATHLETICS（online）Ranking Rules. https://www.worldathletics.org/world-ranking-rules/basics,（参照日2022年2月14日）.

9

アンチ・ドーピング

1. ドーピングとは

　スポーツにおいて，定められた規則に違反すると失格となります。ドーピングについても，このような規則の1つと言えますが，陸上競技のみならず，スポーツにおける共通のものです。

　ドーピングとは，病気の治療のために用いられる薬物を，競技力を高めるために不正に使用したり，それらを隠蔽する薬物や方法を用いたりすることです。ドーピングの語源は，アフリカ南部の原住民カフィール族が，祭礼時に飲む強い酒"dop"に由来しています（諸説あります）。

　最も古いドーピングの事例は，1865年，アムステルダム運河水泳競技で行われたとされています。1886年には自転車競技において，ドーピングに関連した自転車競技中の死亡事故がありました。

　その後も多くの競技においてドーピングが広まっていきましたが，1960年のローマオリンピックで，自転車競技の選手が興奮薬によるドーピングが原因で，競技中に死亡した事故を契機として，国際オリンピック委員会（IOC）は医事委員会を設置して，1968年のグルノーブルオリンピック（冬季），メキシコシティオリンピック（夏季）より，ドーピング検査を導入しました。

　IOC医事委員会は，1999年11月に世界アンチ・ドーピング機構（World Anti-Doping Agency: WADA）が設立されるまで，ドーピング対策の中心的役割を果たしました。WADAは各国政府とIOC，国際パラリンピック委員会，国際競技連盟，各国のアンチ・ドーピング機関などにより構成されています。

2. ドーピングが
　 禁止されている理由

　スポーツにはさまざまな価値があります（図1）。ドーピングはこのようなスポーツ固有の価値観を壊してしまいます。また，ドーピングは選手の健康を損ね，場合によっては生命を奪う危険性があります。ドーピングによって一時的に栄光を得たとしても，健康を

図1　スポーツの価値

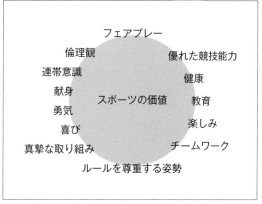

フェアプレー
倫理観　　　　　　優れた競技能力
連帯意識
献身　　　　　　　健康
勇気　　スポーツの価値　教育
喜び　　　　　　　楽しみ
真摯な取り組み　　チームワーク
　　ルールを尊重する姿勢

（日本オリンピック委員会，2014より作成）

失っては有意義な人生であったとは言えません。さらに，薬物の習慣性や青少年への悪影響など，社会的な害を及ぼす可能性もあります。

　一般社会における薬物汚染と同様，対策を講じなければ，青少年や将来性豊かなジュニア選手に広がる恐れがあります。憧れのトップ選手のドーピングが，ジュニア選手や子どもたちの夢や希望を壊してしまうことは，スポーツにとって大きな損失です。そのような理由から，ドーピングは禁止されています。

3. スポーツにおける インテグリティ

　インテグリティは，高潔性，品位，完全な状態を意味する言葉です。スポーツにおけるインテグリティとは，「スポーツがさまざまな脅威により欠けることがなく，価値ある高潔な状態」を指します。ドーピングは，このインテグリティを脅かす要因の１つです（**図2**）。

4. 世界アンチ・ドーピング規程

　世界アンチ・ドーピング規程は，アンチ・ドーピングの基本原則や，アンチ・ドーピング規則違反などのルール，規程のもとでアンチ・ドーピングを推進する個人や組織の役割と責務などが記載された，全世界，全スポーツで統一されたルールブックです。2003年に初めて規程が定められ，その後2009年，2015年に改定が行われ，2021年１月１日から最新の規程〈2021年版〉が発効しました。

　６年ぶりに改定された世界アンチ・ドーピ

図2　スポーツにおけるインテグリティを 脅かす要因

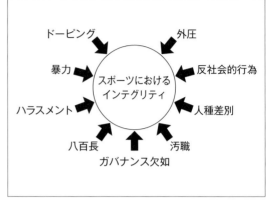

（日本スポーツ振興センター，online）

ング規程では，基本原理として「健康」が最上位に位置づけられ，アンチ・ドーピングプログラムにおいて選手の健康を守り，公衆衛生を維持することの重要性が強調されています。

　また，世界アンチ・ドーピング機構アスリート委員会により「アンチ・ドーピングにおけるアスリートの権利宣言」が新たに制定されました。この権利宣言は，アンチ・ドーピングにおける競技者の権利を明確に規定し，その権利が行使でき，普遍的に適用されることを確保することを目的としています。

　この権利宣言を通して，選手がアンチ・ドーピングプログラムにおける自身の権利，役割，責務を理解し，クリーンなスポーツの実現につながることが期待されています。さらに，個人制裁における新しい選手の概念として，「要保護者」が追加されました。①16歳未満，②18歳未満かつ登録検査対象者リストに掲載された選手でなく，資格制限のない国際競技大会で競技したことがない者，③年齢以外の理由で，該当する国の法律に従い法的な能力が十分でないと判断された者，のいずれかに該当する者は「要保護者」となり，

制裁措置が軽減されることが定められました。

また，世界アンチ・ドーピング規程に付随する「国際基準」に，「教育に関する国際基準」が追加されました。アンチ・ドーピング規則違反を減らしていくためには，選手やサポートスタッフへの教育・啓発活動が不可欠です。この国際基準には，選手がアンチ・ドーピングに関わる最初の経験は，ドーピング検査ではなく，教育であることが望ましく，国際競技大会へ参加する前にアンチ・ドーピング教育を受けることの原則が明記されています。

5. アンチ・ドーピング規則違反

いわゆる「ドーピング違反」や「ドーピング陽性」のことを，正式名称では「アンチ・ドーピング規則違反」と言います。ドーピング検査を受けて禁止物質が検出されれば，ア

表1　アンチ・ドーピング規則違反の成立要件

1. 選手から採取した尿や血液に禁止物質やその代謝物などが存在すること
2. 選手が禁止物質や禁止方法を使用すること，その使用を企てること
3. 検体採取を回避したり，拒否したりすること
4. 居場所情報関連の義務に違反すること
5. ドーピングコントロールの一部に，不当干渉を施したり，企てること
6. 正当な理由なく，禁止物質や禁止方法を保有すること
7. 禁止物質や禁止方法の不正取引を行ったり，不正取引を企てること
8. 選手に対して禁止物質や禁止方法を投与したり，投与を企てること
9. アンチ・ドーピング規則違反に関与すること
10. 特定の対象者との関わり
11. アンチ・ドーピング機関への通報を阻止したり，通報に対して報復すること

（世界アンチドーピング規程2021より）

ンチ・ドーピング規則違反になることは分かりやすいと思いますが，これ以外にも，違反となる可能性があるのです（**表1**）。

1）選手から採取した尿や血液に禁止物質やその代謝物質などが存在すること

禁止物質が体内に入らないようにすることおよび禁止方法を使用しないようにすることは，各選手がみずから取り組まなくてはならない責務です。

2）選手が禁止物質や禁止方法を使用すること，その使用を企てること

禁止物質もしくは禁止方法の使用または使用の企てが成功したか否かは重要ではありません。アンチ・ドーピング規則違反は，禁止物質もしくは禁止方法を使用したこと，またはその使用を企てたことにより成立します。

3）検体採取を回避したり，拒否したりすること

ドーピング検査の対象であることの通告を受けた後に，検体の採取を回避し，またはやむを得ない理由によることなく検体の採取を拒否し，もしくはこれを履行しないことは，違反とみなされます。遠征中の大会などで，帰りの電車や飛行機の予約時間に間に合わないからという理由で検査を拒否すると，アンチ・ドーピング規則違反になりますので，注意してください。

4）居場所情報関連の義務に違反すること

一定レベル以上の選手は，抜き打ちの検査である競技会外検査を受ける登録検査対象者リストに登録されます。このリストに登録された選手は，いつどこで練習をしているか，遠征時にどこに宿泊しているかなどの情報を，あらかじめ登録しておく必要があります。

この登録をきちんと実行しなかったり，登録しておいた場所で検査を実施できなかった

りする状況が12ヶ月間に3回あると，アンチ・ドーピング規則違反が成立します。

5）ドーピングコントロールの一部に，不当干渉を施したり，企てること

　ドーピングコントロールオフィサー（検査員）を意図的に妨害したり，アンチ・ドーピング機関に偽りの情報を提供したりすることは，アンチ・ドーピング規則違反になります。

6）正当な理由なく，禁止物質や禁止方法を保有すること

　競技会において禁止される物質もしくは方法を，選手やサポートスタッフが保有すること，または禁止される物質もしくは方法を競技会外において選手やサポートスタッフが保有することは，規則違反と見なされます。

7）禁止物質や禁止方法の不正取引を行ったり，不正取引を企てること

8）選手に対して禁止物質や禁止方法を投与したり，投与を企てること

　日本においても，2017年にライバル選手の飲料に禁止物質を混入させ，その選手がドーピング検査で陽性になった事件が発生しました。

9）アンチ・ドーピング規則違反に関与すること

　第三者によるアンチ・ドーピング規則違反や企てを，支援，助長，援助，共謀，隠蔽するなど，あらゆる意図的な違反への関与または関与の企ては，違反行為と見なされます。

10）特定の対象者との関わり

　アンチ・ドーピング規則違反に関与していた人とスポーツの場で関係をもつことは，禁止されています。したがって，規則違反で資格停止となっている選手，コーチ，トレーナー，医師などのサポートスタッフとともに活動をすることは，禁止されています。

11）アンチ・ドーピング機関への通報を阻止したり，通報に対して報復すること

　2021年から新しくアンチ・ドーピング規則違反の項目として加わりました。アンチ・ドーピング対策強化のため，内部告発のための通報窓口が設置されています。提供された情報がきっかけとなって，アンチ・ドーピング規則違反行為の特定に至る場合があります。日本では，日本スポーツ振興センターが2017年に通報窓口を設置しました。

　こうした通報行為を阻止する意図をもって，脅迫，威嚇しようとする行為や，誠実に通報，情報提供をした者に対して報復する行為は，アンチ・ドーピング規則違反に該当します。

6. 禁止表国際基準

　ドーピングの禁止物質や禁止方法は，毎年改定される禁止表国際基準に記載されています。禁止表に禁止物質または禁止方法の掲載を検討する判断基準として，以下の2つが示されています。

［1］以下の3つの要件のうち2つを満たすとWADAが判断した場合

　①その物質または方法が，それ自体または他の物質や方法と組み合わされることによって競技力を向上させる，または向上させうる。

　②その物質または方法が選手に健康上の危険を及ぼす，または及ぼしうる。

　③その物質または方法がスポーツの精神に反する。

［2］その物質または方法によって他の禁止物質・方法の使用が隠蔽される可能性があるとWADAが判断した場合

禁止表に掲載されている禁止物質や禁止方法などの内容は絶対的なものなので，選手などが異議を唱えることはできません。また，毎年改定されるので，昨年は禁止物質ではなかった薬が，今年は禁止物質となる可能性もあります。したがって，選手だけでなく，コーチ，トレーナーなどのサポートスタッフも，毎年改定される禁止表に注意を払う必要があります。

それでは，どのような物質が禁止表に掲載されているのかを見ていきましょう。禁止表国際基準の構成は**表2**のようになっています。

常に禁止される物質と方法は，大会の競技終了後に受けるドーピング検査時だけでなく，抜き打ちで実施される競技会外検査時にも禁止されています。

競技会（時）に禁止される物質と方法は，競技会外検査時には禁止されていません。また，特定競技において禁止される物質（ベータ遮断薬）は，陸上競技においては禁止されていません。

それでは，それぞれの項目にどのような物質が含まれるのかを見ていきます。

S0. 無承認物質

まだ薬として認められておらず，研究開発段階にある物質は全て禁止されています。

S1. 蛋白同化薬

これまで禁止物質として多く検出されており，筋肉増強剤として筋量を増やし，筋力を強める目的で使われます。その一方で，副作用として，高血圧，糖尿病の他，心筋梗塞，心筋障害，不整脈などにより突然死が生じる可能性があります。

S2. ペプチドホルモン，成長因子，
　　関連物質および模倣物質

赤血球を増やし，持久力向上の目的で用い

表2　2022年禁止表国際基準の項目

常に禁止される物質と方法
　S0.　無承認物質
　S1.　蛋白同化薬
　S2.　ペプチドホルモン，成長因子，関連物質および模倣物質
　S3.　ベータ2作用薬
　S4.　ホルモン調節薬および代謝調節薬
　S5.　利尿薬および隠蔽薬
　M1.　血液および血液成分の操作
　M2.　化学的および物理的操作
　M3.　遺伝子および細胞ドーピング
競技会（時）に禁止される物質と方法
　S6.　興奮薬
　S7.　麻薬
　S8.　カンナビノイド
　S9.　糖質コルチコイド
特定競技において禁止される物質
　P1.　ベータ遮断薬

られるエリスロポエチンが，ここに含まれています。病院では貧血の治療目的で用いられている薬です。副作用として，血液の粘稠性（ねんちゅうせい）が高まって血栓や塞栓を生じ，脳梗塞や心筋梗塞など，重大な障害や死に直結する病気を招くことがあります。成長ホルモンもこの項目に含まれています。

S3. ベータ2作用薬

ベータ2作用薬は気管支を広げて呼吸を楽にする目的で，気管支喘息や気管支炎の治療に用いられています。交感神経興奮作用，蛋白同化作用による筋肉量の増加を期待してドーピングに用いられる可能性があるため，禁止物質とされています。

吸入薬の種類によっては，使用が許可されているものもあります（吸入サルブタモール，吸入ホルモテロール，吸入サルメテロール，吸入ビランテロール）。

S4. ホルモン調節薬および代謝調節薬

乳がんの治療薬がここに含まれています。蛋白同化薬の使用を隠蔽したり，副作用を軽

減する目的で使用されることがあるために，禁止されています。

S5．利尿薬および隠蔽薬

利尿薬は心不全や高血圧の治療に用いられます。尿量を増やすことによりドーピングで使用した物質の尿中濃度を下げ，隠蔽するために用いられる可能性があるため，禁止されています。

陸上競技には当てはまりませんが，体重階級がある競技では，減量目的に用いられることも禁止されています。

M1．血液および血液成分の操作

輸血や酸素摂取が禁止方法に入っています。ただし，吸入による酸素投与は禁止されていません。

M2．化学的および物理的操作

ドーピング検査の尿検体の中に隠蔽させる物質を入れることや，規定量を超える点滴を受けることが禁止されています。点滴については，12時間あたり計100mlを超える場合は禁止です。ただし，入院設備を有する医療機関での治療およびその受診過程，外科手術，または臨床検査のそれぞれの過程において，正当に受ける場合は除きます。

M3．遺伝子および細胞ドーピング

競技能力を高める目的で遺伝子や細胞などを調製することは，いまだに研究段階と思われるかもしれませんが，禁止方法になっています。

S6．興奮薬

興奮薬は，中枢神経を刺激して覚醒水準を上げ，疲労感を軽減し，攻撃性や競争心を高める作用を期待して，ドーピングに用いられることがあります。

一方で，治療薬として用いられるものとして，アレルギー反応の１つであるアナフィラキシーに対して使われるエピネフリン，注意欠陥・多動症やナルコレプシーなどに使われることのあるメチルフェニデート，総合感冒薬にしばしば含まれるエフェドリンなどがあります。さらに，アンフェタミンやコカインをはじめ，わが国の法律で使用や所持が厳しく禁じられている物質も含まれています。

S7．麻薬

他の薬で対応困難なほど強い痛みや息苦しさ，がんに伴う痛みなどに対して用いられる医療用麻薬（モルヒネ，オキシコドンなど）が含まれています。

S8．カンナビノイド

大麻由来あるいは人工的に合成されたテトラヒドロカンナビノールや，その効果を真似た物質がこの分類に含まれています。わが国の法律では，これらを使用しなくても，所持や栽培などで刑罰の対象となります。

S9．糖質コルチコイド

いわゆる"ステロイド薬"として，アレルギー，気管支喘息などの病気に対して用いられています。経口使用，静脈内使用，筋肉内使用，経直腸使用（坐薬，直腸粘膜への塗布）は全て競技会（時）に禁止されています。

一方，皮膚への外用（塗り薬）や吸入薬での使用は禁止されていません。関節内注射については，2022年１月より競技会（時）の糖質コルチコイドの全ての注射経路が禁止となっています。

7．治療使用特例（Therapeutic Use Exemption；TUE）

禁止表国際基準に掲載されている禁止物質の中には，病気にかかった際の治療薬として用いられるものも含まれています。選手は病

気にかかったら，治療を受けられないという訳ではありません。禁止物質を治療目的で用いる際に必要な手続きがTUEです。

病名，病状，治療期間などが個々の選手ごとに異なるため，先例があるからといってTUEが必ず認められるものではありません。TUEが認められる条件としては，**表3**の4つを満たす必要があります。

TUEの申請は原則として選手自身が行います。病気の詳細を説明する大部分の内容については医師が記載する必要がありますので，書類をかかりつけの医師に渡してください。病気を証明する検査記録の不足などがあると，書類不備とみなされて追加書類を求められることもあるので，きちんと資料をそろえて説明することも重要です。治療薬の投与量，投与期間なども記載してもらいます。これらの書類は，原則として英語で記載する必要があります。

TUE申請は審査の時間が必要なため，出場予定大会の通常30日前までに提出する必要があります。提出先は，日本国内で開催される大会であれば日本アンチ・ドーピング機構，日本代表として国際大会に出場するのであればワールドアスレティックス（世界陸連）になります。

8. 注意すべき代表的な薬

選手が使う頻度が高い薬で，アンチ・ドーピングに関して注意が必要なものについて，説明します。

・風邪薬

処方箋無しにドラッグストアで購入できる市販薬の風邪薬（総合感冒薬）には，禁止物

表3　TUEが認められる要件

> 1. 関連する臨床的証拠による裏付けのもと，診断された疾患を治療するために当該禁止物質または禁止方法が必要である。
> 2. 健康を取り戻す以上に競技力を向上させない。
> 3. 禁止物質または禁止方法がその医学的状態に対して適応となる治療法であり，かつ，合理的に許容される代替の治療法が存在しない。
> 4. ドーピングの副作用に対する治療ではない。

（治療使用特例に関する国際基準2021より）

質の〈S6.興奮薬〉に分類されているエフェドリンやメチルエフェドリンなどを含むものが多くあります。また，葛根湯の成分である麻黄にもエフェドリンが含まれているので，注意が必要です。

・漢方薬

漢方薬の成分である"生薬（しょうやく）"とは，自然界に存在し，何らかの薬としての効果を有する植物・動物・鉱物から，有効成分を精製することなく用いられる薬の総称です。生薬は漢方薬の他にも，滋養強壮薬や上述の風邪薬などにも含まれていることがあります。

生薬にはさまざまな種類があり，中には明らかに禁止物質を含むものもあります。のど飴にも生薬を含む製品があるので，注意が必要です。生薬の成分は大変複雑で，それぞれの成分が禁止物質にあたるかどうかを特定するのは困難です。また，TUE申請は漢方薬のように複数の成分を含有する薬を対象としていません。

・花粉症の薬

くしゃみ・鼻水・鼻づまりなどの鼻症状と，流涙・目のかゆみなどの眼症状を引き起こして競技や練習に支障をきたすほどの症状を示す選手もいます。その場合の薬物療法として，花粉に対するアレルギー反応を抑制する薬を用います。最近では，薬局で買える市販薬も

増えてきました。内服薬（飲み薬）の中で，ディレグラ®とセレスタミン®にはそれぞれプソイドエフェドリン（興奮薬），ベタメタゾン（糖質コルチコイド）という禁止物質が含まれるので注意してください。

また，花粉症に対して糖質コルチコイドの注射や内服を処方する医師もいますが，いずれも競技会（時）では禁止されています。TUE申請は，糖質コルチコイド以外の禁止されていない薬で対応できないことが示されない限り，認められません。

・気管支喘息の薬

気管支喘息とは，アレルギーなどによって気道が炎症を起こしてむくみ，気管支が狭くなる病気です。喘息発作を起こすと，激しく咳込んだり，息を吐く時にヒューヒュー音がしたり，息苦しさを感じたりします。気管支喘息の治療では，気管支を広げる作用のある"ベータ2作用薬"が用いられます。しかし，これは上述の〈S3〉で常時禁止されている物質です。ベータ2作用薬を選手が用いる場合，基本的にはTUE申請が必要です。例外として，表4の4種類に関しては，定められた上限量を超えずに"吸入"で用いる場合に限り，TUE申請をせずに使用することが認め

られています。吸入薬であっても，これら4種類以外を使用する場合にはTUE申請が必要です。

糖質コルチコイドの吸入が用いられることがありますが，吸入での使用は禁止されていません。しかし，糖質コルチコイドの内服や点滴は，競技会（時）において禁止されています。

さらに，貼り薬のツロブテロールテープ（ホクナリン®テープなど）は禁止物質を含んでいるので，注意が必要です。

その他，日本で気管支喘息に対してよく処方されているテオフィリン製剤，吸入抗コリン作用薬は禁止されていません。

・複数の成分を含む合剤

近年，薬の相乗効果をねらう目的や飲む薬の数を減らす目的などで，複数の成分を含む合剤が増えています。薬の名前は1つですが，有効成分は2～3個というものです。一例として，高血圧の薬で利尿薬とアンジオテンシンII受容体拮抗薬との合剤があります。利尿薬の方は，〈S5.利尿薬および隠蔽薬〉に該当する禁止物質です。

表4　TUE申請が不要な吸入ベータ2作用薬

一般名	主な商品名	使用上限量
サルブタモール	サルタノール	8時間で600 μg 24時間で1600 μg
ホルモテロール	オーキシス シムビコート フルティフォーム	24時間で54 μg
サルメテロール	セレベントロタディスク セレベントディスカス アドエアエアゾール アドエアディスカス	24時間で200 μg
ビランテロール	レルベア テリルジー	24時間で25 μg

9. 選手自身が薬を調べる方法

選手が病気のために医療機関を受診して薬の処方を受ける際や，街の薬局で薬を購入する際に，自分がドーピング検査を受ける可能性のある選手であることを必ず伝えてください。しかし，アンチ・ドーピングに詳しくない医療関係者もいますので，選手自身が薬に禁止物質が含まれていないかを調べる手段も知っておく必要があります。

身近なところにスポーツドクターやスポーツファーマシスト（薬剤師）がいれば，相談してください。相談できる人がいなければ，global DROというサイト（**図3**）で薬を検索してください。日本語版のglobal DROは，日本アンチ・ドーピング機構が運営しているので安心して利用できます。商品名での検索が可能な薬が増えてきていますが，一般名でないと検索できない場合もあります。また，ジェネリック（後発医薬品）での検索ができない時にも，一般名での検索を行ってください。

どんな薬であっても，それを使用するかしないかを最終的に判断する責任は選手自身にあるので，十分納得のいく説明を受けてから，あるいは確認してから使用しましょう。

図3 薬を調べることができるglobal DRO というウェブサイトへのQRコード

10. サプリメントに頼らず，食事内容を見直そう！

近年，サプリメントが原因となったアンチ・ドーピング規則違反が見受けられます。サプリメントの中には，成分がまったく記載されていないものや，表示されていないにもかかわらず禁止物質が入っていたというものが多数あります。このような事例は海外の製品に多いため，インターネットからの購入や他人からもらったものの安易な使用は絶対にしてはいけません。

栄養素は多く摂るほど体づくりやコンディショニングに有利であると思われがちですが，決してそんなことはありません。過剰な摂取は，身体に悪影響や健康被害をもたらすこともあります。サプリメントの使用で競技力が高まるという科学的根拠はなく，安易に使用するべきではないという声明を世界アンチ・ドーピング機構が出しています。

特に，ジュニア選手はサプリメントを使用するべきではありません。日頃からバランスのよい食事を摂るように心がけ，良好な食習慣を身につけてください。そうすれば，必要な栄養素は食事から安全に摂取することができます。

日本陸連医事委員会では，サプリメントポリシー策定委員会による作業を経て，サプリメント摂取の基本8カ条を策定しました（**表5**）。詳細は日本陸連医事委員会スポーツ栄養部のウェブサイトにも掲載されています（日本陸連，online）。

表5 サプリメント摂取の基本８カ条
~摂るときは，必要な分だけ上手に安全に~

1. サプリを摂る前にまずは"食事の改善"を
2. 確かめよう！サプリを摂る"目的と使い方"
3. サプリの摂りすぎはむしろ"健康へのリスク"あり
4. 「これ効くよ」と言われたサプリに要注意
5. "絶対安全"そんなサプリはありません
6. 気をつけよう！"海外サプリ"の安易な使用
7. サプリによるドーピングは"自己責任"
8. サプリを摂る前に医師・栄養士・薬剤師へ"相談"を

（日本陸連医事委員会，online）

11．18歳未満の選手の事前準備

陸上競技においても数多くのドーピング検査が実施されています。中学生や高校生でも一定レベル以上の競技能力があれば，ドーピング検査が行われている大会に出場する機会があります。したがって，中学生や高校生であっても，ドーピング検査の対象になり得ます。

日本でも成年年齢が2022年４月から18歳に引き下げられました。ドーピング検査においても18歳未満は未成年として扱います。未成年選手のドーピング検査時には，成人の同伴者が必要です。また，親権者の署名のある同意書が必要です。

同意書は**図4**のQRコードからダウンロー

図4 18歳未満競技者親権者同意書のダウンロードができるウェブサイト（QRコード）

18歳未満競技者
親権者同意書

ドできます。同意書は，出場する大会の要項にも記載されているはずです。事前に記入して準備しておき，大会時に持参し，ドーピング検査室で検査員に提出してください。２回目以降の提出は不要なので，すでに提出済みであることを検査員に伝えてください。

同意書を忘れてしまった場合，検査後７日以内に，日本アンチ・ドーピング機構事務局（〒112-0002 東京都文京区小石川１-12-14 日本生命小石川ビル４階）に必ず郵送してください。

（真鍋 知宏）

〈文献〉
日本陸上競技連盟（online）サプリメント摂取の基本８カ条．https://www.jaaf.or.jp/files/upload/201909/27_150433.pdf，（参照日2022年２月）．
日本オリンピック委員会（2014）JOCの進めるオリンピック・ムーブメント．https://www.joc.or.jp/movement/data/movementbook.pdf，（参照日2022年2月）．
日本スポーツ振興センター（online）スポーツ・インテグリティの保護・強化に関する業務．https://www.jpnsport.go.jp/corp/gyoumu/tabid/516/default.aspx，（参照日2022年2月）．

スポーツ医学

1. はじめに

　ジュニア期は，身体や精神が発達していくとともに，技術も飛躍的に向上するというきわめて重要な時期です。発展途上にあるジュニア選手には，シニア期とは違うこの時期ならではの疾病や傷害の発生リスクがあることを認識し，発生時における早期かつ適切な介入および傷害に対する予防への取り組みが必要となります。

　行き過ぎたトレーニングや間違った指導によってスポーツ傷害が繰り返されたり，不適切な処置により競技復帰が十分果たせなくなる可能性があることを念頭におきながら，指導にたずさわることが重要です。これらジュニア選手への安全で効果的な取り組みが，ひ

いては競技力やパフォーマンス向上に結びつくことは間違いありません。

　ひと口にジュニア期といってもさまざまな年代背景があり，小学生，中学生，高校生，大学生など，特徴が少しずつ異なります。そのため，それぞれの時期にあわせた取り組みが必要です。

　日本陸上競技連盟医事委員会ではこれらをふまえて，2013年からジュニア選手に対するアンケートにより，スポーツ外傷・障害調査を継続して実施しています。これまでに小学生から大学生まであわせて6,318名の全国大会レベルのジュニア選手にアンケート調査を行い（表1），「陸上競技ジュニア選手のスポーツ外傷・障害調査」を第5報までまとめることができました。

　本章では，それらをもとに，ジュニア選手

表1　スポーツ外傷・障害調査を行った選手

		登録数（人）	回収数（人）	回収率（%）	男子（人）	女子（人）	計（人）
小学生	全国大会	1,029	1,006	98.0	490	501	991
	クロカン	399	396	99.2	191	195	386
中学生	全中	1,764	782	44.3	395	353	748
	中学駅伝	(96校)	(45校)402	46.9	208	176	384
高校生	インターハイ	3,211	2,325	72.4	1,293	1,032	2,325
	高校駅伝	(94校)	(59校)498	62.8	293	205	498
大学生	インカレ	1,703	587	34.5	227	320	587
	大学駅伝	(53校)	(29校)322	54.7	179	128	322

におけるスポーツ傷害の実態と，いくつかの病態について解説したいと思います。全体的な認識として，「スポーツ傷害」とは，急性期に発生する「外傷」と，慢性的に増悪していく「障害」の総称として，述べることとします。

2. ジュニア期における スポーツ傷害発生

図1は，小学生から大学生までのスポーツ傷害既往歴のアンケート結果を示したものです。スポーツ傷害を経験したことがある選手は，小学生では全国大会（全国小学生陸上競技交流大会）40.8%，クロカン（全国小学生クロスカントリーリレー研修会）44.6%，中学生では全中60.5%，中学駅伝49.7%，高校生ではインターハイ75.5%，高校駅伝81.3%，大学生ではインカレ57.7%，大学駅伝69.6%でした。

小学生においてもスポーツ傷害発生が約4割もあり，重症な傷害ではないと思われますが，幼少期からの注意が必要です。また，活動が活発になる中学生，高校生になると，多くの傷害が発生し，高校生においては約8割に何らかのスポーツ傷害が発生していました。この状況は驚くべき実態であり，常日頃からスポーツ傷害に向き合わなければならないことを示唆しています。

スポーツ傷害内容の内訳を，図2に示します。

小学生においては，オスグッド病やシーバー病といった骨端症（骨端線という成長していく組織への負荷が重なり，循環障害等を起こし，時に壊死をおこす病態）が最も多く，次に捻挫や骨折，肉ばなれが多くみられました

た。それほどの数ではありませんが，疲労骨折を起こしている選手もみられ，小学生という幼少期での骨に対する負荷が心配されます。

中学生以上の傷害として，スポーツ全体では足関節捻挫の比率が高いことが知られていますが，陸上競技では肉ばなれ，疲労骨折などが特徴的に多くなっています。

特に高校生になると，トラック＆フィールド種目の多いインターハイ出場選手では肉ばなれが多く，駅伝選手では疲労骨折の比率が高くなっています。

大学生になると，腱・靱帯損傷の比率が多くなっていますが，この中には慢性的に推移するアキレス腱炎・周囲炎などの腱炎が含まれているものと思われます。

ここで注意しなければならないのは，高校生以上に「不明」「痛みが持続している」という項目が2割程度あることです。痛みがあるにもかかわらず，その原因を確認できず，いわゆる放置している可能性があります。痛みは身体が発しているSOSの信号であると認識し，大きな傷害に結びつく前に改善させることが必要かと思います。

3. 疲労骨折

陸上競技ジュニア選手の特に気をつけなければならないスポーツ傷害として，疲労骨折が挙げられます。疲労骨折とは，単発の大きな外傷でおこる通常の骨折とは異なり，1回では骨折しないような小さな外力が繰り返し加わることによって骨組織が破綻し，微小な部分的骨折（ひび）から大きな完全骨折に至るものです。

コントロールに注意が必要なのは，いった

図1　ジュニア選手のスポーツ傷害既往歴

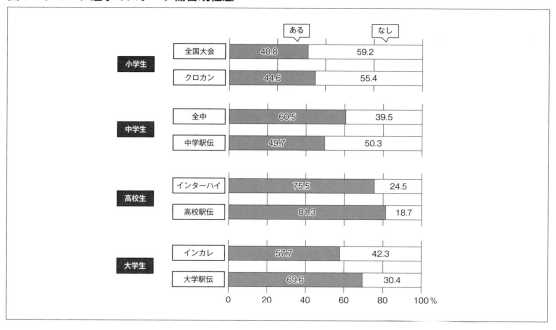

図2　ジュニア選手のスポーツ傷害既往内容

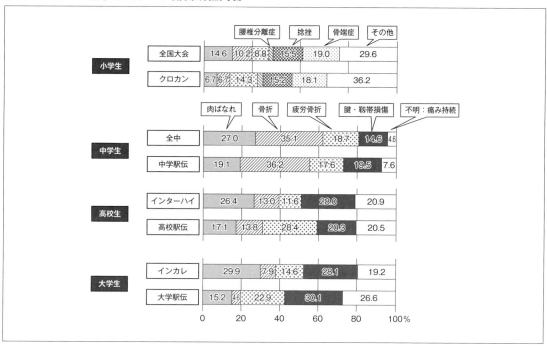

ん傷害が発生しても，無理をすればスポーツを続けることができる点です。特にジュニア選手は骨が成熟していないことや，主体的に

トレーニング量をコントロールできる選手が少ないことなどからも，発生する割合が高くなっています。いったん完全骨折に結びつい

てしまった場合，再び競技ができるようになるには約半年以上の年月がかかってしまうこともあり，早期に加療することが望まれます。

小学生から高校生までの疲労骨折の発生頻度（アンケート結果）を，**図3**に示します。小学生では全国大会1.9%，クロカン2.0%と，発生率は決して高くありません。しかしながら，小学生の時期に疲労骨折を起こすのは大きな問題です。中学生になると，全中15.0%，中学駅伝15.9%と，発生頻度は高くなります。高校生になるとさらに発生頻度が高くなり，インターハイ16.3%，高校駅伝に至っては32.9%の発生率と，多くのジュニア選手に疲労骨折が発生しています。

各年代の発生部位について，**図4-1～4**に示します。小学生は発生頻度が少ないものの，すねと足のゆびに多く発生していることが示されています。中学生以上では，その発生割合は，専門とする種目により違いを認めます。全体的には，すねと足部に多く発生するのは変わりありませんが，短距離や跳躍は足部の割合が高く，長距離や競歩ではすねへの影響が高くなります。また，跳躍・投てき種目では背骨の疲労骨折の割合が高い傾向にあります。これらは腰椎分離症を示している可能性があります。腰の回旋を繰り返し行うことで腰椎後方にストレスが加わり，いわゆる分離するような骨破綻をきたすものです。

当初はわかりづらい症状ではありますが，腰痛をもつジュニア選手は，特に跳躍・投てき種目中心に腰椎分離症の発症には注意しなければなりません。

疲労骨折発生にはさまざまなバックグラウンドが関連していると言われています。今までわれわれが駅伝選手に調査した結果から，いくつか関連しそうな因子を次に示します。

中学駅伝において疲労骨折を発症した男子選手のBMIは，発症していない選手よりも低いことが示されました（**図5**）。トレーニング量に関しては，週2日以上の休みがある選手と，週1日以下の選手では2倍近く発生頻度の差があり（**図6**），トレーニング量が強く影響を与えている可能性があります。

高校駅伝においては，トレーニングの休日がない，オーバートレーニング症候群の自覚症状がある，初経発来の遅延がある，中学1年または2年の時期に無月経がある，複数学年で無月経がある，平均週間走行距離100km以上＋無月経の既往がある，などが疲労骨折に結びつく可能性のある要因として挙げられました（**表2**）。

大学駅伝においては，オーバートレーニング症候群の自覚症状がある，トレーニングの休日がない，ウエイトコントロールをしている男子に疲労骨折の発生頻度が高い傾向を認めました（**表3**）。走行距離に関しては，疲

図3　ジュニア選手の疲労骨折発生頻度

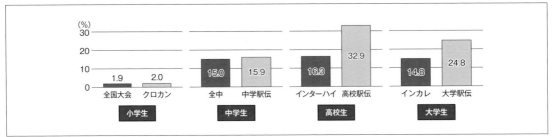

図4-1　ジュニア選手の疲労骨折発生部位（小学生）

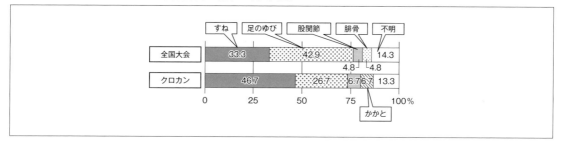

図4-2　ジュニア選手の疲労骨折発生部位（中学生）

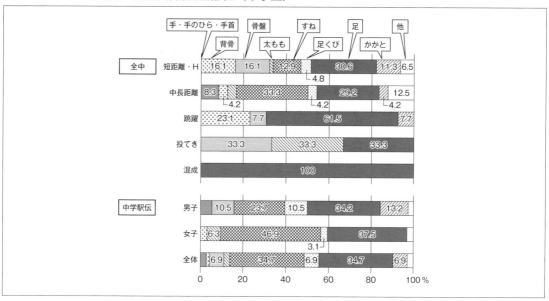

図4-3　ジュニア選手の疲労骨折発生部位（高校生）

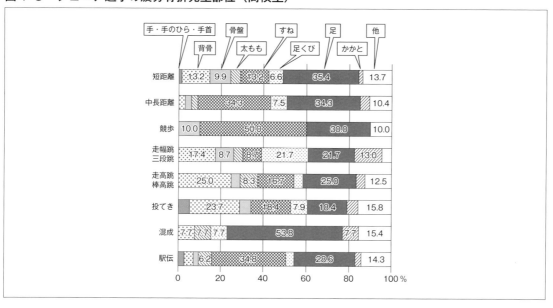

図4-4　ジュニア選手の疲労骨折発生部位（大学生）

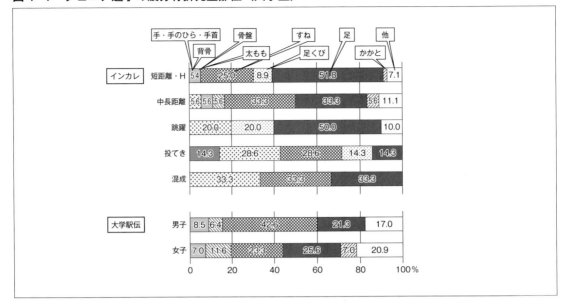

図5　BMIによる疲労骨折発生頻度（中学駅伝）

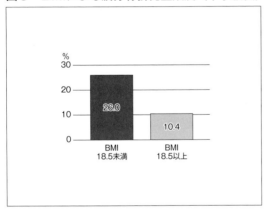

図6　練習の休日による疲労骨折発生頻度（中学駅伝）

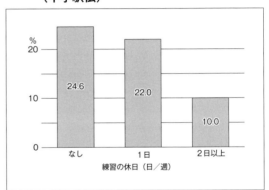

表2　疲労骨折の有無における各項目の検討（高校駅伝）

	疲労骨折あり（%）	疲労骨折なし（%）	P値
オーバートレーニング症候群の自覚症状あり	27.7	19.0	0.030
練習休日なし（男女）	35.6	27.8	0.079
初経発来の遅延あり	22.6	10.8	0.047
中学1年または2年の時期に無月経あり	20.0	6.9	0.027
複数学年で無月経あり	22.0	5.9	0.006
平均週間走行距離100km以上＋無月経既往あり	88.2	55.6	0.019

労骨折のある群とない群において，走行距離に明らかな差が認められます。

これらをまとめると，適切なトレーニング量，適切な栄養状態を守ることが重要となり

表3　疲労骨折と各項目の検討（大学駅伝）

	疲労骨折の発生頻度 (%)		P値
練習の休日	休日なし 40.0	休日あり 24.0	0.11
オーバートレーニング 症候群の自覚症状あり	あり 33.0	なし 20.9	0.02
ウエイトコントロール （男子）	あり 32.6	なし 19.8	0.08

表4　疲労骨折予防10か条

ひ	疲労感，体調には十分気をつけましょう
ろ	ロードでもトラックでもフィールドでもたくさん走れば発生します
う	運動しすぎは要注意です
こ	骨密度が低ければ，発症率は高くなります
っ	つらい減量は疲労骨折のもとです
せ	生理（月経）がこないようでは骨が減ります
つ	疲れた筋肉では，骨を守れません
よ	よい栄養をとりましょう
ぼ	ボーイもガールも，疲労骨折はおこります
う	運動，ランニング中のしつこい痛みは，すぐ医師へ

（日本陸連，online）

ます。適切なトレーニング量に関しては，ジュニア選手の疲労状況を把握しつつ，オーバートレーニングに結びつかないような配慮が必要です。また，女性選手に関しては，「相対的エネルギー不足」から「月経異常」「骨粗鬆症」に結びつく負のスパイラルに陥らないような指導が望まれています（この2点については，後述します）。

さらに，近年，痩せている男性選手において，男性ホルモンの1つであるテストステロン値と骨密度が低かったという報告もあり，男性においても摂取エネルギー不足がホルモンに影響を与え，疲労骨折を起こしやすい状態に結びつく可能性が示唆されています。

医事委員会では，「疲労骨折予防10か条～疲労骨折に注意！予防しましょう～」（**表4**）を作成し，疲労骨折に対する啓蒙活動を続けています。参考にしていただきたいと思います。

4. 肉ばなれ

肉ばなれは，発症の多いスポーツ傷害の1つです。陸上競技においては発生する外傷・障害のうち4割が肉ばなれであるという報告もあり，ジュニア選手にかかわらず，最も気をつけなければならない傷害の1つであると言えます。今回われわれが調査した肉ばなれの発生率（アンケート調査）は，**図7**のようになります。小学生は，全国大会3.4％，クロカン1.5％。中学生は，全中28.4％，中学駅伝16.2％。高校生は，インターハイ35.4％，高校駅伝20.4％。大学生は，インカレ30.3％，大学駅伝16.5％になります。

各年代の発生部位について，**図8-1～4**に示します。小学生はトラック＆フィールドでは太ももに，クロカンではふくらはぎに多く発生していました。中学生から大学生を比較すると，いずれの年代においても，太ももの裏（いわゆるハムストリングス）が多い傾向にある中，中学生は太もも前面（いわゆる大腿四頭筋）の割合が多く，女子短距離・中長距離・跳躍においては，その比率はハムストリングスを上回っていました。

特に女子選手に大腿四頭筋の肉ばなれが多い傾向は，高校生と大学生にも認められますが，割合自体は年代とともに減少し，ハムストリングスの比率が高くなっていました。ジュニアの若い時期や女子選手は，ハムストリングスに比べて大腿四頭筋の筋力が十分でない可能性が考えられます。

若い世代においては，大腿前面の疼痛に注

図7　ジュニア選手の肉ばなれ発生頻度

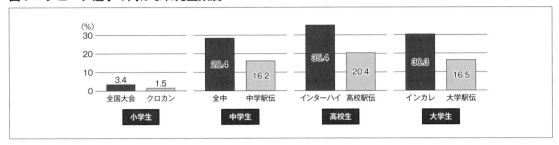

図8-1　ジュニア選手の肉ばなれ発生部位（小学生）

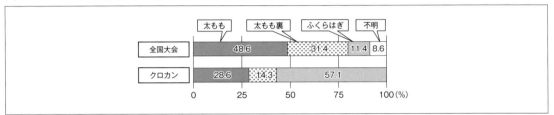

図8-2　ジュニア選手の肉ばなれ発生部位（中学生）

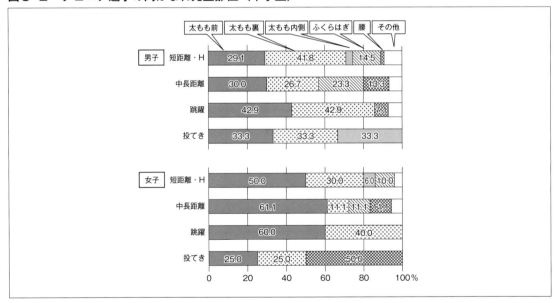

意するとともに，大腿四頭筋の筋力強化など
を実施する必要があると思われます。また，
投てき種目の選手は，他種目では認められな
い腰部の肉ばなれの割合が年代に関係なく多
くなっている点が特徴的です。
　今までの報告によると，加速のプッシュ主
体から中間疾走のスイング主体の動作に切り
替わる局面，４×100mリレーのバトンパス
の渡し手，フィニッシュで上体を強く前傾さ
せる局面，曲走路と直走路の切り替え付近な
ど，動作の変わり目に多く発生すると言われ
ています。

図8-3　ジュニア選手の肉ばなれ発生部位（高校生）

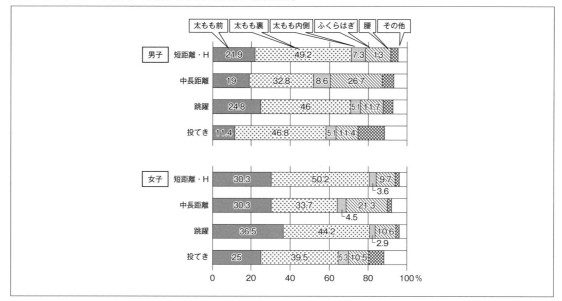

図8-4　ジュニア選手の肉ばなれ発生部位（大学生）

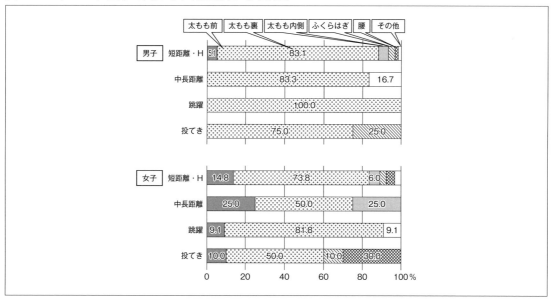

　ハムストリングスや大腿四頭筋の筋力強化について前述しましたが，その他，骨盤や股関節周囲の筋力の強化を充実させ，複合的運動のバランスを安定化させることが重要であると言えます。現時点では客観的に示すことができる有効な前駆症状はありませんので，

「疲労がたまっている」「筋がほぐれていない」等の主観的訴え，全身状態や精神状態を把握しつつ，コンディションに注意していく必要があります。

　受傷した際には，外傷の一般的な初期治療法であるRICE療法を実施します。RICEとは

Rest：安静，Icing：冷却，Compression：圧迫，Elevation：挙上，を意味しますが，受傷後の二次的な悪化を防ぐためには，非常に大切な初期処置になります。局所の腫脹，筋緊張，自動運動等を確認して重症度を判断しますが，判断が難しい時には，MRI画像検査による部位の確認と重症度判定が有用です。症状だけでは判断できない重症な症例も隠されているため，的確な判断によってリハビリテーションの内容，トレーニング・競技復帰へのタイミングを客観的に評価することができます。

　くれぐれも症状を軽く見ず，慎重に活動を検討する必要があり，特に初期の段階で，まだ十分に修復していない時期に過度な負荷がかかると，再発を起こすだけでなく，受傷時よりさらに悪化することになります。競技復活までに時間を要するだけでなく，最悪の場合，後遺症が残り，局所の違和感が継続してしまうこともあります。肉ばなれに対する対応が不明な場合には，スポーツドクターやトレーナーに相談するとよいでしょう。

5. シンスプリント

　陸上競技ジュニア選手に好発する疾患として，シンスプリントが挙げられます。「硬い路面でのランニングや，足を屈曲する筋肉の過負荷によって誘発される下腿の違和感や疼痛」と定義されており，"medial tibial stress syndrome：MTS"，"過労性脛部痛"などと言われています。下腿内側の下方1/3に出る痛みが主ではありますが，広い意味では，すねの前にある前脛骨筋という筋肉の痛みを含めて，下腿の痛みを総称することがあります。

　発生のメカニズムに関しては未だにコンセンサスが得られておらず，オーバートレーニング，ランニングフォーム，足の形態，筋力不足，柔軟性低下など，複数の要素があるものと考えられています。それぞれの選手の特徴を確認して，個別に原因を検索する必要がありますが，大切なことは，重症度にあわせて適切に対応することです。

　一般型は，主に筋や腱に関わる変化で，筋に関する踏み切りの際に痛みが生じますが，ジャンプやランニングを制限し，筋力を強化することにより，平均2週間程度で改善することができます。

　それに対し重症型は，踏み切る時だけでなく，着地時に痛みが発生することが多くなります。骨に対する変化が中心となるため，4週間程度はジャンプやランニングを厳重に管理し，骨の改善を促しながら，関節の動きをよくするなど着地による衝撃を緩和する対策を検討する必要があります。疲労骨折に結びつく可能性も示唆されているとともに，復帰まで長期化する可能性がありますので，慎重に対応することが肝心です。

6. オーバートレーニング症候群

　「オーバートレーニング症候群」とは，「適切なトレーニング負荷と休養のバランスが崩れ，スポーツ特有のパフォーマンスが低下するとともに，気分の不調もあわせて，休養しても改善しない状態」と欧州スポーツ科学会（ECSS）と米国スポーツ医学会（ACSM）が共同で提唱したものです。トレーニング等によるストレスが蓄積しパフォーマンスが低下する「オーバートレーニング状態」から発展

し，さまざまな症状が組み合わさり治療期間が数週間から数ヶ月にまで及んでしまう可能性があります。

「オーバートレーニング症候群」の主な症状を示します（**表5**）が，代表的なものとして，疲労症状（易疲労感，倦怠感），精神・心理症状（抑うつ状態，不安，焦り），自律神経症状（動悸，めまい，立ちくらみ），免疫機能低下（風邪をひきやすい）などが挙げられます。医学的には貧血や肝炎などによる症状であることがあるため，医療機関での各種検査による内科疾患のスクリーニングも必要になることがあります。精神症状として挙げられる「抑うつ状態」に関しては，その症状にあわせて，POMS（Profile of Mood States）を実施すると参考になります。

日本陸連医事委員会が大学生に対して実施したジュニアアスリート障害調査（**図9**）では，6割近くの選手がオーバートレーニング症状の経験があると回答しており，サポートが肝心です。特に各種報告を見ると，パワー系種目よりも持久系種目でリスクが高いとさ

れており，持久系種目においては回復に時間がかかると認識しておく必要があります。

大切なことは，オーバートレーニング症候群を予防すること，早期に発見し重症化を防ぐことです。トレーニング量やトレーニング方法を調整し，休養のとり方には十分配慮することはもちろん，個人個人にあわせたバックグラウンドの確認も必要となります。選手の性格（例えば，真面目で几帳面な性格など），生活習慣（例えば，通学・通勤時間や学校生活での学習・勤労の負担など），睡眠時間や睡眠の質，食生活なども大きく関わってきます。さらに文献によると，「風邪の後」「好成績が出た後」は注意が必要とのことです。「風邪の後」に関しては，風邪自体が免疫力低下の結果であることと，風邪によりパフォーマンスが低下し身体機能が十分回復していないのにもかかわらず早期にトレーニングを再開してしまうことで症状が改善しないことにつながります。「好成績が出た後」に関しては，積み重ねた厳しいトレーニングの結果で得られた好成績であるものの，よい成

表5　オーバートレーニング症候群でみられやすい症状

疲労症状	競技パフォーマンス低下，疲れやすさ・倦怠感，すぐに息が上がる，筋・腱・関節の痛み，筋力低下，食欲低下・体重減少
精神・心理症状	気分の落ち込み・抑うつ，競技力の低下・自責感，表情が暗く乏しい・興味や喜びの喪失，頭が働かない，注意力・判断力低下，不安，焦り，イライラ感，情緒不安定，死について繰り返し考える
自律神経症状	めまい・立ちくらみ，動悸，胸部不快感，過換気発作，嘔気・嘔吐，便秘，下痢，腹痛，頭重感，頭痛，睡眠障害，性欲減退，起床時心拍数変化
免疫機能低下	風邪をひきやすい，口内炎，口唇ヘルペス・帯状疱疹

（山本宏明，2019より引用改変）

図9　大学生選手のオーバートレーニング症状経験率

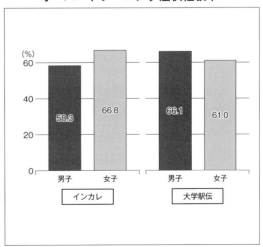

績のため気持ちが先行し，休養が少なくなり
トレーニング量が増えてしまいます。

オーバートレーニング症候群を十分理解し，
これらをふまえた総合的サポートを実施する
ことが望まれます。

7. スポーツ貧血

陸上競技選手の代表的な内科的障害として，
スポーツ貧血が挙げられます。特にジュニア
選手は，身体の成長が旺盛で，スポーツ活動
やパフォーマンスも向上するため，スポーツ
に関連する貧血を起こす可能性があります。

日本陸連のアンケート調査では，小学生で
2.5～4.8％，トラック＆フィールドでは男子
13.7～19.9％，女子22.5～28.0％，駅伝で
は男子29.2～41.8％，女子39.8～62.3％の
確率で貧血が発生しています（**図10**）。特に
大学駅伝女子は62.3％と，非常に高い発生率
となっています。一般的には女子に多く発生
すると捉えられることが多いようですが，女
性だけでなく男性にも同じように発生するの
で，認識が必要です。

医学的に貧血とは，血中ヘモグロビン濃度
が正常範囲より少なくなる現象となります。
個人差やばらつきもあるため，ワンポイント
の数値に捉われず個人における継続的な変化
を確認する必要があります。なお，スポーツ
選手に発生する貧血は主に鉄欠乏性貧血であ
るため，鉄欠乏性貧血のいくつかの原因を次
に示します。

1）鉄需要増加

体の成長に伴い血液量は増大すること，ま
た，筋肉量の増大に伴い筋肉内の鉄含有タン
パク質であるミオグロビンの産出量も増加す

るため，鉄の需要がますます増加します。

2）鉄摂取不足

成長期の選手は十分な栄養と鉄が必要であ
る中で，十分な食事が摂れない場合や，体重
コントロールのための過度な食事制限により
貧血につながる可能性があります。また，摂
食障害を認める選手もおり，心理的側面の変
化にも気をつけなければなりません。

3）鉄排泄増加

鎮痛薬の多用も1つの原因になりますが，
消化管出血等の疾患により，多くの鉄が消失
してしまうことがあります。また，激しい運
動による腸管虚血にも注意が必要です。他に
は，大量の発汗により鉄の喪失が多くなる可
能性があります。

4）血管内溶血

足底への衝撃過多により足底の毛細血管が
刺激されたり，高体温による赤血球膜の脆弱
化により血管内で赤血球が溶血してしまうこ
とがあります。スポーツ選手に起こる特有な
状態です。

5）鉄吸収低下

過度なトレーニングにより筋肉への血液の
偏りが生じ，腸を栄養する循環血液量の低下，
虚血による鉄吸収の低下や粘膜出血が起こる
ことがあります。長距離選手では高い確率で
胃炎が確認されており，吸収の低下の一因と
も考えられています。

これらの原因をふまえて，以下のような予
防や治療が必要となります。

①食事指導

食事療法は鉄欠乏性貧血の予防にきわめて
重要であり，栄養バランスのとれた食事と吸
収のよいヘム鉄を多く摂ることが大切であり，
朝食や食事回数が貧血の予防にはきわめて重

図10　ジュニア選手の貧血発生頻度

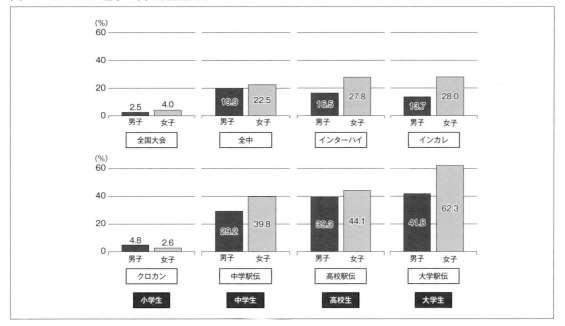

要であることが示唆されています。一例として，早朝トレーニングが朝食の欠食の原因にならないようにするなど，しっかりとした食生活，食事内容を指導することがコーチには求められます。

②鉄剤投与

　食事改善をしても鉄分が不足する場合には，鉄分の補充が必要になることがあります。基本的には経口による鉄剤投与が推奨されていますが，副作用として，消化器症状，悪心・腹痛・食欲低下などが発生することがありました。静脈注射による鉄剤投与を必要とすることがありますが，鉄過剰にならないよう，必要性を担当医師と十分確認した上で投与すべきです。いずれにしても，鉄剤の過剰摂取により多くの臓器に鉄が蓄積することは，鉄を使用していた時期だけではなく，生涯にわたり健康を害する可能性があることを十分認識しておかなければなりません。

　日本陸連の調査では，中学生選手について全体の2.8％の選手（中学駅伝では4.7％）に点滴による鉄剤投与の既往が確認されました。適応のない鉄剤投与が含まれていないか，十分な検討が必要です。そのため，「適切な鉄剤注射の防止に関するガイドライン」を作成し，不適切な鉄剤注射の根絶をめざすとともに，適切な貧血の対応として「アスリートの貧血対処7か条」（図11）を作成し啓蒙しています。

　以上のように，スポーツ貧血について記しましたが，コーチが注意すべき点は，トレーニング等で急にパフォーマンスが低下した場合や体調の変化を訴えた場合には，選手の体調を確認した上で，スポーツ貧血の可能性も念頭におく必要があります。

　また，貧血が確認された際は，短絡的な鉄剤投与を選択するのではなく，トレーニング終了後の補食やトレーニング内容の見直し，足底衝撃への対応，過度な体重減量の防止，

図11　アスリートの貧血対処7か条

日本陸連「アスリートの貧血対処7か条」

1 食事で適切に鉄分を摂取
質・量ともにしっかりとした食事で、1日あたり15〜18mgの鉄分を摂れます。普段から鉄分の多い食品を積極的に食べましょう。

2 鉄分の摂りすぎに注意
鉄分を摂りすぎると、体に害になることがあります。1日あたりの鉄分の耐容上限量は男性50mg、女性40mgです。鉄分サプリメントを摂りすぎると、この量を超えますので、注意しましょう。

3 定期的な血液検査で状態を確認
年に3〜4回は血液検査を受けて、自分のヘモグロビン、鉄、フェリチンの値を知っておきましょう。フェリチンは体に蓄えられた鉄分量を反映するたんぱく質で、鉄欠乏状態で最も早く低下する敏感な指標です。ヘモグロビン値は最後に低下しますので、貧血では体の鉄分量は極度に減っています。

4 疲れやすい、動けないなどの症状は医師に相談
疲れやすくパフォーマンスが低下する時は、鉄欠乏状態や貧血かもしれません。早めに医師に相談しましょう。

5 貧血の治療は医師と共に
鉄欠乏性貧血の治療の基本は飲み薬です。医師に処方してもらいます。ヘモグロビン値が正常に回復してからも3ヶ月間は続けましょう。

6 治療とともに原因を検索
鉄欠乏性貧血には原因が必ずあります。治療を受けるだけではなく、消化器系、婦人科系、腎泌尿器系などの検査を受けましょう。

7 安易な鉄剤注射は体調悪化の元
鉄剤注射は投与量が多くなりがちで、鉄が肝臓、心臓、膵臓、甲状腺、内分泌臓器や中枢神経などに沈着し、機能障害を起こすことがあります。体調不良とかパフォーマンスが思い通りでない、といった理由で、鉄剤注射を受けることはもってのほかです。鉄剤投与が注射でなければならないのは、貧血が重症かつ緊急の場合や鉄剤の内服ができない場合です。

JAAF
公益財団法人日本陸上競技連盟

温度・湿度などのトレーニング環境の整備などを検討することが望ましいと思われます。さらに，パフォーマンス向上のために安易に鉄剤を投与する指導は，間違っているだけでなく，選手の生涯の健康被害につながることを十分に認識しなければなりません。

8. 女性アスリート障害

女性アスリートの三主徴（female athlete triad）が1997年にアメリカスポーツ医学会（ACSM）に問題提起されて以来，2007年に（摂食障害の有無を問わない）利用可能エネルギー不足（low energy availability），無月経，骨粗鬆症が新三主徴と改変され，女性選手の障害が注目されるにようになりました。エネルギー不足状態が続くことにより視床下部性の無月経を生じ，エネルギー不足に伴う栄養不足や体重低下が加わり，骨密度低下および骨粗鬆症（疲労骨折）に結びつくという悪循環状態のことを指します。

コーチには，この負のサイクルをいかに早く見出し，適切な対応ができるかが求められます。症状がなく競技成績が好調な時期であっても，三主徴のリスク因子を念頭におきながら指導に当たることが望ましいと思われます。特に身体成熟に対して相対的にトレーニング強度が大きくなる可能性のあるジュニア選手では，このような状態を見過ごさないような注意が必要です。

見過ごさない三主徴のハイリスク者抽出項

目として，以下が述べられており，精密な骨密度検査などのフォローを受けるべきであるとされています。

- ・摂食障害
- ・BMI 17.5kg/m²未満，標準体重の85%未満，1ヶ月で10%以上の体重減少
- ・初経発来16歳以降
- ・最近12ヶ月で月経6回未満
- ・2回の疲労骨折（大腿骨，仙骨，骨盤であれば1回）または低外力による骨折
- ・過去1年以内の骨密度がZスコア-2.0以下（同年代比較で偏差値30未満）

このうち，初経発来に関してはきわめて重要なポイントです。文献によると，（諸説はあるものの）身長の伸びがピークとなる1年後，BMIが17.0あるいは17.3kg/m²に到達した時点で初経が初来すると言われており，その数年間が骨形成において最も重要な時期になると言われています。

この時期に正常のホルモンバランスが獲得できず，過度なスポーツ活動や食事制限などにより適切に体重が増加しない場合は，本来獲得すべき正常な骨成長に至らず，この時期のトレーニング強度に耐えられず，疲労骨折などの傷害に結びつく可能性があります。さらに，この成長期に十分な骨密度が得られない場合，生涯にわたる骨への影響が懸念されます。

三主徴からの回復は，まず毎日（日単位）のlow energy availabilityを改善することから始まるため，適切な食事コントロール，栄養管理が重要となります。それにあわせて，適切なトレーニング量のコントロールを行い，総合的に必要不可欠なエネルギーが確保された結果として体重が適切に増加し，ホルモンバランスの改善により月経（月単位）が再開し，そして骨密度の増加（年単位）に結びつけることができます。

こうした取り組みは，前述リスク因子の十分な脱却において成立するものであるため，場合によってはトレーニング休止などを徹底的に検討する必要があります。休止期間が長期に及ぶ場合には，精神心理的な配慮にも心がけなければなりません。

9. 熱中症

熱中症とは暑熱が原因となって発生する「暑熱障害」の総称で，「熱失神」「熱けいれん」「熱疲労」「熱射病」に分類されます。一過性のふらつきや立ちくらみが起こる「熱失神」や，疲労した筋に有痛性のけいれんが生じる「熱けいれん」は，熱中症の初期の段階にあたります。

「熱疲労」は，暑熱環境での長時間の運動により大量に発汗し，高度の脱水により水分と塩分が失われ，循環血液量が減少して脳などの重要臓器への血流が不足する危険な状態です。

「熱射病」は，熱疲労の病態がさらに進行したもので，身体の熱放散が十分に機能せず悪循環に陥って体温が過度に上昇し，そのため脳の機能が障害され，意識障害や体温調節が機能不全（発汗停止）となる病態です。すなわち熱疲労と熱射病は連続して重症化するものであり，迅速かつ適切な対応が必要となります。

熱中症は3段階に分類されますが，Ⅰ度（軽症）であれば，運動中止と安静，適切な水分補給によりその場で回復することが可能

です。しかしⅡ度（中等症），Ⅲ度（重症）では適切な対応が行われなければ重症となり生命に関わる危険性があります。この重症度を決める大きなポイントは，意識障害の有無です。意識障害は重症の昏睡だけでなく，応答が鈍い，言動がおかしい，日時や場所など状況の確認ができないなど，一見，軽症の症状も含まれます。これら意識障害の所見がある場合には，躊躇せずに救急車を呼び，早急に医療機関と連携することが重要です。

　熱中症と思われる選手に対しては，現場において早急に体温を下げる工夫を検討しなければなりません。日光の当たらない日陰に移動させ，衣服をゆるめ，血流が多い頸部，腋窩，鼠径部などに表在から氷袋を当てます。さらに，うちわや脱いだ衣服などを利用してあおぎながら熱の放散を促します。この間，声をかけて意識障害の状態を確認し，意識状態がしっかりしていれば口からの水分補給を行います。水分補給は脱水を補正するだけでなく，体温を低下させることにも結びつきますが，意識が十分でない場合は誤嚥の危険もあるため，注意が必要です。近年は「アイススラリー」という，小さな氷の粒と液体との混合物である柔らかいシャーベット状の飲料も開発され，より早く体温を下げる効果も期待されています。

　しかしながら最も大事なのは，予防策を講じ熱中症の発生を防ぐことです。トレーニングや活動を始める際には環境条件の把握に努めなければなりません。気温，湿度，輻射熱，気流の要素を反映したWBGTの指標が熱中症予防運動指針として示されていますが，現場ではこれらを参考に，場合によっては運動中止も考慮することが望まれます。また，夏以外の季節には，気温が急に変化するなどの

環境変化があった場合に，暑熱順化が整っておらず，真夏のような高温でなくても熱中症が発生することがあります。

　次に，選手の状態をこまかく確認しつつ，水分補給や休養の時間をしっかり設定することも重要です。気温の高い時には15〜30分ごとの飲水休憩をとることにより，体温の上昇が抑えられます。効率よく水分を補給することが望まれますが，1つの例として，1回200〜250ml（2〜3口），1時間に2〜4回に分けてゆっくり摂取するとよいでしょう。発汗量は個人により異なるため一概に補給量の設定は難しいものの，過度の水分補給は決して安全ではなく，低ナトリウム血症の発症も報告されているため注意が必要です。水分の組成としては0.1〜0.2％の塩分と糖分を含んだものは吸収がよいと言われています。

　また，熱中症の発症には，個人の体調が大きく影響します。睡眠不足，食事摂取不良，風邪などの体調不良や発熱，下痢等の消化器症状での脱水傾向，減量，慢性疲労状態などは，熱中症のリスクが高くなるため，暑熱環境下でのスポーツ活動が可能か事前に判断をすることが重要となります。このような選手に対しては運動量のコントロールを行うとともに，十分な安静，睡眠，栄養管理が求められます。

10. 最後に

　本章では，ジュニア選手に発生するスポーツ傷害やスポーツ関連疾患について解説しました。ジュニア期は骨・筋・腱・靱帯などの運動器が未成熟で脆弱な部分があるとともに，精神発達も十分ではなく，シニア世代とはち

図12　スポーツ傷害に対する相談相手

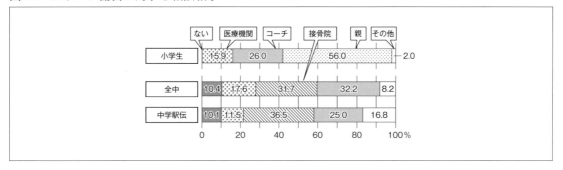

がう，いわゆる「大人のミニチュアではない」ことを十分に認識しなければなりません。

　さらに，同じジュニア期であっても，小学生から大学生までさまざまな世代があり，その世代により少しずつ特徴が異なることも気をつけなければならない点です．また，同じ世代であっても，個々の成長発育には個人差があり，身体に関わる適切な運動量などは一律同じものではありません．コーチとしては頭を悩ませるところではありますが，さまざまなアイデアを駆使して，1人1人に対しての最適な運動量，スポーツ傷害へのアプローチを心がけていただきたいと思います．

　図12は小学生，中学生に行ったアンケート調査で，「スポーツ傷害発生時の相談相手はだれですか」という質問に対する結果です．相談相手がコーチであると答えた選手は，小学生では親56.0%に次いで26.0%，中学生では全中出場者32.2%，中学駅伝25.0%と

なっており，多くの選手がコーチを頼りにしていることが分かりました．

　ジュニア選手のコーチに対する信頼度が高いことは言うまでもありませんが，その分，責任があることも認識しなければなりません．コーチにとってスポーツ傷害やスポーツ疾患は必ずしも専門分野ではなく，適切な判断に迷うことが多いかと思います．このような際には，できる限りメディカルサポートと連携し，勘や慣習に捉われることない客観的な評価を行い，エビデンスのあるケアでジュニア選手の身体を守っていただきたいと思います．競技力向上も必要であることは十分理解できますが，遠回りにみられるような判断も，ジュニア選手の将来の可能性を守ることにつながります．親や医療機関などのメディカルサポートなどとともに，お互いの理解のもとで連携できることがベストです．

（鎌田　浩史）

〈文献〉
鎌田浩史ほか（2017）陸上競技における小児（ジュニアアスリート）に対する障害予防と育成（特集 小児アスリートの障害予防と育成：2020年，そしてその先に向けて）．臨床スポーツ医学，34（10）：pp.1060-1065.
鎌田浩史ほか（2020）陸上競技における学童期スポーツ傷害：小学生陸上競技全国大会におけるスポーツ外傷・障害調査（エキサイティング メディカル レポート）．陸上競技研究紀要，16：pp.244-250.
鎌田浩史（2020）陸上競技における肉ばなれ（特集 肉ばなれの病態と治療）．整形・災害外科，63（4）：

pp.399-404.

鎌田浩史ほか（2020）ジュニアアスリートの運動器傷害に対する取り組み（陸上競技）（特集 オリンピックスポーツと運動器医療におけるレガシー）．Loco cure，6（1）：pp.21-27.

川原貴（2015）スポーツと熱中症．公衆衛生，79（6）：pp.401-404.

川原貴（2017）オーバートレーニング症候群の予防と対策．Coaching clinic，31（10）：pp.24-27.

真鍋知宏（2021）スポーツ現場における熱中症と予防策及び発生時の対処法（特集 夏を乗り切る「暑熱対策」）．Coaching clinic，35（6）：pp.4-7.

松本孝朗（2018）スポーツにおける熱中症と現場での救急処置（特集 暑さと熱中症対策：スポーツの安全とパフォーマンスのために）．臨床スポーツ医学，35（7）：pp.710-718.

村田健一朗ほか（2018）成長期アスリートにおける傷害総論．日本アスレティックトレーニング学会誌，4（1）：pp.11-17.

中島和樹ほか（2021）アスリートにおけるオーバートレーニング症候群（特集 スポーツと精神医学）．Psychiatry，38（4）：pp.394-400.

難波聡（2019）女性アスリートの三主徴と骨（特集 疲労骨折のすべて：早期発見，予防と治療）．臨床スポーツ医学，36（12）：1328-1332.

日本陸上競技連盟医事委員会（2015）陸上競技ジュニア選手のスポーツ外傷・障害調査 〜第1報（2014年度版）.

日本陸上競技連盟医事委員会（2017）陸上競技ジュニア選手のスポーツ外傷・障害調査 〜第2報（2016年度版）.

日本陸上競技連盟医事委員会（2018）陸上競技ジュニア選手のスポーツ外傷・障害調査 〜第3報（2017年度版）.

日本陸上競技連盟医事委員会（2019）陸上競技ジュニア選手のスポーツ外傷・障害調査 〜第4報（2018年度版）.

日本陸上競技連盟医事委員会（2020）陸上競技ジュニア選手のスポーツ外傷・障害調査 〜第5報（2019年度版）.

日本陸上競技連盟医事委員会（online）日本陸上競技連盟 疲労骨折予防10か条．https://www.jaaf.or.jp/pdf/about/resist/medical/hirokossetsu.pdf，（参照日2022年2月）.

田畑尚吾（2020）アスリートにおけるその他の内科的疾患（特集 整形外科医が知るべきスポーツ内科学）．整形・災害外科，63（1）：pp.3-44.

田原圭太郎ほか（2016）陸上競技ジュニア選手のスポーツ外傷・障害調査における疲労骨折に関する検討（エキサイティング メディカル レポート）．陸上競技研究紀要，12：pp.179-181.

田原圭太郎ほか（2017）陸上競技ジュニア・ユース選手のスポーツ外傷・障害調査における疲労骨折に関する検討：全日本中学校陸上競技選手権大会・全国中学校駅伝大会の調査（エキサイティング メディカル レポート）．陸上競技研究紀要，13：pp.289-292.

田原圭太郎ほか（2020）陸上競技における学童期スポーツ傷害：外傷・障害の既往と練習量の関連（エキサイティング メディカル レポート）．陸上競技研究紀要，16：pp.251-254.

鳥居俊（2020）子どものオーバートレーニング（特集 知っていますか? 小児科領域のスポーツ障害）．小児科診療，83（2）：pp.177-182.

鳥居俊（2021）学童・思春期のスポーツと健康．日本小児科医会会報，61：19.

植田高弘（2020）スポーツ貧血（特集 知っていますか? 小児科領域のスポーツ障害）．小児科診療，83（2）：pp.183-189.

渡邉耕太（2020）総説（特集 女性アスリートのメディカルサポート：女性指導者からの視点）．臨床スポーツ医学，37（1）：pp.2-5.

八木茂典（2016）シンスプリントの重症度分類と治療．整形・災害外科，59（6）：pp.851-859.

山本宏明（2019）オーバートレーニングにみられる睡眠の問題（特集 アスリートと睡眠）．臨床スポーツ医学，36（7）：pp.754-758.

湯澤斎ほか（2012）スポーツと熱中症（特集 熱中症）．日本臨床，70（6）：pp.986-989.

スポーツと栄養

1. 5大栄養素の役割と特徴

　私たちは食品からエネルギーや栄養素を摂取し，生命維持や身体活動を行っています。スポーツにおける栄養の役割と関係する栄養素について**図1**にまとめました。

　3大栄養素とは，糖質，脂質，たんぱく質をいい，エネルギー源になる栄養素です。

　また，5大栄養素とは，3大栄養素にビタミンとミネラルを加えたものです。さらに，身体機能の調整に欠かせない水と食物繊維があります。

　小学生・中学生と高校生の前半では，日本人の食事摂取基準を摂取目標値と考えますが，身体づくりも進み専門トレーニングを行う高校生は，IOCやIAAFのガイドラインに記載

された値を参考として，食事調整を行うとよいでしょう。発育発達と練習の状況により異なりますので，本章では両方の情報を併記しておきます。

(1) 糖質と食物繊維

1) 糖質の働き

　炭水化物は糖質と食物繊維に大別されますが，エネルギー源となるのは糖質であり，1gあたり約4kcalのエネルギーとなります。糖質は，最小単位である単糖，2～10個の単糖からなる少糖類，多数の単糖からなる多糖類に分類されます。少糖類の中には，2個の単糖からなる二糖類やデキストリンなどがあります。デンプンは，口腔内から消化が始まり，胃と小腸で単糖（ブドウ糖）まで消化されてから小腸で吸収され，門脈を通って肝臓に運ばれます。体内ではブドウ糖をグリコーゲンとして蓄えることができ，肝臓には肝グリコーゲンとして約100g，筋肉には筋グリコーゲンとして約250gと，比較的少量しか蓄えることができません。

　肝グリコーゲンはエネルギー源として利用されるほか，血糖の維持などに利用されます。筋グリコーゲンは運動中の筋の主なエネルギー源として利用され，これが少なくなるとパフォーマンスに影響を及ぼします。したがって，毎日の食事から糖質源となる食品を不足しないように摂取する必要があります。

図1　スポーツにおける栄養の役割と関係する栄養素

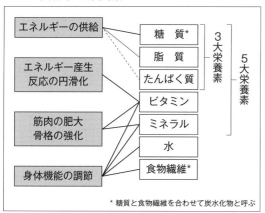

* 糖質と食物繊維を合わせて炭水化物と呼ぶ

2）糖質の必要量と摂取ポイント

厚生労働省の『日本人の食事摂取基準2020年版』では，糖質（炭水化物）の摂取エネルギーに占める割合を50〜65％としています。3000kcal摂取する場合の糖質量は375〜487gとなり，体重が55kgと仮定すると体重あたりに換算して6.8〜8.9gということになります。

国際的なガイドライン（Thomas et al., 2016）では，中強度トレーニングを行う場合は24時間で体重1kgあたり5-7gの糖質摂取が推奨され，高強度・持久性運動では6〜8g（長距離種目では〜10g），低強度もしくは技術練習では3〜5g/kg体重/日の摂取が推奨されています。

このようにトレーニングの強度や持続時間によって適切な摂取量が異なりますので，不明点がある場合は公認スポーツ栄養士に個別に相談し，毎食どれだけごはんを食べればよいかを一度確認しておくようにしましょう。最近のジュニア選手は，糖質源となるごはん量が少ない場合が多く見受けられるので，**図2**に1食のごはんの目安量を示しました。

3）食物繊維の働きと必要量

食物繊維は，ヒトの消化酵素では消化されない食品中の難消化性成分の総称と定義され，エネルギー源としての役割はきわめて小さいですが，大腸がんの予防，便秘の解消，血清コレステロール値の是正などの効果があります。現代の食事では不足しやすいので，食物繊維を含む野菜類，きのこ類，海草類，豆類，果物などを積極的に摂取する必要があります。日本人の食事摂取基準では，高校生（15〜17歳）で19g以上，大学生（18歳）以上で21g以上とされ，女子では高校生以上は18g以上が目安とされています

（2）脂質

1）脂質の働き

脂質（中性脂肪）は，口腔で咀嚼による機械的作用と，胃での筋肉の収縮などにより脂肪滴となり，さらに小腸で胆汁やリパーゼによりグリセロールと脂肪酸にまで消化されて吸収されます。吸収された後，再度，中性脂肪が合成され，日常生活やゆるやかな運動時のエネルギー源として使われます。1gあたりで約9kcalのエネルギー源となるほか，細胞膜の構成成分となったり，生体機能の調節に関与する性ホルモンやサイトカインの材料になります。

脂質は，単純脂質，複合脂質，誘導脂質に分類することができます。単純脂質の中性脂肪は脂肪酸とグリセロールから構成されています。脂肪酸には，常温で液体の植物由来の油や魚油に多く含まれている不飽和脂肪酸と，常温で固体であり主に動物由来の脂に多く含まれている飽和脂肪酸があります。また，体内で生合成することのできない脂肪酸であるリノール酸，α-リノレン酸，アラキドン酸を必須脂肪酸と呼びます。これらは食事から摂取する必要がありますが，ジュニア選手の食事調査結果では，脂質の摂取が不足するケースはほとんど見られません。

図2　1食あたりのごはんの目安量

150-160g　減量時の最低量
200-250g　小・中学生，高校生女子
350-400g　高校生男子
JAAF

2）脂質の必要量と摂取ポイント

『日本人の食事摂取基準2020年版』では，脂質の摂取エネルギーに占める割合を20〜30％としています。揚げ物や肉などの食材，菓子類などから日常的に脂質摂取はしやすいため，ジュニア選手の食事では，脂質の％エネルギーが30％を超えるケースも多々あります。選手の食事であっても上記の至適範囲内での摂取をすることが望ましいと言えます。エネルギーばかり高くて必要な栄養素密度の低い食事（エンプティーカロリーの食事）とならないように気をつけましょう。また，減量時には脂肪の摂取量を20％程度まで減らすようにすると低エネルギーを実現しやすくなりますが，それ以上に減らす必要はありません。

（3）たんぱく質

1）たんぱく質の働き

たんぱく質は，胃で酸と消化酵素によりペプチドにまで消化され，小腸では消化酵素によりアミノ酸に消化されて吸収されます。吸収されたアミノ酸は，門脈を経て肝臓に運ばれ，必要に応じて全身に分配されて，骨・筋肉・結合組織などの構成成分となったり，酵素やホルモンとして代謝を調節し，物質運搬（ヘモグロビン，トランスフェリンなど）や生体防御（免疫グロブリン）などの機能的役割を果たしています。

たんぱく質は20種類のアミノ酸が複雑に重合したものです。このうち体内で合成することができない，あるいは合成されても必要量に達しないため，必ず食物から摂取しなければならない9種類のアミノ酸は，必須アミノ酸と呼ばれています。ヒトが必要とするアミノ酸の理想的な比率と食品中のアミノ酸との相対比を比較して算出したアミノ酸スコアは，食品のたんぱく質の評価に用いられます。

一般に，植物性たんぱく質に比べ，動物性たんぱく質の方がアミノ酸スコアが高く良質なたんぱく質であると言えますが，食品のたんぱく質の栄養価を考える場合，単一の食品のアミノ酸スコアのみを問題にするのではなく，他のたんぱく質を含む食品との組み合わせにより（アミノ酸の補足効果），食事全体の質を高くすることを考えるべきです。

2）たんぱく質の必要量

『日本人の食事摂取基準2020年版』では，一般中学生が生体を維持するためのたんぱく質の必要量は，体重1kgあたり0.67gとされています。一般的な体格で身体活動レベルが高い人の場合には，1日あたりの目標量は中学生で男子94-145g，女子86-133g，高校生では男子102-158g，女子82-128gとされており，この値は成長に伴い蓄積されていくたんぱく質量を含んでいます。そのため，成長期の1日あたりのたんぱく質目標量は，成人よりも多い値となっています。この目標量は，良質なたんぱく質源となる脂肪の少ない肉，魚類，卵や大豆製品のおかず（主菜）を毎食きちんと摂るようにすれば，サプリメントを用いなくても確保することができます。

国際陸連のスポーツ栄養ガイドライン（Witard et al., 2019）では，体重1kgあたり1.3〜1.7g（減量時は1.6〜2.4g程度）の摂取が推奨されています。それ以上多く摂取しても体たんぱく合成は高まらないこと，1日あたりの摂取量を確保するだけでなく，1食あたりに含まれるたんぱく質摂取量（0.3g/kg体重/食）も大切であり，1日トータルで摂取していても1食あたりのたんぱく質摂取量が少ないと，筋たんぱく合成には不

利となることなどが最近の研究で明らかになっています。良質のたんぱく質を摂取するには，肉類は赤身の部分を選択することがポイントです。部位による栄養価の違いを**図3**に比較しました。

（4）ビタミン

1）ビタミンの働き

ビタミンは微量で生命の維持にかかわる不可欠な有機物であり，体内でほとんど合成されないか，合成されても必要量に満たないため，必ず外界から摂取しなければならない微量栄養素です。

ビタミンは，水に溶ける性質の水溶性ビタミン（ビタミンB群，C）と，脂質に溶ける性質の脂溶性ビタミン（A，D，E，K）に分類されます。不足すればそれぞれのビタミン特有の欠乏症があり，脂溶性ビタミンは過剰に摂取すれば過剰症を起こすことが報告されています。

ビタミンB群（B$_1$，B$_2$，ナイアシン，パントテン酸など）は体内でさまざまな酵素の補酵素となり，3大栄養素がエネルギーとして代謝されていく過程で働いています。糖質や脂質の摂取量が一般人と比べて多いスポーツ選手では，意識してビタミンB群を摂取しておく必要があり，不足すれば疲労の原因となったり，持久性能力の低下を招きます。

ビタミンB$_6$，B$_{12}$，C，D，Kなどのビタミンは，たんぱく質・アミノ酸代謝や造血などに関与するため，身体づくりやコンディショニングと関係しています。また，運動により骨格筋が損傷すると誘発される活性酸素は細胞に障害をもたらし，パフォーマンスやコンディショニングに悪影響を及ぼすことが予想されます。活性酸素を除去する抗酸化作用をもつビタミンには，C，E，β-カロテンなどがあり，近年の食事で不足がちな野菜類やきのこ類などを選手は積極的に摂取し，これらのビタミンが不足しないよう心がけてください。野菜は1日あたり350g（**図4**）以上の摂取をめざしてください。

2）ビタミンの必要量と摂取ポイント

選手のためのビタミン必要量について明確に示されたものはありませんが，エネルギー代謝や身体づくりなどで消費されていく分が多いことを考慮して，日本人の食事摂取基準に示されている値の2倍程度の摂取をしてお

図3　肉の部位による栄養価の比較（100gあたり）

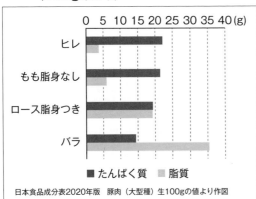

日本食品成分表2020年版　豚肉（大型種）生100gの値より作図

図4　約350gの野菜

くのがよいと考えられます。ビタミン類は加熱などの調理により損失されることが知られていますが，火を通して食べることによりカサが減り，生野菜よりもむしろたくさん食べられるので，ビタミン摂取量は多くなります。野菜やきのこ類を積極的に料理に使うようにしてください。

（5）ミネラル

1）ミネラルの働き

　ミネラルの体内含有量は約4％であり，生体の構成成分や生体機能の調節などの多彩な生理作用があります。現在，食事摂取基準が策定されているのは13種類あり，体内では合成されないため，毎日の食事から不足しないように摂る必要があります。しかし，吸収されにくかったり他の成分によって吸収を妨げられたりすることがある一方，ミネラルの吸収を助ける働きをするビタミンもあります。

　ミネラルの中でスポーツ選手の食事で特に不足しがちなものとして，カルシウムと鉄が挙げられます。カルシウムは，骨と歯の成分となるほか，血液凝固，血液のpHの維持，筋肉の収縮，神経の興奮性を高める，酵素の活性化などの作用があります。不足すると骨密度が低下したり，疲労骨折を起こしやすくなります。特に成長期の身体づくりで需要が増す時期に食事制限を継続して行うと，最大骨量（ピークボーンマス）が低くなり，遠い将来（中高年齢層）の骨の健康にも影響を及ぼすことがあるので，成長期に丈夫な骨をつくるように意識した栄養摂取をするようにしましょう。

　また，鉄はヘモグロビン鉄として血中酸素の運搬，ミオグロビン鉄として筋肉の酸素利用に関与しています。鉄の摂取不足が続くと鉄欠乏性貧血を招き，持久力の低下につながります。これらのミネラルは多く含む食品がそれぞれあるので，どんな食品があるか理解しておく必要があります。日本陸連で作成した鉄とカルシウムに関する資料を章末1，2に示しました。詳しくは，医事委員会スポーツ栄養部のホームページをご覧ください。

2）カルシウムと鉄の必要量と摂取ポイント

　これらの栄養素は，日本人の食事摂取に示された値よりも選手は多く摂取する必要があります。カルシウムや鉄の国際的な摂取基準は，食文化の異なる欧米のデータにもとづくものであるため，日本陸連医事委員会では，カルシウムは1日あたり少なくとも1000mg，鉄は1日に最大15～18mgの摂取を推奨しています。どちらも食事で不足しやすいうえに，吸収率が低い栄養素として知られています。カルシウムの腸管からの吸収を高める栄養素としてビタミンDが，鉄の吸収率を高める栄養素としてビタミンCがあるので，食べ合わせの工夫も必要です。

2. 適切な水分補給法

　運動時に水分補給を意図的に行わないと脱水がすすみ，熱中症を引き起こすことが分かっています。しかし，発汗量に見合う量と同量の水分を摂取することは難しく，暑熱環境下での運動時に自由に水のみを摂取させると，体内の水分量とナトリウム量が低下して低ナトリウム血症（ナトリウム濃度は135mEq/L以下）を引き起こしやすくなります。これまでに長時間のマラソンなどの競技で低ナトリウム血症での死亡例も報告されています。したがって，暑熱環境下での運動時には，適

切な量と組成のドリンクを摂取タイミングなどにも注意して補給させる必要があります。

（1）運動時の水分補給の目安量

1）脱水状態の確認の仕方

通常練習での水分補給量は，水分損失量（発汗量）と等しい分の摂取をすることが目安となります。おおよその水分損失量は，運動前後の体重測定により求めることができます。

例えば，運動前の体重が70kgで運動後に68kgであった場合，2kgの水分損失量ということになり，これは体重の約2.9％の脱水に相当します。運動能力や体温調節機能の低下を予防するためには，運動前後の体重減少が2％以内となるようにすることがすすめられています。70kgの2％は1.4kgですから，練習後の体重が68.6kgよりも多くなるようにドリンクを摂取すれば，水分補給は上手にできていると判断することができます。

同じ環境で一緒に練習をしても，発汗量は選手個人によって異なりますので，**図5**を用いて練習前後に時どき体重測定をして確認してみましょう。また，運動中または運動直後

の尿量と色も，脱水状態の参考となります。尿量が少なく色が濃い場合は水分補給が不足しており，尿量が普通で色が薄い場合には，水分の出納バランスは正常に保たれているとみなすことができます。特に夏場は起床時に体重測定と尿のチェックをし，脱水状態のチェックをしてください。

2）水分補給量の目安

水分補給は，運動の前・中・後にこまめに行い，のどが渇いたと感じる前から摂取してください。運動前にはコップ1～2杯（250～500ml）の水分を補給し，運動中には1時間あたり500～1000mlの水分を2～4回に分けて摂取することが推奨されています。3時間以上続く運動では，塩分を加えるようにします。

これはあくまでも一般的な目安量であり，環境条件と個人の状況によっても異なるため，どのくらいの環境条件の場合はどのくらいの発汗量があるかについて個別に把握を行い，各自で補給すべき目安量を把握しておいてください。

（2）電解質と糖質補給の大切さと　　ドリンクの使い分け

汗には電解質が含まれており，発汗量の増加に伴い電解質の損失量も多くなります。中でもナトリウムは細胞外液の主要な成分であり，ナトリウムが損失すると熱痙攣や消化管平滑筋の痙攣による腹痛の原因となります。通常は暑熱環境への順化が数日で行われ，汗腺でのナトリウムの再吸収量を増加させて排泄を抑えます。しかし，運動により発汗量が増加しても，その分に見合うナトリウムの再吸収量は増加しないため，運動時にはナトリウムの損失量が多くなります。

図5　水分補給状態のチェックシート

```
運動前の体重 [        ] kg

体重の2％は [        ] kg×0.02＝ [        ] kg

運動後の体重＝運動前の体重－体重の2％

        ＝ [        ] kg － [        ] kg

        ＝ [        ] kg

運動後の体重が [        ] kg以下になっていたら
水分の補給が不足！
```

この損失量を補うために，運動中にナトリウムを含むドリンクを摂取する必要があります。日本スポーツ協会では，0.1～0.2％の食塩（ナトリウム40～80mg/100ml）と糖質を含んだドリンクを推奨しています。市販のスポーツドリンクは，糖質，電解質，アミノ酸類，ビタミン類などが含まれ，口あたりがよいようにフレーバーも工夫されているものが多くあります。暑熱環境時の運動中には口の中が粘るなどの理由から，スポーツドリンクを2倍程度に薄めて飲むケースをよく目にしますが，この場合，甘さが薄まり飲みやすくなる一方で，電解質の濃度も薄まることを忘れてはなりません。したがって，暑熱環境時に長時間の運動を行う場合にスポーツドリンクを薄めて飲用するのであれば，ひとつまみの塩を加えたり，通常の濃さのスポーツドリンクのボトルと水のボトルを用意するなどの工夫をするとよいでしょう。

また，運動時には糖質を含むドリンクを摂取したほうが，水のみを摂取したときよりも疲労困憊の発現を遅らせることができます。しかし，糖質の濃度が高くなると水分の吸収を阻害することになります。腸管からの水分の吸収は糖分を2.5～8％含んでいるものが速く，糖分濃度が8％以上になると吸収速度は遅くなります。そのため，糖質が10％前後含まれているソフトドリンクは水分補給には適さず，糖分濃度が3～8％前後に調整されているスポーツドリンクを利用するのがよいでしょう。

暑い日に試合や練習を行う場合，あるいは湿度の高い室内で行う場合などには水分補給を優先させ，糖質濃度を少し薄めにした飲みやすいドリンクを選択してください。冬季や比較的軽めの運動を涼しい日に行う場合には，発汗による水分損失は少ないと考えられるため，エネルギー補給ができるよう，糖質量がやや多めのドリンクにするとよいでしょう。夏場の練習時，試合前，試合後あるいは試合の合間などには糖質と電解質の補給ができるスポーツドリンクがすすめられますが，発汗量の少ない冬場や運動時間がさほど長くない場合は，水かお茶でよい場合もあります。

3. サプリメントの正しい使い方

（1）サプリメントとは

栄養補助食品（サプリメント）とは，食事で摂りにくい栄養素を簡単に摂れるように開発された食品の総称であり，1つの栄養素が含まれるものから，いろいろな栄養素が含まれているものまで，種類や形状もさまざまです。

サプリメントの中でも，運動能力を高めることが期待される成分を含むものは，エルゴジェニックエイド（運動能力増強物質）と呼ばれています。選手やコーチの中にはある特定の効果だけに着目し，その効果を過度に期待する傾向が見られますが，健康維持およびドーピングの観点から，使用に際しては十分な注意が必要です。個別に栄養アセスメントを行い，スポーツドクターや公認スポーツ栄養士と相談しながら，本当にサプリメントが必要な場合にのみ使用するようにしてください。国際陸連では，18歳以下の選手は医学的に必要な場合以外は使用するべきではないとしています。日本陸連のサプリメント摂取の基本8ヶ条を**章末資料3**に示しました。

（2）サプリメントと健康問題

　日本人の食事摂取基準では，健康障害をもたらすリスクがないとみなされる習慣的な摂取量の上限値を「耐容上限量」として示しています。これを超えて摂取すると，潜在的な健康障害のリスクが高まると考えられています。耐容上限量を超える摂取は，通常の食品を摂取している範囲では起こりえませんが，サプリメントや栄養剤の多量摂取をすれば過剰摂取が容易となり，過剰症を引き起こす危険が高くなります。栄養素の必要量が増加する選手といえども，耐容上限量を超える摂取は避けなくてはなりません。市販されているサプリメントの中には，含まれる物質の具体的な化学名が不明確であったり，品質の管理が不十分なものも出回っていたりすることから，長期に使用した際の安全性についても十分に考慮しなくてはなりません。

（3）サプリメントとドーピング問題

　通常の食品を摂取することによってドーピング検査が陽性になる可能性はきわめて低いのですが，サプリメントや栄養剤の中にはドーピング禁止薬物を含んでいたり，体内に入ってから非合法的な物質に変化する物質が混入している恐れがあります。成分表示に禁止薬物が記載されていないにもかかわらずドーピング禁止物質が検出された外国商品もあったことから，外国製のサプリメントを安易に使用しないようにしてください。IOCのサプリメントに関するコンセンサス（Maughan et al., 2018）で示されたリスク軽減のためのフローチャート（**図6**）を参考にしながら，コーチと選手は本当にサプリメントを使用すべきかどうかを，注意深く考慮しなくて

はなりません。食事改善ができる場合は，まずはそちらを優先してください。

（4）どんな時にサプリメントが有効か

　減量を行う場合には，食事全体のエネルギー量の低下に伴って各栄養素の不足を招きやすくなります。また，夏場や過酷なトレーニング後の食欲減退時，1人暮らしや海外遠征などで食事が十分に準備できない時も同様に，栄養バランスが崩れやすくなります。このような場合や，試合前・中・後に速やかな栄養補給が必要な場合などには，サプリメントの使用が有効になることがあります。しかし，食生活を全般的に見直して栄養状態の改善を図る努力をまずすべきであり，サプリメントに安易に頼らないよう選手を教育することは，コーチの義務と言えるでしょう。

4. エネルギー不足の影響とその予防

（1）女性選手の三主徴と相対的エネルギー不足

　2007年，アメリカスポーツ医学会から「女性選手の三主徴」（female athlete triad: FAT）が提示され（Nattiv et al., 2007），2014年にはIOCからスポーツにおける相対的エネルギー不足（relative energy deficiency in sports: RED-S）という概念（Mountjoy et al., 2014）が発表されました。

　いずれも，摂取エネルギー量から運動時エネルギー消費量を差し引き，除脂肪量で割ったエナジー・アベイラビリティー（energy availability: EA）を評価に用いています。すなわち，練習量が変わらない場合，食事か

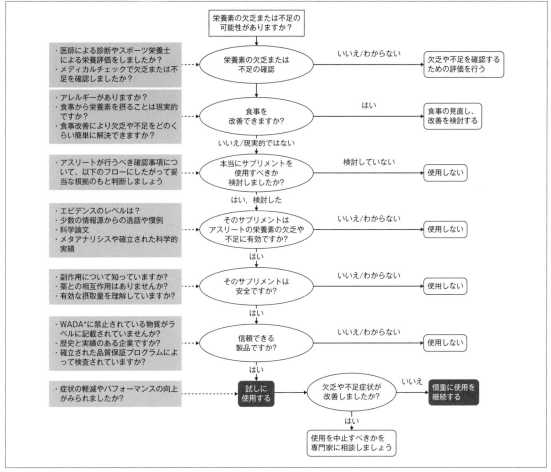

**図6　ダイエタリーサプリメントを使用する際の栄養素の過剰摂取や
ドーピング規則違反のリスクを軽減するためのフローチャート**

＊世界アンチ・ドーピング機構（World Anti-Doping Agency: WADA）　　　　　　　　　　　　　　（Maughan et al., 2018）

ら摂取するエネルギー量が低くなるとEAが低下し，さまざまな健康問題を引き起こし，パフォーマンスをも低下させることが示されています。

　日本人女性選手を対象とした研究（Ishizu et al., 2021）では，身長と体重を用いた体格指数（body mass index: BMI）やエネルギー摂取量と疲労骨折経験との関連が明らかになっており，エネルギー摂取を高めることにより疲労骨折のリスクを軽減できると考えられます。また，日本人男性ランナーのEAは女性よりも低く，骨吸収が進んだりホルモ

ンレベルが低下するなどのリスクをかかえていることが示されています（Taguchi et al., 2020）。最近の研究で，女性のみでなく男性選手にも同様の問題が起こるというエビデンスも出ているため，性別にかかわらず全ての選手は練習量に見合う食事摂取をし，エネルギー不足にならないように日々配慮しなくてはなりません。

（2）エネルギー不足を回避する「食事の基本形」

　選手やコーチが消費エネルギーや摂取エネ

ルギーを計算できるわけではないので，必要
に応じて公認スポーツ栄養士に相談してくだ
さい。日本陸連医事委員会では，エネルギー
不足の注意点をまとめました（**章末資料4**）。
日本陸連スポーツ栄養部では，エネルギーと
各栄養素をバランスよく摂取しやすくする
「食事の基本形」を推奨しています（**図7**）。
毎食ごとに主食，主菜，副菜2〜3品，牛
乳・乳製品，果物をそろえるように心がけて
ください。最近の選手は朝食が少なく欠食を
するケースも見られ，エネルギー不足の原因
になっていることも多々あります。欠食は絶
対に避け，朝食の充実が図れるように指導し
てください。

（3）エネルギー不足を回避するための
　　チェックポイント

　エネルギー摂取が適切かをチェックする現
場的な方法は，体重と身体組成のモニタリン
グです。体重は毎朝起床して排尿後に飲食を
していない状態で測定してください（早朝空
腹時体重）。一定期間の観察で増加あるいは
減少が見られた場合には，エネルギー摂取量
と消費量のバランスが崩れていることを示し
ていますので，食事調整が必要です。

　また，身体組成の定期的な評価も大切であ
り，体脂肪率の変化だけでなく，除脂肪量
(fat-free mass: FFM) が維持または減って
いないことを確認してください。インピーダ
ンス法を用いて体脂肪率を測定する場合には，
発汗している練習後や入浴後を避け，最低で

図7　アスリートの食事の基本形

主食，主菜，副菜，牛乳・乳製品，果物を毎食そろえるように
心がけましょう。

（日本陸連医事委員会 スポーツ栄養部）

も月1回の頻度で，練習前の発汗をしていな
い状況で測定して推移を観察します。BMI
が17.5kg/m^{2}以下である場合は低エネルギー
状態と考えられ，健康リスクが高まります。
女子選手の場合は，月経状況も判断材料とな
ります。

　参考までに，体重と身体組成を用いたエネ
ルギー摂取量の目安の求め方を**図8**に示しま
す。不安なことがある場合には，気軽に公認
スポーツ栄養士やスポーツドクターに相談し
てください。

　しっかりとした練習を積み，身体づくりと
パフォーマンスが順調に成し遂げられるかは，
その土台となるエネルギーと栄養摂取・食生
活にかかっていると言っても過言ではありま
せん。エネルギー不足とならないように気を
つけ，健康リスクを回避してください。

（田口 素子）

図8　推定エネルギー必要量（EER）の計算方法

小・中学生／高校生（前半）

EER＝ 性・年齢別基礎代謝基準値×体重× 身体活動レベル（PAL）＋ エネルギー蓄積量

性・年齢別基礎代謝基準値
（日本人の食事摂取基準2020年版より）

年齢	男子		女子	
	参照体重（kg）	基礎代謝基準値（kcal/kg）	参照体重（kg）	基礎代謝基準値（kcal/kg）
（歳）				
6～7	22.2	44.3	21.9	41.9
8～9	28.0	40.8	27.4	38.3
10～11	35.6	37.4	36.3	34.8
12～14	49.0	31.0	47.5	29.6
15～17	59.7	27.0	51.9	25.3

成長に伴う組織増加分のエネルギー（エネルギー蓄積量）
（日本人の食事摂取基準2020年版より）

年齢	男子		女子	
	体重増加量（kg/年）	組織増加分エネルギー蓄積量（kcal/日）	体重増加量（kg/年）	組織増加分エネルギー蓄積量（kcal/日）
（歳）				
6～7	2.6	15	2.5	20
8～9	3.4	25	3.6	30
10～11	4.6	40	4.5	30
12～14	4.5	20	3.0	25
15～17	2.0	10	0.6	10

身体活動レベル（PAL）

種類	競技名	運動強度METs（範囲）	PAL（毎日の練習時間別）		
			1時間	2時間	3時間
持久力系（軽い）	ジョギング（軽い），水泳（ゆっくり），軽いダンスなど	5（4～6）	1.55	1.65	1.75
持久力系（激しい）	ジョギング（中等度），水泳（クロール・平泳ぎ），スキーなど	8（6～10）	1.70	1.90	2.10
混合系[球技系]（軽い）	バレーボール，卓球，野球，ソフトボール，バドミントンなど	5（4～6）	1.55	1.65	1.75
混合系[球技系]（激しい）	バスケットボール，テニス，サッカーなど	7（6～7）	1.65	1.80	2.00
瞬発力系・筋力系	体操，陸上短距離，柔道，空手	9（8～10）	1.75	2.00	2.25

※運動強度METsとは，安静時を1とした時の，運動強度の倍数。練習時間は実際の活動時間である。
※PALの数値は，1日9時間の睡眠，通常授業期を想定して算出している。

高校生（後半）／大学生／社会人

EER ＝ 27kcal※×除脂肪量×身体活動レベル

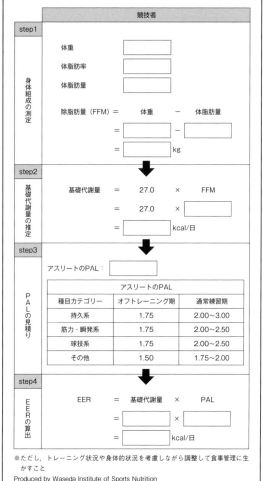

		アスリートのPAL	
種目カテゴリー		オフトレーニング期	通常練習期
持久系		1.75	2.00～3.00
筋力・瞬発系		1.75	2.00～2.50
球技系		1.75	2.00～2.50
その他		1.50	1.75～2.00

※ただし，トレーニング状況や身体的状況を考慮しながら調整して食事管理に生かすこと
Produced by Waseda Institute of Sports Nutrition

※アスリートの除脂肪量（FFM）1kgあたりの安静時代謝量の代表値は27.5kcalと報告されているが（田口ほか，2011），計算を簡便に行うために27を用いてもよい。EERはあくまでも推定値であるため，体重や身体組成のモニタリングをして調整すること。

過剰な鉄分は身体に害です！

日本陸連
「アスリートの貧血対処 7 か条」

貧血とは血液中で酸素を運ぶヘモグロビン濃度が低い状態をいい、パフォーマンスの低下に直結する病気です。貧血のなかで、アスリートにもっとも多いのは鉄欠乏性貧血で、これは食事、休養やトレーニング強度・量に気を配ることで予防することができます。
極度な食事制限やオーバーワークも鉄欠乏性貧血を招きますので、指導者はアスリートの状態を把握した上で指導する必要があります。
一方で、鉄分サプリメントの過量使用や鉄剤の静脈内注射が日常的に行われている事実があります。鉄分が体内に多く入りすぎると、肝臓、心臓などの重要な臓器に蓄積し、体に悪影響をもたらします。
日本陸上競技連盟はアスリートの健康確保のため、貧血の予防・早期発見・適切な治療をめざし、「アスリートの貧血対処7か条」を作成いたしました。アスリートのみならず、指導者、保護者の皆さんにも活用していただきたいと思います。

❶ 食事で適切に鉄分を摂取

質・量ともにしっかりとした食事で、1日あたり15〜18mgの鉄分を摂れます。普段から鉄分の多い食品を積極的に食べましょう。

❷ 鉄分の摂りすぎに注意

鉄分を摂りすぎると、体に害になることがあります。1日あたりの鉄分の耐容上限量は男性50mg、女性40mgです。鉄分サプリメントを摂りすぎると、この量を超えますので、注意しましょう。

❸ 定期的な血液検査で状態を確認

年に3〜4回は血液検査を受けて、自分のヘモグロビン、鉄、フェリチンの値を知っておきましょう。フェリチンは体に蓄えられた鉄分量を反映するたんぱく質で、鉄欠乏状態で最も早く低下する敏感な指標です。ヘモグロビン値は最後に低下しますので、貧血では体の鉄分量は極度に減っています。

❹ 疲れやすい、動けないなどの症状は医師に相談

疲れやすくパフォーマンスが低下する時は、鉄欠乏状態や貧血かもしれません。早めに医師に相談しましょう。

❺ 貧血の治療は医師と共に

鉄欠乏性貧血の治療の基本は飲み薬です。医師に処方してもらいます。ヘモグロビン値が正常に回復してからも3ヶ月間は続けましょう。

❻ 治療とともに原因を検索

鉄欠乏性貧血には原因が必ずあります。治療を受けるだけではなく、消化器系、婦人科系、腎泌尿器系などの検査を受けましょう。

❼ 安易な鉄剤注射は体調悪化の元

鉄剤注射は投与量が多くなりがちで、鉄が肝臓、心臓、膵臓、甲状腺、内分泌臓器や中枢神経などに沈着し、機能障害を起こすことがあります。体調不良とかパフォーマンスが思い通りでない、といった理由で、鉄剤注射を受けることはもってのほかです。鉄剤投与が注射でなければならないのは、貧血が重症かつ緊急の場合や鉄剤の内服ができない場合です。

JAAF
公益財団法人日本陸上競技連盟

章末資料2　疲労骨折予防

日本陸上競技連盟　疲労骨折予防 10 か条

～疲労骨折に注意！予防しましょう！～

ひ　疲労感、体調には十分気をつけましょう。

ろ　ロードでもトラックでもフィールドでもたくさん走れば発生します。

う　運動しすぎは要注意です。

こ　骨密度が低ければ、発症率は高くなります。

っ　つらい減量は疲労骨折のもとです。

せ　生理（月経）がこないようでは骨が減ります。

つ　疲れた筋肉では、骨を守れません。

よ　よい栄養をとりましょう。

ぼ　ボーイもガールも、疲労骨折はおこります。

う　運動、ランニング中のしつこい痛みは、すぐ医師へ。

　疲労骨折（stress fracture）とは、ごく小さな外力の繰り返しにより、骨に慢性的にストレスが加わり、ついには骨に微細骨折を生じた状態をいいます。ランニングの繰り返し、走り過ぎなどにより生じ、骨にヒビのような状態を作り、時には完全骨折にいたることもあります。マラソンなどの長距離ランナーや市民ランナー、中高生でもよくおこり、脛骨（すねの太い骨）、中足骨（足の甲の骨）によく生じます。女性では、エネルギー不足、無月経、低い骨密度が(女性アスリートの三徴候と言われます。疲労骨折は一度発症すると 1～3 ヶ月と長期にわたりまともに走ることができなくなるため、予防が大切です。

ひ　疲労感、体調には十分気をつけましょう。

　ふだんと違う感覚があれば勇気を持って休みましょう。休むこと、これも大切な練習サイクルのひとつです。どうしても走らないと落ち着かなければ、たくさん歩きましょう、また、プールで歩くことも薦めます。プールでの体重の負荷は腰の高さで陸上の半分になります。

ろ　ロードでもトラックでもフィールドでもたくさん走れば発生します。

　疲労骨折はロードでも、トラックでも、グラウンドでも、体育館でも、使い過ぎにより生じます。では、どのくらい走れば疲労骨折になりやすいでしょうか？これはとても気になることですが、残念ながら、決まりはありません。体力・体格の個人差、環境の問題などいろいろな要素があり、一概には決められません。

う　運動しすぎは要注意です。

　疲労骨折は走り過ぎだけではなく、よくジャンプするスポーツでも生じます。脛骨（すねの太い骨）、中足骨（足の甲の骨）によくみられますが、あらゆる骨に生じます。骨盤の恥骨・坐骨、大腿骨、腓骨（下腿の細い方の骨）、足の足根骨（踵骨など）などでよくみられます。

こ　骨密度が低ければ、発症率は高くなります。

　　骨の力学的強さをみる目安の一つに骨密度があります。骨密度が低いと、骨は外力・ストレスへの抵抗力が弱くなり、疲労骨折を起こしやすくなります。骨密度は20歳前後でもっとも強く、残念ながら後は徐々に弱くなっていきます。骨密度を高くしたければ、カルシウムをよく取り、日光を浴びて（骨代謝に重要なビタミンDの代謝が亢進）、適度な無理のない力学的負荷（動いたり、歩いたり、無理なく走ったり）を与えてください。

つ　つらい減量は疲労骨折のもとです。

　　減量のための不適切な食事では疲労がたまり、体調をくずし、故障を繰り返し、疲労骨折を起こしやすくなります。また、摂食障害、エネルギー不足も疲労骨折を起こしやすくなります。きちんと食事をして、走って、動いて、体重が増えないようにしましょう。

せ　生理（月経）がこないようでは骨が減ります。

　　無月経を放置すると、骨密度を維持するエストロゲンが不足する結果、骨は弱くなります。摂食障害があり、月経が来ない場合は若い女性でも骨密度は減ります。また女性では、閉経後しばらくして、エストロゲンの分泌不足に伴い、明らかに骨密度は減ります。気になる方は、一度は骨密度を測定することをお勧めします。

つ　疲れた筋肉では、骨を守れません。

　　筋肉がきちんと働かないと、走ることによる骨への負担はとても大きくなります。筋力が適度にあると骨への力学的負担を減らし、繰り返しのストレスを軽減し、疲労骨折を起こしにくくなります。走るだけではなく、適当に筋力トレーニングをすることをお勧めします。

よ　よい栄養をとりましょう。

　　カルシウムやビタミンD、たんぱく質などが十分に含まれるバランスのよい食事をとりましょう。骨を形成する重要な要素であるカルシウムはもちろんのこと、骨の代謝をよくするためにはビタミンDの摂取も大切です。栄養素はサプリメントや健康補助食品ではなく、普段の食事から取ることをお勧めします。

ぼ　ボーイにもガールにも、疲労骨折はおこります。

　　疲労骨折は女子に多く発症しますが、男子にも生じます。高校生、大学生・実業団選手によくみられ、ピークは17歳くらいです。

う　運動、ランニング中のしつこい痛みは、すぐ医師へ。

　　早期に疲労骨折が発見され、治療を開始した選手は復帰も早いです。早期治療、早期スポーツ復帰が重要です。痛みが続くときは一人で悩まずにスポーツドクターを受診してください。また疲労骨折はX線画像で変化がみられますが、初期にはまだ陽性所見を呈しないことがありますので注意してください。

JAAF
公益財団法人日本陸上競技連盟

サプリメント摂取の基本8ヶ条

～ 摂るときは、必要な分だけ上手に安全に ～

01　サプリを摂る前にまずは "食事の改善" を

「食事をバランスよく食べていなくても、サプリメントを摂取しておけば、その穴埋めができる」という誤った考えをしていませんか？　サプリメントとは、補給・補足を意味する英語（supplement）から派生した言葉です。あくまでも、日常の食事で摂りきれなかった栄養素を「補う」ことが目的で、食事の代わりにはなりません。サプリメントを利用する前に食事内容を見直してみましょう。食事日誌を毎日つける、スマートフォンで写真撮影しておくなど、簡単な方法で確認できます。必要に応じておにぎりやパンなどの補食を加えるなどして、まずは食事の改善を最優先で行ってください。

02　確かめよう！サプリを摂る "目的と使い方"

どのサプリメントを、どのような目的で摂取するのか、本当に効果があるのか、どれくらいの量を摂るのが良いのか、使い方を必ず確認するようにしましょう。サプリメントはたくさん摂ったからといって効果が得られるものではありません。むしろ過剰摂取によって健康被害がある栄養成分もあります。摂取する量は、食事から摂取する量も合わせて「日本人の食事摂取基準」で示されている耐容上限量を超えないように注意してください。例えば、鉄は不足しやすい栄養素である一方で耐容上限量があります。そのため貧血予防の観点からも、食事から十分量の鉄を摂取するよう努めたうえで、サプリメントで補充する場合は 1 日 10 ㎎ 程度を目安にすると良いでしょう。

03　サプリの摂りすぎはむしろ "健康へのリスク" あり

サプリメントはたくさん摂ればその分効果が出るというものではありません。鉄、プロテインやビタミンをはじめとしたサプリメントの過剰摂取により体調不良が起こる可能性もあります。身体の状態にあった適正で必要な量を摂ることを心がけましょう。

04 「これ効くよ」と言われたサプリに要注意

指導者や家族、友人などから勧められたからという理由で、サプリメントを摂取しているアスリートがしばしばみられます。他人から勧められたサプリメントで健康を害した、ドーピング禁止物質が入っていた、という事もあります。自分に必要なものか、安全かどうかを必ず確認しましょう。

05 "絶対に安全" そんなサプリはありません

たとえ日本製であっても、原材料が海外製のものがあります。製造の管理が不十分な場合、ドーピング禁止物質が誤って混入してしまう恐れもあります。そのためどんなサプリメントでも絶対に安全だという保障はありません。リスクがあることを忘れずに利用しましょう。

06 気をつけよう！ "海外サプリ" の安易な使用

海外製のサプリメントは日本製のものよりドーピング禁止物質が入っている可能性が高いので注意が必要です。また、海外のサプリメントでは製品ラベルに表示のない物質が混入していたという事例も多数発生していますし、安全といえる科学的根拠がない物質や日本では食品加工に使用が認められていない物質を含んだものもあります。アンチ・ドーピングのためだけではなく、自分の健康を守るためにも安易に海外製品を摂取しないようにしましょう。

07 サプリによるドーピングは "自己責任"

サプリメントへのドーピング禁止物質の混入による、アンチ・ドーピング規則違反の事例が多く報告されています。アスリートは自分の口に入れるもの全てに責任を持たなくてはなりません。他人に勧められたからといって安易に摂取せず、専門家に相談しましょう。また、万が一、違反が疑われる分析結果が出た場合、手元に残っているサプリメントの成分分析や容器の表示成分などは証拠となりうるので、サプリメントは最後まで使い切らずに、容器ごとそのまま長く保管しておきましょう。

08 サプリを摂る前に医師・栄養士・薬剤師へ "相談" を

サプリメントを摂取する前にサプリメントの必要性や安全性（健康面、アンチ・ドーピングなど）について必ずスポーツドクター、スポーツ栄養士、スポーツファーマシスト（薬剤師）などの専門家に確認しましょう。

章末資料4　エネルギー不足10か条

アスリートのエネルギー不足予防 **10** か条

アスリートはトレーニング量に見合うエネルギーを食事から摂取する必要があります。しかし、意識して食事を摂取しないとエネルギー摂取量が消費量より少なくなり、その状態が続くと骨密度低下やけがの多発、貧血、免疫低下、代謝やホルモン状態の異常、月経異常（女子）など、様々なコンディション不良を引き起こすことが知られています。女子選手だけでなく、男子選手でも、どの種目でも、どの年齢層でも注意が必要です。

日本陸上競技連盟医事委員会では、エネルギー不足から引き起こされるコンディション不良を予防するために、「エネルギー不足予防10か条」を作成しました。選手のみでなく、指導者や保護者の皆様も選手の食事に目を向けていただきたいと思います。

バランスよい食事も練習のうち！

1 大事にしよう、練習メニューも食事メニューも

練習はとても大切ですが、練習だけでは強くなれません。良い食事と食生活により良い体調を維持でき、パフォーマンス向上につながります。

2 毎食に主食、おかずと乳製品

主食とはごはん・パン・麺類などのエネルギー源食品、おかずは肉・魚・大豆製品などの主菜と、野菜・海藻・きのこ等の副菜をさします。いろいろな食品を組み合わせてバランスよく栄養素を摂ることで、貧血予防や丈夫な骨づくりができます。

3 しっかり食べて、こころとからだを壊さない

欠食や小食ではエネルギー不足となり、心身の不調を引き起こすきっかけとなります。必要な食事の量は種目、体格、練習状況などによって個別に異なります。

4 サプリメント、食事のかわりになりません

食事の改善を最優先で行いましょう。ジュニアにはサプリメントは必要ありません。また、サプリメントを摂取しないと勝てない、強くなれない、というようなことは全くありません。食事のほかに、必要に応じて補食も加えましょう。

5 無理な減量、体調・記録に逆効果

無理な減量方法や減量ペースは逆効果です。体重は目安であり、定期的に身体組成（体脂肪量と除脂肪量）の変化をチェックし、しっかりとしたからだ（筋肉・骨・血液など）をつくりましょう。

6 気にしない、"ちょっと太った？"の一言を

周囲の何気ない一言を気にしないようにすることも大切。正しく自分のからだを知る必要があります。

7 エネルギー不足は月経異常や疲労骨折を引き起こす

数日のエネルギー制限でも性ホルモンを乱れさせ、月経異常が続くと疲労骨折を起こしやすくなります。練習で消費するエネルギーは食事と補食から過不足なく摂取できるよう心がけましょう。

8 女子だけじゃなく男子も注意、エネルギー摂取の重要性

性別に関係なく、エネルギーと栄養素の不足は心身に大きな影響を及ぼします。目に見えない体内の変化も起こるので、女子選手だけでなく、男子選手にとっても他人事ではありません。エネルギー不足の男子選手では疲労骨折の危険性が高まります。

9 食事の乱れ、まわりが気づいてサポートを

保護者や指導者など、選手の身近な人々が変化に気づき、栄養摂取について一緒に考えていきましょう。

10 ドクターや栄養士にいつでも相談、ささいなことでも

からだの変化や食べ物のこと、適切な食事の量と質についてなど、身近なドクターや栄養士に気軽に相談しましょう。

JAAF
公益財団法人日本陸上競技連盟

〈文献〉

Ishizu, T., Torii, S., & Taguchi, M. (2021). Habitual Dietary Status and Stress Fracture Risk Among Japanese Female Collegiate Athletes. Journal of the American College of Nutrition. https://doi.org/10.1080/07315724.2021.1920068

厚生労働省. 日本人の食事摂取基準（2020年版），第一出版：東京

Maughan, R.J., Burke, L.M., Dvorak, J., Larson-Meyer, D.E., Peeling, P., Phillips, S.M., Rawson, E.S., Walsh, N.P., Garthe, I., Geyer, H., Meeusen, R., van Loon, L.J.C., Shirreffs, S.M., Spriet, L.L., Stuart, M., Vernec, A., Currell, K., Ali, V.M., Budgett, R.G., Ljungqvist, A., Mountjoy, M., Pitsiladis, Y.P., Soligard, T., Erdener, U., Engebretsen, L. (2018) IOC consensus statement: dietary supplements and the high-performance athlete. Br J Sports Med. 52（7）: 439-455. doi: 10.1136/bjsports-2018-099027. Epub 2018 Mar 14. PMID: 29540367.

Mountjoy, M., Sundgot-Borgen, J., Burke, L., Carter, S., Constantini, N., Lebrun, C., Meyer, N., Sherman, R., Steffen K., Budgett, R., Ljungqvist, A. (2014) The IOC consensus statement: beyond the Female Athlete Triad--Relative Energy Deficiency in Sport (RED-S). Br J Sports Med. 48（7）: 491-497. doi: 10.1136/bjsports-2014-093502. PMID: 24620037.

Nattiv, A., Loucks, A.B., Manore, M.M., Sanborn, C.F., Sundgot-Borgen, J., Warren, M.P. (2007) American College of Sports Medicine position stand. The female athlete triad. Med Sci Sports Exerc, 39 (10): 1867-1882. doi: 10.1249/mss.0b013e318149f111. PMID: 17909417.

田口素子・高田和子・大内志織・樋口満（2011）除脂肪量を用いた女性競技者の基礎代謝量推定式の妥当性. 体力科学. 60（4），423-432.

Taguchi, M., Moto, K., Lee, S., Torii, S., & Hongu, N. (2020). Energy Intake Deficiency Promotes Bone Resorption and Energy Metabolism Suppression in Japanese Male Endurance Runners: A Pilot Study. American Journal of Men's Health, 14（1）. https://doi.org/10.1177/1557988320905251

Thomas, D.T., Erdman, K.A., Burke, L.M. (2016) American College of Sports Medicine Joint Position Statement. Nutrition and Athletic Performance. Med Sci Sports Exerc, 48（3）: 543-568. doi: 10.1249/MSS.0000000000000852. Erratum in: Med Sci Sports Exerc. 2017 49（1）: 222. PMID: 26891166.

Witard, O. C., Garthe, I., & Phillips, S. M. (2019). Dietary Protein for Training Adaptation and Body Composition Manipulation in Track and Field Athletes, International Journal of Sport Nutrition and Exercise Metabolism, 29（2），165-174.

トレーニング理論

1. はじめに

　「トレーニング（training）」という語は名詞であり「訓練，養成，調教」といった意味をもちます。動詞である「train」は，もともとラテン語の「引っ張る，ずっと引きずる」から派生してきた語だと言われています。「電車，列車（トレイン）」は，先頭車両が後ろの車両を引っ張るイメージであり，「訓練，養成，調教」も，誰かが誰かに何かを教え引っ張っていくことからその意味を得たのでしょう。

　宮下ら（1993）は，その意味の変遷について，「動詞であるtrainは，17世紀初頭に動物を命令に従わせる，芸をするように教育・訓練する，あるいは競走馬をレースにむけて準備させる場合に使われていたという。そして，18世紀の中頃，食事と運動によって，スポーツの競技会にむけて身体効率を至適水準に到達させるという意味に使われた」と述べています。

　現代におけるトレーニングとは，厳しい環境で競技力向上のために鍛錬するスポーツ選手をイメージしやすいですが，ジュニア世代の競技への誘いや老若男女の健康づくりにおいても必要不可欠であり，その科学的な理論の習得はコーチにとって不可欠です。

　本章では，効率的，効果的なトレーニングを行うために必要な理論について概説します。

2. スポーツパフォーマンス向上のためのサイクル

　スポーツパフォーマンス向上とは，多くの要因が複雑に絡み合い，相互に影響し合い1つのシステムとして構築された結果として得られます。このようにスポーツパフォーマンス向上とは，複雑で難解なシステムを通じて得られるものであり，そこで行われる思考や行為，作業の総称が「トレーニング」であるとされています。しかし，一般には筋力やパワー，あるいは持久力など，狭義の体力要素のみに限定してトレーニングという用語が用いられる場合も多くみられます。

　トレーニングとは，ある現象を深く追求し正解をみつけ出す探求作業ではなく，錯綜する諸要因をシステムアップしながら目標とするパフォーマンスを構築していく創造作業に他なりません。ここでは，トレーニングの理論を理解するために，トレーニングサイクルについて説明します（**図1**）。

1）構造の設計

　トレーニングサイクルを循環させるためには，まず，めざすパフォーマンスの構造，すなわち設計図としての構造モデルを明示する必要があります。この設計図に誤りや不備があると，パフォーマンスを向上させることが

図1　トレーニングサイクルのモデル

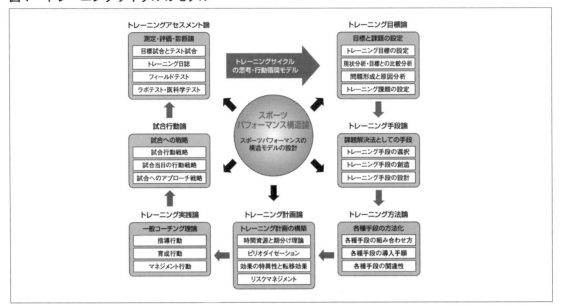

（日本スポーツ協会，2019）

困難になります。

2）目標の設定

　トレーニングは適切な目標を設定することから開始されます。トレーニング目標を設定する際には，現状を正確に把握するとともに，その後の未来を予測します。設定目標と現状との間に生じるギャップを問題として形成し，その原因をあらゆる視点から分析究明します。その上で個々の原因を解決する課題を考えながら，優先順位を決定し配列していきます。

3）方法および手段の選択

　トレーニング課題が設定できたならば，各課題を効果的に解決する課題解決法，すなわちトレーニング手段を選択します。現時点で効果的な手段が存在しない場合には，新しい手段の創造を行います。1つの課題を解決するために1種類の手段のみで対応することはなく，数種類のトレーニング手段を組み合わせます。この組み合わせ方や導入手順を設定し，方法化しながら，計画立案に取り組んで

いきます。

4）計画の立案

　目標と課題を設定し，その解決手段や方法が設定できたならば，いよいよトレーニング計画の立案を始めます。その場合には，トレーニングにおけるピリオダイゼーション（後述）を導入します。

5）測定・評価および診断

　最終的な目標競技会へと至る過程の中で，段階的かつ定期的に各種の測定評価および診断を行い，トレーニングの進行状況を評価診断するアセスメントが必要不可欠であると考えられます。トレーニングサイクルの各時点で推進した思考と行動に問題はないか，目標に向かって良好な進み方になっているかについて，各種測定結果にもとづいて評価および診断します。適切でないと診断された場合には，トレーニング目標の設定段階にまで再び立ち返って各時点の問題点を洗い出し，適宜修正を加えます。

6）競技会

トレーニングにおける成果の良否が決定される最も重要な場は，競技会です。長期計画の中に設定された最重要競技会で最高の成果を獲得するためには，競技会における1日の行動戦略と競技会進行戦略を計画することが必要となります。優先順位の低い競技会を利用してリハーサルを行うなど，パフォーマンス向上につながる方法を探ります。

3. トレーニングの原理・原則

トレーニングの成果をより効果的に出すためには，「トレーニングの原理・原則」を知っておく必要があります。トレーニングの頻度，負荷，期間などを決定していく段階の指標ともなり，トレーニングに関する疑問解決のカギとなることも考えられます。

ちなみに「原理」とは，「その物事が成り立つための宇宙・自然界の性質」のことであり，「原則」とは，「ヒトがその原理に対して，どのように対応するのかを決めた規則」を指します。ここでは，「3原理・5原則」を解説します。

1）トレーニングの原理
①過負荷の原理

トレーニングは，一定以上の負荷で実施しなければ効果は得られません。能力が向上しても，同じトレーニング負荷で続けていては，それ以上の効果は期待できなくなっていきます。そのため，体力や能力の向上に合わせて漸進的にトレーニング負荷を高めていく必要があります。しかし，急激に負荷を高めるとけがにつながるため，注意が必要です。

②特異性の原理

個人の特性などをふまえて，トレーニングの種類，強度，量，頻度などを選択し，さまざまな条件に合わせて，目的に合わせた最適なトレーニングを選択することが大切です。身体のどの部分を用いて，どのように機能させるかを，明確にすることが重要です。

③可逆性の原理

身体にはさまざまな環境に適応する能力が備わっています。しかし，トレーニングによって向上した機能は，トレーニングを中止すると，元の水準まで低下していきます。そのため，継続的にトレーニングを行うことが大切です。

2）トレーニングの原則
①全面性の原則

ある特定の能力のみを鍛えるのではなく，身体のさまざまな能力をバランスよくトレーニングすべきです。さまざまな能力とは，筋力，持久力，スピード，敏捷性，調整力など多岐にわたります。特にトレーニングの初期段階において，基礎づくりのための全面的な能力のトレーニングが必要になります。そして，その基礎的能力が，その後の専門的能力をトレーニングする際に必要となります。

②個別性の原則

同等のパフォーマンスを発揮する選手同士においても，体力や技術レベルが同じであるとは限りません。そのため，同じトレーニングを行ったとしても，その効果の現れ方には個人差が生まれます。特にジュニア期においては，生物学的年齢と暦年齢には差が生じることが知られており，選手の発育発達の個人差が顕著に現れます。コーチは，パフォーマンスレベルにかかわらず，個々の選手の能力や特性を考慮して，個別に対処する必要があ

ります。

③漸進性の原則

　トレーニングの内容を，強度の低いものから高いものへ，簡単なものから難しいものへと徐々にレベルアップしていく原則です。トレーニングの過負荷の原理に従い，身体能力およびパフォーマンスの向上に合わせて，トレーニングの内容を適切に選択していく必要があります。

④意識性の原則

　選手がみずから考え，トレーニングの内容や意味を理解し，目的意識と向上心をもって積極的に実践できることが重要です。トレーニングの意義をよく理解し，積極的に取り組むこと。また，このトレーニングはどこの部位を鍛えているのか意識しながら行うと効果がアップします。これには，コーチからの動機づけも重要となります。

⑤反復性の原則

　トレーニングの効果は，一朝一夕には得られません。効果が現れないからとトレーニングをやめてしまっては，練習の成果が積み上がりません。継続する中でも，しっかりとトレーニングをみなおし，修正を加えながらトレーニングの可逆性の特性もふまえつつ，計画的かつ継続的にトレーニングを行う必要があります。

　トレーニングの原理・原則は，トレーニング効果を高めるために非常に重要ですが，それ以外にもトレーニングに影響を及ぼす諸条件として，対人関係，活動の雰囲気，トレーニング環境，生活習慣などさまざまな事項が考えられます。トレーニングの原理・原則以外にもさまざまな要素がパフォーマンスに関わっていることを理解しておきましょう。

4. 発育発達を考えた　トレーニング

　国内外の競技会の高度化・低年齢化や，タレント発掘・育成事業の実施などによって，選手だけでなくコーチや保護者の競技への取り組みがますます過熱し，ジュニア期における早期専門化や，トレーニング負荷の増大などによる，身体的および精神的な負担の増大が懸念されています。これはジュニア期だけに限られたことではなく，中学・高校期においても，競技レベルを問わず多くの選手にスポーツ外傷・障害の受傷歴が認められること，競技や練習の実施に影響する障害やオーバートレーニング症候群の発生も指摘されています。

　日本陸上競技連盟（2018a）は，競技者の育成過程において，身体的および精神的（知的）な成長を最大限に促すために，「現状と課題」および「育成の方向性」をふまえて，年齢や発育発達段階を考慮した具体的な指針を示しています。図2に示す発育発達を考慮し，競技パフォーマンスにこだわり過ぎないように配慮するとともに，競技力のピーク年齢を想定した長期的展望に立った育成計画を立案することも重要です。

図2　発育・発達 パターン

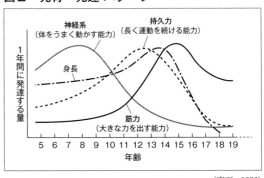

（宮下，1986）

1) 小学校期（6～12歳）

楽しく陸上競技の基礎をつくる時期です。陸上競技の走跳投種目を導入しながら，スポーツスキルと体力のバランスのよい発達を促すことが大切です。発育発達の個人差の影響が最も大きい時期であることから，他者との比較のみに偏ることなく，自己の記録に挑戦する「楽しさ」を通して運動有能感や自己効力感を養うことに重点を置きます。専門的なトレーニング方法や競技会への準備は避けるとともに，地元・地域（都道府県）レベル以下の競技会参加をすすめます。

2) 中学校期（12～15歳）

陸上競技を始める・競技会に参加し始める時期です。陸上競技の複数種目や他のスポーツを楽しむことに重点を置き，陸上競技に必要な技術や体力の発達を促すために，走跳投種目全般にわたるトレーニングを段階的に開始します。引き続き，発育発達の個人差は大きく，男女差も大きくなる時期であることから，それらが競技パフォーマンスに及ぼす影響を十分に理解し，バーンアウトやドロップアウトを起こさせないように注意します。地元・地域（都道府県）レベル以下の競技会参加を中心とし，個人の発育発達に応じたトレーニングや適正な競技会の出場回数を検討しながら，オーバートレーニングや競技会過多にならないように留意します。

3) 高校期（15～18歳）

競技会をめざす時期です。高いレベルの競技会をめざし，陸上競技の最適種目への絞り込み（2～3種目）を開始します。最適種目のための技術・体力を高めるための専門的なトレーニングへ段階的に移行するとともに，競技会への準備を学び，実践します。トレーニングの専門化に伴い，スポーツ障害等が発生しやすいステージでもあることを理解し，トレーニング負荷（トレーニングの量・強度など）や競技会参加（出場大会数，レース数，種目設定など）の調整により，オーバートレーニングを回避します。

4) 大学・社会人期（18歳～）

高い競技パフォーマンスをめざす時期です。最適種目への専門化を進め，専門的なトレーニングに取り組むとともに，より長く競技パフォーマンスを維持・向上させるための中・長期的な計画や競技会への準備を行います。より高いレベルの競技会での活躍をめざし，戦術的，技術的，体力的，心的・知的能力を高めます。競技引退後のライフデザインを考えることも重要です。

5. 筋力トレーニング

(1) 筋力トレーニングの基礎理論

陸上競技において，筋力トレーニングは一般的なトレーニング手段です。一概に筋力トレーニングと言っても，その効果を判断するためにはさまざまな要素を理解する必要があります。「筋力」とは，さまざまな運動中に，筋自体が発揮する力を意味する用語です。私たちが行う運動は，関節をまたいで位置する2つの骨がそこに付着している筋の収縮力によって引かれ合い，関節にトルク（回転力）を発生させる活動です。

「スピード」とは，筋力の発揮によって生じた運動の速度，あるいは運動によって加速された物体の速度を意味します。また，「パワー」とは，本来は物理的に単位時間あたりに行う仕事量を意味しますが，スポーツの世

界では，「筋力×スピード＝パワー」として示されます。すなわち，筋力は動きの根源，スピードはその成果であり，これら2つの積であるパワーが全体のパフォーマンスとして表現されます。従って，筋力トレーニングを考える場合には，筋力をベースとしながら，スピードやパワーを考えることが大切です。

1）筋の収縮様式

筋力を理解するには，まず筋が力を発生させる収縮様式を知る必要があります。筋の収縮様式には，筋が短縮しながら張力を発揮するコンセントリック収縮，筋が一定の長さを保ちながら張力を発揮するアイソメトリック収縮，筋が伸張されながら張力を発揮するエキセントリック収縮の3種類があります。コンセントリック収縮よりはアイソメトリック収縮，アイソメトリック収縮よりはエキセントリック収縮により，発揮される筋力は大きくなります。

スポーツ活動中における筋では，それぞれの収縮様式が単独で行われることはなく，複合的に組み合わされて力発揮されます。例えばランニング中のふくらはぎの筋（下腿三頭筋）では，足の着地時はエキセントリック収縮によって伸張されるとともに，接地の時点でアイソメトリック収縮を経過後，即座にコンセントリック収縮に移行して足で地面を蹴ります。

このような収縮様式は，伸張—短縮サイクル運動（Stretch-Shortening Cycle：SSC運動）と呼ばれており，スポーツ運動のほとんどがこのSSC運動となります。長距離走や水泳，スピードスケートは比較的ゆっくりとしたSSC運動であり，アルペンスキーの滑降や大回転競技などは，エキセントリック収縮が強調的なSSC運動です。一方，走幅跳や走高跳にみられるジャンプ動作，砲丸投にみられる投てき動作は，短時間に行われる高負荷によるSSC運動となります。このように，陸上競技に要求される筋力を理解するためには，筋の収縮様式を考慮する必要があります。

2）力—速度関係

砲丸投とやり投を比較すると，重い砲丸（7.24kg）を加速するためには大きな力が必要になりますが，その際の速度はそれほど高くありません。一方，やり（0.80kg）を加速するために力を加えると，一瞬にして軽いやりは加速し，高速度に動き始め，力を加え続けることができなくなります。筋は，一定のパワーを発揮する際，低速度では力は大きく，高速度では力は低くなるという特性をもちます。

このように，筋力トレーニングを考える場合には，力と速度の関係（力—速度関係）がきわめて重要になります。スプリント運動では，初期の加速局面の速度は低く，大きな筋力発揮となりますが，速度が徐々に高まり高速度条件の筋力発揮に切り換わるにつれて力の発揮は小さくなっていきます（図3）。

（2）筋力トレーニングの方法

筋力トレーニングには，バーベルやダンベ

図3　力—速度関係

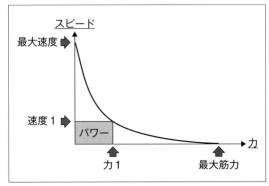

ルおよびマシーンを用いたウエイトトレーニング法，ジャンプ運動やスプリント運動などを用いた実践的トレーニング法など，さまざまな種類と方法が存在します。身体のどの部位の筋の能力向上をめざすのかを明確にして，負荷の重量，反復回数，セット数，休息時間を決定することが必要となります。

1）最大筋力法

1回しか挙げることができない重量（最大挙上重量：1 Repetition Maximum，1 RM）か，それに近い高負荷重量を用います。高負荷のため，1セットの反復回数が少なくなります。

このトレーニングの目的は，筋の肥大ではなく神経系の要因を改善することによって，最大筋力の向上をめざします。高負荷のため十分な休息をとり，1回ごとの運動を集中して行うことで，神経系の改善をめざします。高重量物を扱うため，安全には十分な配慮が必要です。

2）最大反復法

反復回数が10回から15回で疲労困憊（オールアウト）に至るような重量を用い，セット間は短い休息をはさみながら行います。

このトレーニングの目的は，筋線維の肥大によって最大筋力の向上をめざします。量的な負荷により，筋を疲労困憊まで追い込むことが重要です。反復回数が多く発揮する筋力が低くなると，筋持久力のトレーニングになるので注意が必要です。

3）動的筋力法

比較的軽い負荷重量（1 RMの60％以下）を用いて反復回数は少なくし，セット間の休息は十分にとりながら速いスピードで実施します。

このトレーニングの目的は，神経系の改善や，SSC運動の強化により，スピードが出せる動きの習得をめざします。トレーニングの際，軽い負荷重量を最大努力で集中して加速し続けることを意識します。強化したい種目の動作に類似した速度をめざして，負荷重量を設定することが重要です。

4）負荷軽減法（アシステッド法）

このトレーニングは，抵抗を負荷し，発揮する力を向上させるのではなく，負荷を軽減し限界以上のスピードを体感し，発揮できる最高スピードを高めることを目的としています。自然を利用して負荷を軽減する方法では，下り坂でのスプリント，後方からの風力を得て行うスプリントなどが挙げられます。一方，機器や器具を利用したものでは，バイクやトーイング装置，ゴムチューブによる牽引トレーニングが挙げられます。

このトレーニングの目的は，非常に高いスピードによって神経系の改善による緊張のないリラックスした動きの習得をめざします。技術やフォームが大きく乱れることのないスピードを選択して行うことが重要です。

5）プライオメトリック法

短時間・高負荷のSSC運動を用いた方法です。台上から跳び下りて着地後即座に跳び上がるドロップジャンプ，ハードルジャンプ，バウンディング，ホッピングなどの各種のジャンプトレーニングや，メディシンボールを利用し，体幹部や上肢各部位にポイントを置いた投運動トレーニングがあります。

このトレーニングの目的は，切り返し時点にアクセントを置き，急激な筋の伸張を利用することで，SSC運動における素早い動作を習得することをめざします。筋に高強度の負荷がかかるため，ケガの危険性も高く，年齢や動きの良否に十分配慮しながら実施するこ

とが大切です。

表1は，筋力タイプとそのトレーニング方法をまとめたものです。スピード筋力とは，力—速度関係の中でも高速度条件で発揮できる筋力のことであり，神経系の要因とともに，主働筋による力発揮と拮抗筋による弛緩（力の抜き）などの協調機能によって決定されます。スタート筋力とは，できるだけ素早く力を立ち上げるための筋力のことであり，神経系の要因によって決定されます。弾性筋力とは，短時間・高負荷型のSSC運動を行うための筋力であり，神経系の要因とともに，筋の伸張に伴う生化学的効果や弾性エネルギー，伸張反射などの要素によって決定されます。

以上，各種筋力トレーニングを紹介してきました。この他に筋持久力トレーニング，調整力トレーニング（コーディネーショントレーニング）なども存在します。高いパフォーマンスの獲得には，これらのトレーニング方法についても学習し利用していくことが大切です。

6. 有酸素性トレーニング

有酸素運動とは，ウォーキングやジョギング，水泳，サイクリングなど，長時間継続して行う運動を指します。これらの運動は，筋を収縮させるためのエネルギー「アデノシン三リン酸（ATP）」を産生するために，体内の糖や脂肪と酸素を利用することから有酸素運動と呼ばれます。この能力の向上を目的としたものが有酸素性トレーニングです。

（1）有酸素性トレーニングの基礎理論

1）脂肪利用の促進

食事で摂取した栄養素のうち，グリコーゲン（糖質）は肝臓や骨格筋に貯蔵されます。運動時にはこのグリコーゲンを二酸化炭素と水に分解する過程で産生されたATPを利用します。しかし，貯蔵されているグリコーゲン量には限界があり長時間運動を続けることができません。そこで，体脂肪を分解してエネルギーをつくり出す方法が作動します。体脂肪をエネルギーにするには大量の酸素が必要となるため，酸素を取り入れながら運動が継続されます。これが有酸素運動です。体脂肪は多くの量が体内に貯蔵されているため，酸素の供給が続く限りエネルギーを産生し続

表1　筋力トレーニング手段・方法の分類

トレーニング手段・方法	目的とした筋力タイプ	決定要因
最大筋力法	最大筋力／スタート筋力	神経系の要因 ＞ 構造要因（筋肥大）
最大反復法	最大筋力・副次的に筋持久力	構造要因（筋肥大）＞ 神経系の要因
動的筋力法	スピード筋力（ハイギアー型筋力）	神経系の要因／主働筋と拮抗筋，筋の収縮と弛緩の強調
負荷軽減法（アシステッド法）	スピード筋力（スピードの上限）	神経系の要因／スピードが出せる動作の習得
プライオメトリック法	弾性筋力／スタート筋力	神経系の要因・SSC運動の機序

（日本スポーツ協会，2018）

けることが可能となります。有酸素性トレーニングにより，脂肪を効率よく利用する能力が向上します。

2）持久力の向上

有酸素性トレーニングでは，体脂肪によるエネルギー産生に加え，呼吸循環器系の機能の向上が期待できます。長時間運動を続けるためには大量の酸素が必要となりますが，酸素を体内に運ぶためには心臓と肺の働きが重要になります。心拍数は上限が決まっているため，より多くの酸素を血流にのせて送り出すためには，心臓が送り出す血液の量（心拍出量）を多くする必要があります。心拍出量の増大のためには，心筋（心臓の周りの筋）の筋力向上が必要となりますが，有酸素性トレーニングで高めることができます。陸上競技において有酸素性トレーニングは，主に持久力向上を目的に行われます。

3）最大酸素摂取量

身体運動時は，呼吸により体内に酸素を取り入れ，ATPを生成しています。運動強度が高くなる，もしくは運動継続時間が長くなっても，体内に十分な酸素を取り入れ利用することができる能力を全身持久力と呼びますが，その時の取り入れられる酸素の量を「最大酸素摂取量（$\dot{V}O_2max$）」と呼び，全身持久力の指標として用いられます。その値は，10分程度しか持続できない最大努力運動下により測定されます。最大酸素摂取量は，トレーニングによる毛細血管の発達，ミオグロビンの増加，ミトコンドリア数の増加など呼吸循環器系の改善により高まります。高地トレーニングは，赤血球を増量し，最大酸素摂取量を高めるのに有効であると言われています。

（2）有酸素性トレーニングの種類

有酸素性トレーニングは，運動強度や時間の設定を適切に行うことでより効果的なトレーニングを行うことができます。

1）LSD（ロングスローディスタンス）

長時間ゆっくりと距離を走るトレーニングです。70%$\dot{V}O_2max$以下の強度（息が切れず会話ができる程度）で，30分〜2時間程度行います。このトレーニングにより，毛細血管網を発達させ，酸素を多く含んだ血液を体内に循環させることができるようになります。

2）インターバルトレーニング

$\dot{V}O_2max$に近い高強度で30秒程度運動し，短い休息をはさんでこれを数回繰り返すトレーニングです（運動：休息＝1：1）。1セッションが3〜5分程度で終了するように設定します。最大酸素摂取量向上のためには，呼吸循環器系に最大の刺激を与えるだけではなく，刺激する時間をできるだけ長くする必要があります。しかし，運動時間を重視し運動強度を低く設定してしまうと酸素摂取量は最大値付近に達することはなく，呼吸循環器系に十分な刺激を与えることはできません。インターバルトレーニングを実施する場合，$\dot{V}O_2max$に近い強度で，長い時間運動を持続することが重要です。

3）レペティショントレーニング

$\dot{V}O_2max$を超える高強度で30〜90秒程度の運動を，長い休息時間をはさんで行います（運動：休息＝1：5）。非常に高い強度での運動では，筋でのエネルギー産生はグリコーゲンが中心となります。グリコーゲンを利用すると，乳酸が産生されますが，この乳酸は再利用され，ATPの生成をアシストします。このトレーニングは，この乳酸からのエネル

ギー生成能力を向上させることを目的としています。速いスピードを維持する能力やペースを変化させる能力の向上に有効とされています。インターバルトレーニングと異なり、十分に回復できる休息時間をとることが重要です。

7. トレーニングにより獲得される体力と技術

トレーニングによりパフォーマンスが向上するためには「体力」と「技術」の変化が影響しますが、この2つの要因が変化していく過程にはかなりの相違が存在します（**図4**）。

1つは体力トレーニングによる身体の構造的な変化です。トレーニングは筋や腱・靱帯を強化し、発揮できる力やスピードを高めるとともに、心臓循環器系や呼吸器系、免疫系などを改善し、疲労現象に耐えて長時間にわたって出力し続けるための要因です。このためには、過負荷の原則にもとづきながら、身体各組織や器官に対して過度の負荷を課して適応現象を引き出す（超過回復）ことが要求

されます。身体各組織や諸器官の細胞が分解と再合成を繰り返し、トレーニング効果が得られるまでには、遅延時間が必要になります。

他の1つは技術トレーニングにより、脳の運動制御機構と運動プログラム、神経系の諸要因を改善するとともに、動きの感じやコツを体得させて運動習熟を導くための要因です。このためには、専門性の原則や特異性の原則にもとづきながら、動きの感じや主観的なコツを体得するための諸運動、身振り運動や模倣運動、繰り返し行うドリル系の運動をトレーニング手段として用います。動きの感じや主観的なコツを大切にしながらトレーニングを継続すると、思考錯誤が連続する混沌世界から突然に動きが変わり、トレーニング効果が即時的に出現します。

8. ピリオダイゼーション

トレーニングの目的は、よりよいパフォーマンスを発揮することであり、日々のトレーニングの結果を重視しているだけではいけま

図4　ピリオダイゼーション

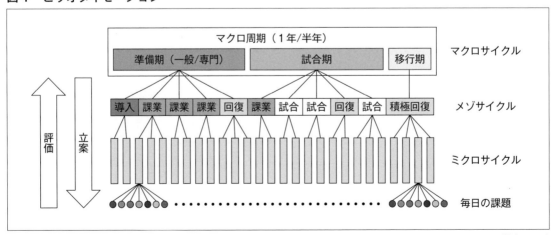

(村木, 1994)

せん。トレーニングの計画は，長期的な達成目標をゴールとして，トレーニングプロセスを構成する最小の単位であるトレーニングユニット（１日の練習）を決定することが重要です。そのためにトレーニングは，さまざまな期間のサイクルを繰り返すことによって課題達成に向け進むことになります。そのサイクルの中で，最小の単位として機能するのがミクロサイクルであり，複数のミクロサイクルから構成されているのがメゾサイクル，複数のメゾサイクルから構成されているのがマクロサイクルとなります。

このように，トレーニング期間全体をいくつかの短期的な時期に区切って，それぞれ独自の目的達成のためにプログラム変数を変化させ，それらを全体として作用させることによって，オーバートレーニングや単調さを防止しながら最終目的をより効率的で確実に達成するための方法を，ピリオダイゼーションと呼びます（**図5**）。

1）マクロサイクルの構成

マクロサイクルは，４ヶ月～１年の期間を単位としたトレーニング計画です。準備期間においては，長い期間で構成することが一般的です。一方で，競技会期においては短い期間で構成します。

2）メゾサイクルの構成

メゾサイクルは，およそ４～８週間（１～２ヶ月）を単位としたトレーニング計画です。計画する月がどの期分けに該当するのかをしっかりと把握し，目的を明確にして計画を立てる必要があります。超回復やオーバートレーニングもメゾサイクルの中で把握が可能です。また，一般的にトレーニングはその開始から２～３ヶ月で一定の効果（適応）が出始めるため，メゾサイクルでの練習計画は非常に重要と考えられます。このようにメゾサイクルは，ピリオダイゼーションの中心的存在と言えます。

図5　体力と技術の向上過程

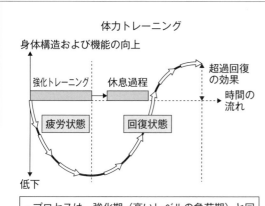
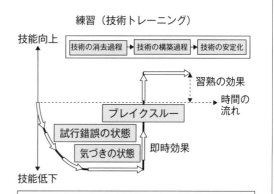

（図子，2003）

3）ミクロサイクルの構成

　ミクロサイクルは，1～2週間を単位としたトレーニング計画です。このミクロサイクルは，メゾサイクルの中での目的を達成するために，各週の中で強化，回復，調整などの目的を掲げます。そして，選手のコンディショニングを把握しておくことにもつながります。また，競技会期でのミクロサイクルは，選手のパフォーマンスとトレーニング効果や疲労にズレが生じることがあるので注意しなければいけません。

（櫻井 智野風）

〈文献〉

宮下充正（1986）小児医学．宮下充正ほか編，子どものスポーツ医学．19：pp.879-899，1986.

村木征人（1994）スポーツ・トレーニング理論．ブックハウス・エイチディ：東京.

日本陸上競技連盟（2016）タレントトランスファーガイド．https://www.jaaf.or.jp/development/ttmguide/，（参照日2022年2月22日）.

日本陸上競技連盟（2018a）競技者育成指針．https://www.jaaf.or.jp/development/model/，（参照日2022年2月22日）.

日本陸上競技連盟（2018b）中学校部活動における陸上競技指導の手引き．https://www.jaaf.or.jp/development/jhs/，（参照日2022年2月22日）.

日本陸上競技連盟編（2019）競技者育成プログラム．https://www.jaaf.or.jp/pdf/development/program/A3_2019.pdf，（参照日2022年2月22日）.

日本スポーツ協会（2018）トレーニングⅡ トレーニング理論と方法論．https://www.japan-sports.or.jp/Portals/0/data/ikusei/doc/k3-39.pdf，（参照日2022年2月22日）.

日本スポーツ協会（2019）リファレンスブック．日本スポーツ協会：東京.

図子浩二（2003）スポーツ練習による動きが変容する要因 —体力要因と技術要因に関する相互関係—．バイオメカニクス研究，7（4）：pp.303-312.

13

短距離走の科学

1. 短距離走における パフォーマンスの決定因子

（1）短距離走におけるレース中の 走速度変化

　短距離走は，決められたレーンをいかに速く走ることができるかを競う，とてもシンプルな種目です。短距離種目において代表的な100mの世界大会の決勝では，男子は9秒台で，女子でも10秒台でその勝負が決してしまうため，スタートからゴールまで，トレーニングで積み重ねてきた走動作をいかに欠かすことなく遂行できるかが重要になります。

　100mのレース時の走速度変化をみると，スタートから走速度が大きく増加する加速局面前半，徐々に走速度の変化が小さくなる加速局面後半，加速局面の走速度を維持する最高走速度局面，そしてレース終盤で緩やかに走速度が低下しながらゴールする減速局面に分けられます（小林ほか，2018など）（**図1**）。

　走速度の変化パターンは選手により異なりますが，オリンピックの決勝を走る短距離選手であっても，減速せずに100mを走り切ることはできません。また，100mが速い選手ほど最高走速度が大きく（**図2**），記録のよい選手は30mの通過タイムも速いことが報告されていますので（小林ほか，2018など），加速局面でいかに走速度を高められるかが重

図1　100mのレース時の走速度変化

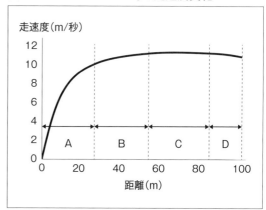

（A：加速局面前半　B：加速局面後半　C：最高走速度局面 D：減速局面）

（小林ほか，2018を改変）

図2　記録と最高走速度との相関関係

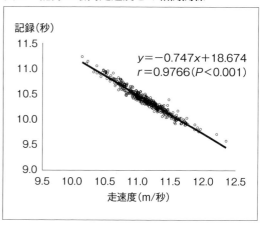

（小林ほか，2018を改変）

要になります。一方で，減速局面における走速度の低下率は記録とは関係しないという報告もありますが（大沼ほか，2019など），記録がよい選手ほど90〜100m区間の走速度が

高いことも分かっていますので（**図3**），短距離走の記録の短縮には，加速局面で高めた走速度をいかに維持できるかも重要な要素と言えるでしょう。

オリンピックや世界選手権の決勝に進出するレベルの男子100mの選手は，最高走速度の到達地点がスタート地点から遠くなる傾向にあります（Haugen et al，2019aなど）。最高走速度の到達地点がスタート地点から遠くなることで，加速し続ける距離が長くなり，走速度の減速率も小さくできる可能性が高まります。

しかし，これらの走速度の変化は"全力疾走中"であることを理解しておかなくてはなりません。加速局面の走速度の立ち上がりを抑え，最高走速度の到達地点をレース後半に移行させることだけを考慮したレースパターンでは，100m全体での記録を短縮することはできません。したがって短距離走のトレーニングにおいては，加速局面でいかに走速度を高めることができるか，また得られた走速度をいかに維持できるかを考慮して，レース全体のレースパターンを構成する必要があり

図3　記録と90-100m区間の走速度との相関関係

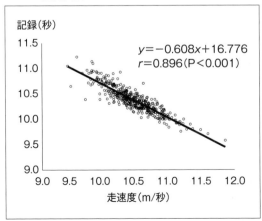

$$y=-0.608x+16.776$$
$$r=0.896(P<0.001)$$

(小林ほか，2018より筆者作図)

ます。

（2）短距離走におけるピッチとストライドの関係

短距離走に限らず，走速度はピッチ（脚の回転数）とストライド（1ステップで進んだ距離）の積によって決まります。短距離走では競技場のサーフェスやスパイクの材質，外気温やレース中の風速が走速度には影響を及ぼしますが，選手が主体的にコントロールできるのはこのピッチとストライドであり，両者の大きさが走速度の高低を決めることになります。

ピッチは接地時間と滞空時間の和によって，ストライドは接地期と滞空期それぞれの身体重心の移動距離の和によって決まります。ピッチとストライドは負の相互作用が働くため，ピッチとストライドのどちらかを高めようとすると，他方が低下してしまうという関係にあることを覚えておく必要があります。

例えば，バウンディング動作のように大きなストライドを意識したトレーニングを行う場合，ストライド自体は大きくなりますが，接地時間と滞空時間も長くなるため，ピッチは低くなります。同じ走速度でピッチを高めようとすると，接地時間と滞空時間が短縮するため，接地期と滞空期の重心の移動距離は小さくなります。つまり，走速度を高めるということは，高いピッチを維持しながら，より大きなストライドを獲得して走ることが必要となるわけです。

しかし，身長や体重，骨格筋量や筋力は個々の選手により異なりますので，それぞれの身体的特性に合わせたピッチとストライドで走ることも重要です。世界と日本のトップレベルにある100m選手間においても，最高

走速度局面のピッチとストライドの大きさは選手によって異なることが分かっています（小林ほか，2018など）（**図4**）。したがって，走速度を高めるトレーニングを行う際は，個々の特性をふまえた上で，大きなストライドを維持しながらどこまで脚の回転を高めることができるか，あるいは高いピッチを維持しながらどこまでストライドを増大させることができるかに焦点を当てて，トレーニングを計画することが大切になります。

**図4　最高走速度局面のピッチと
　　　ストライドの関係**

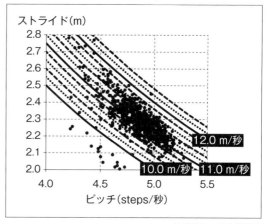

（小林ほか，2018を改変）

2. 短距離走の技術

（1）クラウチングスタートにおける
　　　ブロックポジション

　短距離走では，スターティングブロックを用いたクラウチング姿勢からスタートしなくてはなりません。スターティングブロックをどのように設置するかは個々の選手にゆだねられているため，スタート前に自分に合った両足のブロックの幅にセッティングする必要があります。

　ブロックの幅は，ショート，ミドル，ロングスタートに大別され，それぞれバンチ，ミディアム，エロンゲーテッドスタートとも呼ばれます。ショートスタートは両ブロック間の幅が狭いため，1ステップ目が素早く接地することはできますが，ブロックを押す力がミドルやロングスタートよりも弱いため，十分な脚力がないと飛び出す勢いが小さいという欠点があります。ロングスタートは両ブロック間の幅が広く，後ろ足を後方にセットするために，ブロックを強く押すことはできますが，1ステップ目の接地が遅くなるという

欠点を持ち合わせています。ミドルスタートはショートスタートとロングスタートの中間（後ろ足の膝の位置が前足のつま先とほぼ平行となる位置）にブロックをセットします。

　まずは，ミドルスタートからのクラウチングスタート練習を繰り返し，脚長や体重，筋力といった身体的特性に応じてブロック幅を調整するとよいでしょう。

（2）加速局面前半の短距離走技術

　スタート時の走速度はゼロですので，スタート直後はいかに大きな加速力を生み出すことできるかが重要になります。加速局面の前半では，スタートの合図とともに前傾姿勢を維持しながら前方に進むことで，大きな加速力を得ることができます。前傾角度が大きすぎるとバランスを崩して転倒してしまいますが，スタート直後に直立姿勢に近づきすぎれば，地面から受ける推進力が弱くなってしまいます。

　ニュートンの運動方程式（力 [F] = 質量 [m]・加速度 [a]）を考えると，走運動中の質量（≒体重）は一定ですので，力（推進力）

が大きくなれば，それに比例して加速度（速度の変化）も大きくなります。また，反力の大きさはどれだけ地面に対して力を加えることができたかに依存しますので（ニュートンの第3法則［作用・反作用の法則］），「1」の力で地面を押せば「1」の反力を，「10」の力で地面を押せば「10」の反力を，それぞれ得ることができます。

言い換えれば，地面に対して大きな力を加えることで，加速度を大きくすることができ，高い走速度を得ることができることになります。加速局面の前半で大きな推進力を得るためには，身体の傾きに加えて，股関節を伸ばす力と膝関節を伸ばす力の大きさが重要となります。

股関節を伸ばす筋は，主に殿筋（お尻の筋）とハムストリングス（もも［大腿］の後ろの筋），膝関節を伸ばす筋は大腿四頭筋

（大腿の前の筋）となりますので，これらの筋力の強化が必要になります（Johnson and Buckley, 2001）。それらの筋に加えて，広背筋や脊柱起立筋といった背中の筋を強化することで，推進力を得るための前傾姿勢の維持が可能になります。

（3）加速局面後半の短距離走技術

加速局面の後半では，まだ加速できる（走速度を高めることができる）余地は残されていますが，加速局面の前半ほど大きく加速することはできません。その一因として，上体が直立姿勢に近づき，地面反力の鉛直成分が大きくなる一方で，推進成分が小さくなることが挙げられます（**図5**）。スタート直後と比較して，加速局面後半では接地時間が短縮するため，地面に力を加える時間が短縮します（Nagahara et al., 2018）。その短い接

図5　加速局面から最高走速度局面までの地面反力の変化

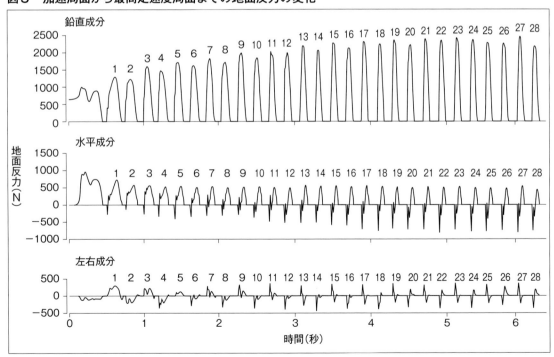

（Nagahara et al., 2018を改変）

地期に過度な前傾姿勢を維持しようとすると，地面反力の鉛直成分が小さくなってしまいますが，大きなストライドを維持しながら走るためには地面反力の鉛直成分が必要になるため，走速度の増加に応じて地面に対して下方向に力を加えることが求められます。結果的に，地面反力の推進成分は小さくなり，走速度は加速局面前半ほど高めることはできなくなります。

スタートから10m以降では，地面反力の鉛直成分が増加するため，殿筋やハムストリングスの力発揮による股関節を伸ばす動作（大腿の後方へのスイング動作）が重要になります（Johnson and Buckley，2001など）。加えて，伸ばした股関節を素早く曲げる（もも上げ動作）ために，大腰筋や大腿直筋といった股関節を曲げる筋群の働きも重要になります。一方で，膝関節は身体の加速よりも接地期の重心高を維持する役割を担っているため（Delecluse，1997），接地時間の短縮に伴い，膝関節を伸ばすために働く大腿四頭筋の筋活動は小さくなります。したがって，加速局面後半からレース終盤にかけては，接地期後半に膝関節を伸ばして地面を後方に蹴る動作を行っても走速度を高めることにはつながらず，むしろ，優れた短距離選手は接地期後半に，すでに膝関節が曲がる動作がみられます（Mattes et al.，2021など）。

これらの走動作を考えると，走速度が高まり，上体が起き上がりつつある加速局面の後半以降は，地面を「後ろに蹴る」のではなく，地面を「下に押す」ことが重要です。そのためには股関節まわりの筋の強化が欠かせず，接地期に股関節を伸ばす動作により大きな地面反力を獲得することが重要です。また，接地期後半に膝関節や足首を伸ばす動作を小さ

くすることも大切と言えます。

（4）最高走速度局面以降の短距離走技術

最高走速度局面から減速局面にかけては，加速局面後半と同様に，短い接地時間に地面に対して大きな力を加えることが大切です。先にも述べましたが，短距離走では最高走速度の大きさが記録に大きく影響しますので，いかに短い接地時間に大きな地面反力を得ることができるかが重要になります。

しかしながら，最高走速度局面から減速局面で無理に走速度を上げようとすると，必要以上に筋力を使ってしまい，結果的にレース終盤の走速度の低下が大きくなってしまいます。よって，最高走速度局面から減速局面にかけては，無理に走速度を高めることを意識するのではなく，短い接地時間の中で着地のタイミングに合わせて地面をしっかりと捉えることが重要となります。

最高走速度局面以降は，加速局面後半からの走りの延長となりますので，殿筋やハムストリングスといった股関節を伸ばす筋群，大腰筋や大腿直筋といった股関節を曲げる筋群の働きが重要になります。すなわち，高い最高走速度の獲得とその速度の維持には，股関節まわりの筋の強化が欠かせないことを覚えておきましょう。

（5）短距離走の腕振り

短距離走では，腕振りも速く走る上で重要な役割を果たしています。腕振りは肩関節や肘関節を中心に腕を動かすのでなく，背中（肩甲骨）を始点として，地面に力を加えるように下方向を意識することが重要です。また，腕と脚の動きを連動させるように意識することで，大きな推進力を得ることにつなが

ります。腕振りを行う際は，背中を意識して
腕を振ることが重要ですが，肩が上がると腕
振りの力が上に抜けてしまいますので，肩の
力を抜いて腕を振れるようにするといいでし
ょう。

　腕と脚は左右逆側が前後に同時に動き，右
脚が前にくる際は左腕が前に，左脚が前にく
る際は右腕が前にきます。脚が前後に動くこ
とにより身体は左右に回転する力が働きます
が，脚と逆側の腕を前後同じように振ること
で回転にかかる力を打ち消し，前方へのスム
ーズな移動を可能にします。この際，肘を外
側に開くよう左右に大きく腕を振ることで，
回転力を打ち消すことはできますが，前述の
通り，腕振りは推進力を得るためにも必要な
動作ですので，肩甲骨の下方向の動きを意識
しながら前後に動かすことが重要となります。

（6）短距離走におけるコーナー走の技術

　短距離走において，200mや400mでは，
直線だけでなくコーナー（曲線）を速く走る
ことが求められます。コーナーを走る場合，
走速度の増加に伴い大きな遠心力が働くため，
身体を内側に傾ける（内傾させる）必要があ
ります（**図6**）。内傾角度が小さい（直立姿
勢に近い）と，レーンの外側に身体が振られ
てしまうため，最短距離を走ることはできま
せん。一方，内傾角度が大きすぎる（内側に
傾けすぎる）と，特に外脚で地面に力を加え
ることが難しくなり，結果的に地面反力を得
られずに高い走速度の獲得を妨げる要因にな
ります。

　過去の研究結果によると，右脚が接地期に
身体の方向を転換させる役割を果たしており，
大きな地面反力を得ていることが分かってい
ます（Ishimura and Sakurai, 2016）。また，

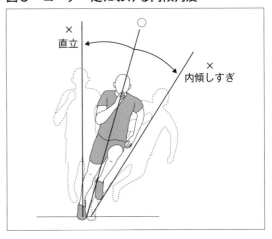

図6　コーナー走における内傾角度

コーナーを速く走ることができる選手ほど，
直線とほぼ同じ走速度で走ることができるこ
とも分かっています（Ohnuma et al., 2018）。
最適な内傾角度は，選手の身長，体重といっ
た身体的特性やコーナーでの走速度によって
異なりますが，特に外脚で地面に力を加える
ことができる範囲で身体を内傾させるように
走ることが大切です。

3. 短距離走に求められる　　エネルギー機構

（1）短距離走におけるエネルギー機構

　ヒトは骨格筋を収縮させて関節を動かすこ
とで，走運動をはじめとするさまざまな運動
を行うことができます。運動時には，骨格筋
を収縮させるエネルギーを得るために，細胞
内にあるATP（アデノシン三リン酸）を，
ADP（アデノシン二リン酸）とPi（リン酸）
とに分解する必要があります。しかしなが
ら，細胞内に蓄えられるATPの量には限り
があるため，絶えず再合成（ADP+Pi→ATP）
する必要があります。

ATPを再合成する過程としては，①ATP-CP系，②解糖系，③酸化系の３つのエネルギー供給系があります。①ATP-CP系はクレアチンリン酸を分解（PCr→Cr+Pi）することによってエネルギーを生み出し，ATPを再合成（ADP+Pi→ATP）するエネルギー供給系です。②解糖系は骨格筋に蓄えられている糖であるグリコーゲンを分解することによってエネルギーを生み出し，ATPを再合成するエネルギー供給系です。③酸化系は脂肪や糖由来のエネルギー源を，ミトコンドリア内で酸化させることによってエネルギーを生み出し，ATPを再合成するエネルギー供給系です。

①と②はそれぞれ酸素を使わないエネルギー供給系に，③の酸化系のみ酸素を使うエネルギー供給系に分類され，それぞれ無酸素性や有酸素性のエネルギー供給系と呼ばれることもあります。体内に酸素が足りている時は，酸化系など有酸素性エネルギー供給系を使い，酸素が足りなくなるとATP-CP系や解糖系など無酸素性エネルギー供給系を使うわけではありません。

ヒトが運動する時，酸化系が使われる際には酸素が用いられるため，絶えず酸素を呼吸によって体内に取り込む必要がありますが，ATP-CP系や解糖系が使われる際には、体内の酸素の有無とは直接的に関係しません。酸素を使ってエネルギーをつくる（酸化系）際には，体内で多くの過程を経るため，素早く短時間に大量のエネルギーをつくることができません。一方，ATP-CP系や解糖系は酸素を使うという過程を省略して，短時間で大量にエネルギーを供給できるようになっています。

つまり，有酸素性と無酸素性のエネルギー供給系には，エネルギーをつくる時に酸素が必要なのかどうか，そして，エネルギーがつくり出されるまでの時間に違いがあります。

（2）短距離走中のエネルギー代謝

運動中のエネルギー代謝を調べたいくつかの研究結果から考えると（八田，2017；Greenhaff and Timmons，1998など），短距離走時の各エネルギー供給系の貢献度は，**図7**の通りとなります。100mから400m走まで，距離が短いほどATP-CP系や解糖系のエネルギー供給の貢献度が高く，距離が延びるほど酸化系のエネルギー供給の貢献度が増えていきます。言い換えれば，運動強度が高く距離が短いほどATP-CP系や解糖系のエネルギー供給系のトレーニングを多く行い，運動強度が低く距離が長くなるにつれて酸化系のエネルギー供給系のトレーニングを増やしていくことが必要になると言えます。

一方で，100m走においても酸化系エネルギー供給系の貢献度はゼロではなく，400mでもATP-CP系の貢献度がゼロになることはありませんので，短距離選手は全てのエネルギー供給系のトレーニングを行う前提で，それぞれの種目に合わせてその比率を調整し

図7　短距離走における各エネルギー供給系の貢献度

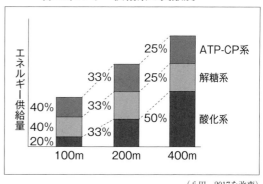

（八田，2017を改変）

ていくことが求められます。

4. 短距離走のトレーニング

（1）短距離走のトレーニング目的

　短距離走のトレーニング方法は多岐にわたり，近年ではSNSの普及に伴いさまざまなトレーニング方法を手軽に知ることができる機会が増えています。大切なことは，有名な選手のトレーニング方法をそのまま取り入れるのではなく，コーチングを行う対象選手が，加速局面前半，加速局面後半，最高走速度局面，減速局面のどの局面を強化すべきかを明確にすることです。

　また，100m走のような短距離種目ではスタート直後から，いかに大きな力を地面に加えることができるかが重要となります。プライオメトリクストレーニングに代表されるジャンプトレーニングは，まさに大きな地面反力を得ることがトレーニングの目的の1つですが，短距離走のトレーニング全般において，短い接地時間にいかに大きな地面反力が得られるかを考慮することが大切です。

（2）技術的な短距離走トレーニング

　短距離走を速く走るための技術的なトレーニングの代表例として，スプリントドリルが挙げられます。スプリントドリルには，ハードルドリル，歩行やランニングでのもも上げ，スキップ，（スピード）バウンディング，ミニハードル走など，さまざまな方法があります。

　スプリントドリルでは，中枢神経系を含む特定の関節運動を正確に行い，適切なタイミ

ングで特に脚を動かすことができるかが重要になりますが（Schmidt and Wrisberg, 2008），スプリントドリルは単体で行うトレーニング方法ではなく，通常の走るトレーニングと並行して行います。これまでに，全力疾走中の股関節の動きについて検討した研究報告が多くなされてきましたが，最近では骨盤の動きについて検討した研究結果も報告されており，Sado et al.（2016）の研究では，全力疾走中の接地期後半では，接地脚側の骨盤が前方に回旋していることが報告されています（**図8**）。

　つまり，接地期後半で大腿は依然として後方に動いているのに対して，骨盤はすでに前方へ動きだしているということになります。この研究結果を踏まえると，短距離走中は単に股関節を動かすのではなく，より近位（身体の中心）から身体を動かすことを意識することで，離地後の脚の素早い前方への振り戻し動作が可能になることを示しています。よって，スプリントドリルの際には，より近位から身体を動かす意識でトレーニングを行う

**図8　全力疾走中の接地期における
　　　骨盤の回旋角度**

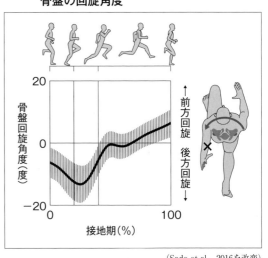

（Sado et al., 2016を改変）

ことで，大きな地面反力を得続けられるサイクリックな脚の動きが行えるようになるかもしれません。

走るトレーニングの一例として，Haugen et al. (2019b) が示した各トレーニング目的に応じたトレーニングメニューを表1に示しました。表1から各局面に応じたスプリントの距離やスタート方法が異なることが分かりますが，興味深い点として，トレーニング強度は牽引装置等を用いたアシスト走を除いて強度は100%では行わないことが挙げられます。このことから，走るトレーニングにおいては無理やり全力で走ることよりも，走る姿勢や脚の動かし方を考えながらトレーニングを積み重ねることが重要と言えるでしょう。

（3）牽引走とアシスト走

走るトレーニングとしては，重りをつけて走る牽引走や，外力によって意図的に最大上の走速度で走るアシスト走があります。牽引走には上り坂でのスプリント走や重りを引っ張るスレッド走，モーターによる牽引装置を用いたスレッド走，ウエイトベストなどを着用してのスプリント走などがあります。牽引走は推進力や水平方向のパワーの向上に効果

的なトレーニング方法です（Petrakos et al., 2016）。推進力や水平方向のパワーは，加速局面の走速度増加に不可欠な要素ですので，主に加速局面の走速度増加に寄与するトレーニング方法と考えられています。

Petrakos et al. (2016) によると，無負荷でのスプリントタイムに対して，10%以下であれば「軽い」，10〜15%が「適度」，15〜30%が「重い」，30%以上が「とても重い」と定義されており，加速局面前半のトレーニングであれば15%以上の，加速局面後半のトレーニングであれば15%以下でのトレーニングが有用と言えます。

また，アシスト走には，坂下り走やモーターによる牽引装置を用いたアシスト走があります。どちらのトレーニングにおいても最大上の走速度での走りを目的としていますので，特にピッチの増加に伴う走速度の増加を狙ったトレーニング方法（Cross et al., 2017）と言えます。アシスト走を行う際には，通常の走動作を維持できる範囲内で，牽引する力や走る距離を調整すること，また，けがのリスクも考慮してトレーニング量を調整することが求められます。

表1　各トレーニング目的に応じたトレーニングメニュー例

トレーニング目的	距離 [m]	強度 [%]	休憩時間 [分]	総走距離 [m]	スタート方法	シューズ/スパイク
加速局面	10-50	>98	2-7	100-300	ブロック/3ポイント/クラウチング	スパイク
最高走速度局面	10-30	>98	4-15	50-150	20-40m加速	スパイク
スプリントスピード持久力	80-150	>95	8-30	300-900	スタンディング	スパイク
スピード持久力	60-80	90-95	2-4（8-15）	600-2000	スタンディング	スパイク
（負荷）牽引走	10-30	80-95	3-6	50-200	3ポイント/クラウチング	シューズ/スパイク
アシスト走	10-30	≦105	5-15	≦100	20-40m加速	スパイク
テンポ走	100-300	60-70	1-3	1000-2000	スタンディング	シューズ

（Haugen et al., 2019bを改変）

（4）エネルギー供給機構から考える
短距離走トレーニング

　エネルギー供給系を考慮すると，スプリントトレーニングでは走る距離や強度（努力度）だけでなく，休息時間も重要な要素となります。したがって，競技種目や選手のトレーニング状況に合わせてトレーニングメニューを提示する際には，本数間やセット間の休息時間を明示することが望ましいと言えます。

　ATP-CP系：ATP-CP系でのエネルギー産生は，全力疾走のような激しい運動のごく初期（5〜10秒以内）に特に活発に起こります（Greenhaff and Timmons, 1998）。したがって，ATP-CP系を積極的に働かせるためには，前述したスプリントトレーニングメニューとは異なり，短い距離（50〜100m以内）の"全力疾走"が有効と言えます。また，ATP-CP系ではクレアチンリン酸を分解することでエネルギーを供給しますが，分解されたクレアチンリン酸は3分ほどでほぼ全て回復すると考えられています（Dawson et al., 1997）。そこで，反復するトレーニングによりATP-CP系を鍛えるトレーニング方法としては，短い距離（50〜100m以内）の全力疾走を，3分程度の休息時間をはさみながら行うことが推奨されます。

　解糖系：解糖系でのエネルギー産生は，30秒以下の全力疾走のような激しい運動の初期から中盤にかけて活発に起こるとされています（Greenhaff and Timmons, 1998）。したがって，解糖系を積極的に働かせるには，20〜30秒程度（200〜300m程度）の全力に近い（90〜100%）全力疾走が有効と言えます。一方で，30秒程度の全力疾走を反復する際に，解糖系を十分に働かせるには5分

程度の休息では不十分と考えられていますので（MacInnis and Gibala, 2017），少なくとも10分以上の休息をもうけ，1本ごとの強度（走速度）を高く保つことが重要と言えます。

　酸化系：酸化系でのエネルギーを供給は，20〜30秒程度の全力疾走中の中盤以降に活発になりはじめ，中距離走のような2分程度の運動において活発に働くと考えられていますので（Spencer and Gastin, 2001），酸化系を積極的に働かせるためには，20〜30秒以上の短距離走や中距離走選手が行うような2分以下の連続した走トレーニングを行うことが有効と言えます。また，酸化系は不完全な休息で全力疾走やランニングを繰り返すことで活発に働くので，レペティション運動やインターバル運動が効果的なトレーニングと言えるでしょう。具体的には，20〜30秒程度の運動時間で全力の80〜100%での走トレーニングを，短い休息時間（5分程度）で4〜6回ほど反復するレペティショントレーニングを行う，あるいは，短い距離（100〜400m程度）のランニング〜テンポ走を，ジョギングもしくはウォーキングで休息しながら繰り返すインターバルトレーニングが有用なトレーニング方法として推奨されます。

（5）ウエイトトレーニングと
プライオメトリクストレーニング

　スプリントドリルやスプリントトレーニングに加えて，短距離走能力の向上に寄与するトレーニングとして，ウエイトトレーニングやプライオメトリクストレーニングなどが挙げられます。短距離走に資するウエイトトレーニングとしては，スクワットやパワークリーンなどの一般的なウエイトトレーニングか

ら，片脚でのスクワットやデッドリフト，ランジ，ステップアップなど，短距離走動作に近いトレーニング方法があります。

ウエイトトレーニングは，誤った姿勢で行うと大きなけがにつながりますので，正しいトレーニング姿勢でできているか，意図する筋を鍛えられているかを，常に確認しながら実施する必要があります。

プライオメトリクストレーニングには，両脚・片脚でのバウンディング，ホッピング，ジャンプ，あるいはメディシンボール投げなどの方法が挙げられます（Sáez de Villarreal et al., 2012）。

ジャンプ系のプライオメトリクストレーニングでは，接地時間は0.1秒以下であり，トップレベルの短距離選手の短距離走中の接地時間とほぼ一致します（Haugen et al., 2019a）。筋と腱が伸長時に蓄えた弾性エネルギーを直後に放出することで，大きな力発揮が可能になるトレーニング方法ですので，近い最大パワーの改善が見込めますが，瞬時に大きな力発揮が求められるため，けがのリスクが高まることも考慮してトレーニング内容を決めなくてはなりません。

5. リレー種目のバトンパス

（1） 4×100mリレーにおける
バトンパス

短距離走は個人種目（100m，200m，400m）に加え，4×100mリレーと4×400mリレーに代表されるリレー種目があります。

リレー種目では，長さ280～300mm，直径38～42mm，重さ50g以上と規定された

バトンを4人の走者が受け渡しながら，その合計タイムを競う種目のため，個々の走力に加えて，バトンパスの受け渡しの技術も重要となります。特に4×100mリレーは，4×400mリレーと比較して1人あたりの走距離が短く，走速度も高いため，記録の短縮には30mのテイクオーバーゾーン内で次走者が十分に加速し，いかにスムーズにバトンパスを行うことができるかが重要になります。

次走者が十分に加速するためには，バトンパスはテイクオーバーゾーンの中盤以降で行うことが望ましいですが，4×100mリレーでは各走者が100mあるいはそれ以上の距離を全力疾走しなくてはなりませんので，前走者は減速しながら次走者にバトンを渡すことになります。次走者は加速しながらバトンを受け取ることになりますので，バトンパスがテイクオーバーゾーン終盤になると，バトンが次走者に渡らないリスクが増大することになります。総じて，バトンパスはテイクオーバーゾーンの中盤から後半（20m付近）で行うことが，最もバトンパスに要する時間を短くできると考えられます（小林，2017）（**図9**）。

併せて，次走者が腕を後方に上げる時間や利得距離（バトンパス時の前走者と次走者との距離）といった要素がバトンパスのタイムを決めることも覚えておきましょう。例えば，利得距離を延伸させることができれば，実際に走る距離を短縮させることができるため，テイクオーバーゾーンに要するタイムを短縮させることが可能になります。また，各区間で次走者が高い走速度下でバトンを受け取ることができれば，400m全体のタイムの短縮が見込め，結果的に4人の100m走のタイムの合計よりも2秒前後，タイムを短縮するこ

図9　４×100mリレーのバトンパス時の
　　　渡し手と受け手の走速度変化例

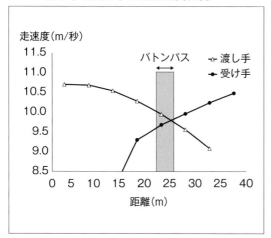

図10　４×100mリレーに用いるオーバー
　　　ハンドパスとアンダーハンドパス

オーバーハンドパス

アンダーハンドパス

とも可能になります。

（2）４×100mリレーにおける　　バトンパスの種類

　バトンパスは，オーバーハンドパスとアンダーハンドパスに大きく分けられます（**図10**）。どちらのパスも一長一短ですので，その長所と短所を理解した上で，選手に見合うバトンパスを行うことが重要でしょう。

　オーバーハンドパスは次走者が伸ばした腕の手のひらを前走者に向け，前走者がバトンの一端を次走者に押し込むように渡すオーバーハンドパス（プッシュプレス）が一般的です。オーバーハンドパスの長所は前走者と次走者がそれぞれ腕を大きく伸ばしてバトンパスを行うため，大きな利得距離を獲得できる点にあります。しかし，次走者が腕を大きく後ろに伸ばしてバトンを受け取るため，腕を上げる時間が長くなると，本来の走る姿勢と異なる姿勢での加速を余儀なくされてしまいます。また，伸ばした腕の手の位置が安定しないために，バトンパスを失敗しやすいことも考えておく必要があります。よって，安定

したオーバーハンドパスを行うためには，次走者が腕を後方に伸ばす時間をできるだけ短縮させることが重要となります。

　アンダーハンドパスは前走者がバトンを持った手を上方に向けて，手のひらを下方に向けた次走者に対して下からバトンを渡す方法（アップスイープ）が一般的です。アンダーハンドパスはオーバーハンドパスと異なり，前走者は上方に向けた手の親指を開き，次走者の手のひらに自分の握っているバトンの端部を渡します。アンダーハンドパスは次走者が腕を下方に伸ばすことにより，普段の走動作に近い姿勢でバトンパスが行われるため，次走者のバトンを受け取る手の位置が安定し，バトンパスを失敗するリスクが少なくなります。しかし，バトンパス時の選手間の距離が近くなるため，オーバーハンドパスほど大きな利得距離を獲得することはできません。

（3）４×100mリレーの　　バトンパストレーニング

　４×100mリレーにおけるバトンパスのトレーニングにおいて重要なことは，次走者が

十分に加速してバトンを受け取ることです。そのためには，先に述べたバトンパスがテイクオーバーゾーンのどの場所で行われたか，次走者がどれだけ普段の走りに近い状態でバトンパスを行えたかを常に確認する必要があります。次走者の挙手時間を短縮させるためには，普段のトレーニング時に遅い速度からバトンパスを行い，その際，前走者は次走者の挙手の仕方や挙手した手の位置を把握しておくことが大切です。

スムーズなバトンパスが行えるようになれば，徐々にレースに近い速度でのバトンパスに移行しましょう。レースを想定したバトンパストレーニングでは，次走者は確実にバトンを受け取ることに注力してゆっくり加速するのではなく，全力で加速した際のバトンパスの精度（バトンパスの位置や利得距離，次走者の走速度）を確かめる必要があります。また，次走者のスタートのタイミングが，前走者がダッシュマークを通過する地点と合致しているかも確かめておきましょう。スタートのタイミングが毎回一定でないと，バトンパスの精度を確かめることができませんので，同じタイミングから全力でスタートできているかを確認し，その際のバトンパスの成否を判断することが重要です。

6. アドバンス

・ピッチ型の選手とストライド型の選手の特徴は何ですか？ 身体的な特性もふまえて考えてみましょう。
【ポイント：身長，体重，筋力，レースパターン】
・本数間やセット間の休息時間で考慮すべきポイントは何かを確認してみましょう。
【ポイント：ATP-CP系，解糖系，酸化系，運動強度，総走距離】
・選手がスプリントドリルを行う際にどのような点を意識すべきかについて，これまでに指導経験があれば，その成功例や失敗例も踏まえて考えてみましょう。
【ポイント：動きづくり，接地のタイミング，骨盤と股関節の動き】
・プライオメトリクストレーニングを実施する際に気をつけるべきポイントは何かを考えてみましょう。
【ポイント：接地時間と滞空時間，身体の使い方，サーフェス，ケガのリスク】
・あなたのチームでは，オーバーハンドパスとアンダーハンドパスのどちらを採用するとよいでしょうか？
【ポイント：利得距離，次走者の手の出し方，走動作とバトンパス時の姿勢，4人の走力】

(小林　海)

〈文献〉
Cross, M.R., Brughelli, M., Samozino, P., and Morin, J.B. (2017) Methods of power-force-velocity profiling during sprint running: a narrative review. Sports Med., 47 (7)：pp.1255-1269.
Dawson, B., Goodman, C., Lawrence, S., Preen, D., Polglaze, T., Fitzsimons, M., and Fournier, P. (1997) Muscle phosphocreatine repletion following single and repeated short sprint efforts. Scand. J. Med. Sci. Sports, 7：pp.206-213.

Delecluse, C.H. (1997) Influence of strength training on sprint running performance. Current findings and implications for training. Sports Med. Rev., 24（3）: pp.147-156.

Greenhaff, P.L., and Timmons, J.A. (1998) Interaction between aerobic and anaerobic metabolism during intense muscle contraction. Exer. Sports Sci. Rev., 26 : pp. 1 -30.

八田英雄（2017）乳酸サイエンス―エネルギー代謝と運動生理学．市村出版．

Haugen, T., McGhie, D., and Ettema, G. (2019a) Sprint running: from fundamental mechanics to practice – a review. Eur. J. Appl. Physiol., 119（6）: pp.1273-1287.

Haugen, T., Seiler, S., Sandbakk, Ø., and Tønnessen, E. (2019b) The Training and Development of Elite Sprint Performance: an Integration of Scientific and Best Practice Literature. Sports Med. Open., 5（1）: p.44.

Ishimura, K. and Sakurai, S. (2016) Asymmetry in Determinants of Running Speed During Curved Sprinting. J. Appl. Biomech., 32（4）: pp.394-400.

Johnson, M.D., and Buckley, J.G. (2001) Muscle power patterns in the mid-acceleration phase of sprinting. J. Sports Sci., 19（4）: pp.263-272.

小林海（2017）リオデジャネイロオリンピック 4 ×100mR銀メダル獲得への軌跡～科学的データからみた銀メダル獲得への軌跡～．スプリント研究，26 : pp. 7 -10.

小林海・高橋恭平・山中亮・渡辺圭祐・大沼勇人・松林武生・広川龍太郎・松尾彰文（2018）2018年シーズンにおける男子100mのレース分析結果．陸上競技研究紀要，14 : pp.89-93.

MacInnis, M.J., and Gibala, M.J. (2017) Physiological adaptations to interval training and the role of exercise intensity. J. Physiol., 595 : pp.2915-2930.

Mattes, K., Wolff, S., and Alizadeh, S. (2021) Kinematic Stride Characteristics of Maximal Sprint Running of Elite Sprinters - Verification of the "Swing-Pull Technique". J. Hum. Kinet., 77: pp.15–24.

Nagahara, R., Mizutani, M., Matsuo, A., Kanehisa, H., and Fukunaga, T. (2018) Association of Sprint Performance With Ground Reaction Forces During Acceleration and Maximal Speed Phases in a Single Sprint. J. Appl. Biomech., 34（2）: pp.104-110.

Ohnuma, H., Tachi, M., Kumano, A., and Hirano, Y. (2018) How to Maintain Maximal Straight Path Running Speed on a Curved Path in Sprint Events. J. Hum. Kinet., 62 : pp.23-31.

大沼勇人・小林海・松林武生・高橋恭平・山中亮・渡辺圭祐・綿谷貴志・広川龍太郎（2019）2019年度主要競技会における男子100mのレース分析．陸上競技研究紀要，15 : pp.131-137.

Petrakos, G., Morin, J.B., and Egan, B. (2016) Resisted sled sprint training to improve sprint performance: a systematic review. Sports Med., 46（3）: pp.381–400.

Sado, N., Yoshioka, S., and Fukashiro, S. (2016) The three-dimensional kinetic behaviour of the pelvic rotation in maximal sprint running. Sports Biomech., 16（2）: pp.258-271.

Sáez de Villarreal, E., Requena, B., and Cronin, J.B. (2012) The effects of plyometric training on sprint performance: a meta-analysis. J. Strength Cond. Res., 26（2）: pp.575–584.

Schmidt, R.A., and Wrisberg, C.A. (2008) Motor learning and performance: a situation based learning approach. Human Kinetics（4 th Ed.）.

Spencer, M.R., and Gastin, P.B. (2001) Energy system contribution during 200- to 1500-m running in highly trained athletes. Med. Sci. Sports Exerc., 33 : pp.157-162.

14

中長距離走の科学

1. パフォーマンスの決定要因

　中長距離走は，同じレースにおいて，ある
いは異なるレースにおいて，決められた距離
を短い時間で走ることを競う競技であると言
えます。これは言い換えると，レースにおけ
る平均スピードの高さを競うこととなります。
走運動のスピードは，ストライドとピッチの
積で決まります。ストライドは1歩の歩幅
（進んだ距離），ピッチは歩数の頻度（繰り返
す速さ）です。単位に着目すると，ストライ
ドはm，ピッチは歩／秒（歩／分）で，その
積であるスピードは，m／秒（m／分）とな
ります。

　図1は，800mから10000mまでのレース
における平均のスピード，ストライド，ピッ

図1　中長距離走における
　　　　スピード，ストライドおよびピッチ

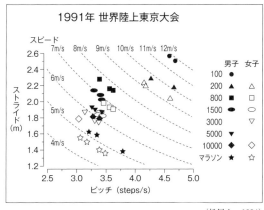

（松尾ら，1994）

チを示したものです。距離が長くなることで，
スピードが遅くなること，ピッチよりもスト
ライドが大きく減少することが分かります。
これは，中長距離種目におけるスピードの増
大には，ストライドの増大が重要であること
を示唆しています。

　近年では中距離ばかりでなく，長距離種目
においても，レース中のスピードの変化が注
目されます。レースを前半と後半に分けた時，
それぞれのタイムの比は前半のタイムが短い
ポジティブスプリット，後半が短いネガティ
ブスプリットと表現されます。古くは生理的
イーブンペースと呼ばれ（有吉ら，1974），
後半で徐々にスピードが低下することが全力
で運動した時の最適なペース配分とされてい
ました。しかし，近年は特に選手権など勝敗
が重視されるレースでは，ネガティブスプリ
ットが多くみられます。

　図2は，中長距離種目の世界記録レースに
おけるペース配分を示したものです。800m
の1周目が最も速く，1マイルから10000m
では中盤がほぼイーブンスピードであるこ
と，800m以外ではラスト1周が速く，ラス
トスパートをしていることなどがみられま
す。800mでは，スタートのスピードが大き
いことは記録の向上において重要であること
が指摘されています。

　図3は，800mレースにおけるペース配分
と記録の関係を模式的に示したものです。上

図2 中長距離走におけるペース配分

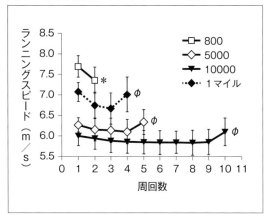

(Tucker et al., 2006)

図3 ペース配分が酸素摂取量と酸素借に及ぼす影響

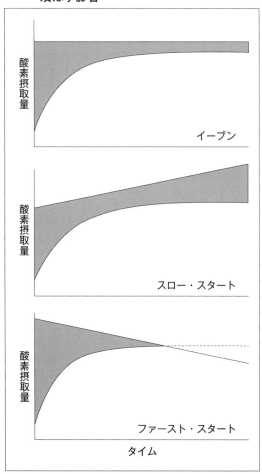

(Jones et al., 2008)

からイーブン，スロー・スタート，ファースト・スタートのペース配分になっており，直線がスピードの変化（スピードに必要なエネルギー量を酸素摂取量に置き換えている），曲線が酸素摂取動態を示しています。ここでは，スタートのスピードが高いことで，酸素摂取量が素早く立ち上がり，同じ記録になるように示されたスピードの変化と酸素摂取量が交差することが示されています。これはレース後半でより大きくスピードを増大できる可能性とともに，ファースト・スタートの優位性を示しています。

　図4は，世界選手権における800mおよび1500mのスピードの変化を示したものです。選手権になると中盤ではラストスパートに備えてペースがやや遅くなります。スピードが増大に転じるのは，レース中間を過ぎた，800mでは400m以降，1500mでは800m以降が一般的な傾向です。そして，そのスピードの増大は，予選，準決勝，決勝とラウンドが進むにつれて，大きい傾向がみられます。ラウンドの進行は競技レベルの高さとも置き換えることができ，勝負を重視するレースにおいて，競技レベルが高いほどラストスパート局面のスピードの増大が大きいと言えます。

　このようにレースの最終局面において自身の余力をゴールまでに出力する，あるいはライバルに勝つためにスピードを大きく増大することを，ラストスパートと言います。近年の高度化された中長距離レースにおいては，ベスト記録のよい者がレースで勝つという場合と，ラストスパートが強いことが重視される場合がみられます。

　図5は，2007年大阪世界選手権における10000mのスピードの変化を示したものです。中距離走と同様に，レース終盤においてスピ

図4　世界選手権800mと1500mにおけるスピードの変化

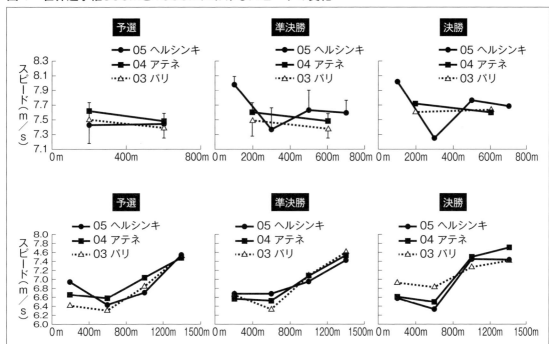

（門野・榎本，2007）

ードが増大する傾向，ラストスパート局面において著しいスピードの増大がみられます。優勝したベケレ選手は，ラスト400mにおいて55秒51までスピードが増大しており，近年の世界レベルにおいて必要となるラストスパート能力と考えられます。

　ペース配分や集団での位置どり，ラストスパートのタイミングやスピード増大の方法，レースの環境（気温，風など），記録と勝負の優先度，ライバルとの関係など，さまざまな要因が複雑に関係していると考えらます。しかし，いまだ研究されていないことが多く，今後の研究では実践的なレース分析が期待されます。

2. 中長距離走の技術

　中長距離走の技術は，一般に経済的であることと，合目的的であること，と言われています（三浦ら，1976）。中長距離走では，出力できるエネルギーに対して高いスピードを維持できるかどうかが重要な技術の1つとなります。これはランニングエコノミーとして古くから研究されており（Cavanagh and Kram, 1985），エコノミーに影響を与える要因についても多くの総説があります（Anderson, 1996；山地，1997；Saunders et al., 2004；Foster and Lucia, 2007）。

　ランニングエコノミーは，ある最大下スピード（$\dot{V}O_2max$を超えないスピード）における酸素摂取量を用いて評価され，その値が小さいほどランニングエコノミーがよいとみ

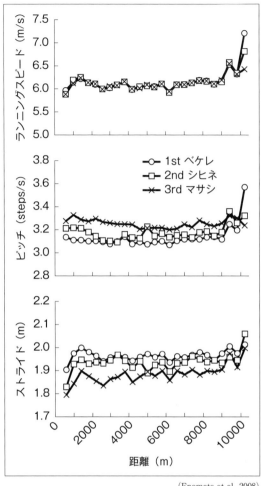

図5　2007年大阪世界選手権10000m決勝
　　　におけるスピードの変化

（Enomoto et al., 2008）

なされます。ここで，最大酸素摂取量は1分間に体内にとり込める酸素の最大値のことで，$\dot{V}O_2max$と略されます。

　ランニングエコノミーにはバイオメカニクス的要因が大きく関与することが報告されており（Williams and Cavanagh, 1987），ランニングフォームの研究が必要とされてきました。一般的に身体の上下動，接地タイプ，接地時間などがランニングエコノミーに影響すると言われていますが，明確なエビデンスはありません。

　Arellano and Kram（2014）は，ランニングエコノミーをエネルギーコスト（ある距離を進むために必要となるエネルギー量）として評価し，エネルギーコストに影響する要因を示しています（図6）。それによると，身体を支持するために必要な力が最も大きな要因で，次に1歩1歩のブレーキ・推進力を生じる力，そして脚を前方にスイングする力の順に大きく影響し，左右のバランスの維持や腕振りにも着目していますが，大きな影響ではなかったことも報告しています。

　図7は，5000mの記録で分けたグループごとのストライドとステップ時間（1歩の時間：ピッチの逆数）を，支持期，非支持期，さらに支持期を前半と後半に分けて示したものです。記録のよいグループほど，すなわち5000m走においてスピードの高い選手ほど，ストライドが大きいことが分かります。一方，ステップ時間にはグループ間に大きな差がみられません。すなわち，長距離走のスピードにはピッチよりもストライドが大きく貢献していることを示しています。ストライドを分割してみると，支持期距離には大きな差がみられず，非支持期距離に大きな差があることが分かります。また，ステップ時間には差がみられませんでしたが，記録のよいグループで支持時間が短く，非支持時間が長い傾向があることも分かります。

　図8は，図7と同様のグループごとに，身体重心の軌跡を典型例で示したものです。記録のよいグループと低いグループで比較しても，身体重心の上下動全体には大きな差はみられません。上下動が，グループAの選手で小さく，グループDの選手で大きくみえるのは，ストライドの差によるものです。また，上下動全体に大きな差はありませんが，記録のよいグループでは支持期の上下動は小さく，

図6 エネルギーコストに影響する要因

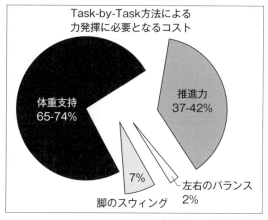

（Arellano and Kram, 2014）

図7 5000m競技レベル別にみた ステップ長とステップ時間

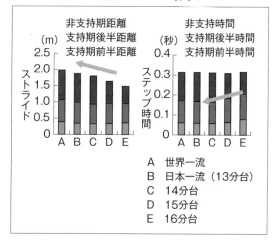

A 世界一流
B 日本一流（13分台）
C 14分台
D 15分台
E 16分台

図8 5000m競技レベル別にみた 身体重心の軌跡（矢状面）

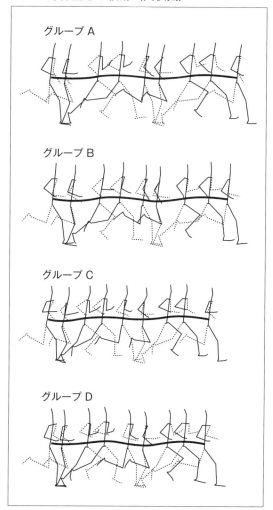

非支持期で大きくなります。これは記録のよいグループでストライドが大きく，支持時間が短いことと関係しています。すなわち，5000m走の記録のよい選手は短い接地時間において身体が大きく下がらないよう強く地面を蹴り，空中で大きく上前方へ移動することで大きいスピードを維持していると言えます。

　一方，ケニア人と日本人の一流長距離選手の走動作を同じ速度で比較すると，ケニア人選手の方がストライドが大きく，支持時間が

長いことが示されました（**表1**）。ケニア人選手の方が，ランニングエコノミーもよいことが確認されています。すなわち，ケニア人選手は，支持期が長く，キック脚を離地後に後方へ大きくフォロースルーし，前方へリカバリーするために股関節屈曲筋を強く作用させ，リカバリー中に足が上方へ引き上がるため，膝が屈曲したところで前方へのスイング速度がさらに増大する特徴がみられます（**図9**）。

　中距離走や長距離走においても，ラストス

表1　ケニア人と日本人一流長距離選手のスピード，ストライド，ピッチ

		ケニア人	日本人	
ランニングスピード	m/s	6.16 ± 0.12	6.07 ± 0.21	
ストライド	m	1.93 ± 0.09	1.77 ± 0.07	p<0.05
ピッチ	steps/s	3.20 ± 0.19	3.43 ± 0.20	
支持時間	s	0.155 ± 0.004	0.143 ± 0.008	p<0.05
非支持時間	s	0.158 ± 0.016	0.149 ± 0.017	

パートにおいて，大きくスピードを増大する技術が必要となります。もちろん，疲労の影響が小さいほど，本来のスピードが発揮されると考えられますが，中距離・長距離走ともに疲労が生じることを避けることはできません。スピードを維持している局面においても，地面をキックする力が弱まり，支持時間が長くなることが示されています。そこで，走スピードを維持あるいは増大する選手の特徴として，非支持時間を短くしてピッチを維持あるいは増大するので，リカバリー脚の股関節屈曲トルクおよびパワーを大きく発揮しています（榎本・阿江，2004；門野，2013）。

　近年，シューズによってランニングエコノミーが向上することが報告され（Hoogkamer et al., 2018），機能性の高いシューズの開発も活発に行われています。また空気抵抗によるランニングエコノミーへの影響も報告されています（Polidori et al., 2020）。他の選手の後ろにいることで空気抵抗力が小さくなり，それに抗する推進力が小さくなることでエネルギー消費が抑えられることになります。戦略的に他の選手の後ろに位置どりする効果については，心理的な影響も含めて複雑であるとともに，空気抵抗力は風の影響によりさらに複雑になるため，明らかにされていないことが多くあります。

　腕振りの大きな役割は，直接的に身体を前方へ加速させることではなく，上方へ引き上

図9　ケニア人長距離選手の走技術

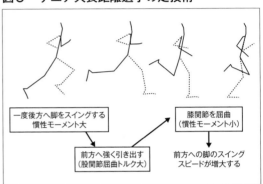

げることと，左右の脚が前後にスイングされることで生じる身体の長軸周りの角運動量を打ち消すために，脚とは反対の腕が前後に振られることと説明されています（Hinrichs, 1987）。さらに，実験的設定ではありますが，1歩1歩で左右への身体の動きを打ち消す役割があることも報告されています（Arellano and Kram, 2011）。

　腕振りは選手の個性が強くみられるものですが，これらのメカニズムにしたがって矯正することも重要となるかもしれません。すなわち，ストライドを大きくするためには脇を締めて前後への腕振りを強く大きくすること，あるいはスピードよりもバランスを保つために左右への腕振り，もしくは脇を広げた前後というよりも身体の回転を防ぐような腕振りを強調することがよさそうです。

　3000m障害では，障害のたびにスピードの増減が生じます。これを極力小さくして障

害を跳び越える技術が必要となります。国内では障害を跳ぶ技術として，ハードリングばかりでなく，障害に足を乗せて越える技術も多くみられます。一般的に，足を乗せる技術では，その分，身体重心高が大きくなり，かつ足を乗せるために水平速度の減速も生じますが，着地時の加速が行いやすくなります。一方，ハードリング技術では踏切の減速が小さくなります。しかし，ハードル種目と比較すると，空中姿勢はあまり問題とされず，スピードの減速を小さくすること，かつ集団でもバランスを崩さずに跳び越えることなどが重視されます。

3. 中長距離走に求められる体力

中長距離走における主要な体力要素は，レース時間にわたって生理学的エネルギーを生み出す能力です。エネルギーは大きく分けると無酸素的および有酸素的エネルギー供給からなります。**図3**は，レースにおいてスピードを持続するために必要なエネルギーと有酸素および無酸素エネルギーの貢献を模式的に示したものです。酸素摂取量はスタート後1分ほどでかなり高い位置まで立ち上がり，ほぼ最大値に達します。ペース配分で前半型，すなわちスタート後のスピードが高いことで酸素摂取の立ち上がりが大きくなると考えられています（Jones et al., 2008）。

スピードに必要なエネルギーに対して，酸素摂取でまかなえない部分が無酸素的に供給されているとみなされます。図の斜線部分がそれに当たります。運動時間が長くなるほど有酸素性エネルギー供給の貢献が大きくなるのは，スピードに対して有酸素性エネルギー供給の割合が大きくなるためです。そして，無酸素性エネルギー供給は，積分値，すなわち斜線部分の面積として評価され，有酸素性エネルギー供給は最大値，すなわち$\dot{V}O_2max$（有酸素性パワー）として評価されます。

$\dot{V}O_2max$は，有酸素性エネルギー供給が最大に達する運動（一般的にはトレッドミル上のランニング）において呼気ガスを採取し，呼気ガス分析器を用いて測定されます。近年では，乳酸性閾値(いきち)と同時に評価するために，最大下の3分間一定スピードのランニングと2分間の休息，その間の乳酸測定を5セット以上繰り返し，その後に1分間ごと段階的にスピードを増大させる漸増負荷テストに移行して$\dot{V}O_2max$を導出するテストが用いられることが多いようです（**図10**）。

表2は，中長距離選手のための$\dot{V}O_2max$の評価表です（Jones, 2007）。男性では80ml/kg/min以上，女性では70ml/kg/min以上が一流選手のための目標値となっています。12分間走やシャトルランテストから$\dot{V}O_2max$を推定する評価表が提案されているので，必ずしも専門的な施設がなくても体力を評価することは可能です。最も容易に評価ができる方法は，20mシャトルランテストです。スポーツ庁が公開している新体力テスト実施要項に，最大酸素摂取量の推定表が示されていますので確認してください。

最大下のセット走における酸素摂取量から，ランニングエコノミーが評価できます。技術において説明したように，ある速度に対する酸素摂取量がランニングエコノミーの評価ですが，エネルギーコスト（O_2コスト）として評価することが一般化されつつあります。

表3は，中長距離選手のためのランニングエコノミーの評価表です。180ml/kg/km以

図10　最大酸素摂取量の測定プロトコール

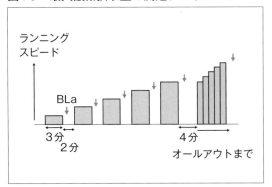

表2　最大酸素摂取量の評価表

	男子	女子
世界トップ	80〜90	70〜80
国内トップ	70〜80	60〜70
国内	65〜75	55〜65
ジュニア	60〜70	50〜60

ml/kg/min

(Jones, 2007)

表3　ランニングエコノミーの評価表

	エネルギーコスト
極めて優れている	170〜180
優れている	180〜190
平均以上	190〜200
平均以下	200〜210
劣っている	210〜220

ml/kg/km

(Jones, 2007)

下が優れたランニングエコノミーとして評価されます。エネルギーコストは，値が小さいほど優れていることになります。ランニングエコノミーに影響する要因は，前項において説明しましたので，それをもとに選手のエコノミーを評価してみてください。$\dot{V}O_2max$をエネルギーコストで除すことで$v\dot{V}O_2max$として評価することもあります。**図3**において有酸素性エネルギー供給は，実際はレーススピードと$v\dot{V}O_2max$との関係としてみることができます。中距離走においては，レーススピードと$v\dot{V}O_2max$との差をAnaerobic speed reserveと評価し（Sandford et al., 2019），これが小さいほど無酸素性エネルギー供給を節約してスピードを生み出すことができることを意味しています。

乳酸性閾値は，長距離選手では遅い速度から乳酸値が1.0mmol/Lあたりの低い値で推移し，急激に増大する変曲点を閾値として推定します。中距離選手は一般的に運動直後から乳酸値は2mmol/L付近で推移し，変曲点後も増大が長距離選手ほど急激ではありません。そのため変曲点による評価よりも，単純に乳酸値によって乳酸性閾値，あるいは単に乳酸値とスピードの関係から2.0あるいは4.0mmol/Lに相当するスピードを推定して，

それをトレーニングに活かすことが多いです。

専門的な測定ができなくても，長い時間や距離を前後半でペースを変えずに走れるペースを実践的に把握することも役立ちます。30分間のジョギングを，前後半の15分でペースを変えずに走り，できる限り速いペースを探ります。60分のジョギングでも同様に行います。この時きつくなり過ぎないように行うことで，安定した評価が得られます。呼吸が荒れているようであれば，それは負荷が高いのです。呼吸が荒れないよう，いくつかの距離や時間で安定したペースを閾値ペースとして評価してみましょう。

最大スプリントやジャンプ能力など，特に下肢のパワー発揮も中長距離走における体力として重視されるようになってきています。中距離走では，エネルギー系の体力要素とパフォーマンス（レース記録）との横断的な関係を確認した研究はほぼみあたりませんが，スプリント能力と800mの記録との間に相関

関係があったと報告する研究はあります（Sandford et al., 2019）。

一方，ウエイトトレーニングやジャンプ系のトレーニングによって，ランニングエコノミーが改善したという報告も数多くあり（Paavolainen et al., 1999；Saunders et al., 2004），下肢のパワーやスプリント能力は，中長距離走の多くの種目に直接的に貢献する訳ではありませんが，ランニングエコノミーや800m走のようなスプリントを重視する種目，さらにはラストスパート能力などに貢献する可能性が示唆されています。

4. トレーニングのポイント

中長距離走では，前節で述べたように，乳酸性閾値と$\dot{V}O_2max$によってランニング強度（ペース）を区分し，トレーニング負荷をゾーン分けすることがトレーニング評価として用いられます（**図11**）。それらを強度の低い順から有気的コンディショニング，無気的コンディショニング，有気的キャパシティ，無気的キャパシティと呼び，トレーニング負荷の配分や量の調整に用いられます（マーティン・コー，2001）。

コンディショニングは，有酸素もしくは無酸素性エネルギー供給が最大ではないが利用される領域で，これらのエネルギー供給系の体力維持やウォーミングアップ，あるいは状態の確認としてトレーニングすることです。キャパシティは，それらの最大値付近でトレーニングする領域で，最大能力を向上させることを目的として行われます。

具体的には，有気的コンディショニングとして，ジョギング（図ではベースワーク），LSD（図ではオーバーディスタンストレーニング）などがあります。

無気的コンディショニングには，テンポ走や持続走（ステディステイトトレーニングもしくはスレショルドラン）などがあります。目標とする距離を，きつくならないギリギリのペース設定で行います。例えば，5000mを15分で走る男子高校生であれば，2000mを6分40秒で2本行うことや，30分間走を4分／kmのペースで走る練習などが考えられます。

有気的キャパシティは，呼吸や心拍数が最大に達するトレーニングと考えてもよいでしょう。インターバルでも比較的回復が短い（1分以内）ものやペースを上げる距離が長いロングインターバルなどがそれに当たります。

無気的キャパシティは，乳酸に耐えられる限界に達するよう行います。レペティションは，休養をその場でとりますが，時間はペースと距離との組み合わせから，短く設定することもあります。例えば，400mを3本を3セットとする場合，3本の間は3分間の休息として，セット間は10分間の休息をとるなどです。積み重ねる負荷により乳酸が高いレベルに達するよう工夫することが重要です。

近年は，障害予防やランニングエコノミーとの関係から，身体の基礎的なコーディネーションや柔軟性のトレーニングが重視されています。そのため，いわゆる補強練習に時間を割く選手が多くいます。ランニング障害の発生についての研究が近年急増していますが，メカニズムから証明することは困難で，ランニング動作におけるばらつきが多くても少なくても障害のリスクが高まることが，仮説として提示されています（**図12** Hamill et al., 2012）。

図11 体力評価に基づくトレーニング強度の分類

生理学的適応	血中乳酸	%HR max	%VO₂ max	インターバルランタイム	ランニングの種類	トレーニング名称	インターバルで用いる距離	該当するレースペース
スピードと筋力	>9mmol	100	130	スプリント 30秒		ショートインターバル	200m	800m
・STとFT線維の発達					無機的キャパシティ	レペティション		
・神経系の改善								1500m
・アシドーシスに対する耐性	8mmol	95	100	2分		ショートスピード	1000m	
スピード	8mmol	95	100	V̇O₂max 2分		ロングインターバル	800m	3000m
・STとFT線維の発達					有機的キャパシティ	ロングスピード		5000m
・神経系における多少の改善	7mmol		98					
・血液の緩衝能における多少の改善	5mmol	90	90					10000m
・解糖系酵素の活性化				8分			3000m	
スタミナ	5mmol	90	90	8分	無機的コンディション	テンポ走	マラソンレースペース15-20分	マラソン
・ST線維と多少のFTⅡa線維の発達						レーストレーニング		
・心室肥大								
・1回拍出量の増加	4mmol					マラソントレーニング		
・酸化系/解糖系酵素の活性化						ステディステイトトレーニング		
・血流量の増大	3.5mmol	80	75	20分				
持久性	3.5mmol	80	75	乳酸性/換気性閾値 20分	有機的コンディション	オーバーディスタンストレーニング		全ての長距離走
・ST線維の発達						ペースワーク		
・血流量の増大								
・結合組織の発達								
・筋のエネルギー貯蔵量の増大								
・酸化系/解糖系酵素の活性化	2mmol	70	60	2時間				
・毛細血管の発達			55					

（マーティン・コー，2001）

　ばらつきが大き過ぎることは，ランニングが安定していない状態で，適応していない部分にストレスがかかる可能性があり，障害が発生するリスクが高まります。ランニングの初心者に多くみられる状態と言えます。一方，ばらつきが小さいと，同じところにストレスがかかり続けるため，障害発生のリスクが高まると考えられます。これは疲労した状態に起こりやすいと考えられています。

　これを避けるため，身体のバランス能力や柔軟性を高めることで，ランニング動作は，ある程度のばらつきをもたせながら安定させられると考えられています。そして，走るペース，サーフェス，シューズなどを変化させることで，さらに身体にかかるストレスを分散することができ，障害発生のリスクが下げられると考えられます。

　中長距離走では，長期的な目標，成長の軌跡やトレーニング計画を立てることがきわめて重要です。なぜなら，中学生では男子3000m，女子1500mが最長種目ですが，高校生では男子5000m，女子3000mとなり，

図12 ランニングの動きのばらつきと 障害発生リスク

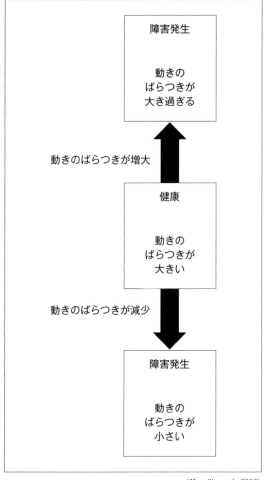

(Hamill, et al., 2012)

大学生では男女とも10000m，ロードではハーフマラソンまで，と学年が上がるにつれて長距離種目の距離が長くなるからです。選手の適性や将来性を，専門とする種目を変えながら検討することが重要です。中学生の中から将来マラソンで成功する選手を見抜くことは至難のわざですが，1年間の中でも，種目を変えることによって，スピードと持久力の強化に取り組むことができます。筋量が少なく相対的に体重が軽いうちは，持久力を高めやすい時期ですが，持久力のトレーニングに

偏らないようにすることはきわめて重要です。

　ジュニア期に限らず，大学生あるいは実業団の段階でも，適正種目を見直すことは重要です。年齢が上がるにつれて距離を伸ばす傾向が一般的ですが，一度距離を伸ばしたあと，短い距離の種目に戻って成功するケースも少なくありません。長い期間にわたって，同じ種目や同じようなトレーニングになっていることがトレーナビリティを下げる可能性が高いように思われます。種目やトレーニング負荷の時期による変化を考えることは，中長距離走においてきわめて重要と言えます。

　スピードと持久力の関係は難しい問題です。なぜなら，それらは異なる身体の適応反応であるため，お互いに干渉することが示されているからです（Leveritt et al., 1999）。例えば，ある筋力トレーニングを10行って，10の成果が得られるとします。また，ある持久力トレーニングを10行って，10の成果を得られるとします。ここで，筋力トレーニング10と持久力トレーニング10を同時に行った時，それぞれの成果が筋力10，持久力10得られるわけではないのです。

　これは，体力要素である$\dot{V}O_2max$とランニングエコノミーでも生じる問題です。酸素摂取能力を高めることは，一時的にランニングエコノミーを悪くし，ランニングエコノミーをよくすることは，一時的に同じ速度であれば酸素摂取を低くするので，酸素摂取能力の低下が生じます。そのため，相反する能力を同時に高めることは難しく，例えばスピードと持久力であれば，冬の間におもに持久力を高めて，春になるとスピードをおもに高めるトレーニングを重視するなど，時期に分けて考える必要があります。

　特に，持久力を高めるためには比較的時間

が必要であるため，一般的には少なくとも2ヶ月程度は継続したトレーニングを必要とします。まずは持久力の向上をめざしたトレーニング時期をつくることが重要です。

　次に，スピードを向上する時期に移りますが，ここで2ヶ月かけて向上した持久力を落としたくないと考えがちになり，持久力トレーニングを減らすことができないこともよくみられます。持久力を積極的に落とす必要はありませんが，スピードを高めることに集中した時に持久力トレーニングはやむを得ず減少します。この時，限られた持久力トレーニングによって持久力を維持しようとすることがトレーニングの質やバランスを考えるきっかけになりますので，このようなジレンマはトレーニングを考える上で重要です。専門種目も同様に，ある大会では800mに，次の大会では3000mに，などと時期によって取り組む種目を変えることも，期分けを考えることになります。中長距離走においては，ある時期を区切って，種目やトレーニングの負荷特性を設定し，パフォーマンスを発揮する日，そしてそれに至るプロセスを計画してトレーニングを配分することは科学的トレーニングの核になる考え方です。

　トレーニングを処方する時に，距離のみを管理してしまいがちです。持久力を高めるトレーニングが重視されるため，走行距離を管理することは重要ですが，全てのトレーニングを管理するためには，トレーニング負荷について理解しておくことが重要です。トレーニング負荷は，トレーニングの量と強度の積となります（**図13**）。

　低強度×高ボリュームは量を重視したトレーニングであり，高強度×低ボリュームは高強度トレーニングとなります。どちらがよい

かという単純な話ではなく，スピードと持久力の問題と同様に，選手の特性やトレーニング時間，場所などを考慮して，大会に向けた時期によって変えていくべきものです。トレーニング負荷は急激に大きくすることでオーバートレーニングとなってしまう危険が高まりますので，例えば，春から夏にかけてトレーニングの強度（ペース）が上がる時期に，トレーニング量を減らさなければ負荷が大きくなり過ぎます。

　一方，トレーニングの質とは強度のことを指すと考える人が多いですが，本来の意味はトレーニングが功を奏したかどうかによって評価されるものです。トレーニング負荷はトレーニングの量的評価で，そのトレーニングの有効性が質的評価となります。すなわち，トレーニングの質は，ある成果が出るところまできて，振り返ってはじめて評価されることになります。もちろん，トレーニングを行う時に考えることが重要であり，質を高める努力はレースに近い設定や感覚であるかどうかから検討することです。トレーニングは体力や技術など要素に分けて考えることでトレーニングの目的を明確にしやすい反面，質を下げてしまう危険性もあります。パフォーマ

図13　トレーニング負荷（強度と量）

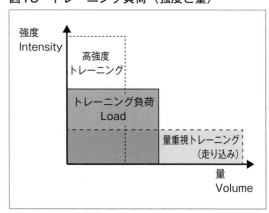

ンスに影響するさまざまな要因を，レースに近い状態，もしくはレースをイメージしやすい設定で行うことで，質的に高いトレーニングにすることができます（**図14**）。

　トレーニングの質を高める，すなわち効果を最大化するために，心・技・体の相補的な関係を意識する，あるいはトレーニングに組み込むことが重要と言われています（森丘ら，2011）。科学的トレーニングの対極に根性トレーニングがあるとすると，根性トレーニングは，意外と質を高める上で重要かもしれません。なぜなら，科学的トレーニングは要素を分解してトレーニングそのものの目的

を達成しやすい反面，質を高めることを妨げている場合があるからです。要素においての成果は出るため，単体のトレーニングとして質が低い訳ではありませんが，本来のパフォーマンスを高めるはずの質を下げてしまっているケースも多くみられます。疲労した状態，あるいは暑い，強い雨や風などの悪条件の中でトレーニングすることは，レースで起こる可能性を考えると必ずしも単なる精神論ではなく，合理的と言えるかもしれません。

図14　トレーニングの質（相補性）

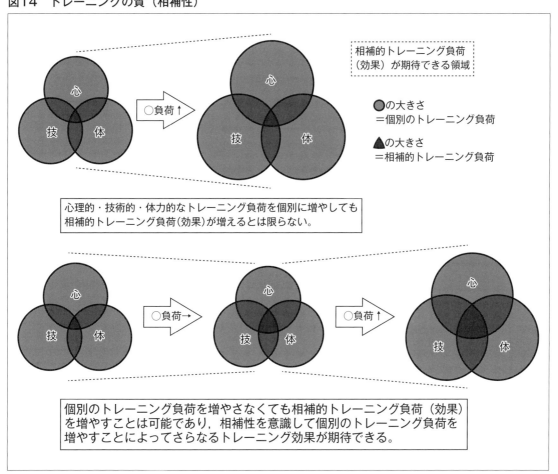

（森丘ら，2011）

5. アドバンス

・選手の学年や種目に応じた適切なトレーニング量について，トレーニング量の目安についても含めて考えてみましょう。
【ポイント：1週間のトレーニング回数・トレーニング時間・走行距離】
・中長距離選手におけるスピードを高める方法について，その方法のメリットとデメリットが分かるように考えてみましょう。
【ポイント：坂上り走・坂下り走・ジャンプトレーニング・最大スプリント】
・走り込みにおいて発生しやすい問題点とその対処法について考えてみましょう。

【ポイント：オーバートレーニング・障害・貧血】
・中長距離種目において将来性があると感じる選手の特徴について考えてみましょう。
【ポイント：体型・性格・スピード】
・トレーニング計画を立てる期間と内容について（詳細なメニューをどの程度の期間つくるのか，長い期間になった時どの程度のことを計画しておくのか）考えてみましょう。また，選手にはトレーニング計画や内容を知らせるべきでしょうか？
【ポイント：トレーニングサイクル・反復性・個別性】

（榎本 靖士）

〈文献〉

Anderson, T. (1996) Biomechanics and running economy. Sports Medicine. 22: pp.76-89.

Arellano, C. J., and Kram, R. (2011). The effects of step width and arm swing on energetic cost and lateral balance during running. Journal of biomechanics, 44 (7), pp.1291-1295.

Arellano, C. J., and Kram, R. (2014) The metabolic cost of human running: is swinging the arms worth it?. Journal of Experimental Biology, 217 (14), pp.2456-2461.

有吉正博・村木征人・小村渡岐麿（1974）中距離走のペースに関する実験的研究―第二報―．東海大学紀要体育学部，4: pp.95–105.

Cavanagh, P. R. and Kram, R. (1985) The efficiency of human movement –a statement of the problem. Medicine and Science in Sports and Exercise. 17, pp.304-308.

榎本靖士・阿江通良（2004）バイオメカニクスからみた長距離走における疲労．バイオメカニクス研究，8：pp.112-119.

Enomoto, Y., Kadono, H., Suzuki, Y., Chiba, T., and Koyama, K. (2008) Biomechanical analysis of the medalists in the 10,000 metres at the 2007 World Championships in Athletics. New Studies in athletics, 3, pp.61-66.

Foster, C. and Lucia, A. (2007) Running economy - The forgotten factor in elite performance. Sports Medicine. 37: pp.316-319.

Hamill, J., Palmer, C., and Van Emmerik, R. E. (2012) Coordinative variability and overuse injury. Sports Medicine, Arthroscopy, Rehabilitation, Therapy & Technology, 4 : pp.1-9.

Hinrichs, R. N. (1987). Upper extremity function in running. II: Angular momentum considerations. Journal of Applied Biomechanics, 3 (3), 242-263.

Hoogkamer, W., Kipp, S., Frank, J. H., Farina, E. M., Luo, G., & Kram, R. (2018). A comparison of the energetic cost of running in marathon racing shoes. Sports Medicine, 48 (4), pp.1009-1019.

Jones, A. M. (2007) Middle- and long distance running. Winter, E. D. et al. (eds). Sport and exercise physiology testing guidelines. Routledge, New York. pp.147-154.

Jones, A. M., Wilkerson, D. P., Vanhatalo, A., and Burnley, M.（2008）Influence of pacing strategy on O2 uptake and exercise tolerance. Scand. J. Med. Sci. Sports, 18：pp.615-626.

門野洋介・榎本靖士（2007）中距離走種目の見どころ．陸上競技学会誌特集号．6：27-35.

門野洋介（2013）陸上中距離走における疲労状態で走速度を維持するための疾走技術．筑波大学体育系紀要．36：pp.141-143.

Leveritt, M., Abernethy, P. J., Barry, B. K., and Logan, P. A.（1999）Concurrent strength and endurance training. Sports medicine, 28: pp.413-427.

マーティン・コー：征矢英昭ほか監訳（2001）中長距離ランナーの科学的トレーニング．大修館書店：東京．

松尾彰文・杉田正明・阿江通良・小林寛道（1994）中長距離決勝におけるスピード，ピッチおよびストライドについて．佐々木秀幸・小林寛道・阿江通良（監）世界一流陸上競技者の技術—第3回世界陸上競技選手権大会バイオメカニクス研究班報告書—．ベースボール・マガジン社：東京，pp. 92–111.

三浦望慶・松井秀治・袖山紘（1976）長距離走のスキルに関する実験的研究.身体運動の科学II：pp.134-144，杏林書院：東京．

森丘保典・品田貴恵子・門野洋介・青野博・安住文子・鍋倉賢治・伊藤静夫（2011）陸上競技・中距離選手のトレーニング負荷の変化がパフォーマンスおよび生理学的指標に及ぼす影響について．コーチング学研究，24：pp.153-162.

Paavolainen, L., Hakkinen, K., Hamalainen, I., Nummela, A., and Rusko, H.（1999）Explosive-strength training improves 5-km running time by improving running economy and muscle power. Journal of applied physiology, 86：pp.1527-1533.

Polidori, G., Legrand, F., Bogard, F., Madaci, F., & Beaumont, F.（2020）. Numerical investigation of the impact of Kenenisa Bekele's cooperative drafting strategy on its running power during the 2019 Berlin marathon. Journal of Biomechanics, 107：109854.

Sandford, G. N., Allen, S. V., Kilding, A. E., Ross, A., and Laursen, P. B.（2019）Anaerobic speed reserve: a key component of elite male 800-m running. International journal of sports physiology and performance, 14：pp.501-508.

Saunders, P. V., Pyne, D. B., Telford, R. D., & Hawley, J. A.（2004）Factors affecting running economy in trained distance runners. Sports medicine, 34（7），pp.465-485.

Tucker, R. Lambert, M. I., and Noakes, T.（2006）An analysis of pacing strategies during men's world-record performances in track athletes. International Journal of Sports Physiology and Performance, 1: pp.233-245.

Williams, K. R. and Cavanagh, P. R.（1987）Relationship between distance mechanics, running economy, and performance. Journal of Applied Physiology. 63：pp.1236-1245.

山地啓司（1997）ランニングの経済性に影響をおよぼす要因．運動生理学雑誌．2：pp.81-98. Saunders, P. U., Pyne, D. B., Telford, R. D., and Hawley, J. A.（2004）Factors affecting running economy in trained distance runners. Sports Medicine. 34：pp.465-485.

ハードル走の科学

1. パフォーマンスの決定要因

　ハードル走は，等間隔に設置された一定の高さのハードルを越えながら，定められた距離をできる限り速く走る種目です（**表1**）。ハードル走のパフォーマンスが走能力と関連があることは容易に想像できますが，ハードリング技術もパフォーマンスに大きく影響するため，高度な総合力が求められる種目と言えます。ハードル走は，ハードルという障害があることで，「踏切」という減速局面があります。また，陸上競技の中では唯一，「着地」から再び走り出すという特性をもちます。どのようなトップ選手でも，踏切では減速し，着地後に加速するため，いかに踏切での減速を抑えながら着地後スムーズに加速するかが，ハードル走の技術と言えます。

　ハードル走は，ハードルが等間隔に置かれていることからレース分析が容易であり，今までに多くのレース分析が行われています。110mH，100mHおよび男女400mHにおいて，レース記録と最高区間（疾走）速度には，関連があります。これは，ハードルがありながらも，レース中に高い疾走速度を獲得するほどレース記録が短縮されることを示しています。

　図1は，宮代ほか（2013）のデータを用いて，110mHにおける14秒00，14秒50，15秒00および15秒50のレース中の区間速度の変化を示したものです。また，**図2**は，川上ほか（2004）のデータを用いて，100mH

表1　国内大会におけるハードル走の規格

2021年6月30日現在

種目	区分	ハードル高 (m)	スタートラインから第1ハードルまでの距離 (m)	ハードル間距離 (m)	最終ハードルからフィニッシュラインまでの距離 (m)
男子110mH	一般・高校	1.067	13.72	9.14	14.02
	U20・U18・U16	0.991			
	中学校	0.914			
女子100mH	一般・高校・U20	0.838	13.00	8.50	10.50
	U18・U16	0.762			
	中学校			8.00	15.00
男子400mH	一般・高校・U20	0.914	45.00	35.00	40.00
女子400mH	一般・高校・U20	0.762	45.00	35.00	40.00
男子300mH	U18	0.914	45.00	35.00	10.00
女子300mH	U18	0.762	45.00	35.00	10.00

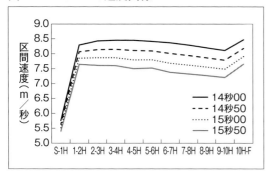

図1　110mHの速度曲線

（宮代ほか，2013より作成）

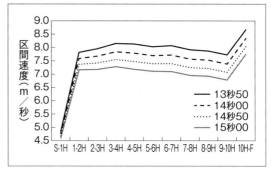

図2　100mHの速度曲線

（川上ほか，2004より作成）

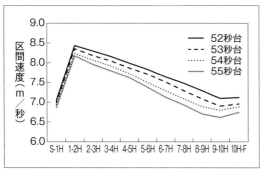

図3　男子400mHの速度曲線

（安井ほか，1997より作成）

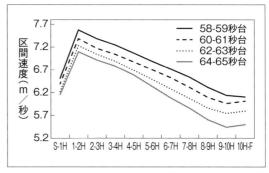

図4　女子400mHの速度曲線

（安井ほか，1998より作成）

における13秒50，14秒00，14秒50および15秒00のレース中の区間速度の変化を示したものです。全ての区間において，高いパフォーマンスほど区間速度も高くなっています。さらに，高いパフォーマンスほど加速区間が長くなり，終盤まで速度が維持されています。一方で，低いパフォーマンスほど第1-2ハードル間から最高区間速度に近い値を示しており，レースの序盤で最高速度に達した後，減速していきます。

　図3は，安井ほか（1997）のデータを用いて，男子400mHにおける52秒00-52秒99，53秒00-53秒99，54秒00-54秒99および55秒00-55秒99のレース中の区間速度の変化を示したものです。また，**図4**は，安井ほか（1998）のデータを用いて，女子400mHにお

ける58秒52-59秒98，60秒02-61秒99，62秒06-63秒98および64秒03-65秒97のレース中の区間速度の変化を示したものです。男女ともに，全ての区間において，高いパフォーマンスほど区間速度も高くなっています。また，全ての群において，第1-2ハードル間で最高区間速度を示し，それ以降は減速していきます。一方で，森丘（2007）は，男子400mHにおいて50秒を切る一流選手を対象に，スタートから第8ハードルまでの走り方を基準にしてタイプ分けを試みています。この研究では，①ハイペース維持型，②ハイペース低下型，③イーブンペース型，にタイプ分けされていますが，いずれのタイプにも47-48秒台の選手が含まれていることから，レースパターンが洗練された一流選手も身体

特性に応じたペース配分で走っていることが分かります。

このように，ハードル走ではレース序盤に高い疾走速度を獲得し，それをいかにゴールまで維持するかがパフォーマンスに大きく影響します。さらに，400mHではペース配分もパフォーマンスに大きく影響するため，身体特性に応じたレース戦略も重要になります。

2. ハードル走の技術

(1) ハードリング技術

スプリント動作を「最も疾走速度を獲得しやすい動作」とすると，ハードル走ではハードルを越えながらも，スプリント動作からの逸脱を最小限にとどめることが望ましいと考えられます。ハードル高は種目によって異なりますが，身体重心高をどの程度引き上げるかは，選手の身長や脚長によって大きく変わります。つまり，ハードル走では選手の身体特性を考慮し，可能な限りスプリント動作に近づけるコーチングが求められます。その上で，スプリント動作から逸脱せざるを得ないハードリングについて，宮下（1988）を参考に概説します。

1）踏切動作

踏切では，ハードルを越えるために身体重心高を引き上げる必要があるため，少なからず減速します。その減速を最小限に抑えるために，踏切では以下の点に注意します。

・拇指球から接地し踏み切る（踵はつかない）（**図5**①-②）
・接地時に上体は前傾しない（**図5**①-②）
・踏切後半から離地にかけて，腰の入った前傾（ディップ）をする（**図5**③-⑤）
・踏切脚の膝関節の屈曲は小さくする（**図5**①-⑤）
・リード脚は膝関節を十分に屈曲し，膝からリードし，踏み切る瞬間まで下腿を振り出さない（**図5**③-⑤）

2）空中動作

踏切時の水平および鉛直速度によって，空中での身体重心の軌跡が決まります。そのため，空中では着地からのスムーズな走り出しに備え，姿勢を整えることに注意を向けるべきです。このことを前提にして，リード脚と抜き脚の動作を示します。

踏切において，リード脚が十分にたたみ込まれ膝からリードできれば，下腿を振り出す意識はなくても，自然と下腿が振り出されます（**図5**⑥-⑨）。また，下腿の振り出しが完了したら，すぐにリード脚を振り下ろし，着地に備えるとよいでしょう（**図5**⑩-⑱）。

図5　110mHのハードリング技術

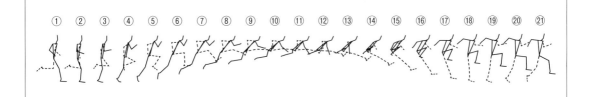

「踏切脚＝抜き脚」のため，踏切後は抜き脚をコンパクトにたたみ，つま先が下がらないよう足関節を背屈させて，膝を水平位置まで運びます（**図5**⑥-⑪）。その際，股関節を中心に抜き脚を回転させるのではなく，抜き脚の膝を前方に運ぶよう意識することで，着地時に身体がねじれることなく，スムーズに走り出すことができます（**図6**）。

図7は，ハードリングで起こる身体の回転を示したものです。水平面では抜き脚とその同側の腕が逆方向に回転します（**図7a**）。

図6　ハードリングにおける抜き脚のイメージ

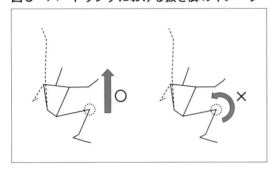

図7　ハードリングで起こる身体の回転

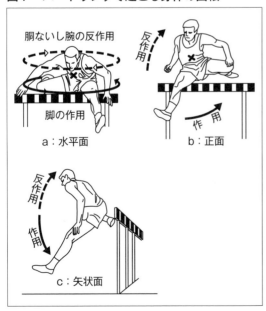

(ダイソン，1972)

同様に，正面（前額面）では抜き脚と胴体が（**図7b**），矢状面ではリード脚と胴体が逆方向に回転します（**図7c**）。このように，空中では腕，脚および胴体を使ってバランスを取り，過度な前傾や後傾，身体のねじれを抑えます。

3）着地動作

下向きの鉛直速度を早い段階で上向きに変換することでスムーズな走り出しが可能になるため，身体重心の軌跡に合わせて高い位置で着地する必要があります。そのため，リード脚は十分に伸展した状態で拇指球から接地し，膝関節が屈曲しながらインターバルランに移行します（**図5**⑲-㉑）。

また，**図8**には，ハードリングにおいて観察されうる問題点を示しました（大橋，2015）。コーチングする際の着眼点を明確にするために活用してください。

（2）110mH・100mHの技術

1）スタートおよびアプローチ

110mH・100mHでは，ハードルが置かれていないアプローチ区間にいかに加速できるかが，その後のレース展開を大きく左右します。また，100mと同様に横一線でスタートすることから，第1ハードルまでスムーズに加速し，より早いタイミングで第1ハードルを越えることで，心理的にも優位にレースを進めることができます。

アプローチ区間の歩数は，110mH・100mHの多くの選手が8歩を用いますが，近年は110mHにおいて，7歩を用いる選手も多くなっています。現日本記録（13秒06）保持者の泉谷駿介選手（100m：10秒37）は7歩を用い，日本歴代3位（13秒25）の記録をもつ高山峻野選手（100m：10秒34）は

図8　ハードリングにおいて観察されうる問題点

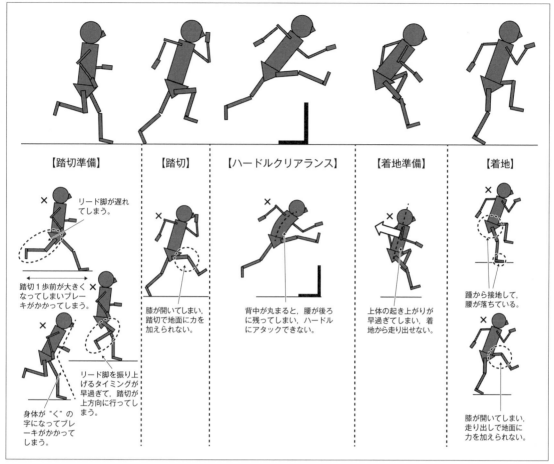

【踏切準備】　【踏切】　【ハードルクリアランス】　【着地準備】　【着地】

リード脚が遅れてしまう。

踏切1歩前が大きくなってしまいブレーキがかかってしまう。

身体が"く"の字になってブレーキがかかってしまう。

膝が開いてしまい、踏切で地面に力を加えられない。

リード脚を振り上げるタイミングが早過ぎて、踏切が上方向に行ってしまう。

背中が丸まると、腰が後ろに残ってしまい、ハードルにアタックできない。

上体の起き上がりが早過ぎてしまい、着地から走り出せない。

踵から接地して、腰が落ちている。

膝が開いてしまい、走り出しで地面に力を加えられない。

（大橋，2015）

8歩を用いています（2021年6月30日現在）。

　7歩を用いることの有効性は明確に示されていませんが，近年，13秒前半を記録している国内一流選手の多くが7歩を用いていることから，新しい技術として定着しつつあります。一方で，高山選手のように8歩でも13秒前半の記録を達成できることから，7歩を用いるかどうかは，選手の競技レベルや身体特性を十分に考慮して慎重に判断すべきでしょう。

2）ハードル間の走り方

　110mHでは，ハードル間の各歩に役割があるとされており，1歩目が着地，2歩目が加速，3歩目が踏切準備，4歩目が踏切となります（柴山ほか，2011）。また，110mHはハードル高が1.067mと非常に高いため，1歩目だけでは下向きの鉛直速度を上向きに変えることができず，鉛直速度の回復に2歩目まで要することも報告されています（大橋ほか，2018）。

　一方で，100mHでは身体重心高に対してそれほどハードル高は高くないため，1歩目の着地が鉛直速度を回復し素早く走り出す役割も担います。そのため，2歩目を限りなくスプリント動作に近づけることができるでしょう。いずれにしても，高い水平速度を獲得

するためには，2歩目で加速することが重要になります。

3）110mHと100mHの違い

McDonald and Dapena（1991）は，1988年のアメリカオリンピック選考会の110mHと100mHの分析を行い，110mHと100mHの違いを指摘しています。まず，110mHと100mHでは身体重心高に対してのハードル高が異なるため，110mHの方が100mHよりも身体重心高を引き上げる必要があるとしています。これには選手の身長や脚長も影響しますが，110mHのハードル高（1.067m）と100mHのハードル高（0.840m）を考慮すると，110mHの方がスプリント動作からの逸脱は大きくなると言えるでしょう。このことは，ハードリング距離が，110mHで3.62±0.13m（踏切側 2.12±0.14m，着地側1.50±0.15m），100mHで3.19±0.15m（踏切側2.09±0.14m，着地側1.10±0.17m）であることからも明らかです。

一方で，100mHではハードルを低く越えようとし過ぎることに注意を促しています。これは，ハードリング距離が短くなり過ぎることでハードル間の他の3歩が影響を受ける（オーバーストライドになる）こと，さらに着地から走り出すための姿勢を整える十分な時間を確保できないことが考えられるからです。つまり，110mHではハードルを低く越えようとすべきであり，100mHではハードルを低く越えようとし過ぎずハードル間4歩のバランスを考慮して越えようとすべきです。

次に，踏切側距離と着地側距離の比率について上述の値から算出すると，おおよそ110mHで60:40，100mHで65:35となり，100mHの方が踏切側距離の比率が大きくなります。これには，ハードリング中の身体重

心高の最高点が110mHではほぼハードルの真上にあるのに対し，100mHではハードルの手前（踏切側）にあり，より早くに着地の準備をしていることが関係しています。このことから，100mHは遠くから踏み切り近くに着地するようコーチングする必要があります。

（3）400mHの技術

1）ハードル間の歩数

400mHでは，アプローチ区間が45m，ハードル間が35mと，110mH・100mHに比べて長いことから，選手の身体特性によって歩数が大きく異なります。表2は，アプローチ区間の歩数と第1-2ハードル間で用いる歩数の関係を示しています。第1-2ハードル間の歩数に7-8歩を加えるとアプローチ区間の歩数になります。表3は，ハードル間の歩数に対するストライド長を示したものです。統計的には，ハードル間の歩数が少ない

表2 アプローチ区間と第1-2ハードル間の歩数の関係

アプローチ区間（歩）	第1-2ハードル間（歩）
20−21	13
21−22	14
22−23	15
23−24	16
24−25	17

表3 ハードル間の歩数とストライド長の関係

ハードル間の歩数（歩）	ストライド長（m）
13	2.5−2.6
14	2.3−2.4
15	2.0−2.2
16	1.8−2.0
17	1.7−1.9
18	1.6−1.7
19	1.5

（山崎，2018を改変）

ほどパフォーマンスが高い傾向にあり，レース序盤のハードル間を日本トップレベルの男子では13歩，女子では15歩で走ります。世界トップレベルの男子では，12歩で走る選手もいます。また，ハードル間を奇数歩で走ることで次のハードル間も同じ側の脚で踏み切ることができ，偶数歩では前のハードル間と逆脚での踏切になります（この場合，着地を0歩目として定義します）。

　全ハードル間を同じ歩数で走り切ることは難しく，いずれかの区間で歩数を増やさなければなりません。その際，増加する歩数を最小限にとどめることが，第1-2ハードル間以降続く疾走速度低下を抑える上で重要になります。歩数の1歩増加には，逆脚でのハードリングが必要です。

　逆脚でのハードリングを身につけるには多くの練習時間が必要とされるため，早い段階から取り組むべきでしょう。一方で，1歩増加を取り入れず2歩増加で全てのハードルを利き脚で越える選手もいます。男子400mH世界記録保持者のワーホルム選手は，第1-9ハードル間を13歩，第9-10ハードル間を15歩で走破することで，世界記録を樹立しています。2歩増加は，全て利き脚を用いるため難易度が低いと思われがちです。しかし，疾走速度低下を抑えながらの2歩増加は，急激なピッチの増加が必要であり，ハードル間での適切なストライドコントロールが求められる難易度の高い技術と言えます。

2）曲走路でのハードリング

　400mHでは，5台または6台のハードルが曲走路に設置されています。そのため，基本的なハードリング技術は直走路と変わらないものの，曲走路では遠心力が働く中でのハードリングになるため，右脚踏切と左脚踏切

でハードリング技術が異なります（図9）。

・右脚踏切

　レーンの内側を走りながらハードリングを行えるため，最短距離を走れるメリットがあります。しかし，リード脚がハードルの内側かつバーよりも低い位置を通過してしまうと失格になるため，注意が必要です。また，着地後に身体が外側に開きやすく，それに伴い上体も反りやすくなります。着地後，スムーズに走り出すためには，空中で内傾を保持し抜き脚をより内側に引き込むことが重要です。

・左脚踏切

　抜き脚がハードルの内側かつバーよりも低い位置を通過してしまうと失格になるため注意が必要です。曲走路では踏切離地時

図9　曲走路における右脚および左脚踏切の足跡と身体重心の軌跡

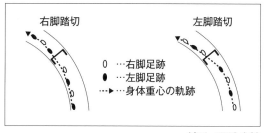

（宮下．1988を改変）

図10　男子400mHの曲走路のハードリング技術

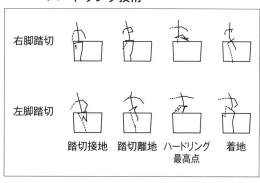

（宮下．2012を改変）

には左の腰が下がっていることから，内側にある抜き脚を前方へ引き出す際に窮屈な姿勢を強いられます（**図10**）。一方で，着地後に身体が外側に開きにくく，スムーズに走り出せるメリットがあります。左脚踏切では，踏切3－4歩前からレーン中央または外側を走り，内側へ切り込むように踏み切ることが重要です。その際，ハードルに対して身体が正面を向くようにしましょう。

3. ハードル走に 求められる体力

図11は，ハードル走および短距離走に求められる体力を10段階で模式的に示したものです。110mH・100mHと100mを比較すると，スピード，最大筋力，パワー，筋持久力は近い値ですが，柔軟性と調整力は110mH・100mHが大きな値を示しています。400mHと400mを比較しても同じこと

が言えます。これは，ハードル選手は短距離選手に比べ，ハードルを越える際の股関節の柔軟性やハードル間のピッチとストライドをコントロールする調整力が求められるためです。このことから，ハードル選手は短距離選手と同じ内容のトレーニングを実施することに加え，柔軟性と調整力を高めるトレーニングを実施すべきだと考えられます。

表4は，U20オリンピック育成競技者のフィットネスデータをまとめたものです。この表中の値からも，短距離選手とハードル選手は同じような体力レベルを有していることが分かります。一方で，平均身長はハードル選手が短距離選手よりやや大きい傾向にあります。これは，ハードルを越える際に少なからず身体重心高を引き上げる必要があるため，高身長が有利に働く可能性があることを示していると言えるでしょう。

図11　ハードル走および短距離走に求められる体力

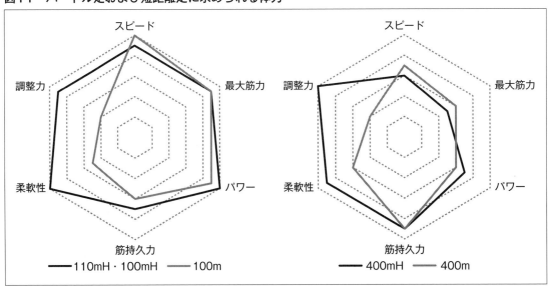

（谷川，2012を改変）

表4　U20オリンピック育成競技者のフィットネスデータ

2002-2019年 U20男子		身長 [cm]	体重 [kg]	垂直跳 反動無・腕無 跳躍高 [cm]	垂直跳 反動有・腕無 跳躍高 [cm]	垂直跳 反動有・腕有 跳躍高 [cm]	連続リバウンドジャンプ 腕無 RJ-index	連続リバウンドジャンプ 腕無 接地時間 [msec]	連続リバウンドジャンプ 腕無 跳躍高 [cm]	立幅跳 跳躍距離 [m]	立五段跳 跳躍距離 [m]	メディシンボール投 前方 投てき距離 [m]	メディシンボール投 後方 投てき距離 [m]	ハイスピードテスト 最高回転数 [rpm]	ハイスピードテスト 平均パワー [W]	ハイパワーテスト パワー [W]	ハイパワーテスト パワー/体重
短距離 (100m/ 200m)	平均	174.3	65.8	48.3	54.0	60.7	2.83	154	43.2	2.79	14.42	13.6	13.4	241	206	1170	17.6
	最大	187.1	82.8	64.0	66.5	79.2	4.08	118	48.2	3.10	16.28	16.7	17.5	268	232	1578	20.9
	最小	162.3	55.3	37.9	40.3	47.1	1.84	--	--	2.47	12.18	8.8	8.8	220	183	864	14.2
	人数	67	67	65	65	65	65	65	65	48	65	57	57	17	28	57	57
	標準偏差	5.1	5.8	5.2	4.7	5.7	0.5	15.1	6.2	0.1	0.8	1.4	1.7	11.9	11.0	144.1	1.4
短距離 (400m)	平均	175.4	65.4	45.1	50.5	56.8	2.71	151	40.7	2.68	13.81	13.2	12.9	234	198	1130	17.0
	最大	186.1	76.8	56.5	60.0	67.7	3.96	148	58.7	3.04	15.50	15.3	16.1	254	225	1420	20.8
	最小	167.9	58.8	33.4	40.4	42.4	1.88	--	--	2.30	11.90	10.0	8.7	222	176	857	13.4
	人数	34	34	33	33	33	33	33	33	26	33	30	30	10	18	28	28
	標準偏差	4.5	4.7	5.0	4.9	4.7	0.4	13.9	5.9	0.1	0.8	1.2	1.4	10.1	12.4	152.3	1.7
障害 (110mH)	平均	181.0	70.6	44.6	49.4	56.4	2.78	153	42.1	2.77	14.37	13.9	14.1	228	195	1189	16.7
	最大	188.9	80.8	51.4	57.2	65.5	3.94	149	58.7	3.05	15.82	16.0	17.4	252	224	1403	18.7
	最小	175.8	60.6	33.9	39.4	44.7	1.91	--	--	2.47	12.49	11.1	11.7	192	173	982	13.1
	人数	28	28	28	28	28	28	28	28	24	28	26	26	9	17	26	26
	標準偏差	3.1	4.7	3.9	4.1	5.1	0.4	16.7	5.8	0.1	0.8	1.0	1.2	16.6	12.0	107.1	1.2
障害 (400mH)	平均	178.5	66.3	45.6	50.0	57.2	2.78	154	42.5	2.74	14.40	13.0	13.0	230	202	1156	17.5
	最大	188.2	81.5	53.7	59.8	68.3	3.86	131	50.5	3.05	15.76	16.0	16.9	237	232	1400	20.3
	最小	168.0	56.8	36.3	40.8	45.4	2.32	--	--	2.36	12.28	10.9	9.3	215	179	905	12.6
	人数	30	30	29	29	29	29	29	29	21	29	26	26	8	14	24	24
	標準偏差	4.7	5.5	4.9	4.7	6.1	0.4	12.1	4.1	0.1	0.8	1.3	1.6	6.4	13.9	138.2	1.7

2002-2019年 U20女子		身長 [cm]	体重 [kg]	垂直跳 反動無・腕無 跳躍高 [cm]	垂直跳 反動有・腕無 跳躍高 [cm]	垂直跳 反動有・腕有 跳躍高 [cm]	連続リバウンドジャンプ 腕無 RJ-index	連続リバウンドジャンプ 腕無 接地時間 [msec]	連続リバウンドジャンプ 腕無 跳躍高 [cm]	立幅跳 跳躍距離 [m]	立五段跳 跳躍距離 [m]	メディシンボール投 前方 投てき距離 [m]	メディシンボール投 後方 投てき距離 [m]	ハイスピードテスト 最高回転数 [rpm]	ハイスピードテスト 平均パワー [W]	ハイパワーテスト パワー [W]	ハイパワーテスト パワー/体重
短距離 (100m/ 200m)	平均	162.8	52.2	38.0	41.3	46.5	2.47	149	36.5	2.32	11.69	10.5	9.9	208	175	767	14.8
	最大	172.3	61.4	49.4	51.6	59.9	3.61	128	46.2	2.56	13.04	13.7	14.2	222	197	1010	17.6
	最小	152.7	42.1	25.2	33.6	35.7	1.57	--	--	2.03	10.31	6.5	5.6	176	145	536	11.7
	人数	46	46	43	43	43	43	43	43	39	43	41	41	18	29	41	41
	標準偏差	4.5	4.6	4.9	4.3	5.5	0.4	12.8	4.7	0.1	0.6	1.3	1.7	10.5	11.0	93.8	1.3
短距離 (400m)	平均	161.8	52.4	39.7	39.4	43.2	2.34	153	35.0	2.26	11.59	10.4	10.0	208	169	749	14.1
	最大	170.7	59.5	62.6	45.9	50.6	3.32	135	44.8	2.40	12.80	12.3	13.4	216	189	870	16.1
	最小	153.3	46.6	28.7	33.6	36.4	1.34	--	--	2.05	10.75	8.2	7.0	189	140	580	11.3
	人数	20	20	19	19	19	19	19	19	17	19	19	19	8	10	18	18
	標準偏差	3.3	3.4	7.2	3.7	4.3	0.5	17.2	3.9	0.1	0.6	1.2	1.5	10.3	14.7	86.3	1.5
障害 (100mH)	平均	165.1	54.9	39.4	41.0	45.3	2.39	152	36.0	2.31	11.69	10.6	10.7	206	174	796	14.5
	最大	172.8	62.4	62.3	50.9	54.4	3.13	144	45.1	2.53	13.08	12.6	13.6	218	189	964	16.5
	最小	159.8	48.7	29.5	34.1	35.3	1.84	--	--	2.07	10.24	8.5	8.1	183	150	620	11.6
	人数	21	21	22	21	21	21	21	21	15	21	17	17	6	12	18	18
	標準偏差	3.4	3.2	7.8	4.4	4.9	0.3	16.6	3.6	0.1	0.6	0.9	1.3	13.5	12.2	79.2	1.1
障害 (400mH)	平均	164.6	52.0	37.3	38.9	44.1	2.39	152	36.2	2.27	11.71	10.1	9.8	201	171	757	14.5
	最大	169.7	59.4	63.0	43.7	49.2	2.62	142	37.2	2.44	12.62	11.0	11.4	213	185	920	16.0
	最小	158.0	46.1	30.9	34.0	35.2	2.09	--	--	2.06	11.06	9.3	7.7	187	156	603	13.0
	人数	14	14	12	12	12	11	11	11	10	11	13	13	6	10	12	12
	標準偏差	4.0	4.2	6.6	2.6	3.6	0.2	6.8	2.7	0.1	0.4	0.4	1.0	5.7	8.2	101.0	0.9

注：連続リバウンドジャンプの「最大」には，RJ-indexの最大値およびその算出に用いた接地時間と跳躍高が記載されている。

（苅山ほか，2019を改変）

4. トレーニングのポイント

（1）育成世代の種目・規格から
　　トレーニングを考える

　日本陸上競技連盟主催のU20・U18日本選手権では，国際競技会への出場資格を得ることや強化育成を考慮し，可能な限りU20世界選手権とユースオリンピックの規格（ハードルの高さや投てき物の重さなど）に合わせて競技会を実施しています（日本陸上競技連盟，2019）。その一例として，近年日本のレベルが急上昇している110mHを取り上げ，そこからトレーニングを考えていきます。

　2016年から，U20日本選手権の110mHは，ハードル高を1.067mから0.991mに下げて実施しています。一方で，インターハイ路線ではハードル高を1.067mで実施しており，U20選手はシーズン中にハードル高の異なる競技会に出場することになります。ハードル高を低くして実施するメリットは明確に示されていないものの，大橋ほか（2020）は，0.991mのハードル高でパフォーマンスが向上したU20選手は，1.067mのハードル高でもパフォーマンスが向上する傾向があることを示しています。

　つまり，低いハードル高でも110mの中で高い速度を経験した選手は，高いハードル高でも高い速度で走れるようになるということです。実際に0.991mに下げて実施した2016年からU20日本記録はまたたく間に更新され，現在は13秒19にまで到達しています（2021年6月30日現在）。それに伴い，110mH（ハードル高：1.067m）の日本記録も0.991mのハードル高を経験した競技者を中心に13

秒06まで短縮され（2021年6月30日現在），オリンピック・世界選手権でメダル獲得をねらえるレベルにまで達しています。これは，オリンピック種目・規格にかかわらず，発育発達段階に応じた種目・規格での競技会設定がパフォーマンスを向上させた好例と考えることができます。

　他のハードル種目に目を向けると，U18日本選手権では100mHのハードル高を0.764mに下げて実施しています。さらに，男女とも400mHは実施されず，300mHが実施されています。いずれもオリンピック種目・規格より高い速度が得られる可能性があり，将来的にさらなるスピード化が期待されます。このようにして，発育発達段階に応じた種目・規格をうまく利用することでスピード化をめざし，そこから見えてくる新たな課題に対してトレーニングを再考していきましょう。トレーニングの幅が広がるはずです。

（2）タッチダウンタイムの利用

　ハードル走では，リード脚がハードルを越えて着地したタイミングを「タッチダウン」と呼んでいます。ハードル走では等間隔にハードルが置かれているので，ハードル間のタッチダウンタイムを計測することによって容易にレース分析をすることができます。計測はLAP機能があるストップウォッチが１つあればできますが，正確さを求める場合には，スマートフォンなどで撮影した動画を利用するとよいでしょう。

　多くのレースのタッチダウンタイム分析から，「モデルタッチダウンタイム」が示されています（110mH：宮代ほか，2013／100mH：川上ほか，2004／男子400mH：安井ほか，1997／女子400mH：安井ほか，1998）。こ

れは，「○秒○で走るためには×台目までを△秒△で，ハードル間を□秒□で行かなくてはならない」というモデルを示したものです。

表5，表6は，110mH，100mH，男子400mHおよび女子400mHのモデルタッチダウンタイムをまとめたものです。なお，表の値は，電気計時から算出していることに注意してください。

次に，タッチダウンタイムとモデルタッチダウンタイムのトレーニングへの応用を考えていきます。レースやトレーニングにおける

タッチダウンタイムをモデルタッチダウンタイムと比較することで，目標とするパフォーマンスに対して劣っている点や優れている点，選手がもつ個性などを把握することができます（山元，2020）。

図12は，著者がコーチングするA選手のレースでのタッチダウンタイムとモデルタッチダウンタイムから算出した速度曲線を示したものです。A選手の速度曲線は，13秒52から13秒30へ自己記録を更新した際の2レース分を示しています。

表5　110mHおよび100mHのモデルタッチダウンタイム

110mH	13.80		14.20		14.60		15.00		15.40	
	TDタイム	区間タイム	TDタイム	区間タイム	TDタイム	区間タイム	TDタイム	区間タイム	TDタイム	区間タイム
1H	2.64	2.64	2.68	2.68	2.73	2.73	2.78	2.78	2.82	2.82
2H	3.73	1.09	3.80	1.11	3.87	1.14	3.94	1.16	4.01	1.19
3H	4.80	1.07	4.90	1.10	5.00	1.13	5.10	1.16	5.21	1.19
4H	5.86	1.07	6.00	1.10	6.13	1.13	6.26	1.16	6.40	1.19
5H	6.93	1.06	7.10	1.10	7.27	1.14	7.44	1.17	7.61	1.21
6H	7.99	1.07	8.20	1.10	8.40	1.14	8.61	1.17	8.81	1.21
7H	9.07	1.07	9.31	1.11	9.56	1.15	9.80	1.19	10.04	1.23
8H	10.15	1.08	10.43	1.12	10.72	1.16	11.00	1.20	11.28	1.24
9H	11.25	1.10	11.57	1.13	11.89	1.17	12.21	1.21	12.53	1.25
10H	12.35	1.11	12.71	1.15	13.07	1.18	13.43	1.22	13.79	1.26
F	13.80	1.45	14.20	1.49	14.60	1.53	15.00	1.57	15.40	1.61

単位：秒　　　　　　　　　　　　　　　　　　　　　　　　　　　　　　（宮代ほか，2013より作成）

100mH	13.40		13.80		14.20		14.60		15.00	
	TDタイム	区間タイム	TDタイム	区間タイム	TDタイム	区間タイム	TDタイム	区間タイム	TDタイム	区間タイム
1H	2.67	2.67	2.71	2.71	2.75	2.75	2.79	2.79	2.83	2.83
2H	3.75	1.08	3.82	1.11	3.88	1.13	3.95	1.16	4.02	1.19
3H	4.81	1.06	4.91	1.09	5.01	1.12	5.10	1.15	5.20	1.18
4H	5.85	1.03	5.98	1.07	6.11	1.10	6.24	1.13	6.37	1.17
5H	6.88	1.04	7.05	1.07	7.22	1.11	7.38	1.15	7.55	1.18
6H	7.93	1.05	8.14	1.09	8.34	1.12	8.54	1.16	8.75	1.20
7H	8.98	1.04	9.22	1.08	9.46	1.12	9.70	1.16	9.94	1.20
8H	10.04	1.06	10.32	1.10	10.60	1.14	10.88	1.18	11.17	1.22
9H	11.11	1.07	11.43	1.11	11.75	1.15	12.07	1.19	12.39	1.23
10H	12.20	1.09	12.56	1.13	12.92	1.17	13.28	1.21	13.65	1.25
F	13.40	1.20	13.80	1.24	14.20	1.28	14.60	1.32	15.00	1.36

単位：秒　　　　　　　　　　　　　　　　　　　　　　　　　　　　　　（川上ほか，2004より作成）

表6　男子400mHおよび女子400mHのモデルタッチダウンタイム

男子400mH	51秒台		52秒台		53秒台		54秒台		55秒台	
	TDタイム	区間タイム	TDタイム	区間タイム	TDタイム	区間タイム	TDタイム	区間タイム	TDタイム	区間タイム
1H	6.29	6.29	6.29	6.39	6.29	6.44	6.29	6.48	6.29	6.56
2H	10.37	4.08	10.44	4.15	10.48	4.19	10.54	4.25	10.57	4.28
3H	14.53	4.16	14.66	4.22	14.76	4.28	14.88	4.34	14.97	4.40
4H	18.77	4.24	18.95	4.29	19.11	4.35	19.30	4.42	19.46	4.49
5H	23.09	4.32	23.33	4.38	23.56	4.45	23.83	4.53	24.05	4.59
6H	27.52	4.43	27.80	4.47	28.10	4.54	28.50	4.67	28.79	4.74
7H	32.02	4.50	32.38	4.58	32.76	4.66	33.30	4.80	33.70	4.91
8H	36.61	4.59	37.06	4.68	37.56	4.80	38.24	4.94	38.75	5.05
9H	41.29	4.68	41.86	4.80	42.50	4.94	43.32	5.08	43.97	5.22
10H	46.07	4.78	46.79	4.93	47.57	5.07	48.47	5.15	49.26	5.29
F	51.55	5.48	52.41	5.62	53.32	5.75	54.28	5.81	55.19	5.93

単位：秒

（安井ほか，1997より作成）

女子400mH	58-59秒台		60-61秒台		62-63秒台		64-65秒台	
	TDタイム	区間タイム	TDタイム	区間タイム	TDタイム	区間タイム	TDタイム	区間タイム
1H	6.91	6.91	7.04	7.04	7.23	7.23	7.31	7.31
2H	11.53	4.62	11.78	4.74	12.07	4.84	12.24	4.93
3H	16.27	4.74	16.66	4.88	17.04	4.97	17.30	5.06
4H	21.10	4.83	21.63	4.97	22.12	5.08	22.46	5.16
5H	26.05	4.95	26.72	5.09	27.35	5.23	27.77	5.31
6H	31.13	5.08	31.94	5.22	32.74	5.39	33.29	5.52
7H	36.34	5.21	37.30	5.36	38.31	5.57	39.04	5.75
8H	41.69	5.35	42.84	5.54	44.07	5.76	45.01	5.97
9H	47.23	5.54	48.58	5.74	50.04	5.97	51.25	6.24
10H	52.93	5.70	54.45	5.87	56.13	6.09	57.68	6.43
F	59.48	6.55	61.10	6.65	63.03	6.90	64.95	7.27

単位：秒

（安井ほか，1998より作成）

図12　レース分析から得たデータとモデルタッチダウンタイムから算出した速度曲線

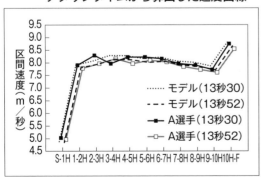

（モデルは川上ほか，2004より作成）

まず，A選手（13秒52）とモデル（13秒52）の速度曲線を比較すると，A選手はアプローチ区間が速く，第4-5ハードル間やレース終盤は遅いことが分かります。これらのことから，A選手はアプローチ区間が速く「前半型」の選手であると言えます。選手がさらなる記録更新をめざす場合には，長所を伸ばすか，短所を補うか，またはその両方を並行して行うかなど，その目的に応じてさまざまなトレーニングが考えられます。

筆者は，A選手の特徴を理解した上で，得

意の前半に磨きをかけることを目的とし，スタートから3台目までの加速を重点的にトレーニングしました。その結果，13秒30と自己記録を更新し，図中の速度曲線になりました。ここで，A選手（13秒30）とモデル（13秒30）の速度曲線を比較すると，13秒52と同様にレース序盤はモデルよりも速く，レース終盤は遅いと言えます。つまり，A選手は「前半型」という自身のタイプを変えることなく，自己記録を更新したことになります。

A選手へのコーチングは，モデルと比較することで選手のもつ個性をコーチが把握し，そこから的確なトレーニングを立案することで自己記録を更新した一例です。さまざまなトレーニングから最適なものを選択することがコーチにとって重要な役割ですが，そのためにタッチダウンタイムを用いて選手の特徴を理解することは，有用であると言えるでしょう。

（3）ハードル設置条件の変更

ここでは，110mHのトレーニング方法について検討した先行研究を参考に，ハードル設置条件を変更したトレーニングについて，以下の3つを提案します。

1）アプローチ区間の疾走速度を高める

図13は，100mと110mHの速度曲線を模式的に示したものです。100mを局面分けすると，一次加速局面（0-30m），二次加速局面（30-60m），最高速度局面（60-80m），減速局面（80-100m）に分けることができます。これに110mHの速度曲線を当てはめると，一次加速局面の途中に第1ハードルが設置されることになります。つまり，110mHでは，第1ハードルにより加速が妨げられて

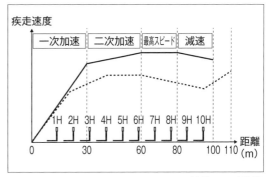

図13　100mと110mHの速度曲線（イメージ図）

（大橋，2014を改変）

いることになります。トレーニングでは，その加速を妨げる要因を少しでも減らすために，第1ハードルのみハードル高を低くします（ミニハードル：0.991m）。これにより，一次加速局面で力を鉛直方向へ逃がす動きを減らすことができ，第1ハードル以降も加速できるイメージをつくりやすくなります。ここでのポイントは，第1ハードルをハードルと考えずに加速局面の動きを継続させ，第2ハードルまで一次加速局面を延長するイメージでのぞむことです。

2）ハードル高を低くしてハードル間の疾走速度を高める

ハードル走は，ハードルを越えるために少なからず身体を鉛直方向に運ばなければなりません。しかし，鉛直方向への力が必要以上に大きくなってしまうと，水平方向に進む力が弱まってしまいます。そこで，鉛直方向への力を最低限に抑えることをねらいとして，正規規格よりもハードル高を低く設定します（ハードル高：0.914〜0.991m，ハードル間距離：9.14m）。このトレーニングでは，正規規格のハードル高と比較して，ハードル間で高い疾走速度を獲得し鋭い角度で踏み切れることが報告されています（大橋ほか，2017）。

これは，短距離走におけるトーイングなどのオーバースピードトレーニングと同様の効果があると考えられ，ハードルがある中でも高い疾走速度を身体に覚え込ませることができます。

3）ハードル間距離を短くして ピッチを高める

ハードル間距離を短縮したトレーニングは，多くの現場で用いられています。大橋ほか（2017）は，「ハードル間距離を短縮した条件では，身体重心水平速度は小さくなるものの，ハードル間のリズムアップをねらいとする場合に有効なトレーニング手段になりうる」としています。また，柴山（2015）は，ハードル間距離を0.5m程度短縮したトレーニングを実施し，ハードル間の加速において重要な役割を果たす2歩目のピッチ向上と動作改善に有効であることを報告しています。

これらのことから，ハードル間距離を短縮したトレーニングは，目標とする記録のハードル間のリズムを体得するために有効であると言えます。一方で，疾走速度は低下する可能性が高いことから，短縮する距離については，競技会での疾走速度とかけ離れることがないようコーチが適切に判断すべきでしょう。

5. アドバンス

・110mH・100mHの終盤にハードル間を

4歩で走れなくなる選手がいた場合，その原因と解決策について考えてみましょう。

【ポイント：4歩で走り切るための走能力，ハードリング距離，ピッチ，ストライド，ハードル間のリズム】

・110mHでは，どのような選手がアプローチの歩数を7歩にすべきでしょうか？

【ポイント：7歩が可能な走能力と体力レベル，身長，競技レベル（オリンピックに出場する選手の多くは7歩を用いている）】

・将来的に100mHでも7歩のアプローチが新しい技術として定着するでしょうか？

【ポイント：歩数が少ないことのメリットとデメリット，身長，競技レベル（オリンピックに出場する選手の多くは8歩を用いている）】

・どのような選手が400mHヘトランスファーして成功するのでしょうか？

【ポイント：400mHに必要な能力，国内外オリンピアンの種目（競技）遍歴，トランスファーするタイミング】

・400mHでは，どの程度インターバル間の歩数を減らすことに拘るべきなのでしょうか？

【ポイント：歩数が少ないことのメリットとデメリット，歩数とレースパターン，戦略，競技レベル，男女の違い】

（大橋 祐二）

〈文献〉

ダイソン：金原勇ほか訳（1972）陸上競技の力学．大修館書店：東京，p.111.

苅山靖・松林武生・大橋祐二・佐伯徹郎・柴山一仁・榎本靖士・杉井將彦・小松隆志・髙橋直之・丸小野仁之・雪下良治・岩﨑万知・赤井裕明・舩津哲史・松尾大介・宮成康蔵・豊里健・高島恵子（2019）U20オリンピック育成競技者におけるフィットネス水準─フィールドテストによる体力評価─．陸上競技研究紀要，15：pp.276-285.

川上小百合・宮下憲・志賀充・谷川聡（2004）女子100mハードル走のモデルタッチダウンタイムに関する研究．陸上競技紀要，17：pp.3-11.

McDonald, C. and Dapena, J.（1991）Linear kinematics of the men's 110-m and women's 100-m hurdles races. Medicine and science in sports exercise, 23（12）：pp.1382−1391.

宮下憲（1988）日本陸上競技連盟編．陸上競技指導教本．大修館書店：東京，pp.57-78.

宮下憲（2012）スプリント＆ハードル．陸上競技社：東京，pp.130-133.

宮代賢治・山元康平・内藤景・谷川聡・西嶋尚彦（2013）110mHレースにおけるモデルタッチダウンタイムの再検討：13.71s〜14.59sの競技者を対象として．筑波大学体育学紀要，36：pp.59-67.

森丘保典（2007）一流男子400mハードル選手のレースパターンの類型化について−世界陸上大阪大会の決勝レース展望−．陸上競技学会誌，6：pp.55-59.

日本陸上競技連盟（2019）競技者育成プログラム．https://www.jaaf.or.jp/development/program/,（参照日2021年6月30日）.

大橋祐二（2014）トレーニング講座高校編ハードル．月刊陸上競技5月号．講談社：東京，p.164.

大橋祐二（2015）トレーニング講座高校編ハードル．月刊陸上競技9月号．講談社：東京，p.224.

大橋祐二・門野洋介・藤井範久（2017）110mハードル走におけるハードル間距離およびハードル高の変化が走動作に及ぼす影響．トレーニング科学，28（4）：pp.215-225.

大橋祐二・藤井範久・門野洋介（2018）110mハードル走競技者のインターバルラン2歩目とスプリント走の比較．陸上競技研究，112：pp.12-21.

大橋祐二・杉井將彦・宮代賢治（2020）国内ジュニア110mハードル走競技者がハードル高の異なるダブルスタンダードを用いることの有用性の検討．陸上競技研究，122：pp.19-23.

柴山一仁・藤井範久・阿江通良（2011）一流110mハードル走選手の1サイクル動作に関するキネマティクス的研究：疾走速度および脚長と動作の関連から，体育学研究，56：pp.75-88.

柴山一仁（2015）一流110mハードル走選手のインターバル走およびハードリング動作に関するバイオメカニクス的研究，平成26年度筑波大学大学院博士（体育科学）学位論文.

谷川聡（2012）陸上競技入門ブックハードル．ベースボール・マガジン社：東京，pp.12-13.

安井年文・関岡康雄（1997）男子400mH走におけるレース分析による研究．陸上競技マガジン5月号．ベースボール・マガジン社：東京，pp194−196.

安井年文・尾縣貢・宮下憲・関岡康雄・永井純・森田正利（1998）女子400mハードル走におけるレース分析の研究．陸上競技研究，34：pp.2-10.

山元康平（2020）日本陸上競技学会編．陸上競技のコーチング学．大修館書店：東京，pp.92-98.

山崎一彦（2018）スムーズな走りを極める！陸上競技ハードル．メイツ出版：東京，pp.56-57.

16

競歩の科学

1. パフォーマンスの決定要因

（1）種目距離とパフォーマンス

競歩種目は5000m，10000m，20km，35km，50kmなどの距離で，一斉スタートで行われ，フィニッシュラインでの着順が競われます。さらに，スタートからフィニッシュまでの時間が計測されます。そのため，獲得するスピードの高さと，レース中の速度変化によってパフォーマンスが決定します。

（2）ルールによる定義

競技規則では「競歩とは何か」について，
①両足が地面から離れることなく歩く（ロス・オブ・コンタクトにならない）
②前脚が接地から地面と垂直（直立）の位置になるまで真っ直ぐに伸びている（ベント・ニーにならない）
③いずれも肉眼の目視で判定する
の3点が定義されています（World Athletics，2020）。

さらに，③の判定に客観性・公平性をもたせるため，6～9名の競歩審判員がトラックまたは1周1～2kmの周回コースに配置され，個別に判定を行います。各審判員は，競技者が①あるいは②の定義に完全に従っていると確信できない場合にはイエローパドルを提示

し，その後，①あるいは②への明確な違反を審判員が確認した場合には連絡員を通してレッドカードを主任審判員に提出します。このレッドカードが3名の審判員から提出された場合には，主任審判員または主任審判員補佐から失格が宣告されます。

また，2018年からは，3枚目のレッドカードが提出された場合に，新たなルールが加わりました。トラック外周または周回コース脇にペナルティゾーンが設定され，3名の審判員からレッドカードが提出された競技者は，種目距離に比例した時間（ペナルティタイム）だけペナルティゾーンに入ってレースから離脱した後にレースに復帰できるものの，その後，4人目の審判がレッドカードを提出した場合に失格が宣告されるというものです。レース終盤に3枚目が提出され，ペナルティゾーンに入らなかった場合には，フィニッシュ後にペナルティタイムが加算されます。このルールをどのレースでも適用しなくてはならないわけではありませんが，2019年以降の主要国際競技会ではほぼ毎回適用されています。

（3）判定の実際

1）ルール文言と実際の判定の矛盾

以上のように，競歩種目において歩型の判定と判定への適合は，パフォーマンス達成のために重要な要素となります。上記のルール

の①の内容は，競歩種目がオリンピックの陸上競技で実施されるようになった20世紀初頭とほぼ変わりませんが，安価で高性能のビデオカメラが普及しだした1980年頃になると，熟練した国際競歩審判員が判定するレースでイエローパドル，レッドカードを受けなかった世界一流の競技者であっても，肉眼で捉えられないほどの短い時間のロス・オブ・コンタクトが発生することが明らかになってきました。こういった状況を受け，1980年代に国際陸連が検証を行っていますが，およそ0.04秒が視認できるかどうかの境界線として報告されています（Knicker and Loch, 1990）。

2）「これは歩」「これは走」の実際

　現在の競技としての競歩の原型がつくられた20世紀初頭の頃は，「これは走」「これは歩」と目視で判断・区別するための基準を言語化・文章化するには，地面との接触の有無とすることが最もわかりやすかったのではないかと考えられます。しかし，筆者らは2000年代初めに国際競技会におけるロス・オブ・コンタクトの判定分析を行いましたが，ロス・オブ・コンタクト局面時間の長さと判定の有無には関係がなかったことを報告しています（法元ほか，2001, 2004, 2005, 2007）。

　イタリアやスペイン，メキシコなど，競歩の伝統国のベテランの国際競歩審判員や，数多くの国際トップ水準の競技者を育成してきたコーチに聞くと，「これは走」「これは歩」をはっきりと区別しています。そのため，実際の判定は非言語的な「動いているヒト」の「動作パターン」を認識して判断して行われていると考えられます。

3）「これは歩」「これは走」の実際の区別（図1）

　医療分野の教科書などでも「どちらか片足が接地しているかどうか」が歩と走の境界とされる一方で，脚全体の動きからみた通常の歩行と走の明確な区別が示されています。その中で競歩でも比較的容易に目視観察が可能なものとして，

①走では離地後に股関節屈曲が始まるのに対し，歩行では離地前に屈曲が始まる。
②走では接地時・離地時ともに膝関節の屈曲が大きく，歩行では小さい。

という2点が明らかになっています（Mann, 1982；Winter, 1984；舌，2007）。

　この2点は，筆者らが2000年代初めに国際競技会において行った上述のロス・オブ・コンタクトの判定分析では，実際のロス・オブ・コンタクト判定とも関係し，また，ロス・オブ・コンタクト時間の長さとも関係していました。

　離地前の（後ろ脚の）股関節の屈曲が速い（早いではない）ほどロス・オブ・コンタクト時間が短く，またレッドカードを受けていませんでした。また，そのことで離地直後の膝関節の伸展（振り出し）が速くなり，接地

図1　一般的な通常歩行と走の区別

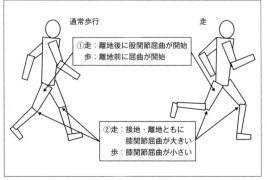

（三浦，2021a）

前に膝関節がよく伸びているといったように，結果的に競技規則で定義する「ロス・オブ・コンタクトにならない」「ベント・ニーにならない」といった動作に近くなっていました。また，分析用に撮影した動画では，ロス・オブ・コンタクトの局面がみられないといったこともありました。

そのため，上記の2つの動作ができているかどうかが，冒頭に示したようなパフォーマンス達成に影響していると言えます。

2. 競歩の技術

以上のように，競歩では判定への適合がパフォーマンス達成に大きく影響するため，歩型判定に適合した技術が基礎となります。

ここでは，一連の競歩の動作をいくつかの局面に分けて（**図2**），習得のためのトレーニング法を挙げていきます。

（1）接地から片脚直立支持（図2a-b）

1）局面のメカニズム

この局面は競歩の歩型を形づくるための基本となります。地面から支持脚にかかる衝撃が1歩の中で最大となる局面ですが，ランニングでは膝を曲げて接地し，膝関節と股関節の伸展筋群の筋力で接地の衝撃を吸収することができます。競歩ではランニングと比較して接地の衝撃が1/2程度と小さいものの（Payne, 1978），膝の屈曲がルールによって制限されているため，股関節，足関節（足部）の運動によって衝撃を吸収することになります。

大臀筋など股関節伸展筋群による筋力発揮がその大部分ですが，前脛骨筋などの足関節背屈筋群のほか，股関節の外旋，外転の筋群（運動）や足部の回内動作によっても衝撃を吸収します。そのため，これらの筋力発揮，運動が制限されていたり，大腿四頭筋など膝関節伸展筋群が弛緩したりしていると，衝撃のほとんどを脛骨，大腿骨，骨盤などの骨体で受けることになって，骨膜炎や最悪の場合には疲労骨折が発生することになります。

そのような傷害を防ぐには，この局面で衝撃を小さくするような技術の習得が必要となるため，この局面の技術は基本中の基本となります。また，この局面での歩行スピードの減速が少なければ大きく加速する必要がなくなり，大きな力を発揮することなく高い歩行

図2　右側からみた競歩の1サイクルの動作（右足接地-右足接地）

a. 接地　b. 支持脚直立　c. プッシュ　d. 離地　e. リカバリー　f. スイング　g. 接地

（三浦，2021a）

スピードの獲得につながることとなって，パフォーマンス向上にも役立つことになります。

2）技術の習得

　この局面の技術を習得するための基礎運動（ドリル）を，以下の**図3**と**図4**で紹介します。

①その場での片脚立位保持と片脚立位保持の繰り返し歩行（**図3**）

②その場での回復脚・骨盤スイングと回復脚・骨盤スイングの繰り返し歩行（**図4**）

図3　股関節を主とした「支持」のための基礎運動

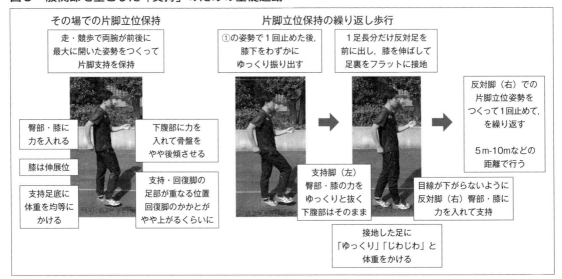

その場での片脚立位保持

走・競歩で両腕が前後に最大に開いた姿勢をつくって片脚支持を保持

臀部・膝に力を入れる

膝は伸展位

支持足足底に体重を均等にかける

下腹部に力を入れて骨盤をやや後傾させる

支持・回復脚の足部が重なる位置回復脚のかかとがやや上がるくらいに

片脚立位保持の繰り返し歩行

①の姿勢で1回止めた後，膝下をわずかにゆっくり振り出す

1足長分だけ反対足を前に出し，膝を伸ばして足裏をフラットに接地

支持脚（左）臀部・膝の力をゆっくりと抜く下腹部はそのまま

接地した足に「ゆっくり」「じわじわ」と体重をかける

反対脚（右）での片脚立位姿勢をつくって1回止めて，を繰り返す

5m-10mなどの距離で行う

目線が下がらないように反対脚（右）臀部・膝に力を入れて支持

(三浦・坂井，2020)

図4　股関節を主とした「支持」に股関節・胸椎の「可動性」を加えた基礎運動

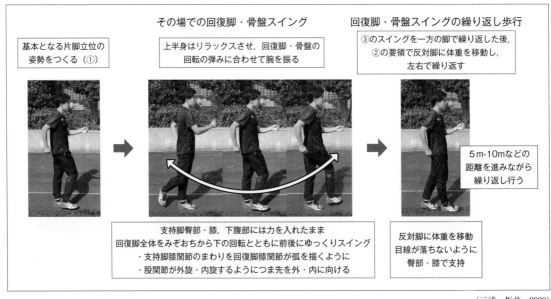

その場での回復脚・骨盤スイング

基本となる片脚立位の姿勢をつくる（①）

上半身はリラックスさせ，回復脚・骨盤の回転の弾みに合わせて腕を振る

回復脚・骨盤スイングの繰り返し歩行

③のスイングを一方の脚で繰り返した後，②の要領で反対脚に体重を移動し，左右で繰り返す

5m-10mなどの距離を進みながら繰り返し行う

支持脚臀部・膝，下腹部には力を入れたまま回復脚全体をみぞおちから下の回転とともに前後にゆっくりスイング
・支持脚膝関節のまわりを回復脚膝関節が弧を描くように
・股関節が外旋・内旋するようにつま先を外・内に向ける

反対脚に体重を移動目線が落ちないように臀部・膝で支持

(三浦・坂井，2020)

（2）片脚直立支持からプッシュ（図2b-c）

1）局面のメカニズム

この局面は一般に「プッシュ局面」と呼ばれ，支持脚は直立した状態（**図2b**）から股関節伸展によって後方に大きくプッシュした姿勢（**図2c**）になります。筆者らの分析の結果から，この局面での後方プッシュによる推進力の大きさは，歩行スピードの大きさには関係ないことが明らかになっているものの，ロス・オブ・コンタクト局面の長さと関係しているため，後方に強く押せば押すほどロス・オブ・コンタクトの時間が長くなって失格に近づくことになります（法元，2006）。

図2cのようなプッシュした姿勢は，接地から支持脚が直立するまでの局面での減速が少なくなることで得られるので，この局面ではコーチ・審判など競技者を観察する立場からは「プッシュ」しているようにみえても，競技者としてはむしろ「強いプッシュ」は必要なく，全身が速く前に進むためにはその前の局面の方が重要ということになります。

さらに，この局面で「強いプッシュ」を行った場合，股関節の解剖学的な伸展可動域は5度程度しかないことからハムストリングスや下腿三頭筋にたよった動作になることが多く，離地前に全身の位置が高くなったり，離地後に膝下を蹴り上げたりすることになります。このような動作はランニングに近いためロス・オブ・コンタクトを招きやすくなります。

この局面では下肢のリラックスにより離地後のリカバリーを先どりするような動作の方が，ロス・オブ・コンタクトを避けて，高いパフォーマンスを得ることにつながります。

（3）プッシュからリカバリー（図2c-e）

1）局面のメカニズム

この局面は，ランニングと競歩を分ける重要な局面となります。

ランニングではキック後の足が高く跳ね上がることが多くみられますが，競歩の場合は，この動作のあるなしがロス・オブ・コンタクト判定の観点の1つとなります。そのため，肉眼による目視観察でこの動作が生じないこと，また，ビデオの動画再生の場合にできる限りこの動作が小さくみえる必要があります（法元ほか，2001，2004，2005，2007）。

この局面では，膝関節では伸展筋群の活性が高く，膝関節の屈曲を抑え，伸展に切り替えるための筋力は発生しているため，この動作を小さくするには，プッシュ終了からリカバリーにかけて大腿四頭筋などの膝関節伸展筋群が活動していると有利に働きます。

（4）リカバリーから接地（図2e-g）

1）局面のメカニズム

この局面は，リカバリー局面の最後として，最初に挙げた接地時の膝伸展位をつくる重要な局面と言えます。

この局面のポイントとしては，足部のスイング軌道が高い場合にはロス・オブ・コンタクトの判定を受けやすくなるため，軌道の低いスイングが必要となります。脚全体を前方にスイングする時に大腿筋膜張筋の緊張による股関節の外転を伴う場合には，脚全体が引き上げられてスイング軌道が高くなってしまいます。

そのため，プッシュから離地，リカバリーにかけての局面では，腸腰筋の活動が優位になって股関節外転をあまり伴わない「真っ直

ぐ」な振り出しであることが必要です。また、接地直前では、大臀筋の活動による股関節の伸展によって脚全体に「むち動作」が発生することで膝から下が勢いよく振り出されます。

2）技術の習得

プッシュからリカバリー、そしてこの局面の技術を習得するための基礎運動（ドリル）を以下の**図5**と**図6**で紹介します。

①接地前の膝下スイングと接地後の「乗り込み」「後足の引きつけ」を強調した歩行（図5）

②「後足の引きつけ」を強調した半歩歩行（図6）

（5）体幹の回旋（図2d-f）

1）メカニズム

ここまで解説した一連の局面では、脚全体の振り出しによる下肢の「勢い」（運動量・

図5　接地前の膝下スイングと接地後の「乗り込み」「後足の引きつけ」を強調した歩行

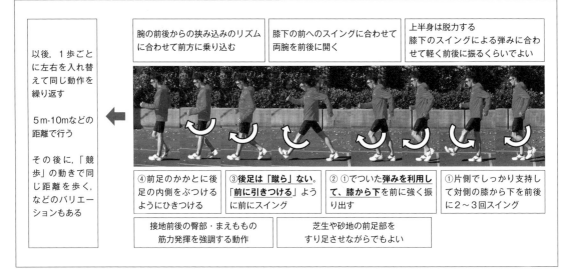

以後、1歩ごとに左右を入れ替えて同じ動作を繰り返す

5m-10mなどの距離で行う

その後に、「競歩」の動きで同じ距離を歩く、などのバリエーションもある

腕の前後からの挟み込みのリズムに合わせて前方に乗り込む

膝下の前へのスイングに合わせて両腕を前後に開く

上半身は脱力する　膝下のスイングによる弾みに合わせて軽く前後に振るくらいでよい

④前足のかかとに後足の内側をぶつけるようにひきつける

③後足は「蹴ら」ない。「前に引きつける」ように前にスイング

②①でついた弾みを利用して、膝から下を前に強く振り出す

①片側でしっかり支持して対側の膝から下を前後に2～3回スイング

接地前後の臀部・まえももの筋力発揮を強調する動作

芝生や砂地の前足部をすり足させながらでもよい

(三浦・坂井, 2021b)

図6　「後足の引きつけ」を強調した半歩歩行

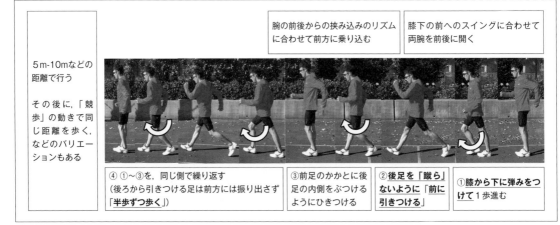

5m-10mなどの距離で行う

その後に、「競歩」の動きで同じ距離を歩く、などのバリエーションもある

腕の前後からの挟み込みのリズムに合わせて前方に乗り込む

膝下の前へのスイングに合わせて両腕を前後に開く

④①～③を、同じ側で繰り返す（後ろから引きつける足は前方には振り出さず「半歩ずつ歩く」）

③前足のかかとに後足の内側をぶつけるようにひきつける

②後足を「蹴ら」ないように「前に引きつける」

①膝から下に弾みをつけて1歩進む

(三浦・坂井, 2021b)

角運動量）は，骨盤を回旋させるように作用します。しかし，1歩中の骨盤回旋の動作範囲は歩行スピードとは関係がなく，むしろ，回旋を止めようとする筋力が高い方が歩行スピード，パフォーマンスは高いということが筆者らの分析によって明らかになっています（法元ほか，2010）。そのため，古くよりよいものとして教えられてきた積極的に骨盤を回旋させようとする動作は，実際にはパフォーマンスの増大には役立っていません。

また，それと関連して，上肢の役割は下肢による角運動量と相殺するような運動量を発生させ，上肢と下肢のバランスをとって真っ直ぐ歩くことができるようにすることです（Hoga-Miura, 2016）。しかし，より大きな腕振りをすることは，肩関節周りの緊張などによってパフォーマンスの向上には役に立つわけではなく，むしろ，**図2d**と**図2f**に相当する局面での前後の切り返し動作が強く行われることの方が，高いピッチを生み出すことでパフォーマンス向上に役立ちます。ま

た，そのためには，本来，大きな可動域をもつ胸郭・胸椎周りの回旋・側屈，肩甲骨周りの動作が大きく保たれていることが重要となります。

2）技術の習得

競歩における体幹の動作は，上記の下肢の動作がしっかり習得されていることに加え，後述する胸椎・腰椎と肩関節のコンディションがととのっていれば，さほど大きな問題が生じることはありません。

しかし，実際に歩いている時の緊張の偏り，力を入れるタイミング，上肢と下肢の連動などに問題が生じる場合があります。そのため，とりわけ体幹を介した上肢と下肢との連動が，技術習得の上で重要なポイントとなります。

そこで，上記の要素を実際の競歩の動きにつなげるための基礎運動（ドリル）を，**図7**と**図8**で紹介します。

①上肢の回転を伴った片脚立位保持の繰り返し歩行1（**図7**）

②上肢の回転を伴った片脚立位保持の繰り

図7　上肢（肩甲帯）と下肢（骨盤）の連動性を高めるための運動1

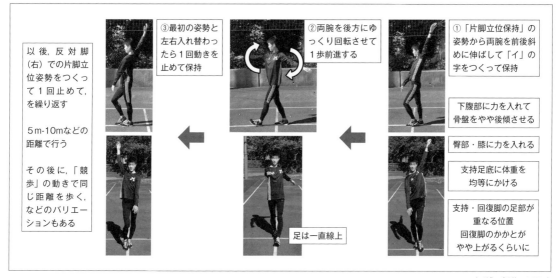

以後，反対脚（右）での片脚立位姿勢をつくって1回止めて，を繰り返す

5m-10mなどの距離で行う

その後に，「競歩」の動きで同じ距離を歩く，などのバリエーションもある

③最初の姿勢と左右入れ替わったら1回動きを止めて保持

②両腕を後方にゆっくり回転させて1歩前進する

①「片脚立位保持」の姿勢から両腕を前後斜めに伸ばして「イ」の字をつくって保持

下腹部に力を入れて骨盤をやや後傾させる

臀部・膝に力を入れる

支持足底に体重を均等にかける

支持・回復脚の足部が重なる位置　回復脚のかかとがやや上がるくらいに

足は一直線上

（三浦・坂井，2021a）

図8　上肢（肩甲帯）と下肢（骨盤）の連動性を高めるための運動2

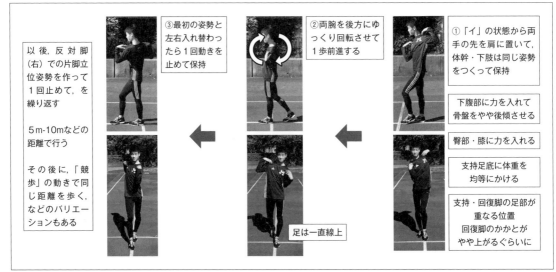

以後，反対脚（右）での片脚立位姿勢を作って1回止めて，を繰り返す

5m-10mなどの距離で行う

その後に，「競歩」の動きで同じ距離を歩く，などのバリエーションもある

③最初の姿勢と左右入れ替わったら1回動きを止めて保持

②両腕を後方にゆっくり回転させて1歩前進する

足は一直線上

①「イ」の状態から両手の先を肩に置いて，体幹・下肢は同じ姿勢をつくって保持

下腹部に力を入れて骨盤をやや後傾させる

臀部・膝に力を入れる

支持足底に体重を均等にかける

支持・回復脚の足部が重なる位置
回復脚のかかとがやや上がるぐらいに

（三浦・坂井，2021a）

返し歩行2（図8）

3. 競歩で求められる体力

（1）種目の習得に必要・有利な体力

1）柔軟性と筋力

　競歩の一連の動作の中では，柔軟性が求められる部位と，安定性が求められる部位に分かれます。柔軟性が求められる部位では大きな動作範囲を伴った筋力が求められ，安定性が求められる部位では動作範囲を大きくしない筋力が求められます。

　競歩は下肢を前後に大きく動かす前進運動であるため，股関節・膝関節の屈曲伸展，足関節の底背屈のほか，肩関節についても屈曲・伸展方向の柔軟性が重要となります。さらに，正面からみた場合の下肢のしなやかな動きもパフォーマンスに重要とされ，その際には，股関節の内外転，内外旋の動作，足部の回内外の可動域も重要となります。

　一方，技術の項目で述べたように，接地時に地面から大きな反力，衝撃がかかるため，それを受けるための筋力や，全身を支持するための筋力が必要となります。

　以上をまとめると，各部位ごとに，

・胸椎：回旋と側屈の柔軟性が高く可動域が大きいこと

・腰椎：回旋と側屈方向に加わる力に対して安定性が高いこと

・肩関節・肩甲骨：上肢の可動域を大きく保つために柔軟性が高いこと

・股関節：屈曲伸展，内外転，回旋の柔軟性が高く，可動域が大きいこと。また，大臀筋・中臀筋の筋力が高く，衝撃を吸収し全身を支持できること

・膝関節：屈曲伸展以外の安定性が高いこと。また，大腿四頭筋の筋力発揮により衝撃を吸収し，膝関節を安定させ保護できること

・足関節：底背屈，回内外，回旋の柔軟性が高く可動域が大きいこと

などが挙げられます（中村ほか，2010）。

２）持久力

　心拍数は持久力を測る分かりやすい一般的な指標ですが，世界一流の中長距離エリートランナーの最大負荷時およびレース時の心拍数が180-190拍/分程度であるのに対し，同じく世界一流競技者の20kmWでの心拍数は同じく180-190拍/分という報告があります。そのため，求められる持久的特性はランニングと競歩で大きな違いはなく，中長距離走と競歩の持久的適性，タレントは同一のものであると言えます（LaTorre and Vernillo, 2011; マーティン・コー，2001; Pupis, 2011）。

　また，日本選手権20kmW出場レベルの競技者の高校時代の男子5000m走，女子3000m走のパフォーマンスは，10000mW，20kmWのパフォーマンスと関係がありますが，オリンピック・世界選手権の参加資格と同じレベルの記録（2011年以前の参加標準記録A，男子20kmW：1時間22分30秒，女子20kmW：1時間33分30秒）以内の記録をもっている競技者に限定すると，高校生年代での走パフォーマンスとの関係はみられません。そのため，競技開始段階における走のパフォーマンスは競歩種目で全国レベル上位に行けるかどうかの指標にはなるものの，その先，国際レベルで活躍できるかどうかを占う指標にはなっていないと言えます。

　とはいえ，実際には上記の世界選手権参加資格レベルに到達した選手の走パフォーマンスは非常に幅が広く，男子5000mで16分50秒から14分40秒，女子3000mで10分10秒から9分30秒と，さまざまなレベルから競歩種目に足を踏み入れています。そのため，中学校や高校で陸上競技に興味をもって課外活動として選択し，その中でも中長距離種目

を「向いてそう」と自覚して選択するくらいであれば入り口の適性として十分すぎるぐらいであると言えます（三浦，2020）。

（2）種目ごとの体力要素の違い

　ランニングにおいて最大酸素摂取量の運動強度を持続できる限界の時間が10-11分となるという研究報告がありますが，競歩の場合，この時間は男女の室内3000mWの世界最高とほぼ重なりますので，国際レベルの競技者の3000mWのスピードは最大酸素摂取量の目安となります（Molinari et al., 2020）。その3000mWを基準として競歩の各種目距離の世界記録スピードの比率を考えると，それぞれの種目で重要となる体力要素（持久力の要素）を考えることができます（マーティン・コー，2001）。

　以下に，競歩種目の種目ごとの世界記録・最高の平均スピードを室内3000mWのものを100%として，その相対値で示しながら各種目の特徴を挙げていきます。

　【5000mW】5000mWの平均スピードは3000mWに対して男女とも96%強と非常に高く，有酸素エネルギーを主としながらも無酸素エネルギー供給機構も使われる強度であると言えます。

　【10000mW/10kmW】10000mW/10kmWでは男女とも94%で，ともに無酸素エネルギーも使われる強度です。

　【20kmW】20kmWでは，いくらか比率が落ちて91-2%で，この強度の場合には有酸素エネルギーがほとんどですが，無酸素エネルギーも使われる強度です。そのため，その境目よりも少しだけ高い強度の種目として理解するのがいいでしょう。20kmWよりも距離が長く，負荷強度が下がる種目では必要

なエネルギーのほとんどが有酸素代謝によって賄われていると言えます。

【35kmW】35kmWは欧州各国，中国などでは20kmWから50kmWに移行するためのステップ種目として20kmと50kmの中間の距離である35kmWが古くより実施され，その中での世界最高が男子で87％，女子で83％となっています。50kmWでは男子が82％，女子が81％となっていて，35km，50kmWの実施年数がまだ浅い女子において男子よりも低い比率となっています。

4. 競歩のトレーニングのポイント

（1）技術トレーニングと持久性トレーニングのバランス

　競歩は技術的な要素のパフォーマンスへの影響が大きいことから，技術的なポイントに重きを置いた指導になりがちです。しかし，技術的な要素は，あくまでパフォーマンスの基礎を成すものであることから，技術的な指導だけでパフォーマンスが上がることはありません。極論すれば，一旦基礎ができてしまえば，その後のパフォーマンスの違いは，持久性トレーニングの成否によって決まるといっても過言ではありません。トップ競技者，上級者でも技術トレーニングは初心者と同様に重要であり，スピードが高くなればそれに合わせて技術を高めていかなくてはなりませんが，持久力の要素も合わせて高めていくことが必要です。

（2）パフォーマンスアップのための持久性トレーニング

1）U18のための主要トレーニング（5000mW中心）

　この種目は有酸素性代謝に加えて無酸素性代謝も重要となる種目です。そのため，短時間の全力負荷に加えて，10〜20分の最大努力に近い負荷のトレーニングが心拍出量増大やミトコンドリア増量などを伴ってパフォーマンス増大に効果的です（勝田・征矢，2015）。

　そのためのトレーニングの代名詞とされるのが，高強度負荷と不完全休息を繰り返すインターバル・トレーニングです。高強度で行うためのものなので，あまり運動時間が長くては意味がありませんが，不完全休息をはさみながら酸素摂取量がフルに動くまで5〜10分ほど時間がかかり，短時間の高強度負荷や長すぎる完全休息では同じく意味がありません（ダニエルズ，2018）。その点を考えれば高強度負荷の合計時間が，できれば10分以上，20分程度までの分量が標準的なセットとなります（図9）。

　また，無酸素性代謝「も」発生する強度で負荷をかけることが目的であるため，5000mWの自己記録の平均ペース前後の負荷であれば十分に目的を達成できると言えます。

2）U20のための主要トレーニング（10000mW/10kmW中心）

　この種目は運動強度で言えば5000mWに近いものの，競技時間からすれば40分前後であり，無酸素性代謝の重要度は下がります。そのため，有酸素性代謝を増大させるようなトレーニングを行って無酸素性作業閾値のスピードをより高く押し上げることが有効です。

図9　5000mWの自己記録を基準としたインターバル・トレーニングの負荷構成

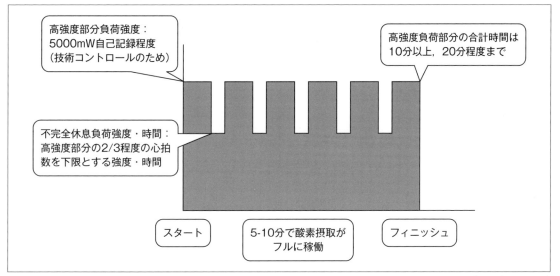

（三浦・坂井，2021b）

10000mW/10kmWのパフォーマンス増大のためには，最大酸素摂取量を押し上げるようなトレーニングに加えて，酸素供給・利用能力を上げることを目的とするトレーニングが重要で，後者ほど重要度が高いと考えられます。無酸素性作業閾値前後の負荷によって乳酸の分解能力を高めるトレーニング強度や，有酸素運動の範囲内で比較的強度の高い負荷をかけることでミトコンドリアの増量や毛細血管濃度を高めるような強度が効果的です（勝田・征矢，2015）。

具体的には10000mW/10kmWあるいは20kmWのレースペースを上限として，そこよりもやや遅いくらいの範囲内での負荷強度になりますが，上記のエネルギー供給をレース時間だけ継続できるようにすることが必要になるので，トレーニング負荷の合計時間がレース時間と同等あるいはそれより長くなるような負荷が適切であると言えます。

方法としては不完全休息をはさみながら負荷をかけることになりますが，高強度負荷の時間が短ければ，スタート後のその多くの時間は無酸素性代謝によってエネルギーが供給されることになり，ここでの目的である有酸素性代謝への負荷がかからないことになります。そのことを考えれば，高強度部分は5分以上，休息部分は不完全休息となる範囲の時間として，負荷の全体を構成するのがいいでしょう（**図10**）。

また，休息部分の強度を下げ過ぎない方法として，一定の距離ごとに強度を変える変化歩（変化走）のようなものも，インターバル・トレーニングのバリエーションとして行われています（**図11**）。

3）U23のための主要トレーニング（20kmW中心）

20kmWの強度は3000mWの91〜92％と低くなりますが，運動時間が80〜100分であることで，体内の糖質が枯渇せずに運動できる限界の時間の種目でもあります。そのため，エネルギー産生の脂質代謝の比率を上げるトレーニングが必要となります。

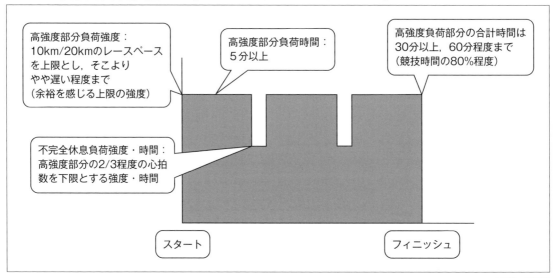

図10　無酸素性作業閾値前後を基準としたインターバル・トレーニング

高強度部分負荷強度：
10km/20kmのレースペース
を上限とし，そこより
やや遅い程度まで
（余裕を感じる上限の強度）

高強度部分負荷時間：
5分以上

高強度負荷部分の合計時間は
30分以上，60分程度まで
（競技時間の80％程度）

不完全休息負荷強度・時間：
高強度部分の2/3程度の心拍
数を下限とする強度・時間

スタート

フィニッシュ

（三浦，2021b）

図11　無酸素性作業閾値前後を基準とした変化歩

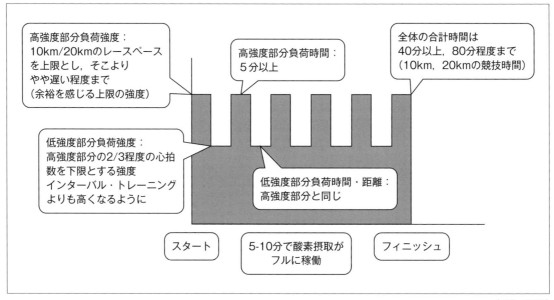

高強度部分負荷強度：
10km/20kmのレースペース
を上限とし，そこより
やや遅い程度まで
（余裕を感じる上限の強度）

高強度部分負荷時間：
5分以上

全体の合計時間は
40分以上，80分程度まで
（10km，20kmの競技時間）

低強度部分負荷強度：
高強度部分の2/3程度の心拍
数を下限とする強度
インターバル・トレーニング
よりも高くなるように

低強度部分負荷時間・距離：
高強度部分と同じ

スタート

5-10分で酸素摂取が
フルに稼働

フィニッシュ

（三浦，2021b）

　まず，無酸素性代謝も使われる強度であることから，有酸素性代謝を増大させて無酸素性作業閾値のスピードを押し上げるために，5000mW，10000mW/10kmWに向けたものと同じ強度・方法のトレーニングが有効となります。そこに加えて，20kmWでは脂質代謝の大きさが有効になるので，そのためのトレーニングが効いてくることになりますが，20kmWのレース強度でレース時間を運動しても糖質が枯渇しないよう脂質を使えるようにすることが目的となります。また，フィニッシュまで糖質を枯渇させないだけでな

く，ラストスパートのように急激なパワー出力の増大にも対応できるだけの糖質を節約して残しておくことも目的となります。

そのため，レース時間は最低限として，それよりも長い時間の運動によって糖質を枯渇させていき，並行して脂質代謝を増やしていくような強度がいいでしょう。具体的には，糖質よりも脂質の方を多く使う強度（最大の75％以下の強度）となります（**図12**）。また，これらのトレーニングは，その後の栄養（炭水化物）摂取をセットとすることで糖質貯蔵量の増大を引き起こすことになるため，レース終盤までのペース維持につながります（山田ほか，1990）。

さらに，脂質代謝が多くなると，その分だけ骨格筋のタンパク質を燃料として取り出す代謝も増えるので，糖質回復のための炭水化物摂取だけでなく，タンパク質の意図的な摂取も必要ということになります。

４）トレーニング計画全体での配分

競歩のトレーニングでは，持久性の運動として糖質と脂質が大量に消費されます。糖質は容積が大きいため人体での貯蔵量に限界があり，また，消費も速いため高強度の持久性の運動では枯渇あるいは枯渇に近いところまで消費されます。糖質の回復にかかる時間は，高強度トレーニング後はその他の栄養素を含めて２日あるいは３日程度を要するため，強度の高いトレーニングは２日あるいは３日くらいの間隔をおくことで想定した負荷でのトレーニングができると言えます。競歩の場合には "Stroll"「ストロール」（ぶらつく・散歩する，の意味）と呼ぶ低強度の競歩の動きで回復が図られます。

この期間の強度・量としては，糖質を回復させるべき状況であるために，脂質をメインとして使う強度からさらに余裕のある強度で糖質貯蔵に十分に余裕がある距離・時間となるでしょう。また，脂質をメインとした強度

図12　持続歩の構成

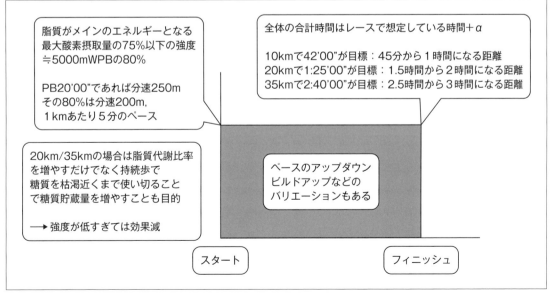

（三浦，2021a）

の運動を継続することで脂質代謝が増えていき，糖質を節約して比較的高強度の運動を継続できるようになります。その結果，**図12**に挙げた持続歩と同じく，いわゆる「スタミナ」の獲得につながっていきます。

実際のトレーニング計画への具体的な組み込み方としては，強度の高い高強度のトレーニングと2～3日の回復期間をセットとしたサイクルを何回か繰り返す中で，疲労の蓄積などを感じずにパフォーマンスの低下が発生しないのであれば，1回あたりの運動時間は長い方がよいと言えます。現在の日本のトップの場合，30分から90分程度といったように，個々人の状況によってさまざまです。

5）導入時の持久力維持

高校生などのように，競技開始や技術習得開始から間もない段階の場合には，技術習得の状況が制限要因となって，最大酸素摂取量に近い強度の負荷がかけにくい場合が多くなります。そういった場合には，ランニングなど他の運動を手段として実施した方が有効となります。

高校生年代であれば，競歩の動きで180～190拍/分程度の心拍数に到達できれば，持久力を高めるためには競歩で十分と言えます。しかし，競歩では膝関節の屈曲伸展がランニングと比較して少なく，とりわけ大腿部の膝関節伸展筋群に負荷をかけなくても判定上は形になっていることもあり，競歩の運動のみによるトレーニングを継続した場合には，大腿部を中心として次第に体力（筋力）の偏りが生じることになります。

そのため，競歩の動作で持久性トレーニングの強度は十分だったとしても，10000mW，20kmWなど，U20，U23，シニアに向けた年代・種目移行を考えると，競歩の動作だ

けを繰り返していた場合には各部位の機能が不十分なままになる可能性があります。高校生年代であれば，技術習得の段階に応じて，週ごとあるいは年間トレーニング全体の2/3から半分くらいはランニングあるいは競歩以外の運動によるトレーニングとするのがいいでしょう（**図13**）。

とりわけ初期段階では各関節の可動域を高め，身体を支えられるような筋力を高めるための基礎運動を十分に行った上で，**図3**から**図8**に挙げたような基礎技術を習得する運動を最低限行っておくことになります。その中で，ランニングによって持久力を高めていき，段階的に1/3から半分程度までの量を競歩で行うように移行していくといった構成の方が，体力の偏りによる故障を防ぎつつ，パフォーマンスを高めていくためには適していると考えられます。

5. アドバンス

・競技・種目移行と競歩種目への導入について考えてみましょう。

【ポイント：スムーズな技術習得，競技・種目のバックグラウンド，運動経験】

・指導者が審判を兼ねることの是非について考えてみましょう。

【ポイント：技術の理解，公平性のバランス】

・5000mWから10000mW，20kmW，35kmWへの効率的なステップアップについて考えてみましょう。

【ポイント：早期の種目移行によるメリット，外傷・障害や頭打ちなどのデメリット】

（三浦 康二）

図13　競技経験の違いによる走・歩の構成変化の概念・模式図

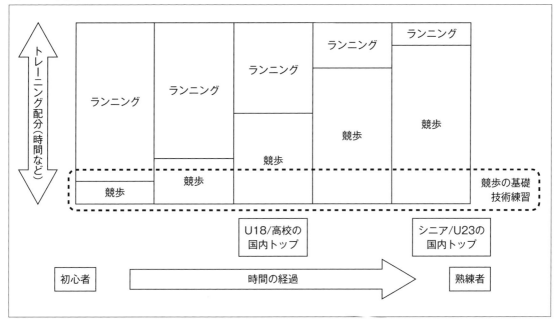

（三浦，2018）

〈文献〉

ダニエルズ，J（2018）ダニエルズのランニング・フォーミュラ 第3版．（翻訳）篠原美穂，（翻訳監修）前河洋一，ベースボール・マガジン社：東京．

法元康二・阿江通良・榎本靖士（2001）競歩における歩行技術に関するバイオメカニクス的研究-競技規則への適合について-，陸上競技研究，47，pp.19-24．

法元康二・杉田正明・藤崎明・阿江通良（2004）競歩の歩型判定に関するバイオメカニクス的分析-第42回全日本競歩輪島大会男子20km競歩の判定結果から-．日本陸連科学委員会研究報告 REPORT2003，3，pp.53-59．

法元康二・杉田正明・藤崎明・阿江通良（2005）アテネオリンピックと第43回全日本競歩輪島大会の男子20km競歩におけるベント・ニー判定の比較．日本陸連科学委員会研究報告 REPORT2004，4，pp.124-127．

法元康二（2006）世界トップアスリートの歩型に学ぶ：分析データの歩型指導への応用，月刊陸上競技，40（6），pp.166-169．

法元康二・広川龍太郎・杉田正明・阿江通良（2007）世界陸上競技選手権ヘルシンキ大会男女20km競歩におけるロス・オブ・コンタクト判定．日本陸上競技学会誌，6（Supplement），pp.11-16．

法元康二・阿江通良・榎本靖士・横沢俊治・藤井範久（2010）競歩における左右下肢間の力学的エネルギーの流れと下胴および体幹の動作との関係，トレーニング科学，20（3），pp.217-229．

Hoga-Miura, K. Ae, M. Fujii, N. and Yokozawa (2016) Kinetic analysis of the function of the upper body for elite race walkers during official men 20 km walking race. The Journal of Sports Medicine and Physical Fitness, 56 (10), pp.1147-1150.

勝田 茂・征矢英昭編（2015）運動生理学20講 第3版，朝倉書店：東京．

Knicker, A and Loch, M (1990) Race walking technique and judging-The final report of the International Athletic Foundation research project. New Studies in Athletics, 5: pp.3-25.

LaTorre, A and Vernillo, G. (2011) Prediction of race walking performance via laboratory and field tests, In: Pupis, M（Ed.）World race walking research, Univerzita Mateja Bela, FHV : Banska Bystrica, Slovak. Rep., pp.80-94.

Mann, R.（1982）: American Academy of Orthopedic Surgeon Symposium on the foot and leg in running sports, Mosby Co., St.Louis, pp.1-29.

マーティン・コー：征矢英昭ほか監訳（2001）第4章 心臓，肺，血液のランニングへの適応，中長距離ランナーの科学的トレーニング，大修館書店：東京，pp.7-62.

三浦康二（2018）2018年度公認JAAFコーチ講習会講演資料，公益財団法人日本陸上競技連盟，東京．

三浦康二（2020）第4回 レベルアップに有利なタレント —導入時の持久的能力など，連載 エビデンスに基づく競歩のトレーニング＆コーチング−U18からマスターズまで−．月刊トレーニングジャーナル，42（10），pp.34-37.

三浦康二（2021a）2021年度公認JAAFコーチ講習会講演資料，公益財団法人日本陸上競技連盟，東京．

三浦康二（2021b）第14回 U18，U20，U23への種目移行：スポーツ生理学，トレーニング科学のエビデンスに基づく種目ごとの負荷強度の設定，連載 エビデンスに基づく競歩のトレーニング＆コーチング−U18からマスターズまで−．月刊トレーニングジャーナル，43（8），pp.52-55.

三浦康二・坂井優友（2020）第6回 基礎の導入：基礎技術（メカニズムからみた必要なドリル），連載 エビデンスに基づく競歩のトレーニング＆コーチング−U18からマスターズまで−．月刊トレーニングジャーナル，42（12），pp.51-56.

三浦康二・坂井優友（2021a）第7回 基礎の導入：通常歩行と競歩の違いから，連載 エビデンスに基づく競歩のトレーニング＆コーチング−U18からマスターズまで−．月刊トレーニングジャーナル，43（1），pp.49-53.

三浦康二・坂井優友（2021b）第8回 走運動と競歩の違いから，連載 エビデンスに基づく競歩のトレーニング＆コーチング−U18からマスターズまで−．月刊トレーニングジャーナル，43（2），pp.49-53.

Molinari, C.A., Edwards, J. and Billat, V.（2020）Maximal Time Spent at VO2max from Sprint to the Marathon. International Journal of Environmental Research and Public Health, 17（24），9250.

中村千秋編・渡部賢一・鈴木岳・北川雄一（2010）ファンクショナルトレーニング 機能向上と障害予防のためのパフォーマンストレーニング，文光堂：東京．

Payne, A.H.（1978）A comparison of ground reaction forces in race walking with those in normal walking and running. In Asmussen, E., and Jorgensen, K.（Eds.）Biomechanics VI-A, University park press, Baltimore, pp.293-302.

Pupis, M（2011）The intensity of race walker load at various performance at 20 and 50km, In: Pupis, M（Ed.）World race walking research, Univerzita Mateja Bela, FHV: Banska Bystrica, Slovak. Rep., pp.7-25.

Winter,D.A.（1984）Kinematic and kinetic patterns in human gait: variability and compensating effects. Human Movement Science 3, pp.51−76.

World Athletics（2020）Book of rules 2020-2021, World Athletics, Monaco.

山田茂・跡見順子・富野士良・原田邦彦・岩垣丞恒・渡辺雅之・堤達也・平田耕造（1990）運動生理生化学．培風館：東京．

舌正史（2007）C．スポーツ動作の観察と分析 5．走動作に影響を与える機能的，体力要因．鹿倉二郎ほか（編），公認アスレティックトレーナー専門科目テキスト第5巻 検査・測定と評価，公益財団法人日本スポーツ協会，文光堂：東京，pp.123-129.

17

跳躍の科学

1. パフォーマンスの決定要因

（1）跳躍距離と跳躍高の構成要素

　跳躍種目は，水平方向の跳躍距離を競う種目（走幅跳，三段跳）と，鉛直方向の跳躍高を競う種目（走高跳，棒高跳）に分類され，いずれの種目も身体を空中に投げ出す運動です。

　選手は跳躍距離（または跳躍高）を最大にするために，空中でさまざまな動作を行います（走幅跳を例にすると，そり跳び，シザース，ダブルシザースなど）。感覚的には空中動作によって身体重心がより高く，より遠くに移動するイメージをもつかもしれませんが，空中では身体重心は重力により放物運動をします。そのため，身体重心の到達距離や到達高は空中動作による影響を受けません。この

ことから，パフォーマンスの最大化を考えるためには，跳躍距離の決定要因を正しく理解することが重要です。

　まずは，水平種目の跳躍距離の構成要素をみてみましょう（**図1**）。走幅跳を例にすると，跳躍距離は離地距離（L1），空中距離（L2），着地距離（L3）の合計で決まります。そして，ここから踏切と着地でのロスを引いたものが公式記録になります。この中で，最も記録に対する割合が大きい距離は空中距離で，男子選手の例では跳躍距離の85％以上を占めていました（日本陸連科学委員会分析）。当然のことながら，着地の仕方によっては大きなロスが生じますが，最も重要なのは空中距離の獲得になります。

　そこで，空中距離に影響する要因を確認してみましょう（**図1**），その要因は大きく4つあり，踏切離地時の身体重心の水平速度

図1　走幅跳の跳躍距離の構成要素

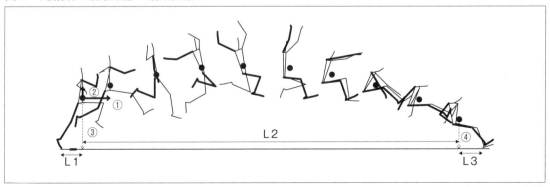

（小山ら，2008を加筆）

（①）と鉛直速度（②），離地時と着地時の身体重心高（③・④）です。そして，鉛直速度（②）によって滞空時間が決まり，その滞空時間の中で前方に進む距離が水平速度（①）によって決まります。さらに，同じ速度と角度で空中に跳び出したと仮定すると，到達地点は離地時の身体重心高によって変わるため，水平距離を競う競技であっても，体格や離地時の姿勢は重要になります。

次に，鉛直種目の跳躍高の構成をみていきます（**図2**）。走高跳を例にすると，跳躍高は踏切離地時の身体重心高（H1），上昇高（H2），クリアランス高（H3）の合計で決まります（H1＋H2が最大重心高）。走幅跳と同様に空中での身体の移動は離地時の重心速度によって決まるため，鉛直速度が大きいほど上昇高は大きくなります。また，H1，H2，H3の跳躍高に対する割合で最も大きい割合はH1になります。世界の一流選手の事例では（阿江ら，2010a；阿江ら，2010b），H1の割合は男子選手で61.7±2.8％，女子選手で64.7±3.1％であり，H2の割合を上回る数値（男子，42.3±3.1％，女子選手で39.9±2.0％）となっています。そして，筋力面で劣ると考えられる女子選手の方がH1の値が大きいことにも，着目する必要があると言えるでしょう。

図2　走高跳の跳躍高の構成要素

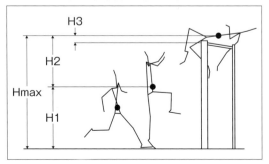

跳躍種目はダイナミックな空中動作や着地，クリアランス動作に目を奪われることも多いですが，まずは踏切を介して空中に跳び出す際に身体重心がもつ速度と姿勢に目を向けることが重要です。三段跳と棒高跳については，**図1**と**図2**を参考にしながら距離と高さの決定要因を考えてみましょう。

2. 跳躍種目の技術

（1）跳躍種目の運動局面

跳躍種目は，助走局面，踏切準備局面，踏切局面，空中局面，着地（クリアランス）局面と，5つの局面から構成されます。

（2）助走

助走の重要な目的は，踏切に向けて水平速度を高めることです。跳躍種目の踏切では，選手はスピードを落とさずに駆け抜けるように（加速するように）踏み切るイメージをもち，そのようにコーチングすることも多いですが，実際の試合で用いる全助走からの踏切では，全ての跳躍種目で水平速度は減少します（**図3**）。

また，競技力が高い選手ほど減速が少ないとも限りません。つまり，跳躍種目の踏切では水平速度の加速ができないので，助走で獲得する水平速度の大きさは非常に大切になります。

一方で，高い水平速度を求めるあまり，助走で短距離走のような全力スプリントをすることは適当ではなく，走幅跳の例では，助走における最高速度は全力スプリントに対してシニア男子走幅跳選手で96.4±1.9％，十種

競技選手で91～97%のスピードであったことが報告されています（熊野ら，2016；松林ら，2018）。

1）助走速度

前項で確認したように，助走で獲得する速度の大きさは，記録と関係します。助走が全力スプリント走に近い走幅跳，三段跳，棒高跳について，踏切直前で出現する最高速度と記録の関係（**図4**）をみると，いずれの種目も記録と跳躍距離の間に関係があり，記録がよい跳躍では，助走の最高速度は高い傾向にあります。

この両者の関係をみる際に重要な視点は，同程度の記録であっても高い速度が必要となる選手，低い速度で跳べる選手がいること，また一定の記録を得るためには最低限必要となる速度があることです。

図3　走幅跳，三段跳，棒高跳，走高跳の踏切中の水平速度の変化例

※踏切接地時の水平速度を100%として示している。

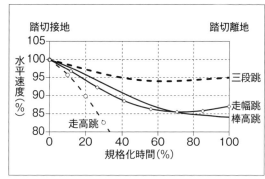

※各種目の線は国内外男子一流選手の1選手の事例であるため，速度変化の大小や変化パターンは各種目の特性を全て反映しているわけではないことに注意が必要である。
※走幅跳，三段跳，棒高跳の減速の程度を見やすくするために，縦軸の範囲を限定したが，この走高跳の事例における踏切離地時の速度の値は48.5%であった。
※日本陸連科学委員会の測定データより作成したものである。

図4　走幅跳，三段跳および棒高跳の助走最高速度と記録の関係

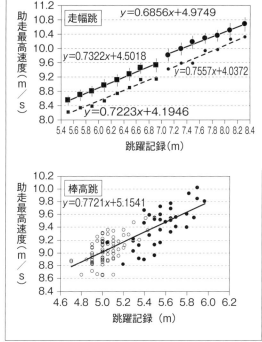

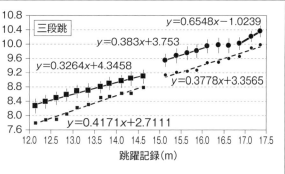

※■は女子，●は男子で，走幅跳は0.20mごと，三段跳は0.25mごとに群分けして平均したデータを示している。また，各群の小さい■・●は各群内の速度の最低値を示している。
※棒高跳は男子のデータであり，○は国内U20選手，●は国際大会の選手の結果である。なお，各跳躍の最大重心高が推定できないため，クリアランス高の大きい試技も記録で評価した。
※日本陸連科学委員会の測定データより作成したものである。

なお，ここで示した速度とスプリント能力を関連づけて考える際には，100m走のタイムと最高速度の関係（**表1**）を利用すると分かりやすいです。助走で発揮できる最高速度は個人の全力スプリント走の最大速度よりやや低いことを考慮して，各跳躍種目でねらいとする記録に対して必要となるスプリント能力を考えてみましょう。

2）助走距離，カーブの軌跡

助走速度を高めるためには一定の助走距離が必要です。例えば，インターハイ100m決勝では，大部分の選手は男子で50-60m区間，女子で40-50m区間に最高速度を記録しています（日本陸連科学委員会，online）。

つまり，個々の出しうる最高速度まで高めようとした場合には，一定程度の距離が必要であることが分かります。したがって，助走距離を伸ばしていく（助走歩数を多くしていく）方が速度は高めやすいですが，実際の助走距離の決定には，個々のスプリント能力，踏切技術，空中動作の技術など，多くの点を総合的に考えていくことが重要です。

そこで，U20世代の全国大会に出場した選手の助走から，その実態を**表2**にまとめました。助走のスタートは，セットスタートと，補助付きのスタート（歩行や軽いステップなどからスタート）の2つのタイプに大きく分けられますが，補助スタートは補助のとり方が選手によりさまざまなため，セットスタートのデータのみまとめています。助走距離を決めていく際の参考にしてください。

走高跳（背面跳）では，助走前半の直線走から助走後半で曲線を走るＪ字型の助走を行います。曲線では支持足を身体の真下よりやや外側に接地するため，内傾が得られて身体重心の低下を引き出すことができます。そして効果的な曲線走を行うためには，曲線走のコースどり（曲線の大きさ）が重要です。

選手は，曲線の大きさ（きついカーブ，ゆるやかなカーブ）を支柱からの横方向の距離で決めていきますが，支柱から2.5～5.0m（11～16足長）程度の位置を直線で助走してきた後に，踏切4～5歩前から曲線に入ることが目安として示されています（日本陸上競技学会，2020）。

表1　男子および女子100m走におけるタイムと最高速度の関係

男子				女子			
100mタイム(s)	最大速度(m/s)	100mタイム(s)	最大速度(m/s)	100mタイム(s)	最大速度(m/s)	100mタイム(s)	最大速度(m/s)
13.00	7.35	11.20	9.94	14.00	7.41	12.20	9.23
12.80	7.64	11.00	10.23	13.80	7.61	12.00	9.43
12.60	7.93	10.80	10.52	13.60	7.81	11.80	9.63
12.40	8.22	10.60	10.81	13.40	8.02	11.60	9.83
12.20	8.50	10.40	11.09	13.20	8.22	11.40	10.03
12.00	8.79	10.20	11.38	13.00	8.42	11.20	10.23
11.80	9.08	10.00	11.67	12.80	8.62	11.00	10.44
11.60	9.37	9.80	11.96	12.60	8.82	10.80	10.64
11.40	9.65	9.60	12.24	12.40	9.02	10.60	10.84

（松尾ら，2010；土江，2011より作表）

表2 U20世代全国大会男女走幅跳，三段跳，棒高跳の決勝進出者における
　　 助走歩数，助走距離および競技記録

	歩数(歩)	人数(人)	助走距離平均値(m)	記録範囲(m)		歩数(歩)	人数(人)	助走距離平均値(m)	記録範囲(m)
男子走幅跳 n=29	16	1	35.2	8.12	女子走幅跳 n=27	17	2	33.0	5.93 - 5.82
	18	4	38.3	7.68 - 7.12		18	8	33.9	6.06 - 5.74
	19	7	41.1	7.80 - 7.26		19	13	35.9	6.17 - 5.67
	20	13	43.4	7.75 - 7.18		20	4	37.4	6.06 - 5.80
	21	2	44.3	7.60 - 7.32					
	22	2	45.5	7.74 - 7.25					
男子三段跳 n=21	16	1	34.6	14.79	女子三段跳 n=23	15	2	26.5	12.70 - 12.39
	17	1	36.4	14.83		16	5	29.8	12.45 - 12.03
	18	6	38.4	15.40 - 14.87		17	9	32.2	12.53 - 11.97
	19	3	41.0	15.69 - 15.00		18	2	32.3	12.11 - 12.01
	20	6	43.3	15.49 - 15.06		19	4	35.0	12.78 - 12.18
	21	3	44.1	15.60 - 14.79		20	1	35.9	12.50
	22	1	45.4	15.31					
男子棒高跳 n=29	14	2	-	5.10	女子棒高跳 n=21	12	1	-	3.80
	16	15	-	5.15 - 4.80		14	6	-	3.85 - 3.60
	17	1	-	4.90		16	11	-	3.90 - 3.60
	18	10	-	5.43 - 4.80		18	3	-	3.86 - 3.60
	20	1	-	4.90					

※2015～2019年のインターハイおよびU20日本選手権の選手を対象にしている。
※助走距離はレーザー速度測定器により測定したスタート時の腰の位置から求めたものである。
※棒高跳はスタート時に軽い1歩程度のステップからスタートする選手が多かったため，そのステップを除いての歩数をセットスタートの場合と同様にカウントした。このカウント方法に伴い，助走スタート位置の判定が難しいため，歩数と人数のみを示している。
※日本陸連科学委員会の測定データより作成したものである。

　図5は，国内一流選手の曲線部分のコースどりを示しています。国内トップ選手の事例では，あまり曲線を大きくとらない選手で支柱から2.5m程度の位置，比較的曲線を大きくとる選手で支柱から4.0～4.5m程度の位置を助走しています。また，踏切足が接地足となる踏切4歩前を起点として，直線助走から曲線助走に切り替わる選手が多いようです。この図は一流選手の事例ですが，各選手の接地位置を参考にコースのとり方について考えてみましょう。

　なお，内傾動作は走高跳に特有の動作であるため，内傾動作を維持しながら踏切に入る指導が行われる場合があるようです。しかし，この内傾動作は，踏切時にはほぼなくなることが競技者の分析から指摘されており（阿江ら，2010a；阿江ら，2010b；戸邉ら，2019），踏切準備と同様に，身体（特に体幹）を内側に傾けて踏切に入る意識はあまり適切でないと考えられます。

（3）踏切準備

　踏切準備は，ほぼ水平移動を行っているスプリント動作から，種目に応じた斜め上方への跳び出しを行う踏切動作へのつなぎであり，助走で高めた水平速度を維持しながら，鉛直速度を獲得できる踏切接地姿勢につなげることが目的となります。そして鉛直速度を獲得

図5　男女走高跳の踏切5（または4）歩前から踏切までの接地位置の例

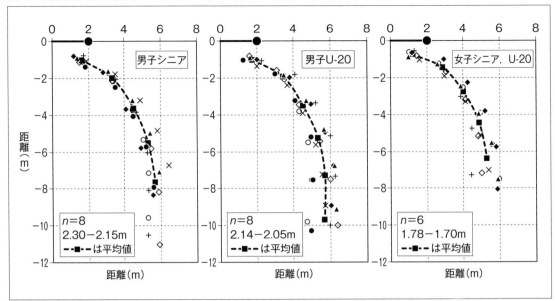

※右脚踏切も左脚踏切に変換し，各歩接地中のつま先位置を示している。
※原点はマット中央，原点から×方向2.0mの位置にある●は支柱の位置を示している。
※日本陸連科学委員会の測定データより作成したものである。

する準備のために，身体重心がスプリント時よりもやや下がる動作を行い（踏切接地から離地にかけて身体重心をより上昇させて鉛直速度を獲得するため），踏切接地時には踏切足が身体のやや前方に接地することになります（**図6**および**図8**のスティックピクチャー参照）。

1）身体重心の下降

　踏切準備の捉え方（踏切何歩前から踏切準備とするか？）は，選手やコーチによりさまざまであると考えられますが（例えば，水平跳躍種目で踏切4歩前などにマークを置き，そこから踏切準備と捉える。また，走高跳で曲線助走が始まるタイミングを準備開始と捉えるなど），踏切準備で重要な身体重心の下降は，踏切2歩前から1歩前の空中での下降が最も大きくなります（**図6**）。

　踏切2歩前から1歩前の接地にかけて，選手やコーチは「脚を振り下ろすのを遅らせる」

「踏切1歩前の接地を待つ」「ターン・タ・タン（ターンが踏切2歩前から踏切1歩前のリズム）」「踏切1歩前を足裏全体で接地する」などの表現で動作を言語化する場合がありますが，いずれも空中での身体重心の下降を引き出すことにつながっていると言えるでしょう。

　また，身体重心を下降させる動作とのつながりで考えるべき他の点として，水平速度の減速との関係が挙げられます。

　この点を，水平距離を競う走幅跳と三段跳の踏切準備で考えてみましょう。この2種目の踏切準備をイメージしてください。そして，どちらの方が身体重心の下降が小さく（大きく），水平速度の変化（減速）は少ない（大きい）と予想するでしょうか？

　図7は，同一選手が走幅跳と三段跳に出場した際の助走速度の変化の例です。あくまでも1事例になるので参考資料としてみていき

図6　走幅跳における踏切2歩前から踏切までの動作（左）と身体重心高の変化の例（右）

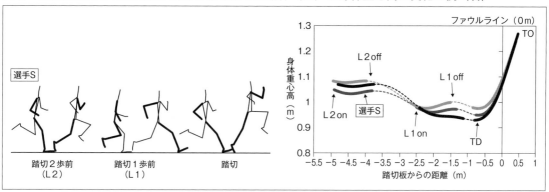

※日本陸連科学委員会の測定データより作成したものである。

（小山ら，2008を加筆）

図7　同一選手が走幅跳および三段跳に出場した際の助走速度曲線の比較

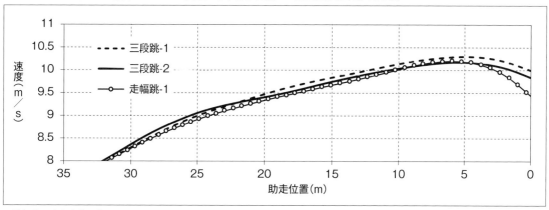

※踏切前の速度変化の差を見やすくするために，踏切前約30m地点からの速度のみ抜粋している。
※横軸の0mはファウルラインになるため，0m地点の速度は踏切接地中に身体前面がファウルライン上を通過する時の速度となる。
※日本陸上競技連盟科学委員会の測定データより作成したものである。

ますが，最高速度は両種目で大きく変わっていないものの，最高速度後の速度の変化（低下）は三段跳の方が少ないことが分かります。

　走幅跳と三段跳の空中への跳び出し（跳躍角）を比較すると，3回の連続跳躍を行う必要のある三段跳は，1回跳躍で距離を競う走幅跳に比べて低い跳び出し（小さい跳躍角）の踏切（ホップ）を行います。つまり，三段跳は踏切準備での身体重心の下降を走幅跳ほどする必要がないため，助走速度がより維持されやすいことがデータに表れています。

　ここで考えていきたいことは，踏切に向け

て水平種目であれば踏切板に，鉛直種目であれば個々の適当な踏切位置に，ストライドを合わせながら準備動作を行います。その際に，跳び出しに対して過度に身体重心を下降させる動作は，助走で得た水平速度の不要な減速につながる可能性があることです。

　逆の視点から考えると，踏切前の水平速度の減速が大きい（ように見える）場合は，身体重心の下降はしているけれど，身体が踏切方向に進んでいない（減速している）準備動作になっていることも考えられます。

2）踏切準備でのストライドとピッチ（リズム）

　跳躍種目の踏切前のポイントを表現してみましょうと聞かれた時，どのような言葉で説明するでしょうか？　例えば，「最後の1歩を素早く入る」「最後の2歩の歩幅を大→小に」「最後は駆け上がるように」「テンポアップする」「間のびしない」「ターン・タ・タン，タ・タ・タ・タンのリズム」など，踏切前の歩幅（ストライド）やリズムのコントロールを重視した表現で説明する選手やコーチも多いです。

　これらは全て異なる表現ですが，共通するエッセンスを抜き出すと，踏切1歩前から踏切までの歩幅が広くなりすぎずに踏切に移行することになると考えられます。

　踏切1歩前のストライドが広い踏切への移行（言い換えると，少し遠い位置から踏切に合わせる場合）をイメージしてください。このような状況で生じやすい動作は，①歩幅をかせぐために踏切に跳ぶように入る（結果として，踏切接地時に上から落ちるように身体重心の下向きの速度が大きくなる），②踏切位置に届くように踏切足を前方に伸ばす（脚を前に伸ばすことで，上体が後ろに引ける（後傾）），③踏切1歩前で大きくキックする（より後方まで蹴るため，振上脚が後方に残りやすくなる）などが挙げられます。

　踏切では不要な減速を避けることが必要ですが，踏切接地時に上体や振上脚が過度に後方に残る姿勢は減速につながりますので，そのような踏切接地につながらないように，踏切前のストライドをコントロールすることは重要です。

　踏切前のリズムを考える時には，水平速度はピッチ（リズム）とストライドの積である

ことの理解が重要です。つまり，助走で高めた水平速度を踏切に効果的につなげるためには，踏切準備でのピッチ（リズム）とストライドを適切にコントロールする必要があります。

　踏切準備でピッチを上げること（刻むように走ると表現される場合もあります），つまりリズムが速い方が踏み切りやすいという感覚をもつ選手も多いと思いますが，ピッチを上げることは，ストライドを短くすることにつながる場合があります。

　踏切準備の目的は，リズムを上げることではなく，あくまでも高い水平速度を維持しながら踏切に移行することです。特に踏切前のリズム（ピッチ）アップを長い区間（歩数）で行った場合に，身体の移動が妨げられている場合があります。また，選手によってはリズムアップの強調がない方が，水平速度が維持されて踏切に移行できることもあります。

　踏切準備では身体全体が踏切に向かってしっかり進んでいるかについて，選手やコーチは確認しながらリズムを捉える必要があるでしょう。

（4）踏切

　跳躍距離や跳躍高を獲得するためには，種目に応じた一定程度の角度で斜め上方に踏み切る必要があります。つまり，踏切の重要な目的は，斜め上方に跳び出すための鉛直速度を獲得することです。

　なお，踏切で鉛直速度を獲得する際には水平速度の減速を伴いますので，水平速度の維持（減速）と鉛直速度の獲得のバランスが重要になります。**図8**に国内外の男子一流選手の踏切動作の例を示しています。種目による踏切動作の違いと，跳び出し方向の違いを確

図8　棒高跳，走高跳，走幅跳，三段跳の踏切動作の例

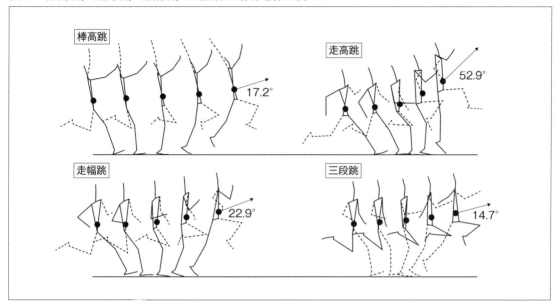

※各事例は国内外の一流男子選手で，●は身体重心位置を示している。
※矢印（→）は踏切離地時の跳び出しの方向を表し，数値は跳躍角度を示している。
※日本陸連科学委員会の測定データより作成したものである。

認してみましょう。

１）踏切での鉛直速度の獲得

　踏切では，踏切脚を介して地面に力を加えること（選手は地面反力を受ける）で鉛直速度を獲得します。そして，その鉛直地面反力の力積の大きさ（**図9**上の黒色の面積）によって，跳び出す時の鉛直速度が決まります。

　現場において，非常に弾むような動きをする選手を，「ばねがある」などと表現しますが，実際の運動の中で踏切中に加えた力以上に跳ね返ることはありません。例えば軽く地面を蹴っているように見えるのに跳ねる選手，力感がないように見えるのに跳ね返る選手もいますが，いずれの場合も，跳ね返るだけの力を地面に加えていることは押さえておきましょう。

　踏切における地面反力の獲得は，①踏切接地後から主に踏切前半で踏切足を軸にして踏切脚で支える動作，②自由四肢の振込動作，

図9　跳躍種目における踏切中の地面反力の例

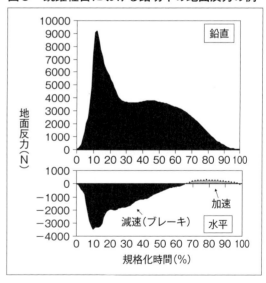

③主に踏切後半の下肢を中心とした全身の伸展動作で行われます。

　跳躍種目では，「身体の起こし回転運動」に焦点があたりますが，全ての跳躍種目の踏切では踏切足を身体のやや前方に接地するた

め（図8），①の支える動作により身体が前方回転しながら身体重心が上昇します。この運動が「身体の起こし回転」と表現されます。また，この支える動作の際に踏切脚の膝が大きく屈曲する（つぶれる）ような動作になると，十分に地面反力を得ることができなくなります。

　②の四肢の振り込み動作は，主に踏切中盤付近での地面反力の獲得に役立ちます。例えば，直立した姿勢で両腕を振り込んでみましょう。その際，腕が身体の横を通過するあたりで，身体が「グッ」と下に押さえつけられる感覚が得られるでしょうか？　そして，振り込む速度が大きいほど振り込み動作の効果は大きくなります。

　実際の跳躍では振上脚と両腕が振り込まれ，「振り上げ脚を速く振り込む」「踏切接地の時に振り上げ脚が後ろに残りすぎない」などの指導がよく行われますが，この指導にあるように，振り込みが行われるタイミングとその速さは重要な要素になります。時に，振り込みのタイミングを早くするあまり，踏切接地時に振上脚（大腿）がすでに身体の真下を通過している選手も見受けられますが，このような動作は振込動作の効果から考えた場合にタイミングが早すぎており，地面反力の獲得に対してあまり効果的ではないと考えられます。

　踏切後半では（踏切脚膝関節の最大屈曲時点で前半と後半に分けることが多い），主に③下肢の伸展運動によって地面反力を獲得します。跳躍種目では，踏切全体の鉛直速度の7割程度を踏切前半で獲得するため，踏切前半の動作の重要性を強調し，踏切後半の動作を軽視することもありますが（踏切後半で獲得した速度が小さいと，踏切前半で獲得した

速度の割合が相対的に大きくなるため，踏切前半の重要性が大きいように見える場合がある），競技力の高い選手では踏切後半で大きい地面反力を獲得し，鉛直速度の獲得量が大きくなる報告もあります。特に踏切脚の足関節を底屈させる筋群により大きな力を発揮できる能力は非常に重要です。

　ここまでは，選手を側方からみた視点（2次元的な視点）で考えました。一方で，選手を前方（または後方）からみた場合，踏切は必ず片脚で行うため，踏切脚を軸にして振上脚側の骨盤の挙上を行うことが可能です。そして，このような動作は地面反力の獲得につながります。すでに多くのコーチが骨盤の動きに着目したドリルなどを紹介していますが，側方からみた視点だけでなく，踏切動作をさまざまな方向からみて，鉛直速度の獲得につながる動作を考えていくことも重要でしょう。

3. 跳躍種目の体力

　跳躍種目は，高い疾走速度の獲得に加えて，非常に短い時間で踏切を行います。そのため，特に下肢の伸展筋群の筋力，短時間で瞬間的に力を立ち上げつつ，大きな力発揮ができる爆発的な筋力発揮，SSC運動による力発揮など，多様な体力要素が重要となります。そして，これらは独立しているわけではなく互いに関連し，体力要素を総合的に高めることが重要になります。

　トレーニング現場では，機器を用いたウエイトトレーニング，ボックスやハードルなどを用いた連続ジャンプ運動（プライオメトリクス），メディシンボール投げなどによる全身でのパワー発揮，バウンディング・ホッピ

ング運動など，多様なトレーニングが行われます（吉田，2021）。

一方で，上記で例示したトレーニングは跳躍選手にかかわらず行うものとも言えます（土江，2011；谷川，2011）。そこで，跳躍選手により求められる体力，言い換えると跳躍選手は他種目（短距離・障害など）の選手と比べてどのような体力が優れているかを，コントロールテストの結果から考えてみます。**表3**は，U20オリンピック育成競技者のコントロールテストの結果で，**図10**ではその記録を短距離・障害種目の平均値と比較しています（苅山ら，2019より筆者作図）。

跳躍種目の中で棒高跳はやや傾向が異なりますが，跳躍選手の全体的な特徴は，連続鉛直ジャンプ（RJ）を短い接地時間で行うこ

表3　U20オリンピック育成競技者（男女跳躍選手）のコントロールテストの平均値

		垂直跳	リバウンドジャンプ（RJ）		立五段跳	メディシンボール投げ
			接地時間	跳躍高		
		(cm)	(s)	(cm)	(m)	(m)
男子	走高跳	56.2	0.148	46.2	14.75	13.9
	棒高跳	55.1	0.150	39.7	13.90	13.2
	走幅跳	60.9	0.143	45.4	14.79	13.7
	三段跳	61.9	0.151	48.5	15.44	14.5
女子	走高跳	44.5	0.155	37.0	12.05	10.5
	棒高跳	42.9	0.144	34.1	11.25	9.3
	走幅跳	45.1	0.147	38.3	12.33	10.9
	三段跳	47.5	0.149	40.0	12.88	10.9

※RJは接地時間をできるだけ短くかつ高く跳ぶ6回連続ジャンプ（腕振りなし）の結果である。
※立五段跳の記録はトレーニングシューズでのものである。
※メディシンボール投は男子4kg，女子3kgで行い，数値は前方および後方の投げの平均値を示している。
※苅山ら（2019）のデータから作成した。

**図10　フィールドテストの結果からみた，男子・女子跳躍選手の体力の
　　　　傾向（男女トラック選手との比較）**

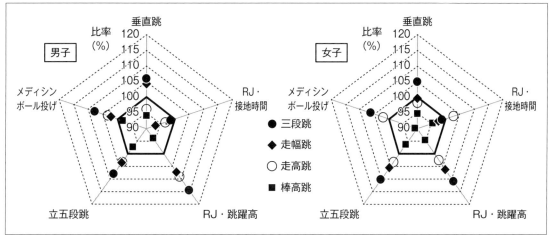

※跳躍選手の数値は短距離（100/200/400m）および障害（100H/110H/400H）選手の平均値に対する割合で示している。
※100%のラインは短距離および障害選手の平均を示している。
※苅山ら（2019）のデータから作成した。

とができ，さらに短い接地であってもより高く跳べていることです。加えて，下肢の爆発的な伸展によるパワー発揮が重要となる垂直跳びやメディシンボール投げ，前方への連続片脚ジャンプ運動である立五段跳も，短距離・障害選手より優れていました。

跳躍種目はスプリント系種目と異なり，技術的に難しい踏切動作や派手な空中動作があるため，その動作と技術の習得や改善に重点が置かれることも多いです。しかし図表にあるように，優れた跳躍選手はスプリント選手よりも下肢を中心とした全身の高いパワー発揮能力を有しています。トレーニングでは，この点を十分に押さえた上で，体力と技術的要素のトレーニングのバランスを考えてみてください。

4. 跳躍種目のトレーニングのポイント

このテキストを手にするコーチは，U20，シニア世代など，指導年代がある程度決まっているコーチが多いのではないでしょうか。各世代の記録の変化について，U20世代では比較的安定した向上がみられる場合が多いですが，シニア世代ではゆるやかな記録の向上や停滞が起こる場合があります。これらの記録の変化に影響を与える要因はさまざまあると考えられますが，ここでは，走幅跳と三段跳を例にして，基礎的なパラメータから，記録の向上（停滞）に関係する要因を共有し，世代を超えたトレーニングのポイントを考えてみます。

なお，走高跳や棒高跳については，世代を超えた（また共通した）指導のポイントを考えるために必要となるであろう観点（データ）はどのようなものになるかを，ぜひ考えてみてください。

（1）走幅跳における記録と助走速度の縦断的変化

「助走」の部分で述べたように，走幅跳の記録に大きく影響する要因に，助走速度があります。そこで，高校時（U20）と高校卒業後（シニア）の記録と助走速度の変化について，2選手の縦断的変化の事例を紹介します。走幅跳の記録の変化には，踏切準備から着地までのあらゆる局面の動作などが影響しますが，そのベースにある助走速度についてみてみます。

図11左は，高校卒業後に跳躍記録が約7％向上した選手の助走最高速度の変化の事例（向上例），**図11右**は高校時の記録が最高記録で，卒業後に記録が停滞した選手の助走最高速度の変化の事例（停滞例）です。この2事例から分かることとして，向上例では記録の向上とあわせて最高速度の増加がみられていること，停滞例では高校時の速度を越えている試技もあるものの，全体としては最高速度が増加しておらず，それに伴って記録が停滞していることがみてとれます。

このように踏切後の水平速度が記録に大きく影響する種目では（三段跳，棒高跳も含めて），スプリント能力の向上（助走最高速度の向上）をベースにしながら，各局面の技術を改善していく取り組みがトレーニングのポイントとして重要と言えるでしょう。

（2）三段跳における各歩の距離の横断的変化

ここでは，三段跳のトレーニング・指導のポイントを，さまざまな競技レベルの横断的

図11　高等学校卒業前後における走幅跳と助走最高速度の変化の関係の事例

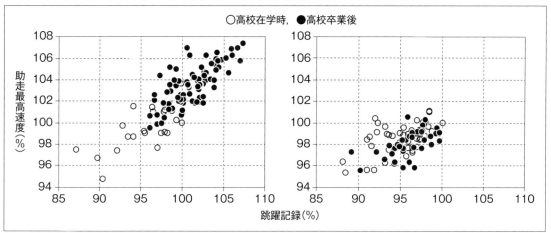

左：高校卒業後に記録が向上した事例，右：高校卒業後に記録が停滞した事例
※高校在学中の最高記録と最高記録時の助走最高速度を100%として示している。
※日本陸連科学委員会の測定データより作成したものである。

な測定結果から考えてみます。

　三段跳は3回の連続跳躍を行うため，その
バランス（比率）が注目されることが多いで
すが，少し視点を変えて，ホップとステップ
の合計距離と跳躍距離の関係をみてみます
（**図12**）。実は，この両者の関係は，各歩の距
離と跳躍距離の関係（**図13**）よりも記録に
対する影響が強いことが読み取れます。そこ
で，直近5年（2017〜2021年）のインターハ
イおよびU20日本選手権の入賞ライン（男子：
14.79〜15.16m，女子：11.85〜12.27m）を
想定すると，男子ではホップとステップで
9.8m程度，女子では7.8m程度の距離を獲得
しながらジャンプにつなげていく力が求めら
れることがデータから理解できます。ぜひ，
目標とする記録に対してのホップとステップ
の距離について考えてみてください。

　次に，各歩の距離と跳躍距離の関係（**図13**）
について，男子を例にして競技水準別にみて
みます。

　国内高校生（15m台の記録）では，跳躍記
録と関係があるのはホップとジャンプの距離

**図12　男子・女子三段跳におけるホップと
　　　　ステップの距離の合計と跳躍記録の関係**

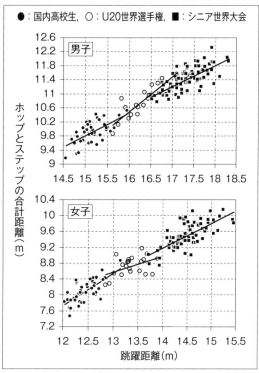

※跳躍記録およびホップの距離は，踏切でのロスを含んだ実測
　距離を示している。
※図内の直線は各世代で有意な相関関係がみられた場合
　（p<0.05）の回帰直線を示している。
※日本陸連科学委員会の測定データより作成したものである。

図13　男子・女子三段跳におけるホップ，ステップおよびジャンプの距離と跳躍記録の関係

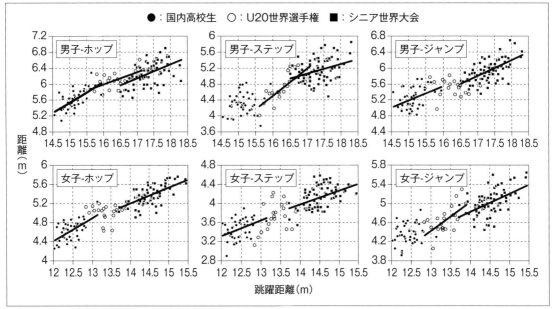

※跳躍記録は踏切でのロスを含んだ実測距離を示している。
※ホップとステップの距離は，ホップのつま先からジャンプ時接地時のつま先までの距離。
※図内の直線は各世代で有意な相関関係がみられた場合（p<0.05）の回帰直線を示している。
※日本陸連科学委員会の測定データより作成したものである。

で，ステップはばらつきが大きくあまり関係がありませんでした。つまり，15.5m付近までの高校生では，積極的なホップからステップは一定程度にとどめ，ジャンプを大きくできた選手の記録がよかった傾向にありました。一方で，16m台のU20WCの選手はどうでしょうか？　ここでは，ホップの距離の影響は小さくなり，17mを越えているシニアレベルの選手を除くと，跳躍距離との関係はなくなりました。一方で，国内高校生ではみられなかったステップの関係が非常に強く，U20WC組では6m前後のホップの跳び出しからステップをより跳べていた選手の記録がよかったという結果でした。

シニアの結果も含めて，これらのデータから考えられることは，記録を獲得していくための戦略が世代や記録水準によって異なる傾向にあった（可能性がある）ということです。

選手の跳躍を評価し，目標記録を設定しながらトレーニングを考えていく際に，動作をみていくことが多いと思います。そこに，各歩の距離がどの程度にあるのか（特に，ホップとステップの距離の合計）という視点もポイントに加えながら，トレーニングを考えてみてはどうでしょうか？

また，**図13**には女子のデータも示していますので，女子選手の傾向，男女の相違点などもあわせて考えてみてください。

5．アドバンス

・助走速度に対して獲得する記録には個人差がありますが，この個人差が出てくる要因にはどのようなことが考えられるでしょうか，走幅跳を例にして考えてみましょう。

【ポイント：踏切技術，体力，体格・体型】

・シニア世代の記録の停滞にスプリント能力の停滞が影響することが考えられます。この状況を改善していくための取り組みとして，どのようなものがあるか考えてみましょう。

【ポイント：各世代のトレーニングの現状】

・シニアの記録の停滞には，スプリント能力の停滞以外の多くの要因も影響している可能性がありますが，どのような要因があるか考えてみましょう。

【ポイント：踏切技術，体力，体格・体型，トレーニング】

・三段跳の選手をコーチングする際には，ホップの跳び出しの距離，3歩のバランスなど，各歩の距離をどのように捉えてコーチングしていくのがよいと考えますか？　選手の世代，経験，記録水準などさまざまな状況を想定しながら考えてみましょう。

【ポイント：三段跳の各歩の距離，バランスに対するコーチング】

・走高跳の助走速度のレベルは他の跳躍種目に比べて低いですが，走高跳選手のスプリント能力をどのように考えたらよいか考えてみましょう。

【ポイント：走高跳の助走速度と記録の関係，スプリント能力】

（小山宏之）

〈文献〉

阿江通良・永原隆・大島雄治・小山宏之・高本恵美・柴山一仁（2010a）第11回世界陸上男子走高跳上位入賞者の跳躍動作のバイオメカニス的分析，世界一流競技者のパフォーマンスと技術，pp.165-170.

阿江通良・永原隆・大島雄治・小山宏之・高本恵美・柴山一仁（2010b）第11回世界陸上女子走高跳上位入賞者の跳躍動作のバイオメカニス的分析，世界一流競技者のパフォーマンスと技術，pp.171-175.

苅山靖・松林武生・大橋祐二・佐伯徹郎・柴山一仁・榎本靖士・杉井將彦・小松隆志・髙橋直之・丸小野仁之・雪下良治・岩﨑万知・赤井裕明・舩津哲史・松尾大介・宮成康蔵・豊里健・高島恵子（2019）U20オリンピック育成競技者におけるフィットネス水準 - フィールドテストによる体力評価 -，陸上競技研究紀要，15，pp. 276-285.

小山宏之・阿江通良・村木有也・高本恵美・永原隆・吉原礼・大島雄治（2008）第11回世界陸上大阪大会における男女走幅跳のバイオメカニクス的分析，日本陸上競技連盟，陸上競技研究紀要.

熊野陽人・大沼勇人・平野裕一（2016）走幅跳選手における最高疾走速度と助走速度及び走幅跳記録の関係，陸上競技学会誌，14，pp.27-32.

松林武生・吉本隆哉・大沼勇人・山本真帆・丹治史弥・岩崎領・内山成実（2018）十種競技選手の走幅跳助走速度 - 100mレース最高走速度との比較 -，陸上競技研究紀要，14，pp. 218-220.

松尾彰文・広川龍太郎・柳谷登志雄・杉田正明（2010）2009年シーズンにおける直走路種目のスピードとストライドの分析，陸上競技研究紀要，6，pp. 63-71.

日本陸上競技学会（2020）陸上競技のコーチング学，大修館書店.

日本陸上競技連盟科学委員会（online）科学委員会 研究活動報告書. https://www.jaaf.or.jp/about/resist/t-f/,（参考日2022年2月14日）.

谷川聡（2011）ハードル（陸上競技入門ブック），ベースボール・マガジン社.

戸邉直人・苅山靖・林陵平・木越清信・尾縣貢（2019）走高跳の曲線助走における踏切準備動作の検討，陸上競技学会誌，17，pp.17-23.

土江寛裕（2011）短距離・リレー（陸上競技入門ブック），ベースボール・マガジン社.

吉田孝久（2021）跳躍《第2版》（陸上競技入門ブック），ベースボール・マガジン社.

投てきの科学

*本章では，右投げを前提に記述します。

1. パフォーマンスの決定要因

投げ出された投てき物の飛距離は，投げ出された瞬間の速度（初速度），投げ出しの角度と高さによって決定します。中でも初速度は投てき物のもつ運動エネルギーそのものを示す指標で，この初速度を高めることが投てき動作の主要な目的となります。一方で，円盤や，やりのように，比較的軽く断面積の大きな投てき物は，空気抵抗の影響を大きく受けます。投てき物の姿勢のコントロールによっても記録が大きく変化することには注意が必要です（**図1**）。

投射角は調節可能な変数ですが，大きな変更，特に投射角を高くする選択には注意が必要です。**図2**は，砲丸投を例にとって，投射角の飛距離への影響を投射角一定（170cm）にして初速度の条件ごとに示したものです。

リリースの水平位置は，初速度や投射角度ほどには注目されない要因ですが，リリース位置が投てき方向側であればあるほど，飛距離の利得は大きくなります。走幅跳の踏切足と踏切板の位置関係と同様であると考えれば，記録に対するその影響が直接的で，即時的な改善可能性があることは一目瞭然です。やり投では適切な助走距離と構えの位置，サークル系種目ではスタートの立ち位置にも配慮し，リリース位置による距離の損失を最小に抑える必要があります。

投てき物の速度増加量は投てき物への「力積」の大きさによって決定します。投てき物

図1　投てき物の飛距離に影響する要因

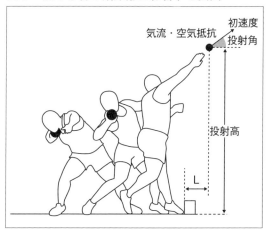

図2　初速度・投射角と飛距離の関係

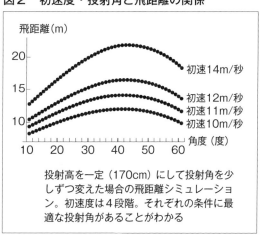

投射高を一定（170cm）にして投射角を少しずつ変えた場合の飛距離シミュレーション。初速度は4段階。それぞれの条件に最適な投射角があることがわかる

に加わる力の時間変化を曲線で模式的に示しました（**図3**）。力積は投てき物に作用する「力の時間積分」であり、力-時間曲線によって囲まれる領域の面積によって決まります。

Aは力の最大値が小さく作用時間が最も長い。Cは力の最大値が大きく、作用時間が短い。Bは力の最大値、作用時間ともに大きい加速過程を示しています。図の3条件を比較した場合、投てき物の初期条件が同じならば、最も投てき物速度が大きくなるのは、力の最大値が大きいAではなく、力-時間曲線によって囲まれる面積が最も大きなBです。力の大きさとともに、作用時間を長くする工夫が最終加速を大きくする上では重要となります。素早い動作の中で作用時間を長くするためには、加速距離を長くするという視点も有用となるでしょう。

（1）力学的最適とバイオメカニクス的最適は異なる

力学的に最適な投射角については、すでにシミュレーションのデータを示しました。しかし、力学的に最適な角度が実際的に「投げられる」角度であるかどうかは別の問題です。図4の、投射角の低いAと投射角の高いB・Cですが、それぞれ突き出しやすさという観点から考えると、どうでしょうか？　最も強く速い突き出しはベンチプレスの姿勢付近で実現されると考えられます。そういう観点では、胸の張り（脊柱の伸展）によって肩関節の角度を変えずに投射角を高めたCは、比較的突き出しやすい可能性があります。

また全身の加速過程の流れに砲丸加速動作が合っているかという観点からも、適切な投射角について考えてみる必要があります。水平に大きく加速されてきた身体で、上向きの突き出しを行おうとすることは、簡単ではありません。投射角を肩関節の角度で調節するBの方法は初心者によくみられますが、結果的に初速度をそこなってしまうことがあります。

投射角をもっと高くせよというコーチの助言が原因になっていることも少なくありません。砲丸投以外の種目でも同様で、投射角の調整には上肢の姿勢のみならず全身の調整が要求されます。技術の改変を指示する場合は、その力学的な影響、実施上競技者が経験する可能性のある問題についてのアセスメント、想像力が欠かせません。

図3　投てき物に作用する力と得られる速度

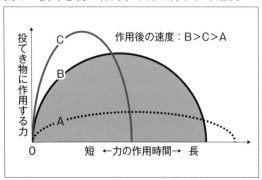

初期条件が同じならば、力曲線によって囲まれる面積（力積）が大きいほうが速度は大きくなる

図4　投射角と上肢体幹の姿勢

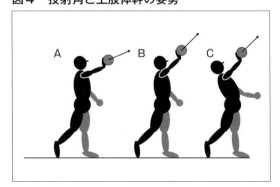

2. 投てきの技術

（1）投てき技術の全体像（図5）

　図の左側，予備動作は，最終的な投げに利用できる身体の勢いを確保する局面ですが，身体・投てき物移動の流れや，リズムを作る局面でもあります。予備動作のスタート（入り）は，投てき動作全体の成否を大きく左右

します。

（2）投てき物のグリップ

　最終的な投てき物の加速とコントロールを担うのが投げ手です。全身の筋群が生み出したエネルギーが，最終的に手を通して投てき物に伝えられます。手や手首の出力やコントロールが不十分だと，十分な投てき物の加速が行われなかったり，身体にエネルギーが残って，ファウルしてしまうことにもつながり

図5　投てき動作の局面とそれぞれの技術的目的

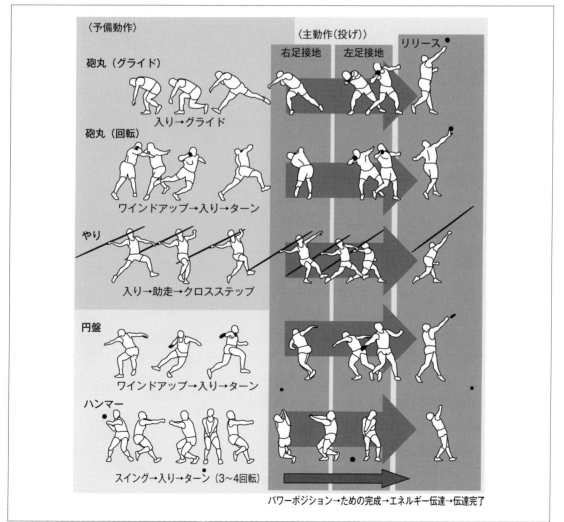

（大山，2020）

ます。投てき物の保持について，種目ごとの特徴を確認します。

　砲丸：突き出しにおいて手首のスナップが利用できる状態（手首背屈位）で，あご下顎部に押しつけて固定します。突き出しの始まりで胸を張った際に，自然に突き出しの軌道に砲丸が入るような位置が望ましいでしょう（図6）。それによって突き出しの動作範囲を広げるとともに，手首，肘，胸の主要な筋群が大きく引き伸ばされた力を出しやすい姿勢になります。突き出しの最終局面では，手首のスナップ（掌屈動作）とともに指で弾くことで加速します（図7）。指先までしっかりかかった突き出しの後は，手指が屈曲位でリリースに至ります。手のひらで押した突き出しでは，手首と指の動作範囲とバネが十分に

活用されません。

　円盤：振り切りにおいて円盤に十分な速度と回転を与え，かつ姿勢の制御が適切に行える持ち方である必要があります。母指は開いて円盤につけますが，円盤にひっかけません。他の四指は末節のみ，あるいは第一関節（DIP関節）を円盤の縁にかけるように保持します。それ以上深く握りこむと，回転・スナップともに効かせにくく，姿勢の制御も難しくなります。四指は均等に開く方法とともに，人差し指と中指をそろえる方法，熟練者では小指以外の三指をそろえる方法があります。リリースの瞬間まで円盤を逃さない保持力と，円盤の姿勢や回転の制御が制限されないことが求められます。

　やり：やり投のグリップの特徴は，助走時の手のひらも使った保持から，投げ局面においては手指のみによる保持へ切り替えが行われることです。最終的には指先のみ接触した状態から，やりは指先ではじき出されることになります。グリップの後端に人差し指と親指の先をかける方法（図7A）と，中指と親指をかける方法（B）が一般的ですが，人差

図6　突き出し姿勢に入りやすい砲丸の保持位置

スタート　　　　　突き出しの開始

図7　投てき物のグリップ

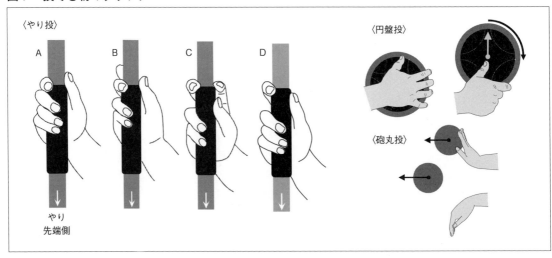

し指と中指をかけるフォークグリップ（**C**）
や，人差し指のみをかける方法（**D**）も採用
されています。保持が楽な方法，肘や肩の負
担が少ない方法，振り切りで確実にやりを弾
くことができる方法など，選手ごとの特性に
合った方法を選択しましょう。

　ハンマー：リリースの手先の技術という面
では議論されることが少ないですが，確実な
保持と同時に大きな回転半径を確保するため
に手袋を着用し，熟練者においては，左手の
末節（第一関節より指先より）で保持するグ
リップが採用されることが多いようです。手
袋に加えて，テーピングや包帯による保護が
なされることもあります。

（3）予備動作による身体加速の必要

　助走・ターン・グライドといった予備動作
は，身体の移動や回転，重心の落下が身体の
もつ運動エネルギー（動きの勢い）を高め，
最終的に投てき物に伝達するエネルギーの源
となります。例えば体重移動なしで砲丸を突
き出せば簡単に押し戻されてしまうように。
身体が勢いをもっていない状態では，投てき
物を十分に加速することはできません。適切
な助走からよい跳躍が生まれるように，適切
な予備動作は投てき技術全体の成否に大きく
関わります。

　図8は，やり投の助走速度と飛距離の関係
です。両者にははっきりした直線関係がある
ことが分かります。その一方で，例えば助走
速度が同じ6m/秒程度でも，飛距離は80m
を超える人から55mあたりまでのばらつき
があることも事実です。同様に，70m以上
投げている選手の助走速度にも5m/秒程度
から6.5m/秒程度までばらつきがありますが，
4.5m/秒を下回っている選手はいません。投

図8　やり投の助走速度と飛距離の関係

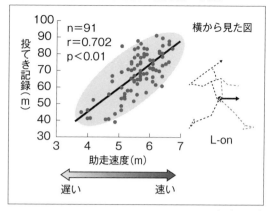

（田内，2012）

げの力学的なエネルギー源確保という視点か
ら，助走速度が大きいことの重要性を認識す
るとともに，選手の特性に合った水準を探る
ことも重要です。

（4）投げへのきっかけをつくる「入り」

　砲丸投，円盤投，ハンマー投の予備動作の
開始にみられる身体および投てき物のスイン
グや体重移動には，動作のリズムを整える役
割とともに，予備動作における体重移動の方
向性の決定や，投てき物の軌道づくり，動作
の反復による筋活動のリハーサルなどの意味
があり，投てき動作全体にとって重要な局面
です。

　ハンマー投のスイングが投げ全体の成否を
大きく左右することから，熟練したコーチ，
選手がスイングの修正に大きな労力を費やす
ことが知られています。回転系の種目では，
直線的な体重移動からスタートし，全身の回
転運動へと切り替えられますが，そこで生じ
るタイミングやバランスに関わる技術のばら
つきに，投げ全体が大きく左右されます。

　やり投の助走の入りも同様で，ここでいか
に地面を捉えるか，どのような動作パターン
をもってどのようなリズムを刻むかによって，

クロス，投てきの全体像が大きく影響を受けます。このような観点からも，予備動作の開始，いわゆる「入り」は，コーチ，選手自身が失敗投てきや試技の不安定性を修正する際に，まず注目すべき点です。

砲丸投の回転投法，円盤投のターンでは，右から左への体重移動を利用しながら，身体重心を左足の上に落とし込み，左脚に大きな力を蓄えます。この時，左足のピボット動作を中心とした方向変換が行われ，投げ方向に身体が加速されます。砲丸投のグライド動作においても，支持脚による蹴り出しに先立って，投げ方向に身体を倒していくように体重移動が行われます。いずれも適切な体重移動が推進開始のきっかけとなります。

（5）パワーポジション以降の身体加速

投げの構えから，リリースの間にも，身体を加速し，投げの準備を行う局面があります。例えばハンマー投のターンのように，投てき物が高速に周期的に動き続ける場合でも，体重の移動は重要で，一流選手のターンごとのピアノ線張力のピークは，体重移動の中で，右足の地面反力ピークと左足地面反力のピークの間に出現することが報告されています（Murofushi et al., 2007）。さらにターン中，足底の中でも圧力の中心は大きく移動しています。投げ方向に進まないターンでハンマーの十分な加速が望めないのは，ハンマーの加速にとって体重の移動が大きな役割を果たしていることを物語っています。

（6）大きな「ため」，力発揮に有利な姿勢（パワーポジション）確保

いわゆるパワーポジションは，予備動作後の「投げの構え」を指します。まず，技術のチェックポイントとして，適切なパワーポジションについて確認事項をつくっておくとよいでしょう。そのことによって，目視でも，動画でのチェックの際に，具体的にどのような問題が起こっていたかの理解が進みやすくなります。

しかしその一方で，実際のパワーポジションはよりダイナミックなもので，一定の姿勢にとどまらず常に投げに向かって変化を続けています。その変化の背景として，予備動作で得たエネルギーをそこなわずに，進行中の動作の中で最終的な投てき物の加速のための「ため」を確保していく必要があるからです（図5）。

いわゆる「ため」は，投げ局面における投てき物の加速に利用可能な関節の運動範囲と筋群の準備状態，そしてそれらが適切に機能する動作のタイミングを表すものと考えることができます。適切な「ため」は，投てき物の加速をコントロールし，加速の向かう方向の調節や，最終的な加速のタイミングを調整することにもつながります。適切な準備状態は，投げをより爆発的なものとし，身体から投てき物へのエネルギーの伝達をより確実にします。

いずれの種目においても，投げ局面開始時点（いわゆるパワーポジション）での，上半身の投げ方向への過剰な回旋（開き），過剰な移動（突っ込み），あるいは投げ方向への体重移動の早期完了（流れた投げ）は，最終的な投てき物の加速にとって大きな制限となるものです。

（7）投げ局面における脚の役割

脚は動作範囲が大きく，発揮できる力も大きいため，投てき動作全体にわたって身体-

図9　身体の回転と右足の方向づけ（円盤投の例）

投てき物の加速に大きな役割を果たします（**図9**）。右脚は右股関節を押す力を発揮し，右脚に対する右股関節の推進の原動力となります。

　右脚の働きは，右股関節を押すことで，全身の推進と同時に，投てきに向かう身体の回旋を生み出す原動力となります。上半身に対する骨盤の推進と回旋先行（いわゆるC-Curve）を積極的につくりだす上でも，特に重要な働きをします。

　左脚は，左股関節を押す力を発揮し，走ってきた身体の左側にブレーキをかける役割や，右脚が右股関節を押す力と組みになって骨盤を推進しながら回旋する原動力となります。助走速度の大きなやり投では，右脚による推進が終了した後で，左脚単独で地面からの力を受けることも多く，左脚ブロックの貢献は特に大きくなります。

　ハンマー投でも，右脚と共同して回転しながらもハンマーを強く引き加速する動きに大きく貢献しています。

（8）投てき物を動かす加速動作とは

　予備動作で得た身体の勢いを投てき物に伝

図10　投てき物を加速する動作

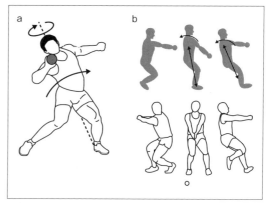

砲丸を加速する起こし回転と身体軸周りの回旋（a）
ハンマーを加速する左半身の伸展と倒れ込み（b）

える局面では，やはり全身の動きで投てき物を加速することが最大の目的となります。

　砲丸投を例にとると，パワーポジション以降は「ため」の形成を確保しつつも，最終的に右肩の投げ方向のスピードを最大化する動作をめざすことになります。ハンマー投では，左足に対する左肩の速度を高めるために，全身の伸展と倒れ込みを適切に組み合わせる方法がとられます（**図10**）。

　それぞれの加速動作が適切に行われるには，どのような関節運動の組み合わせが必要になるでしょうか。

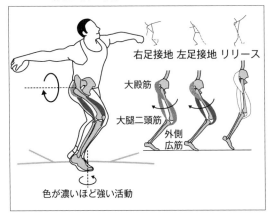

図11　投げ局面における右脚による推進動作（円盤投の例）

右足接地　左足接地　リリース

大殿筋

大腿二頭筋

外側広筋

色が濃いほど強い活動

　例えば，投げ局面における，推進動作の中心となる右脚の動作様式は，投てき4種目間で比較的類似しています。中級者以上のスピードのある動きの中では，スプリントと同様，投てき種目においても股関節を中心とした下肢全体のスイングが優位となり，膝関節の伸展動作はかならずしも強調されなくなります（図11）。

（9）下肢の方向づけ
（回転の利用と加速距離の確保）

　投げ局面における投てき物の加速は，全身（体重）の移動（並進運動）とともに，特に身体軸周りの回旋を含んだ方向変換の組み合わせによって起こります。並進運動は，体重移動や地面からの反力を利用した推進動作によって行われます。一方の回転運動も並進運動と共通する部分とともに，下肢（足，脚，骨盤）を適切に方向づけする動きがカギを握ります。パワーポジション周辺での下肢の方向づけと，それに伴う骨盤の回旋と推進は，投てき種目全般に重要な要素です。この動作によって，体幹部の推進および骨盤回旋による，ひねり・しなりの結果として，体幹筋群

への力の蓄積が期待されます（図12）。

　腰椎自体の回旋可動域はごくわずかです。いわゆる「腰を回す」動作は，実は骨盤の回旋がその大部分を占めています。骨盤の回旋を生む原動力としては，特に右脚が右股関節を押す力と，左足が左股関節を押す力の組み合わせが重要な役割をもっていると考えられます（図13）。さらに骨盤回旋は，股関節の回旋を前提とした動きです。下肢の適切な方向づけを行わないと，股関節の可動域制限の影響を大きく受け，下肢による推進力が体幹にうまく伝わらず，骨盤の回旋も不十分になります。骨盤の回旋が不十分になると，肩の回旋範囲も制限され，体幹筋群への力の蓄積も不十分になりがちです。これによって最終的な手先のスピードが制限されることはもちろん，腰背部の障害にもつながります。

　方向づけに関しては，着地時の「足の方向」と，着地後地面上での「足の回転」すなわちピボット，それぞれの適切な組み合わせが重要です。着地時の足の方向が回転不足の場合，足は着地後に大きなピボットを要求されます。しかしその反面で，広範囲の回転が地面とのつながりをもって行われることになります。

　一方，着地時の足の方向が過回転の場合，身体の方向づけには問題が起こりにくいですが，地面から力をもらう機会は少なくなり，上半身まで過回転になり，いわゆる肩が開いた姿勢となりやすい点には注意が必要です。さらに，接地後のピボットを重視するあまり，パワーポジションの右足踵が高く上がってしまうことにも注意が必要です。踵が高く上がることで，足と地面との接触面積は狭くなり，回転の抵抗が少なくなるため，ピボットが容易になる反面，足関節が底屈位となることで，足関節（足首）が発揮できる筋力は小さくな

図12 「ため」の姿勢と筋の伸張状態の模式図（やり投）

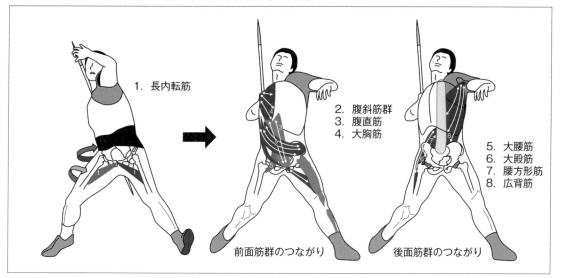

1. 長内転筋
2. 腹斜筋群
3. 腹直筋
4. 大胸筋
5. 大腰筋
6. 大殿筋
7. 腰方形筋
8. 広背筋

前面筋群のつながり　　後面筋群のつながり

ってしまいます。

　やり投では，高い助走スピードに対応するため，投げの構えに入る際の右つま先の方向をある程度投てき方向に向けることが望ましいとされています。一方で，この姿勢によって，骨盤，両肩を結んだラインともに，投げ方向に開きやすくなります。右足着地時につま先を外に向けると，骨盤と肩の開きを抑えやすくなりますが，続く投げ局面での下肢先行に遅れが生じやすく，早い助走に対応しきれないこともあります。

　地面反力確保と回転のスムーズさ確保との間のトレードオフ問題は，パワーポジションの周辺とともに，ターン動作の入りにおいてもよくみられる問題です。ターンの入りから飛び出しの局面では，体重を乗せれば乗せるほど，地面との摩擦が大きくなり，ピボットが難しくなります。逆に，ピボットを確実にしようとして荷重が不十分になると，地面からの反力を得にくくなります。身体の方向づけを重視するあまり，体重が「乗る」前に過回転となることで，地面からの大きな反力を

図13 投げ局面における「腰を回す」原動力

得る機会を失い，十分な推進が得られない上にターンの進行方向が定まらない失敗は，砲丸，円盤，ハンマーの入りで多くみられます。

　各種目のパワーポジションを図で比較し，有効な投げの基本条件となる姿勢について確認してみましょう（**図5**）。

　砲丸投では，砲丸のみを後方に残すことはできません。身体のしなりを利用して加速範囲の確保を行います。

　円盤投では，腕を伸ばしているため，円盤を後方に残すことが可能ですが，続く振り切りが確実に行えることが前提です。腕だけが大きく後方に残り，肩関節が力を発揮できな

い姿勢にならないよう注意が必要です。

やり投では，身体重心からグリップまでの距離が投げ局面の加速範囲につながります。ただ腕を伸ばせばよいわけではなく，肩甲骨や胸椎の大きな動作範囲と，安定した保持が重要になります。

ハンマー投では，加速は主に両足支持期に行われますが，両足支持期が長くなるよう，回転の幅を大きく確保できるような姿勢，右足接地の方向やタイミングを心がけます。

3. 投てきに求められる体力

（1）投てき種目の種目特性

投てき種目の特徴は，まず主動作の運動時間が短いことです。ここで1回の投げのみを想定すると，予備動作を含んでも長くて7〜8秒という短時間に，限られた空間で大きな出力を立ち上げ，全身の加速，投げの準備，投げを成立させる必要があるため，短時間で大きな仕事を行う能力に対する要求が大きいことは明らかです。筋量への要求もさることながら，神経系による筋の動員を集中的に行える能力や，動きの反動，筋の伸張-短縮サイクル（SSC）を利用した瞬発的・爆発的な筋力発揮の能力が要求されます。

生理学的なエネルギー供給系から考えると，主にATP-CP系の容量と急速な供給能力に依存する運動であると考えることができます。比較的体重の大きな身体とともに，投てき物を急速に加速し，最終的に身体の運動エネルギーを投てき物に伝達することが目的となります。他のどの種目よりも大きな最大筋力が必要で，体幹や上肢にも比較的大きな運動範

囲にわたるコントロールと大きな最大筋力が求められることが特徴です。

いずれの種目も，短い時間の力発揮ですが，種目特性もさまざまです。ハンマー投では，負荷をかかえた連続ジャンプ動作と言えるような，断続的に4〜5回にわたる大きな力発揮が求められます。やり投は，跳躍種目のように助走から主動作（投げ）へと移り変わっていくため，特に高速の対応が求められます。

これまでに，多くの投てき選手の記録と体力との関係から，記録水準に応じた体力的な目標水準が提示されています（**表1**）。提示されている値が，あくまでもその水準の標準的なものだということを理解した上で，これらを用いて，選手の弱点発見や目標記録に応じた体力の目標設定，現状の体力と記録との関係から技術の完成度を評価するなどしてみましょう。さらに，ここに項目として挙げられている種目は，これまでコーチングの現場で，テスト種目，トレーニング種目として重視されてきたものであるという事実にも目を向けてみましょう。

（2）柔軟性の必要
　　（最終加速の範囲確保，怪我の予防）

すでに記しましたが，投てき物の速度は，加速動作の力積によって決まります。力積を大きくする上で，加速の動作範囲が確保されていることは決定的な要因です。未熟な技術が原因で加速範囲が制限されることもありますが，関節の可動域すなわち柔軟性の不足が，直接加速範囲の制限につながる場合もあります。極端な可動域の制限は，けがの発生にも直結する可能性があり，注意が必要です。

やり投を例にとってみると，最もやりが後方に残された姿勢から，胸が最も張った姿勢

（肩関節の最大外旋位）周辺では，肩甲骨を含む肩関節とともに，胸椎，股関節に十分な柔軟性が必要です。柔軟性が欠如した技術では，肩関節に過剰な動作範囲が強制されたり，肘関節の外反ストレスが大きくなる恐れもあります。力積を大きくするために必要であるとともに，けがの予防にとっても非常に重要な視点です（**図14**）。

1）上肢への高い要求

投てき種目の特殊性という観点から言うと，上肢筋力への要求が高いことです。全身に蓄えられたエネルギーは，最終的に上肢を中心とした動きで，投てき物に伝達されます。素早く力強い上肢の働きなしでは，よい投てきの成立はあり得ません。種目による上肢の加速動作は異なり，それぞれに応じた筋力が必要になります。投てき物を手にした「投げ」の動作に注目すると，砲丸投では突き出し動作が中心になります。円盤投では肩関節を中心として腕を振り回す水平屈曲動作，やり投では肩関節の回旋を中心として伸展や水平屈曲，ハンマー投では両側の上肢を同時に操作

する肩関節の水平方向の動きや屈曲が，それぞれ要求されます。

2）末端の筋力の重要性

身体の部位別にみると，下肢は可動域，出力ともに大きく重要なエネルギーの発生源となります。一方，体幹は可動域が小さいものの質量が大きく，筋力も大きいため，下肢が発生したエネルギーを上肢への伝達の前に貯蔵し，適切なタイミングで大きな出力につなげています。上肢は質量，出力ともに小さいものの，可動域が大きく，末端の速度を高めるのに都合のよい構造であるため，最終的な投てき物へのエネルギーの伝達，つまり投てき物の加速に重要な役割を果たしています（阿江・藤井，2002）。

投げに貢献する大きな仕事をするために，大きな関節の出力が重要であることについては論を待ちませんが，投てき物との接点となる手や手関節（手首）の筋力は，投てき動作でつくりだされたエネルギーを損失なく，安定的に投てき物に伝達する上で重要な制限要因となります。同様に，下肢と地面の接点である，足部足関節の出力が不十分では，地面からの大きな力を得ることはできません。末端の筋力が全体の出力を制限してしまうことも多いのです。

3）「ため」を維持する能力の重要性

最終的なリリースに向かって「投てき物を加速する」能力は重要ですが，投てき物の加速に先立つ身体の加速，そして投てき物の加速準備のためにも，それぞれに筋力的な要求があります。例えば，体幹を投げの加速動作と反対方向に回旋する動作や，突き出しや振り切りに備えて背中を締めるような動作，肩関節を加速とは逆の外旋方向，水平伸展方向に保持する筋力が求められます。

図14　肩関節胸椎の柔軟性と肘関節外反ストレス（模式図）

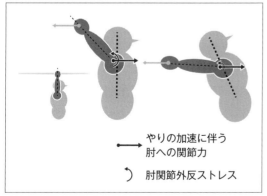

やりの加速に伴う肘への関節力

肘関節外反ストレス

→最大外旋時，前腕がやりの加速方向と平行に近いほど外反（肘関節内側を開く）ストレスは小さい
→肩関節外旋の可動域や胸椎伸展の大きさによっても肘関節への負担が変化する

表1　投てき種目における各種体力の目標水準

砲丸投（男子）7.26kg		15.50	17.00	18.50
軽量物	17.50（4kg）	17.00（6.26kg）	18.30（6.26kg）	20.00（6.26kg）
	16.00（5kg）	18.50（5kg）		
フロント投げ（m）	17.00（4kg）			
バック投げ（m）	18.50（4kg）	19.00（6.26kg）	19.00	19.00
30m加速走（sec）	3.3	3.1	3.1	3.1
垂直跳（cm）	65	75	77	79
立三段跳（m）	8.80	9.30	9.60	9.70
立幅跳（m）	2.80	2.90	3.00	3.10
フルスクワット（kg）	120	140	160	180
スナッチ（kg）	75	85	105	115
ベンチプレス（kg）	95	130	150	160
ジャーク（kg）	80	110	130	150

砲丸投（女子）4kg	13.00	15.50	17.00	19.00
重量物	11.00（5kg）	13.50（5kg）	15.00（5kg）	17.00（5kg）
軽量物	15.00（3kg）	16.50（3kg）	19.00（3kg）	21.00（3kg）
フロント投げ（m）	12.00	14.20	15.80	17.50
バック投げ（m）	13.50	16.20	17.80	19.50
30m加速走（sec）	3.75	3.58	3.50	3.45
垂直跳（cm）	50	60	65	68
立三段跳（m）	7.5	8.3	8.6	8.8
立幅跳（m）	2.1	2.3	2.5	2.7
フルスクワット（kg）	65	95	110	130
スナッチ（kg）	45	65	75	90
ジャーク（kg）	50	70	85	105
ベンチプレス（kg）	55	80	95	115

円盤投（男子）2kg			50.00	55.00
軽量物	48.00（1.5kg）	52.00（1.5kg）	55.00（1.75kg）	58.00（1.75kg）
	56.00（1.0kg）	60.00（1.0kg）	58.00（1.5kg）	
重量物			28.00（3kg）	30.00（3kg）
バック投げ（m）	18.50（4kg）	18.50（4kg）	18.00（6.26kg）	18.50（7.26kg）
30m加速走（sec）	3.30	3.30	3.20	3.10
垂直跳（cm）	65	68	70	75
立三段跳（m）	8.80	8.80	9.30	9.70
立幅跳（m）		-	2.90	3.00
ベンチプレス（kg）	95	100	135	150
ジャーク（kg）	80	90	100	125
スナッチ（kg）	75	80	90	100
フルスクワット（kg）	120	125	135	150

円盤投（女子）1kg	31.00	37.00	43.00	52.00	58.00
重量物			32.00（1.5kg）	40.00（1.5kg）	46.00（1.5kg）
軽量物	35.00（0.75kg）	41.00（0.75kg）	48.00（0.75kg）	57.00（0.75kg）	62.00（0.75kg）
フロント投げ（m）	11.00（3kg）	12.00（3kg）	13.50（4kg）	14.00（4kg）	16.00（4kg）
バック投げ（m）	12.00（3kg）	13.50（3kg）	15.00（4kg）	16.00（4kg）	18.00（4kg）
30m加速走（sec）	3.90	3.75	3.65	3.55	3.50
垂直跳（cm）	-	50	55	58	62
立三段跳（m）	6.90	7.50	7.80	8.30	8.60
ベンチプレス（kg）		55	70	80	90
ジャーク（kg）			60	75	95
スナッチ（kg）		45	55	65	75
フルスクワット（kg）		65	85	95	110

ハンマー投			56.00（7.26kg）	62.00（7.26kg）	72.00（7.26kg）
軽量物		58.00（5kg）	63.00（6.26kg）	70.00（6.26kg）	79.00（6.26kg）
	55.00（4kg）	63.00（4kg）	70.00（Skg）	80.00（Skg）	88.00（4kg）
	63.00（3kg）		78.00（4kg）		
7.5kgケトル1回転	15.00	16.70			
フロント投げ（m）	15.00（4kg）	17.00（4kg）			
バック投げ（m）	16.50（4kg）	18.50（4kg）	20.50（4kg）	22.00（4kg）	23.50（4kg）
30m加速走（sec）	3.50	3.30	3.20	3.15	3.10
立三段跳（m）	8.20	8.80			
両脚三段跳（m）			9.00	9.50	10.00
フルスクワット（kg）	110	140	160	180	200
スナッチ（kg）	65	75	85	95	110
クリーン（kg）	80	100	110	120	140

（Deutscher Leichtathletik-Verband, 1993）

やり投（男子）800g	40m	45m	50m	55m	60m	65m	70m	75m	80m	85m	90m	95m
パラレルスクワット (kg)	120.4	127.5	134.7	141.9	149.0	156.2	163.4	170.6	177.7	184.9	192.1	199.2
ベンチプレス (kg)	87.8	94.5	101.3	108.0	114.8	121.5	128.2	135.0	141.8	148.5	155.2	162.0
プルオーバー (kg)	42.1	47.2	52.3	57.4	62.5	67.6	72.7	77.8	82.9	88.0	93.0	98.1
スナッチ (kg)	56.1	61.2	66.4	71.5	76.6	81.8	86.9	92.0	97.2	102.3	107.4	112.6
クリーン (kg)	75.2	83.0	90.8	98.5	106.3	114.1	121.8	129.6	137.4	145.1	152.9	160.7
100m走 (秒)	12.43	12.30	12.17	12.04	11.91	11.78	11.64	11.51	11.38	11.25	11.12	10.99
立幅跳 (m)	2.53	2.59	2.65	2.71	2.77	2.83	2.89	2.96	3.02	3.08	3.14	3.20
立三段跳 (m)	7.15	7.37	7.59	7.82	8.04	8.26	8.49	8.71	8.93	9.16	9.38	9.61
立五段跳 (m)	12.26	12.67	13.08	13.49	13.90	14.31	14.71	15.12	15.53	15.94	16.34	16.75
助走付き五段跳 (m)	13.27	13.98	14.69	15.39	16.10	16.81	17.52	18.22	18.93	19.64	20.35	21.05
バック投げ（4.0kg）(m)	12.02	13.38	14.75	16.11	17.48	18.84	20.21	21.57	22.94	24.30	25.67	27.03
フロント投げ（4.0kg）(m)	12.02	12.98	13.94	14.89	15.85	16.81	17.77	18.73	19.69	20.65	21.60	22.56
バック投げ（7.26kg）(m)	9.27	10.11	10.95	11.79	12.63	13.47	14.31	15.15	15.99	16.83	17.67	18.51
フロント投げ（7.26kg）(m)	9.01	9.64	10.27	10.90	11.53	12.16	12.79	13.42	14.05	14.68	15.31	15.94
立ち投げ (m)	28.20	31.40	34.59	37.78	40.97	44.16	47.36	50.55	53.74	56.93	60.12	63.32
ワンクロス投げ (m)	32.99	36.70	40.42	44.13	47.85	51.56	55.28	58.99	62.71	66.42	70.13	73.85

※90mおよび95mは外挿であるため，その他の標準値と比較して誤差が大きくなる可能性がある

(前田ほか，2019))

やり投(女子)600g	40m	45m	50m	55m	60m	65m	70m	75m
スクワット（kg）	60	80	90	100	120	130	140	150
フロントスクワット（kg）	50	70	75	80	95	105	110	115
クリーン（kg）	60	70	75	80	95	105	110	115
スナッチ（kg）	45	50	55	60	70	75	80	85
プルオーバー（kg）	45	50	60	65	70	85	90	95
ベンチプレス（kg）	40	50	60	70	75	80	90	95
ジャーク（kg）	45	55	65	75	90	95	100	105
立幅跳（cm）	220	235	240	250	255	260	265	270
立三段跳（cm）	700	740	770	800	830	850	880	900
立五段跳（cm）	1150	1200	1250	1300	1350	1380	1410	1420
バック投げ（4kg）	1200	1350	1500	1600	1700	1750	1800	1850
フロント投げ（4kg）	1050	1200	1350	1500	1600	1650	1700	1750
頭上両手投げ（2kg）	1200	1300	1550	1700	1800	1850	1900	1950
頭上両手投げ（1kg）	1600	1800	2000	2400	2600	2700	2800	2900
20m加速走（秒）	2.75	2.65	2.55	2.50	2.45	2.40	2.35	2.30
30m走（秒）	4.80	4.75	4.70	4.65	4.60	4.55	4.50	4.45
立ち投げ（m）	28	32	35	38	42	45	48	50
400gやり助走あり（m）	50	55	60	65	70	75	80	85
1kgボール立ち投げ（m）	22	27	30	34	37	40	43	46

(Ihalainen, 2002)

4. トレーニングのポイント

（1）筋量の確保の重要性

　一般的に，投てき種目においては最大筋力が記録の主要な決定要因となるため，トレーニングにおいては筋量の増大や最大筋力の増加が求められます。さらに，特に重視されるのが爆発的な筋力発揮能力です。爆発的な筋力発揮は，ジャンプ，クリーンやスナッチなどのクイックリフト，メディシンボールの両手投げなど，動作速度が大きく，大きな筋力が反動動作とともに発揮される種目で養成されます。

　特にジャンプの能力は，投てき種目のパフォーマンスに深く関わっており，優先順位の高いトレーニングと言えるでしょう。ジャンプには神経系による筋の動員能力が大きく反映されます。特にジュニア期のうちに十分にトレーニングを積んでおきたい種目です。さらに，シニア期においてもジャンプ能力の改善は望めますが，筋量が増加した大きな体重でのジャンプトレーニングはけがの原因となりやすいものです。これらのことをふまえると，ジュニア期の早い時期に，軽い身体で大きなスピードを経験しておくことが重要になるでしょう。

　投てき種目の技術特性に即したトレーニングとしては，身体の方向を変えながら，地面からの力を投てき物に伝達していく視点や，体幹と上肢の連動による末端の加速などに視点を置いて進めていく必要があります。

（2）投げの持久力

　持久力は，直接投げのパフォーマンスに関わるものではありませんが，じっくりとトレーニングを積むことのできる身体的・精神的な持続力が競技力向上にとって決定的な要因です。さらに，競技会における3～6投の試技間に十分な回復が行われ，最大出力が最後まで保たれるための「短期の回復力」あるいは「投げの持続力」は，競技会において予選，決勝を通じた実力発揮のためには重要な視点です。投てき間のインターバルを詰めた投げ込みや，セット間の休息を意図的に短くしたウエイトトレーニングなども有効でしょう。

（3）種目による動作特性と速度特性の要求

　最大筋力が上がれば上がるほど，投てき距離が伸びるような局面は，初心者から中級者ではしばしば経験するものです。その一方で，例えば，スクワットが強くなったからといって，かならず飛距離が伸びるとは限りません。筋力増加と記録向上の間の不適合は，さまざまな要因によって起こります。

　まず，注意しなければならないのは，トレーニング種目と動作様式の不適合です。最大筋力の向上にとらわれすぎると，実際に投げで使う動作速度の出力が思うように高まっていないことがあります。トレーニングとして行う運動が，投てき動作とは程遠い場合は，飛距離との直接の関連は低くなってしまうこともあります。一方で，特定の筋や関節の周囲を鍛える目的で採用される手段の中には，投てき動作との関連が小さいものも含まれるでしょう。さらに動作様式が適合していても，実際の投てきに求められる速度特性との相違があることで，パフォーマンスへの影響は変化します。

　立ち止まった身体から物体を投げる際に要

求される動作速度と，助走などで移動してい
る身体から物体を投げ出す際の動作速度は異
なります。トレーニングを構成する段階では，
どのような様式の動きで，どの部位にどの程
度の動作速度での力発揮が求められているか
についての洞察が欠かせません。さらに，例
えば動作様式は類似しているものの，砲丸投
で要求される右脚筋力発揮の速度（動作スピ
ード）は，やり投とは異なります。また，ハ
ンマーのスイングから前半の加速に求められ
る動作の速度と，4回転目の加速に求められ
る動作速度は異なります。このような観点か
ら，自分の専門種目や技術的な課題に応じた
速度特性を意識して，トレーニング手段や負
荷の大きさを調節していく必要があります。

（4）投げの力を高めるトレーニング

投げ動作は，動作自体の持続時間が短いた
め，専門的な力発揮の負荷量を確保すること
が難しいものです。そのため，「投げの力」
を高めるためにはさまざまな工夫が必要とな
ります。重量物を利用した投げは，1回の投
げの負荷を大きくする効果があります。その
一方で負荷を高めすぎると，技術的な要素が
そこなわれてしまう恐れがあります。

軽量物を用いたトレーニングも有用です。
軽量物は，正規重量では繰り出せないオーバ
ースピードのトレーニングに有効です。ある
いは，疲労下でのトレーニングや，努力度を
下げたトレーニングにおいても，一定の動作
速度や投てき距離を確保する上で重要です。
実際の競技に合わせたスピードトレーニング
としては，疲労度や技術課題に合わせて，正
規重量での目標記録を投げられる程度の重量
の投てき物を用いるという方法も有効です。

（5）投げの反復回数を増やし，技術の定着および専門補強になる練習

弾むメディシンボールは，壁などに反発さ
せることで，短時間に連続して投てき動作を
繰り返すことができます。短時間で専門的な
力発揮の運動量を確保するためには有効な手
段です。例えば，腰の横に保持したメディシ
ンボールを，下半身の動きとともに連続して
壁にぶつけるような種目，オーバーヘッド投
げの跳ね返りをキャッチし，その反動でまた
投げるといった手段が代表例です（**表2**）。

（6）フットワーク，方向づけのトレーニング

投てき種目の特徴は，大きな力発揮を伴う
着地と推進をともなう方向変換が急速に行わ
れる点と言えるでしょう。このような特性に
適合したトレーニングとしては，横移動しな
がらのジャンプや，ボックスの連続飛び乗り，
重量負荷を担いだラダーや，移動幅の大きな
ラダー，負荷走などが考えられます（**表2**）。

---

5. アドバンス

・リバースは実施するべきか否かについて考
　えてみましょう。
　【ポイント：身体加速の維持，ファウル防
　止，適切な投てき動作の確保，投げの早期
　終了】
・砲丸投においてグライド，回転のいずれの
　投法を選択するべきでしょうか？
　【ポイント：予備動作から投げへの姿勢変
　化，確保できる練習時間，安全管理・立ち

表2　投てき種目　重要なテクニカルドリル・補強的ドリルの例

種目	説明
	〈キャッチアンドスロー〉●パートナーが投げたボールを受け止める動作でパワーポジションに入り反動的に投げる。◆受け止めからの主動作が，投げに動員される筋群のSSC（Stretch Shortening Cycle）を促進し，出力しやすい動作が反復できる。ボール重量や，投げつけの強さで負荷調節する。
	〈メディシンボールリバウンドスロー〉●弾むボールを用い，跳ね返りの受け止めを反動として利用し投げる。◆受け止めの動作が，投げに動員される筋群のSSCを促進すると同時に，運動を反復的に構成できるため，トレーニング刺激を大きくすると同時に動作のフィードバックを促進することができる。
	〈チューブ引き連続肩入れ〉●チューブやパートナーの持ったロープなどを引きながらクロス─踏み込み-骨盤の投げ方向への回旋・推進を繰り返す。◆外部からの牽引力によって，より動的な状況での負荷を再現できるとともに，過負荷状態での反復が行いやすい。
	〈チューブ引き連続ピボット〉●チューブやパートナーの持ったロープなどを引きながらピボット-パワーポジション-骨盤の投げ方向への回旋・先行を繰り返す。◆左手への牽引力によって，より動的な状況での負荷を再現できるとともに，ピボットを中心としたフットワークについて，過負荷状態での反復が行いやすい。
	〈(A) プレートアーチ〉●プレート等の負荷を保持し後方に大きく振り出すとともに，下半身を投擲方向に向け，全身でアーチをつくる。投げ局面の主働筋を引き伸ばし，「ため」の姿勢を再現できる。 〈(B) プレートツイスト〉●負荷を保持し身体の前方から側方で大きく振り，切り返し動作を行う。◆体幹の傾斜角度を変化させることで，刺激できる動き・筋群も変化する。
	〈(A) 過負荷ラダー〉●バーベルを担いだり，パートナーを背負い，荷重負荷やバランス負荷を大きくして，ラダーによるトレーニングを行う。◆過負荷を用いることで，フットワークに関わる足部足関節周辺への要求を大きくすることができる。 〈(B) Back Drop Jump〉●台から後方に飛び降り，反動的に地面で踏み切って台へ戻る動作を繰り返す。◆後方落下の高さや距離を調節することで，水平方向への推進の要求を変化させることができる。 〈(C) Side Drop Jump〉●台から側方に飛び降り，反動的に地面で踏み切って台へ戻る動作を繰り返す。◆横方向の推進を意識し，身体の方向と脚を変化させて各種行う。
	〈バーベルハングツイスト〉●上体を軽く前傾させ，体の近くでバーベルを回旋する。深い捻り姿勢から，下肢動作の先行と体重移動を利用してバーベルを振り戻す。◆体幹股関節周りの回旋動作のSSCを促進し，回旋動作に直接大きな負荷をかけることができる。

投げと距離の差，ピボット動作】
・やり肘（内側側副靱帯損傷）の予防について考えてみましょう。
　【ポイント：投てき技術の改善，柔軟性の改善，投てき物の工夫，投げ本数の制限，トレーニング構成】
・投てきの安全管理について考えてみましょう。
　【ポイント：狭小な環境，安全設備，器具の配置，安全確認の方法，種目と利き側による危険区域の想定】
・投げ局面における足部，足関節の使い方について，着地時踵はどの程度あげるべきでしょうか？
　【ポイント：足関節底屈の出力，回旋（ピボット）抵抗，動作範囲確保と出力確保との間のトレードオフ】
・投てき種目の準備動作（Pre Performance Routine）はどうあるべきでしょうか？雨の日の工夫についても考えてみましょう。
　【ポイント：投げへの流れづくりとしての準備動作，過度な緊張の軽減】

（大山卞 圭悟）

〈文献〉
阿江通良・藤井範久（2002）スポーツバイオメカニクス20講．朝倉書店．
Deutscher Leichtathletik-Verband（Hrsg.）（1993）Rahmentrainingsplan fur das Aufbautraining Wurf. Meyer & Meyer Verlag, Aachen, p.235.
Ihalainen.K. Javelin throw requirements. Babbitt, D.（2002）World Athletics Level II Coach curriculum presentation.
前田奎・山元康平・広瀬健一・大山卞圭悟（2019）男子やり投競技者における各種体力の標準値．スポーツパフォーマンス研究，11, pp.446-458.
Murofushi, K., Sakurai, S., Umegaki, K. and Takamatsu, J（2007）Hammer acceleration due to thrower and hammer movement patterns. Sports Biomechanics 6, 301-314.
大山卞圭悟（2016）投擲競技の安全管理：事故事例の分析から見る問題の所在と対策の方向性．陸上競技学会誌，14, pp.53-59.
大山卞圭悟（2017）槍投グリップを握る手．手の百科事典．朝倉書店，pp.470-471.
大山卞圭悟（2020）投てき種目のコーチング．陸上競技学会編，陸上競技のコーチング学．pp.144-152.
田内健二（2012）科学的根拠に基づいたやり投の技術指導のためのガイドライン＜男子編＞．

19

混成競技の科学

1. 混成競技の種類

　混成競技とは，１人の競技者が複数の種目に取り組む競技です。それぞれの種目にはパフォーマンス（記録）に応じた得点が割りつけられており，全ての種目の総合得点で順位を競います。オリンピック・世界選手権や日本選手権といったシニアを中心とした大会においては，男子で十種競技，女子で七種競技が開催されています。

　日本のジュニア競技者は，十種競技や七種競技とは異なる混成競技に取り組むことができます。小学生ではコンバインド種目，中学生では四種競技，高校生では八種競技（男子）

と七種競技（女子）があります（**表1**）。現在のところ，高校生以下の選手を対象にして国際的に共通した混成競技はなく，各国でユニークな取り組みがなされています。

　例えばイングランドでは，U17では男子十種競技および女子七種競技，U15では男子八種競技（100m，走幅跳，110mH，走高跳，400m，砲丸投，やり投，1000m）および女子六種競技（75mH，走幅跳，やり投，走高跳，砲丸投，800m）が開催されており（England Athletics, 2021），またアメリカでも，9〜10歳区分では三種競技（砲丸投，走高跳，400m），11〜12歳および13〜14歳区分では五種競技（80mH，砲丸投，走高跳，走幅跳，1500m（男子）／800m

表1　日本において主に実施される混成競技

競技名		実施日	構成種目	主な対象
■男子				
コンバインドA		1日で実施	80mH，走高跳	小学生
コンバインドB			走幅跳，ジャベリックボール投	
四種競技		1日で実施	110mH，砲丸投，走高跳，400m	中学生
八種競技		1日目	100m，走幅跳，砲丸投，400m	高校生
		2日目	110mH，やり投，走高跳，1500m	
十種競技		1日目	100m，走幅跳，砲丸投，走高跳，400m	U20・成人
		2日目	110mH，円盤投，棒高跳，やり投，1500m	
■女子				
コンバインドA		1日で実施	80mH，走高跳	小学生
コンバインドB			走幅跳，ジャベリックボール投	
四種競技		1日で実施	100mH，走高跳，砲丸投，200m	中学生
七種競技		1日目	100mH，走高跳，砲丸投，200m	高校生・U20・成人
		2日目	走幅跳，やり投，800m	

（女子）が開催されているようです（USA Track & Field Associations, 2021）。

2. 混成競技の特徴

　混成競技は，走・跳・投種目がバランスよく構成されているイメージがあるかもしれません。しかし，種目によっては複数の運動能力が求められることから，実際にはアンバランスが生じています。例えば走幅跳は跳躍種目と位置づけられていますが，助走速度が速い方が遠くまで跳べる傾向があります。つまり跳躍種目ではあるけれども，スプリント能力も求められる種目であると言えます。この章では，混成競技を構成する種目の共通性（因子構造）と，総合得点にどのような種目が影響するのかを，渡邊（2022）の研究をもとに解説します。

（1）混成競技を構成する種目の共通性

　中学校や高校で開催される混成競技の構成種目に対して，関連性が高い種目同士をまとめる分析（因子分析）を実施したところ，四種競技はハードル種目とスプリント種目でまとまり，砲丸投と走高跳はそれぞれ独立していました。これらはそれぞれ，スプリント能力が求められる種目，跳躍種目，投てき種目と解釈できます。

　八種競技では，まず100m・走幅跳・110mH・400mがまとまりました。次に1500mと400m，そしてやり投と砲丸投がまとまりました。走高跳は独立していました。これらはそれぞれ，スプリント能力が求められる種目，持久力が求められる種目，跳躍種目，投てき種目と解釈できます。

　七種競技では100mH・200m・走幅跳・800mがまとまり，次に砲丸投とやり投がまとまりました。そして走高跳と100mHがまとまりました。これらはそれぞれ，スプリント能力が求められる種目，跳躍力が求められる種目，投てき種目と解釈できます。

　以上のことから，混成競技を構成するおおよそ半分の種目は，スプリント能力の影響を受けていることが分かります（図1）。

（2）競技レベル別にみた総合得点に　　　影響する種目

　全国ランキング100位以内に入る選手のうち，おおよそ50位以内（上位群）と，51位以下（非上位群）に分けて，その特徴についてみてみましょう。

　表2および表3は，各群の平均値，最高記録，最低記録です。最高記録をみると，非上位群の中に高いパフォーマンスを示す選手がいますが，平均値を比較すると，全ての種目において上位群の方が高いことが分かります。

　次に，総合得点と各種目の得点との相関関係をみてみましょう（図2）。上位群は全ての種目において弱～中程度の相関関係がありますが，非上位群は上位群に比べて相関関係が低いです。つまり，上位群では総合得点にどの種目のパフォーマンスも影響していますが，非上位群では総合得点に影響する種目が選手によって異なると言えます。

　図3には，構成種目の最高得点と最低得点との差を示しました。どの種目においても上位群と非上位群で差がありません。つまり，両群とも得意種目で大きく得点を獲得している選手もいれば，全体的にバランスよく得点を獲得している選手もいるということです。

図1 各混成競技における種目の共通性

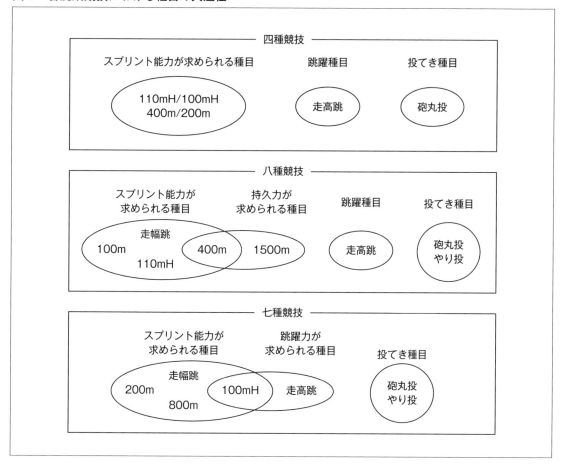

（3）混成競技のパフォーマンスを
　　高めるためのポイント

　混成競技を構成する種目の約半分は，スプリント能力が関係する種目です。したがって，スプリント能力の向上を中心に置いてトレーニングすることが肝心です。しかし技術要素も忘れてはいけません。速く走れても，ハードリングや跳躍技術が未熟なら，スプリント能力を十分に活かせません。

　また，投てき種目や走高跳といった種目もあります。上位の選手であるほど，スプリント種目だけでなく技術系の種目のパフォーマンスも高い傾向にあります。得意種目を伸ば

しながら，全体的なパフォーマンスの向上をめざすことが望ましいでしょう。

3. トレーニング計画

　混成競技は複数の種目を練習しなければならず，「しんどい」「時間が足りない」「そんなに器用ではないから無理！」などと言うことを聞くことがあります。工夫次第では上手に練習計画を立てることができますし，何より，選手の体力・運動能力の総合的な向上や新たな可能性の発見にもなります。また，複数の種目に取り組むことで，日常のトレーニ

表2 男子における上位群・非上位群の基本統計値

	上位群 （n=150）			非上位群 （n=150）		
	平均値	最高記録	最低記録	平均値	最高記録	最低記録
四種競技						
総合得点（点）	2574	2977	2421	2330	2420	2262
110mH（秒）	15.41	14.02	16.80	16.02	14.85	18.68
砲丸投（m）	11.36	15.44	8.54	10.21	14.75	6.73
走高跳（m）	1.73	1.98	1.50	1.66	1.88	1.46
400m（秒）	54.13	50.71	57.46	55.41	51.73	60.17
八種競技						
総合得点（点）	5358	5934	5127	5002	5123	4869
100m（秒）	11.34	10.88	12.03	11.51	11.01	12.08
走幅跳（m）	6.55	7.41	5.56	6.32	7.22	5.72
砲丸投（m）	10.62	13.82	8.17	9.85	12.96	7.66
400m（秒）	51.18	48.48	54.60	52.12	49.74	55.88
110mH（秒）	15.73	14.31	17.54	16.29	14.71	17.97
やり投（m）	45.39	59.39	26.50	42.27	56.02	21.25
走高跳（m）	1.79	2.07	1.60	1.74	2.01	1.50
1500m（分：秒）	4:42.19	4:13.22	5:20.80	4:47.60	4:23.85	5:16.36

（渡邊，2022を改変）

表3 女子における上位群・非上位群の基本統計値

	上位群 （n=150）			非上位群 （n=150）		
	平均値	最高記録	最低記録	平均値	最高記録	最低記録
四種競技						
総合得点（点）	2706	3098	2525	2457	2524	2393
100mH（秒）	15.09	13.92	16.40	15.60	14.55	17.36
走高跳（m）	1.52	1.69	1.33	1.46	1.62	1.29
砲丸投（m）	9.98	13.82	7.18	8.95	12.67	6.81
200m（秒）	27.10	25.51	29.14	27.78	26.19	29.69
七種競技						
総合得点（点）	4532	5346	4232	4090	4228	3974
100mH（秒）	15.16	13.95	17.39	15.88	14.33	17.77
走高跳（m）	1.55	1.73	1.35	1.48	1.67	1.30
砲丸投（m）	9.09	11.56	7.25	8.29	11.18	5.53
200m（秒）	26.67	25.37	29.50	27.15	25.78	28.75
走幅跳（m）	5.17	5.67	4.30	4.95	5.62	4.32
やり投（m）	32.18	50.92	18.36	28.53	44.82	16.10
800m（分：秒）	2:29.64	2:16.67	2:50.49	2:34.26	2:16.67	2:55.43

（渡邊，2022を改変）

図2 群別にみた総合得点と各種目との相関関係

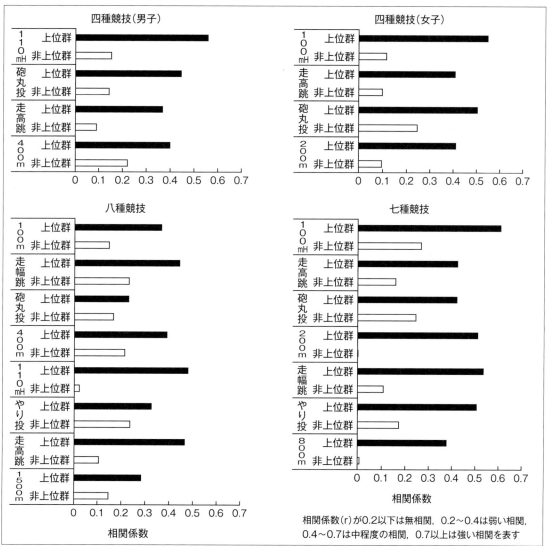

相関係数（r）が0.2以下は無相関，0.2〜0.4は弱い相関，
0.4〜0.7は中程度の相関，0.7以上は強い相関を表す

ングのマンネリ化を防ぎ，楽しく陸上競技を続けていくことができるかもしれません。橋岡優輝選手は中学生の頃，バランスよく体力を高めるために四種競技を始めたそうです（日本陸上競技連盟，2018a）。宇都宮絵莉選手も，混成競技をやることが400mHの自己記録更新につながったとしています（月陸編集部，2021）。

　ここでは，どのように混成競技のトレーニングを組んでいったらよいか，具体的に考え

ていきましょう。

（1）ウォーミングアップや補強トレーニングの一環として取り入れる

　いきなり種目を始めるよりも，ウォーミングアップや補強トレーニングの一環としてさまざまな種目の基本トレーニングに触れていくのはいかがでしょうか。例えばウォーミングアップの一環としてハードルを用いたドリ

図3　群別にみた最高得点と最低得点との差

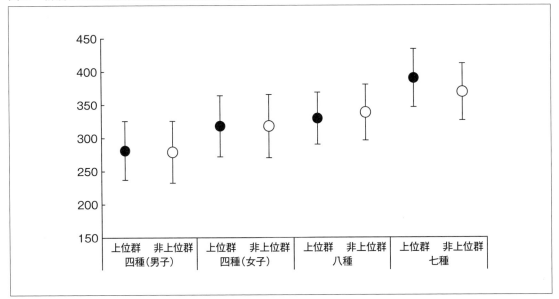

ルを行うことができます。ハードル選手が行うようなドリルをそのまま当てはめることができますので，股関節周りの準備運動という観点だけでなく，ハードリングの技術練習と捉えることもできます。

　また，ウォーミングアップにメディシンボール投げを取り入れるのはいかがでしょうか。両手で持って前投げや後ろ投げだけでなく，砲丸投のように突き出しやサイドステップ投げも行うことができます。

　メイン練習後の補強トレーニングの一環として，種目をそのまま実施してもよいでしょう。腹筋，背筋，腕立て伏せといった上半身や体幹の筋力トレーニングの代わりに投てき種目，バウンディングといった下半身の瞬発力トレーニングの代わりに跳躍種目やハードル走を実施することができます。

（2）時期に応じて重点的に取り組む種目を変化させる

　多くの学校では，時期によって下校時間が変化します。夏期は放課後の練習時間を長くとれる一方で，冬期は下校時間が早まり，1時間も練習ができない学校もあります。クラブでは同じくらいのトレーニング時間を確保できますが，日照時間や気温などの影響で試合シーズンとは同じトレーニングができないかと思います。したがって，年間を通して，全ての種目にまんべんなく取り組むことは，時間・天候・気温などの関係から難しいと言えます。このような背景から，時期によって重点的に取り組む種目を変化させてはいかがでしょうか。

　冬期は，気温が低く日照時間も短くなることから，日常の練習時間が短くなる傾向にあります。したがってこの時期は，体力づくりに重点を置くとよいかもしれません。体力とは，筋力や持久力だけでなく，瞬発力，調整力，柔軟性などさまざまな身体機能を指し，ある程度の体力がつくことでできるようになる運動技術もあります（**図4**）。例えば，ある程度の筋力があるから適切な砲丸投げ動作

図4　記録の向上に向かう技術と体力の関係図

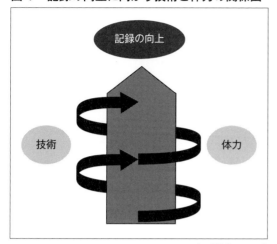

(日本陸連, 2018b)

ができますし，ある程度の柔軟性があるからスムーズなハードル動作もできるようになります。このように，体力は陸上競技にとって不可欠な要素です。

　冬期は，走り込みや基本的な筋力トレーニングだけでなく，種目の動作と関連させた体力トレーニングが盛り込まれると一石二鳥でしょう。前述したように，ハードルを用いたドリルや走運動，メディシンボール投げは，ハードル走や投てき種目の体力トレーニングにもなるし，技術トレーニングにもなります。冬期にはサーキットトレーニングがよく実施されますので，構成種目の1つとして取り入れることもできます。比較的時間がとれる時には種目練習を行うこともできますが，気温が低いので待ち時間が長くなりすぎないように注意してください。なお，具体的な体力トレーニングやサーキットトレーニングの組み方については，「中学校部活動における陸上競技指導の手引き」（日本陸上競技連盟, 2018b）を参考にしてください。

　夏期は，気温が上がり日照時間も長くなることから，練習時間が長くとれるようになり

ます。試合シーズンになりますので，タイムトライアルや種目練習といった，試合に直結したトレーニングを取り入れることが多くなるでしょう。高まった筋力や持久力は，トレーニング頻度が半分くらいに減っても，運動強度が高く保たれていれば維持させることができます（森谷・根本, 1994）。つまり，冬期に高めた体力は，夏期にトレーニング量が減っても，強度が保たれていれば維持できるということです。したがって走種目は高い強度を保ったまま量を減らし，その代わりに技術系の種目（ハードルや跳躍・投てき）の練習を増やすようにしてはいかがでしょうか。

　表4と**表5**には，冬期中と夏期中の練習計画例を示しました。冬期は走能力および総合的な体力の向上を中心に捉えていますが，ハードルを用いた運動やメディシンボール投げを取り入れて，ハードル走や投てき種目の基礎づくりもめざしています。夏期はそれぞれの種目ができるだけ週に2回は取り組めるようにしました。高校では種目が多くなるので，週に2回行うことが難しいかもしれません。その場合は，隔週で実施する種目を設定し，2週間で3回実施できるとよいでしょう。

　男子の1500mや女子の800mのためのトレーニングは，冬期の走トレーニングが中心になります。冬期は比較的長い距離を走る傾向がありますので，持久力の向上だけでなく，走動作の効率化もめざして取り組んでください。夏期中はロングスプリントのトレーニング（セット走やインターバル走など）で持久力の維持が期待できます。試合が近くなったら（7〜10日ほど前），ペース配分の確認のために，レースペースで男子は1200m，女子は600mを走っておくとよいでしょう。

　用具や時間の関係で，紹介した練習例をそ

表4　四種競技の練習計画例

■冬期（練習時間が60〜90分）

	ウォーミングアップ （10〜15分）	メイン （30〜60分）	補強トレーニング （15〜30分）
月	ジョグ・スプリントドリル	走トレーニング	体幹の筋力トレーニング
火	メディシンボール投げ	サーキット	
水	ハードルドリル	走トレーニング	上半身の筋力トレーニング
木			
金	メディシンボール投げ	サーキット	
土	ハードルドリルまたは スプリントドリル	走トレーニングまたは ハードル走	砲丸投
日			

■夏期（トレーニング時間が90〜120分）

	ウォーミングアップ （10〜20分）	メイン① （30〜40分）	メイン② （30〜40分）	補強トレーニング （15〜30分）
月	ジョグ・スプリントドリル	短距離走	選択	上半身の筋力トレーニング
火	メディシンボール投げ	走高跳	砲丸投	体幹の筋力トレーニング
水	ハードルドリル	ハードル	選択	ジャンプ系のトレーニング
木				
金	メディシンボール投げ	走高跳	砲丸投	体幹の筋力トレーニング
土	ハードルドリル	ハードル	選択	上半身の筋力トレーニング
日				

選択の箇所には，選手の特徴に応じて種目を選んで実施する。メイン①の種目の時間を長くとってもかまわない。

のまま実施することが難しい方もいる一方で，物足りないと思う方もいるかもしれません。それぞれの練習環境に合わせてアレンジしてみてください。

4. アドバンス

・混成競技の年間トレーニング計画について考えてみましょう。
【ポイント：冬期，シーズン中，種目練習のバランス，練習時間】
・混成競技の新しい種目構成を考えてみましょう。
【ポイント：中学三種競技，高校五種競技，スプリントトライアスロン，跳躍三種，投てき三種，日常のトレーニングの変化】
・将来的に世界で活躍する選手を育成するにあたり，ジュニア期には複数種目に取り組むべきか，あるいは単一種目に特化して取り組むべきか考えてみましょう。
【ポイント：タレント選手の早期発掘・育成，適性の発見，トランスファー，燃え尽き症候群，競技の継続】

（渡邊 將司）

表5　八種および七種競技の練習計画例

■冬期（練習時間が60〜90分）

	ウォーミングアップ （10〜15分）	メイン （30〜60分）	補強トレーニング （15〜30分）
月	ジョグ・スプリントドリル	走トレーニング	体幹の筋力トレーニング
火	メディシンボール投げ	サーキット	
水	ハードルドリル	走トレーニング	上半身の筋力トレーニング
木			
金	メディシンボール投げ	サーキット	
土	ハードルドリルまたは スプリントドリル	走トレーニングまたは ハードル走	投てき
日			

■夏期（トレーニング時間が90〜120分）

	ウォーミングアップ （10〜20分）	メイン① （30〜40分）	メイン② （30〜40分）	補強トレーニング （15〜30分）
月	ジョグ・スプリントドリル	短距離走 （ショートスプリント中心）	跳躍または投てき	上半身の筋力トレーニング
火	ハードルドリル	ハードル	投てき①	体幹の筋力トレーニング
水	メディシンボール投げ	跳躍①	短距離走 （ロングスプリント中心）	ジャンプ系のトレーニング
木				
金	ハードルドリル	ハードル	投てき②	体幹の筋力トレーニング
土	メディシンボール投げ	跳躍②	短距離走 （ロングスプリント中心）	上半身の筋力トレーニング
日				

1日に2種目を実施できない場合は，補強トレーニングに種目と関連する運動を取り入れてもよい。

〈文献〉

England Athletics（2021）England Athletics U17 and U15 Combined Events Championships. https://england-athletics-prod-assets-bucket.s3.amazonaws.com/2021/08/EA-U17_U15-CE-16PP-AUG-2021.pdf,（参照日2022年2月14日）.

月陸編集部（2021）400mHで宇都宮絵莉が日本歴代6位タイの56秒50「心動かされた」七種競技にも再び挑戦！／東京五輪テストイベント．https://www.rikujyokyogi.co.jp/archives/30882,（参照日2021年6月19日）.

森谷敏夫・根本勇（1994）スポーツ生理学．朝倉書店：東京．

日本陸上競技連盟（2018a）【第1回/ダイヤモンドアスリート】橋岡優輝選手インタビュー．https://www.jaaf.or.jp/news/article/11362/,（参照日2021年6月19日）.

日本陸上競技連盟（2018b）中学校部活動における陸上競技指導の手引き．https://www.jaaf.or.jp/development/jhs/,（参照日2021年6月19日）.

USA Track & Field Associations（2021）2021 USATF National Junior Olympic Track & Field Championships. https://www.usatf.org/events/2021/2021-usatf-national-junior-olympic-track-field-cha（参照日2021年6月19日）.

渡邊將司（2022）中学・高校における混成競技の因子構造とパフォーマンス分析．陸上競技学会誌，20：pp.1-8.

コーチング演習

20

2020年3月に指導者養成指針が発表され，指導者養成の方向性が示されました。その中で課題として挙げられた，「指導者の資質・能力および指導（コーチング）の質」と「継続的な学習支援」の実現において，指導者養成講習会が担う役割はますます重要となっていきます。

日本スポーツ協会（online1）によると，2021年11月時点での公認スポーツ指導者登録状況において，陸上競技の指導者は5,214名（内訳：コーチ1が3,883名，コーチ2が72名，コーチ3が1,068名，コーチ4が191名）となっています。

最も公認スポーツ指導者の多い競技団体はサッカーの39,729名であり，次いで，バレーボールの19,256名，水泳の15,900名となっており，陸上競技は7番目です。しかし，2014年（2,667名：日本スポーツ協会，online2）と比較すると，資格取得者は倍増しており，コーチの養成が順調に進んでいると言えます。

指導者資格を保有することは，一定レベル以上の指導能力を有するコーチであることを保証するものです。より多くの質の高い陸上競技のコーチを養成していくために，指導者資格制度の普及・発展が望まれます。

これまでの章では，コーチに求められる資質能力の理論的内容，コーチングを実施する上で重要な各種目のバイオメカニクス的およ

び生理学的知見や種目の特徴の紹介を中心に展開されてきました。

この章では，コーチング現場において実際に求められる行動について，これまでの章で学んできた内容をコーチング現場において実践する際に留意することを学びます。そして，自身のコーチングを省察し，さらに学びを深める契機となるよう役立てていただきたいと思います。特に，コーチング現場におけるコーチの行動として，第7章において紹介されているコーチングハンドに示す5つのコーチングスキルが重要となりますので，本章でも述べますが，改めて第7章も参考にしてください。

1. コーチングの実際

（1）コーチングの基本

コーチは選手のパフォーマンス向上に向けて，自身の指導力を高めるためにコーチングスキルやコーチ哲学など，さまざまな分野から常に学び続けています。指導者養成指針にも示されているとおり，「陸上競技の指導はいかにあるべきか，指導者はどのように育てられるのか」を考え，資格講習会のカリキュラムが作成されています。

陸上競技における指導者資格は，日本スポ

ーツ協会と日本陸連によるコーチ1（公認ジュニアコーチ）およびコーチ3（公認コーチ）が広く普及しています。加えて，新たにスタートコーチも設立されました。

コーチ1とコーチ3において日本陸連が開講している専門科目の講習時間は，それぞれ40時間と60時間となっており，陸上競技における種目別指導および指導方法について広く学ぶことができます。

コーチ3では，専門科目の中に「コーチング演習」という科目があります。この「コーチング演習」では，受講者がコーチ役と選手役に分かれて実施され，お互いにコーチングを実践するワーク形式の科目となっています。講習会で学んだ内容の確認を含め，自身のコーチングについて省察するよい機会となります。

2019年4月に改正された日本スポーツ協会の公認スポーツ指導者制度において，「思考・判断（スポーツの意義と価値の理解，コ

ーチングの理念・哲学等）」と，「態度・行動（対自己力，対他者力）」が重視されるようになりました（日本スポーツ協会，online3）。このことをふまえ，専門科目においてもコーチング行動に焦点を当て，学んだことはコーチングでの実践的活動において発揮されてこそ価値が高まること，コーチングそのものが全ての「学び」につながること（石塚，2020）を意識し，指導者養成講習会では「コーチング演習」を主軸としてカリキュラムが作成されています。

「コーチング演習」での主な評価項目は，「コーチとしての心構え」「環境や安全への配慮」「組織状況や選手の把握」「対象や目的に応じた指導」「基本的なコーチングスキル」の5つの観点から構成されており，いずれの項目もコーチングをする上で基礎となる項目です（**図1**）。中でも「環境や安全への配慮」は基本中の基本であり，選手の将来をサポートするコーチとして必ず押さえておく必要が

図1　コーチング演習におけるアセスメントハンド

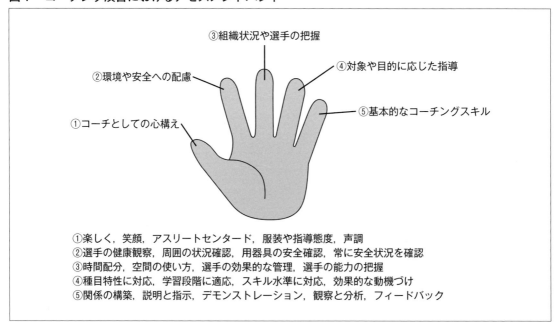

①楽しく，笑顔，アスリートセンタード，服装や指導態度，声調
②選手の健康観察，周囲の状況確認，用器具の安全確認，常に安全状況を確認
③時間配分，空間の使い方，選手の効果的な管理，選手の能力の把握
④種目特性に対応，学習段階に適応，スキル水準に対応，効果的な動機づけ
⑤関係の構築，説明と指示，デモンストレーション，観察と分析，フィードバック

あります。

①コーチとしての心構え

コーチの姿勢や態度は選手に伝わります。楽しい活気ある雰囲気をつくりだすのもコーチの役割です。コーチ自身の服装や声調などからも指導態度が伝わります。コーチも常に選手から見られていることを意識しましょう。

コーチングとは，選手のために行うことです。コーチが自身の地位や名声を求めるコーチファーストにならないよう，「アスリートセンタード」の理念を理解し，コーチングに努める必要があります。

②環境や安全への配慮

コーチングにおいてまず念頭に置いておかなければならないことは，安全の確認です。安全に対する配慮を最大限に行い，けがや事故を未然に防ぐことが重要です。コーチング現場での安全管理が徹底されてこそ，選手は競技に全力で取り組むことができます。活動前，活動中，活動後において，万全の備えと配慮によって安全な競技環境をととのえ，セーフティファーストなトレーニング現場にしていくことが重要です。コーチだけでなく選手にも協力を得て，安全なトレーニング現場となるよう選手と一緒に作り上げていくことも大切です。

③組織状況や選手の把握

選手の人数や個々の運動・競技能力の把握はもちろんのこと，その日の体調やけがの状態等についても把握しておく必要があります。選手のさまざまな状況等を把握することは，トレーニング計画の立案におい

ても重要な要素です。

大人数を指導している場合，選手をどのように促せば練習の効率が上がるかなども考える必要があります。これには，グループでローテーションを組んで練習に取り組むなど，時間配分や空間の使い方を工夫することによって解決できることも多くあります。

④対象や目的に応じた指導

選手の発育や発達の度合いなどによってトレーニングによる身体への負荷は異なります。そのため，個々の発育発達状況を考慮する必要があります。また，性別や運動能力なども異なることから，選手1人1人に応じた指導が求められます。種目の特性や選手のスキルの水準に対応しているか，トレーニング段階として適切かを配慮して，負荷，速度，難易度などを低い（軽い・易しい・単純な）ものから高い（重い・難しい・複雑な）ものへと，段階的かつ発展的に指導することが求められます。

⑤基本的なコーチングスキル

基本的なコーチングスキルは，「関係の構築」「説明と指示」「デモンストレーション」「観察と分析」「フィードバック」から構成されており，コーチング現場で行うコーチング行動そのものを指しています。それぞれの詳細は次節で紹介しますが，「第7章コーチングスキル」も合わせて参照してください。

このコーチングスキルの5つの基本は，コーチングハンドと呼ばれ，コーチングがコーチの手にゆだねられていることを意味

しています（Thompson, 2009a）。加えて，これらの5つの要素は，それぞれが独立しているのではなく，お互いに関連し合いコーチングスキルとして成り立っていることも合わせて，理解を深めましょう。

（2）コーチングスキルとコーチングハンド

上述した基本的コーチングスキルについては，**図2**に詳細を示しています。Thompson（2009a）は，5つの基本的コーチングスキルにおいて，さらにそれぞれ5つの重要な要素をまとめていますので，合計25の項目のコーチングスキルがあります。実際には，それ以上のスキルがありますが，ここでは25の項目を基本に，紹介していきます。

①関係の構築（主要なスキル：the Primary skill of Coaching）

コーチングスキルの主要な位置づけとして，関係の構築が挙げられます。関係の構築とは，すなわちコミュニケーションによって信頼関係を築くことです。コーチは選手の前に立つ時は，笑顔で選手の目を見て，自信をもって堂々とコーチングすることが求められます。また，選手1人1人に敬意をもって接することが重要であり，コーチのためのコーチングではなく，選手のためのコーチングを行いましょう。

②説明と指示（伝えるスキル：the 'Telling' skill of Coaching）

選手への説明や指示は，ポイントが明確であることが重要です。そして，何をどのように伝えるのかを決め，簡潔に伝えるこ

図2　コーチングスキルの詳細

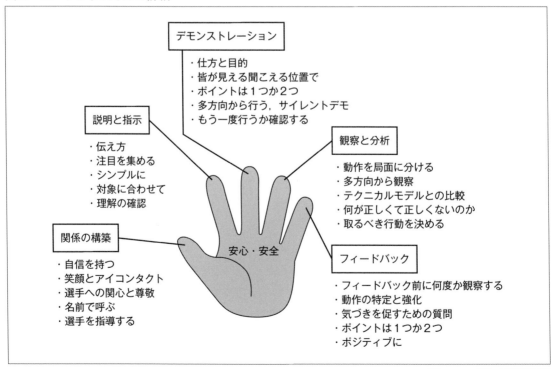

（Thompson, 2009aより著者作図）

とが求められます。あれもこれもと長々説明しても理解は深まりません。そして，対象に合わせて専門用語やバイオメカニクス的な説明を加えることも効果的ですが，理解の確認を行いながら説明することが大切です。また，選手の聞く姿勢をととのえることもコーチの役目です。

③デモンストレーション（見せるスキル： the 'Showing' skill of Coaching）

デモンストレーションの重要なポイントは，正しくデモンストレーションをすることです。目的は何なのか（正しい動作の師範なのか，誤りの動作の師範なのか），どの部分（部分的・全体的・段階的）の動作を見せるのか，誰が（コーチ・お手本となる選手）見せるのか，場所，角度，速度，回数，強調すべき動作，説明を加えるポイントなど非常に多くのことから必要な内容を選択して最良のデモンストレーションをすることが求められます。そして，選手へのフィードバックにおいて，伝えるべきポイントを明確にして行う必要があります。

④観察と分析（見るスキル：the 'Seeing' skill of Coaching）

コーチは非常に多くのことを観察し，選手の状態を把握しなければなりません。選手の動作や運動能力，さらには表情などを読み取り，得られた情報から何を伝え，フィードバックするかを，比較・選別して分析していきます。注意すべきこととして，"間違い探し"にならないようにしましょう。他にも，グラウンド状況や天候など，選手以外にも観察する事象は多岐にわたります。自身のコーチング現場を隅々まで観察し，

環境をととのえるのにも役立ちます。

⑤フィードバック（教えるスキル：the 'Teaching' skill of Coaching）

フィードバックは"駄目出し"であってはいけません。欠点や修正点ばかりを指摘するのでなく，パフォーマンス向上に向けた建設的でポジティブなフィードバックが求められます。そのため，選手の動機を高め意欲的に取り組むことができるよう，伝え方を工夫することも重要な要素となります。フィードバックは選手に対するアドバイスであり，選手から得た情報をまとめて伝えることから，コーチングの中心的役割を担っているとも言えます。

コーチを始めて間もない頃は，これまで自身が選手として経験してきたことをもとにコーチングを行いがちです。しかしそれでは，コーチングとはどういうことなのかを理解せずにコーチングを行うことになってしまいます。コーチが学ぶべき発展させるべき知識や技能は，非常に多くあります。陸上競技に関する知識を多く集めて，その知識，つまり陸上競技の「何（What）」に注目して学ぶコーチもいるでしょう。

一方で，優れたコーチは，知識を深めるだけでなく，その知識を「どのように（How）」コーチングに活かすかの基礎知識として活用します。まさに，コーチングスキルを習得し，コーチング現場において実践することです。そして，アスリート1人1人の固有のニーズを見きわめ，認識することが重要です。コーチが知識を獲得することに強くフォーカスしてしまえば，陸上競技の「何」にだけ焦点を当ててしまうことになり，アスリートの

ニーズを見落としてしまうかもしれません。だからこそ、"陸上競技"のコーチではなく、陸上競技の"アスリート"のコーチとして、学んでいく必要があります。それがコーチング・アスレティックスです。

2. テクニカルモデル

コーチ1においては、各種目のテクニカルモデル（基本的な動作および技術的要素を示した動作・指導モデル）の習得に重点が置かれています。これは、全ての運動・スポーツの基礎となる身体リテラシーをはぐくむために、走・跳・投種目の運動特性を理解し、各種目を指導するための幅広い知識・技能を身につけることが求められているからです。さらに、育成・強化ステージに応じたコーチングにおいてもテクニカルモデルにもとづく適

切なコーチングが重要であるためです。コーチは選手の動作をテクニカルモデルと比較した際に、どこが一致して、どこが不一致なのかを、観察から見抜く必要があります。

図3は、テクニカルモデルにおいて技術的に重要なポイント（ドライブ・テイクオフ・パワーポジション）を示しています（Thompson, 2009b）。ドライブは前方への推進力の形成ができているか、テイクオフは踏み切り姿勢とタイミングがととのえられているか、パワーポジションは構えの姿勢（最も力を発揮しやすい姿勢）ができているかのポイントを観察します。

いずれも、図3に示した種目のみに関連するポイントでなく、ドライブは投種目において投てき物を加速させるデリバリー局面においても重要であり、テイクオフは跳躍だけでなくハードル走にも存在します。パワーポジションはクラウチングスタートの姿勢におい

図3 テクニカルモデルにおける技術的重要ポイント

ドライブ
前方への推進力の形成
・上肢のドライブとの連動
・遊脚の積極的なスイング
・最大の加速と最小限の減速

テイクオフ
踏み切り姿勢とタイミング
・離地時の身体の速度と角度
・身体重心の高さ
・下肢関節の伸展
・パウイング動作

パワーポジション
構えの姿勢
最も力を発揮しやすい姿勢
・身体の加速とデリバリー局面
　への接続がパワーポジション

ても重要です。そのため，このテクニカルモデルのポイントを押さえ，さまざまに観察することが求められます。

これらテクニカルモデルの技術的ポイントの基礎は，バイオメカニクスの力学的理論，すなわちニュートンの運動の法則にもとづいています。特定の競技種目やバイオメカニクスの理論に関する知識が深まるにつれ，より客観的な視点から観察を行うことができます。テクニカルモデルについての理解を深めるとともに，その基礎となる分野についての学習も深め，知識・技能を獲得していくことが求められます。

第1法則（慣性の法則）：全ての物体は，外から力が加わらない限り，物体は静止し続けるか，または同じ速さで直線運動をする

第2法則（運動の法則）：物体の加速度は，物質に与えられた力に比例する

第3法則（作用・反作用の法則）：ある物体が他の物体に力を与えると，他の物体からある物体に同じ大きさで逆向きの力が働く（全ての動作には，等しく反対に対する力がある）

特に第3法則の作用・反作用の法則については，観察のポイントとして押さえるべき項目が多くあります。図4に示すように，短距離走のスタートでは，スターティングブロックを蹴る力と身体が前方へ進む力，走幅跳では，着地における空中動作において，腕を振

図4　作用・反作用の法則にもとづく各種目のポイント

り下げ上半身を折りたたむ動作は脚を持ち上げ，着地距離を獲得する動作につながります。また，投てきにおいても，逆手（イラストでは左手）の脇への折りたたみ（体幹への引き寄せ）が，投てき側の手（イラストでは右手）の加速につながります。

　これらは，主動作に対する反対の動作であり，作用・反作用の法則にもとづくものです。この時，操作しやすい身体部位はどこなのか，引き出したい動作に対して意識を向けるべき動作は何かなどを考えることにより，テクニカルモデルをさらに活用することができます。

　さらに，コーチ1では，テクニカルモデルの理解に加えて，コーチングスキルの1つである「デモンストレーション」も重視しています。デモンストレーションの重要なポイントは，“正しさ”と上述しました。このことは，コーチがテクニカルモデルについてしっかりと理解していないと実践することは困難となるからです。

　また，新しい動きを覚えようとしている若い選手や子どもたちにおいては，言葉でトレーニング内容を説明しても，理解できていないことがしばしばあります。デモンストレーションは視覚情報としての意味が大きく，子どもたちには動作を直接示すことにより理解が深まります。そのためには，テクニカルモデルに沿った正確なデモンストレーション，選手のレベルに合ったイメージができるデモンストレーションを提供することが重要となります。子どもたちはコーチの真似をするのが得意ですので，コーチが正確なデモンストレーションを行うことが大変重要です。

3. コーチングアイ

　コーチング現場においては，コーチの適切な観察眼が求められます。選手にアドバイスをすること，アドバイスを求められた時に適切なフィードバックをできるかは，コーチが選手の問題や課題をどれだけ正確に捉えることができているかが重要となります。そこで求められるのがコーチングアイです。

　コーチングアイとは，選手の動作をテクニカルに分析し（technical analysis），よい点・修正すべき点の原因の追究を行い（fault finding），選手の情報を蓄積（library）するために必要な“コーチの眼”のことです（Hunneshagen，2006）。

　コーチングアイは，選手の動作などをよく観察し，得られた情報からフィードバックにつなげるプロセスにおいて，非常に重要な能力です。ただ観察しているだけでなく，知識の裏づけによる明晰な観察力と分析力が求められます。例えば，選手（あるいは選手間）の動作の違い，選手の顔色（体調）などから，練習内容を考えたり，変更したりします。さらには，グラウンド状況の変化，用具の状態などの環境要因についても把握し，安心・安全な環境で取り組めているかについて常に考えておかなければいけません（図5）。このコーチングアイにおいて重要なことは，トレーニング現場で実際に見ている（指導している）ことがとても重要です。選手の動作などはICT機器で記録し，見ることは可能ですが，その場にいないと選手や環境の状態や状況を詳細に把握することはできません。また，安心・安全な環境をととのえ確保するためにもコーチはさまざまな観点から観察し，

図5　トレーニング現場におけるコーチングアイ

コーチ

分析していくことが求められます。

　コーチングアイにはこの「観察と分析」に加えて，「洞察と推察」も求められると言えます。観察は「目に見える部分」ですが，洞察や推察は「目に見えない部分」を見抜く力です。すなわち，選手の気持ちはもちろん，選手の状態からどういったトレーニングが必要か，あるいは休息が必要なのかなど，本質を捉えることのできる能力とも考えられます。この洞察力には普段からのコミュニケーションが欠かせません。コミュニケーションを図ることによって，選手の気持ちや考えを把握することで解決できる部分も多いため，"face to face"でコミュニケーションを図りましょう。

　一方で，"コーチの眼"は，選手側から見える"眼"でもあります。"目は口ほどに物を言う"ということわざがありますが，コーチの表情から選手に気持ちが伝わります（伝わってしまいます）。"眼"は，言葉で説明するのと同じようにコーチ自身の気持ちを表現するため，コーチが自信をもっていなければ，選手はそれを容易に見抜きます。また，特定の選手にばかり目を向けていると，他の選手は見てもらえていないと感じます。全ての選手を指導者の確かな眼で見て，豊かな眼でフィードバックし，コーチ自身の言葉でコーチングを行いましょう。

4. 運動密度を高める

　トレーニング内容や修正すべき箇所を説明する際に，必要以上に説明をしてしまうことはないでしょうか。丁寧に説明し，分からなければ理解できるまで説明や解説をするなど

して，トレーニングの前段階が長くなっていないでしょうか。この時，選手が論理的に理解しているかどうかが焦点となり，内容の説明やフィードバックすべき項目が多くなることがあります。すなわち，情報過多となり，選手の理解が追いつかなくなるばかりか，トレーニングをする時間も削ってしまっていることになります。

　もちろん，トレーニングの内容をはじめ，目的を理解してトレーニングを実施することにより，トレーニング効果は変わってきます。しかし，話ばかりをしていては，貴重な練習時間はどんどん過ぎていきます。また，冬場などではウォーミングアップで温まった身体は冷えてしまいます。練習における大事なポイント等はそのつど説明し，トレーニング前

に全てをこまかく説明する必要はないでしょう。それよりも，運動密度を高められるようにトレーニング時間を確保することが重要です。"習うより慣れろ"ということわざがありますが，知識として教わるよりも，実際に体験を通じ，自身で経験を重ねた方が習得は早いという意味そのままです。

　そのためには，効率的にトレーニングに取り組める環境づくりが必要となり，トレーニングの順序や場所を変更する（ローテーションを組む）など，時間および空間の使い方を工夫していくことが求められます。運動密度（motor density）を確保し，質の高いフィードバック（quality feedback）を提供する運動プログラム（motor program）が構成されれば，より効果的なトレーニングを実

図6　運動密度を高めるための工夫

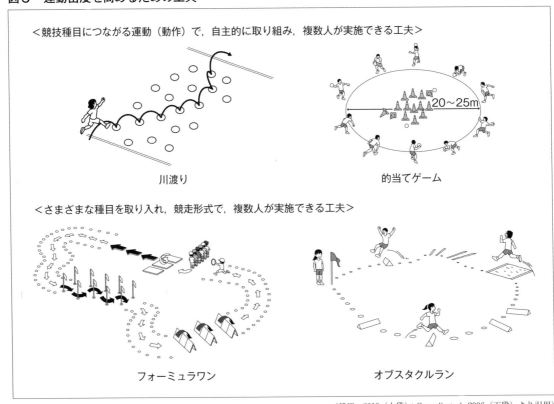

（熊原，2010（上段）；Gozzoli et al., 2006（下段）より引用）

施することにつながります。

　子どもは運動欲求が高く，非常に元気に動いてくれます。一方で，子どもは飽きやすいという点を考慮する必要があります。陸上競技は，「走る・跳ぶ・投げる」が基本であり，単調な運動様式の競技です。何度も同じ動作や練習を繰り返すと，飽きてくることは容易に想像できます。そのため，子どもたちの意欲をかき立てる方法を考えることはとても重要です。

　図6に示すように，競技種目につながる運動（動作）を取り入れつつも，それぞれの運動能力に合わせて歩数を短く渡り切れることを目標にすることや，バウンディングの基礎を習得すること（川渡り），さまざまな投げ方をチャレンジすること（的当てゲーム），競走形式で勝負を楽しむこと（フォーミュラワンおよびオブスタクルラン）など，コーチが意図する内容を含めつつ，子どもたちが夢中になる内容を提供する必要があります。

　その他，競走の中には運の要素も入れることによって，勝敗を最後まで分からなくする工夫（例えば，コーチにじゃんけんで勝たないと次の走者にバトンを渡せないなど）も，子どもたちのモチベーションを保つ上では有効です。また，スモールステップで難易度や課題を設定していき，そのつど達成感を味わうことができるようにすることも，運動密度を高めるには有効です。

　陸上競技は「走る・跳ぶ・投げる」を基本とする単調な運動であるため，少しの仕掛けが大きな動機づけになり，その繰り返しも工夫次第でやる気に満ちあふれるトレーニングとなり，運動密度も高まると考えられます。

5. コーチングを振り返る

（1）コーチ自身の振り返り

　選手がトレーニングの内容や出来具合を振り返ることと同様に，コーチも自身のコーチングを振り返ることはとても重要です。コーチ3で実施される「コーチング演習」においても，実際にコーチ役で演習を実施した後に，担当講師と選手役の受講生をまじえた3者の立場から意見を出し合い，コーチングの振り返りを行います。コーチ役の受講生による自己評価，そして，担当講師と選手役の受講生による客観的な評価による振り返りです。ここでは，それぞれの立場から見た"眼"によるさまざまな意見が共有されます。新たな発見があったり，これまで不安に感じていたことが自信をもってコーチングできるようになったりと，有益な意見ばかりです。コーチ自身のコーチング行動に対する考えをアウトプットし，自身と対話することは，貴重な学習の場となります。

　コーチ自身の振り返りは，行動中の省察，行動に対する省察，行動に対する回顧的省察に分けられます。すなわち，トレーニング中などコーチングをしているリアルタイムでの省察から，トレーニング後，あるいは，シーズン後での期間が空いた中での省察などが挙げられますが，いずれもより現実の状況に近い中での省察が求められます。コーチング文脈は常に異なり，さまざまな状況下でのコーチングに対応するには，日々の振り返りによる情報の蓄積が重要となります。より適切なコーチングが行えるよう，自身のコーチングを振り返ることを継続するとともに，より幅

広い知識を身につけていくことが求められます。

（2）選手との振り返り

コーチング現場において，選手とコーチが振り返りを行う場合，コーチからのフィードバックだけでなく，よりよい振り返りができるよう，選手の意見を引き出す必要があります。そのための重要なスキルとして，コミュニケーションスキルが挙げられます。

コミュニケーションとは，情報やメッセージの伝達および解読の過程を総称したもので，双方向（インタラクティブ）に意思や思考を伝達し合い，共有する手段です。誰が（送り手），何を（メッセージ），どのように（手段，チャネル），誰に伝え（受け手），その結果どうなったか（効果），という構成要素で成り立っています。そのため，「話す」（説明する，指示する，伝達するなど）と同時に「聞く」（理解する，同意するなど）スキルも重要となります。積極的に聞くこと，選手が話している最中にコーチ自身の意見を述べるために遮らないこと，選手の意見に同意すること，そして，最後に質問することによって選手の考えを共有することができます。コーチが積極的に話しかけるだけでなく，選手の声を聞くことはとても重要です。

送り手から受け手に情報が共有されるまでの過程において，意思の相違が生じることはしばしばあり，知識や経験が異なることからコーチが意図している内容が選手に伝わらない，選手が理解できないということがありま

図7　コミュニケーションチャンネルの相違によるメッセージ伝達への影響

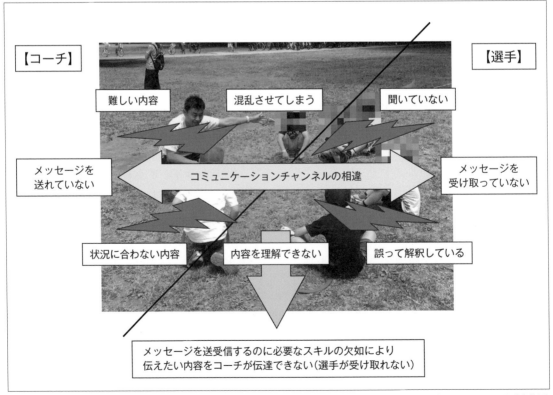

（マートン，2013より著者作図）

す（**図7**）。その際に、「何で分からないんだ」「ちゃんと話を聞いているのか」などと否定したり怒ったりするのでなく、伝わらないのは何か理由があると考え、送り手と聞き手の状況を理解し、コーチ自身についても省察することが必要です。

時として、メッセージを送ったことにより、選手を混乱させてしまう場合もあります。伝えたい内容や状況（タイミング）、伝え方等が適切であるか否かを再確認することにより、情報を正しく共有することにつながります。さらに、コーチのボディーモーション、外見的特徴、声のトーンや抑揚、コーチングポジション、接触行動、空間や時間的要素などが、伝えたい内容に影響を及ぼします。

そのため、コーチとしてのあらゆる行動や態度が非言語的コミュニケーションの形態であることをふまえ、コーチは伝える内容（メッセージ）と態度を一致させることが重要です。コーチは、選手以外の身近な人たち（同僚のコーチ、選手の保護者、トレーナー、審判、メディア、組織管理者など）とコミュニケーションをとることがさまざまな場面で必要になります。コミュニケーションスキルは、コーチにおいて必要不可欠な能力です。

これらの内容をふまえて、**図8**に、コミュニケーションスキルのチェックリストを示していますので、自身のコーチングについて、実際に行っている、あるいは考えている行動について、省察してみましょう。「不十分」にチェックされた項目については、コーチング行動を見直し、より効果的なコミュニケーションがとれるように改善していきましょう。

6. 学び続けるコーチング

世界陸連によるコーチ教育認証制度（Coaches education and certification system：CECS）では、学習者を中心としたアプローチにもとづいてカリキュラムが構成されています。アスリートセンタードの考えで言えば、ラーナーズセンタードです。いわゆる、コーチングの知識の詰め込みによる

図8　コミュニケーションスキルのチェックリスト

	不十分		ときどき		十分
・話す前に内容を考えている	□	□	□	□	□
・話すことと同様に選手の声を聞けている	□	□	□	□	□
・選手の言葉には有益なこと（ヒント）があると考える	□	□	□	□	□
・シンプルかつ適切な言葉を用いる	□	□	□	□	□
・選手がコーチの発言を解釈しているかが分かる	□	□	□	□	□
・日頃からコミュニケーションがとれている	□	□	□	□	□
・選手に話し合うことを促している	□	□	□	□	□
・選手が理解しているか確認をしている	□	□	□	□	□
・次に話すことを考えずに、しっかりと聞いている	□	□	□	□	□
・自分の声の大きさやトーンを意識している	□	□	□	□	□
・自分の声（意見）と態度が一致している	□	□	□	□	□

（Thompson, 2009aを改変）

学習ではなく，さまざまなコーチングの方法を学び，実践する力を養成することが主体となります。

"Don't give fish, teach fishing"という格言があり，直訳すると「魚を与えるのではなく，魚の釣り方を教えよ」ですが，その真意は，「人に魚を与えれば一日は食べることができる。しかし，魚の釣り方を教えれば一生食べることができる」という意味として使われます。この格言は，教育の世界においてよく使われますが，この考えは世界陸連におけるCECSにおいても用いられています（Lange, 2004）。

すなわち，コーチングスキルを身につけることです。コーチングスキルは，選手に対するコーチングの答えを示すものではなく，課題を選手とともに解決する手法であるということです。

日本陸連は，「JAAF VISION 2017」を軸として，「競技者育成指針」「タレントトランスファーガイド」「競技者育成プログラム」「中学校部活動における陸上競技指導の手引き」「指導者養成指針」，そして本書で，陸上競技の普及・育成・強化の道標を示しています。これらをもとに「指導者資格講習会」「指導者養成講習会」「コーチングクリニック」などが開催され，コーチを養成するとともに，コーチのさらなる学びの一助を担っています。

講習会では，開催地の地域に限らず，さまざまな地域からの受講生が受講しています。例えば，コーチ3では，各都道府県陸上競技協会から推薦を受けて全国から受講生が集ま

ります。そのため，講習会を契機にコーチコミュニティの形成が可能です。すなわち，コーチ仲間をつくることができます。コーチもそれぞれ専門性があります。専門ではない種目をコーチングする際に，テクニカルモデルにもとづく指導からさらに発展させるためには，種目特有のスキルや知識が必要ですが，習得には時間も必要です。そこで，頼れるコーチ仲間がいればこれほど心強いことはありません。1人でかかえ込むのでなく，みんなで学び，選手を育成していくことが重要です。

講習会を修了してコーチの学びは終わりではありません。むしろ，始まりとも言えます。選手を指導している中で生じる疑問や選手の課題克服のために，どのようにコーチングを行っていけばよいのかなど，問題や課題は絶えず生じます。そのため，コーチは新たな知識や技能を身につけるために，常に学び続けなければいけません。そして，コーチ3修了者は，各都道府県および地域における普及・育成・強化を中心に担うコーチとして，学んだ内容を他のコーチに伝授するエデュケーターとしての活躍も望まれます。

これからのコーチとしての成長過程を計画し，選手がトレーニングによってパフォーマンスを向上させるために頑張っていることと同様に，コーチ自身もさらなるグッドコーチをめざして学び続け，コーチ自身の幸福も得ながら，選手をコーチングすることが求められます。

（森　健一）

〈文献〉

Gozzoli, C., Simohamed, J. and El-Hebil, A., M. (2006) IAAF Kids Athletics - Educational Cards. https://www.worldathletics.org/about-iaaf/documents/schoolyouth#collapsegeneral-information, (参照日2021年6月30日).

Hunneshagen C. (2006) "Coaches' Eye" Technical analysis and fault finding as an internet application for coaching high jump. New studies in athletics, 21 (4)：pp.39-47.

石塚浩 (2020) コーチの学び. 日本陸上競技学会編, 陸上競技のコーチング学. 大修館書店, pp.171-179.

熊原誠一 (2010) 陸上競技・運動の楽しい練習方法と指導. 日本陸上競技連盟編, 陸上競技指導教本アンダー12キッズの陸上競技. 大修館書店, pp.33-86.

Lange G. (2004) The "PUZZLE" – a teaching aid for training session and microcycle planning. New studies in athletics, 19 (3)：pp.57-68.

日本スポーツ協会 (online1) 日本スポーツ協会公認スポーツ指導者登録状況 (2021年10月). 20201001_tourokusha_events.pdf (japan-sports.or.jp) (参照日2022年1月31日).

日本スポーツ協会 (online2) 日本スポーツ協会公認スポーツ指導者登録状況 (2014年10月現在). 20141001_tourokusha_events.pdf (japan-sports.or.jp) (参照日2021年6月30日).

日本スポーツ協会 (online3) 公認スポーツ指導者制度の改定について. https://www.japan-sports.or.jp/coach/tabid1198.html, (参照日2021年6月30日).

マートン：大森俊夫・山田茂監訳 (2013) スポーツ・コーチング学. 西村書店, 東京, pp.65-82. ＜Rainer, M. (2004) Successful Coaching. Human Kinetics: UK.＞

Thompson, Peter, J. L. (2009a) Introduction to Coaching: The Official IAAF Guide to Coaching Athletics. Warners Midlands plc.

Thompson, Peter, J. L. (2009b) RUN! JUMP! THROW! The official IAAF Guide to Teaching Athletics. Warners Midlands plc.

JAAF

一人でも多くの人が陸上競技を楽しみ、そして関わり続けるために

全ての指導者にコーチ資格を

日本陸上競技連盟では、陸上競技に携わる全ての指導者の
コーチ資格取得を目指し、『指導者養成指針』を策定しました。

指導者養成指針

導者は、競技者の競技力向上や競技
続に深く関わり、大きな影響を及ぼす
ても重要な存在です。ぜひ『指導者
成指針』をご覧ください。

指導者養成指針（A4判・8ページ）の構成
・指針策定の背景
・本連盟が養成すべき指導者とは
・指導者を取りまく現状と課題
・コーチ養成システムの再構築に向けて

日本陸上競技連盟のホームページ
から、PDFをダウンロードできます

『指導者養成指針』につながる資料も、ぜひご覧ください

JAAF VISION 2017

陸上競技の価値を高め、かつ拡げていくた
うに、2つのミッションを掲げています。

A4判
20ページ

・トップアスリートの活躍で
　国民に夢と希望をもたらす
　「国際競技力の向上」
・全ての人が陸上競技を楽しむ
　「ウェルネス陸上の実現」

競技者育成指針

若年期競技者を取りまく現状と課題を整理
し、競技者育成の方向性を示しています。

A4変型判
16ページ

競技者育成の方向性（抜粋）
・あらゆる年齢区分における
　質の高いコーチングの提供
・国際的な競技力向上のための
　適切な強化施策の実施

タレントトランスファーガイド

日本代表選手の調査研究から、競技者のパ
フォーマンスの発達プロセスを提示しています。

A4判
6ページ

調査研究の例
・生まれ月の分布
・学生時代の陸上競技実施率
・学生時代の競技レベル
・生涯最高記録、達成年齢

競技者育成のための6つの

ステージ

1 0歳〜6歳
幼稚園・保育所など

楽しく元気に体を動かす
（身体リテラシーの育成スタート）

■ 幼稚園、保育所および家庭での身体活動や運動遊びを通して、体を動かして遊ぶことに親しみ、楽しさや高揚感を味わう。

■ 生涯にわたる身体活動やスポーツ活動の基盤となる身体リテラシーの育成を開始するために、運動遊びを体験する機会や場をより多く提供し、走跳投をはじめとする基礎的な動きの多様化と洗練化を促す。

■ 安全性を確保した環境のもとでの活動を通して、身の回りの危険や限度を学ばせる。

ステージ

2 6〜12歳
小学校期

楽しく陸上競技の
基礎をつくる
（身体リテラシーの継続的な育成）

■ 学校体育（クラブ活動）や地域スポーツクラブ等での活動を通して、引き続き、運動遊びやスポーツ活動に親しみ、楽しさを味わうことを重視する。

■ 陸上競技の走跳投種目を導入しながら、スポーツスキルと体力のバランスのよい発達を促すことにより、身体リテラシーの育成を継続する。

■ 発育発達の個人差の影響が最も大きい時期であることから、他者との比較のみに偏ることなく、自己の記録に挑戦する「楽しさ」を通して運動有能感や自己効力感を養うことにより、その後の陸上競技の継続へとつなげる。

■ より多くの子どもたちに陸上競技に接する機会を提供するために、種目設定や演出を工夫し、誰もが気軽に参加できる競技会を開催する。

■ 過度な競争や強化が助長され、子ども達への負担が高まることを避けるため、専門的なトレーニング方法や競技会への準備は避けるとともに、地元・地域（都道府県）レベル以下の競技会参加を推奨する。

ステージ

3 12歳〜15歳
中学校期

陸上競技を始める・
競技会に参加する

■ 学校部活動や地域スポーツクラブでの活動を通して、身体リテラシーの育成に配慮し、陸上競技の複数種目や他のスポーツを楽しむことを継続する。

■ 陸上競技に必要な技術や体力の発達を促すために、走跳投種目全般にわたるトレーニングを段階的に展開する。

■ 陸上競技のルールやマナー、トレーニング方法や競技会への準備などの基礎を学び始める。

■ 引き続き、発育発達の個人差は大きく、男女差も大きくなる時期であることから、それらが競技パフォーマンスに及ぼす影響を十分に理解しバーンアウトやドロップアウトをこさせないように注意する。

■ オリンピック（シニア）種目にこだわらない種目（負荷）設定による競技会を開催する。

■ 地元・地域（都道府県）レベル以下の競技会参加を中心とし、個人の発育発達に応じたトレーニングや適切な競技会の出場回数を検討しながら、オーバートレーニングや競技過多にならないように留意する。

ステージ

ステージ
4　15歳〜18歳
高校期

競技会を目指す＆
楽しみのための陸上競技

- 陸上競技の最適種目への絞り込み（2〜3種目）を開始し、単一の種目に特化した強化に偏ることなく、引き続き身体リテラシーの育成に留意する。

- 高いレベルの競技会を目指し、最適種目のための技術・体力を高めるための専門的なトレーニングへ段階的に移行するとともに、競技会への準備を学び、実践する。

- 個人の能力や競技レベルに応じて地域（都道府県）レベルから全国レベルの競技会へ参加する。

- オリンピック（シニア）種目にこだわらない種目（負荷）設定による競技会を開催する。

- トレーニングの専門化に伴いスポーツ障害等が発生しやすいステージでもあることを理解し、トレーニング負荷（トレーニングの量・強度など）や競技会参加（出場大会数、レース数、種目設定など）の調整によりオーバートレーニングを回避する。

- 依然として発育発達の個人差が認められる時期であることから、競技パフォーマンスにこだわり過ぎないように配慮するとともに、競技力のピーク年齢を想定した長期的展望に立った育成計画を立案する。

ステージ
5　18歳〜
大学・社会人期

ハイパフォーマンス陸上
高い（究極の）競技
パフォーマンスを目指す

- 最適種目への専門化を進め、専門的なトレーニングに取り組むとともに、より長く競技パフォーマンスを維持・向上させるための中・長期的な計画や競技会への準備を洗練させる。

- より高いレベルの競技会での活躍を目指し、戦術的、技術的、体力的、心的・知的能力を最大限に高める。

- 競技者としてのデュアルキャリア形成や国際的な視野の必要性を理解し、プロフェッショナルな競技者（ロールモデル）としての自覚を持つ。

- ステージの終盤では、競技引退後のライフデザインを考える。

ウェルネス陸上
陸上競技を楽しむ

- 陸上競技をはじめとする複数のスポーツを楽しむことにより、身体リテラシーの発達を意図した活動を継続する。

- 地元・地域レベル（都道府県レベル以下）およびクラブ対抗の競技会や記録会、ロードレースなどに参加して楽しむ。

- アスレティックファミリーへの加入に向けて、指導者・審判等の各種資格を取得するための準備を行う。

ステージ
6　〜生涯

アクティブアスレティック
ライフに向けて

- 陸上競技を通して得られた体験・経験や専門知識をその後の人生に活かす（自身の仕事や、陸上競技や他のスポーツの指導およびボランティア（社会貢献）活動、スポーツ行政・管理に関わる仕事などへの応用）。

- マスターズ競技会への参加や、新たなスポーツ、趣味などを始める。

- 陸上競技の経験の有無に関わらず、生涯にわたって陸上競技を楽しむアクティブアスレティックライフを形成する。

日本陸上競技連盟
競技者育成指針
──普及用リーフレット──

監修
競技者育成指針策定プロジェクト

発行
公益財団法人日本陸上競技連盟
http://www.jaaf.or.jp

写真提供
株式会社フォート・キシモト

[執筆者一覧]

尾縣　貢
日本陸上競技連盟 会長，筑波大学教授，第1章

山本　浩
日本陸上競技連盟 常務理事・指導者養成委員長，法政大学教授，第2章

山崎　一彦
日本陸上競技連盟 理事・強化委員長，順天堂大学教授，第3章

森丘　保典 （編集代表）
日本陸上競技連盟 科学委員会副委員長，指導者養成委員会政策・プランニングディレクター，
日本大学教授，第4章

清水　真
日本陸上競技連盟 常務理事・法制委員長，渡邊・清水法律事務所弁護士，第5章

舟橋　昭太
日本陸上競技連盟 評議員・指導者養成委員会委員，船橋市立葛飾中学校教諭，第6章

田原　陽介
日本陸上競技連盟 強化委員会 ダイヤモンドアスリート プログラムコーディネーター，
青山学院大学准教授，第6章

沼澤　秀雄
日本陸上競技連盟 指導者養成委員会副委員長，立教大学教授，第7章

関根　春幸
日本陸上競技連盟 競技運営委員会副委員長，ワールドアスレティックス技術委員（WA　ITO），
株式会社ショットビジョン顧問，第8章

真鍋　知宏
日本陸上競技連盟 医事委員会副委員長，慶應義塾大学スポーツ医学研究センター専任講師，第9章

鎌田　浩史
日本陸上競技連盟 医事委員会副委員長，筑波大学整形外科講師，第10章

田口　素子
日本陸上競技連盟 医事委員会スポーツ栄養部長，早稲田大学スポーツ科学学術院教授，第11章

櫻井　智野風 （編集代表）
日本陸上競技連盟 指導者養成ディレクター，桐蔭横浜大学教授，第12章

小林　海
日本陸上競技連盟 強化委員会短距離ブロック情報戦略担当，東洋大学助教，第13章

榎本　靖士
日本陸上競技連盟 紀要編集委員長，筑波大学准教授，第14章

大橋　祐二
日本陸上競技連盟 強化委員会オリンピック強化スタッフ，強化育成部コーディネーター，
指導者養成委員会委員，日本女子体育大学准教授，第15章

三浦　康二
日本陸上競技連盟 科学委員会幹事，強化委員会コーディネーター，日本スポーツ振興センター，
第16章

小山　宏之
日本陸上競技連盟 強化委員会跳躍ブロック情報戦略担当，科学委員会委員，京都教育大学准教授，
第17章

大山　卞　圭悟
日本陸上競技連盟 強化委員会オリンピック強化スタッフ，医事委員会トレーナー部委員，
筑波大学准教授，第18章

渡邊　將司
日本陸上競技連盟 指導者養成委員会委員，科学委員会委員，茨城大学准教授，第19章

森　健一
日本陸上競技連盟 指導者養成委員会幹事，武蔵大学准教授，第20章

（執筆順）

陸上競技コーチングブック
© Japan Association of Athletics Federations, 2022　　　　　　　　NDC782/xi,291p/26cm

初版第1刷―――2022年7月10日

編　者―――公益財団法人 日本陸上競技連盟
発行者―――鈴木一行
発行所―――株式会社 大修館書店
　　　　　　〒113-8541 東京都文京区湯島2-1-1
　　　　　　電話03-3868-2651（販売部）　03-3868-2298（編集部）
　　　　　　振替00190-7-40504
　　　　　　[出版情報] https://www.taishukan.co.jp

装丁者―――上筋英彌（アップライン）
組版所―――明昌堂
印刷所―――三松堂
製本所―――牧製本